북한 원시형 세습통치체제
형태의 변화과정과 특성

북한 원시형 세습통치체제
형태의 변화과정과 특성

정병일 지음

좋은땅

책을 내면서

  분단의 상황적 구조를 태생적으로 안고 인생을 시작한다는 경험은 좋고, 싫음의 문제가 아니다. 어쩔 수 없이 감당해야 하는 숙명 같은 것이다. 그리고 이로 인해 사회적 관계 속에서 체제와 이념의 틀을 지키기 위해 자신의 선택의지와 상관없이 수용해야 하는 요구들이 또 얼마나 많은가. 그 속에 실타래 감듯이 극단의 중심축들을 통해 진영의 이념을 확장해 나간다. 한반도 분단의 공간에서 자석과 같이 붙여지는 변형된 이데올로기 저편에 사회주의가 공존한다. 우리 시대에서 사회주의 역사는 애써 부인하거나 없애 버려야 하는 존재 부정이 아니라 반듯이 사실적으로 알고 받아들여야 하는 시대적인 현장의 소리이다. 그것은 우리 역사의 한편에서 분명한 울림이고 흐름이기도 하다. 이를 원천적인 민족 감정으로부터 순연(純然)하게 인정이 되고 이념의 화합적(化合的) 용해를 해 나갈 때 평화와 통일의 미래를 지향할 수 있을 것이다.

  이 시대의 성숙한 이념적 성향은 과거와 달리 우리가 사회주의 사실적인 역사를 안다고 해서 그 역사를 분별없이 찬양하는 것은 분명 아님을 자신하는 시대에 산다. 하지만 안타깝게도 우리 생활과 교육은 역사적·사회적 상황을 반영한 사상·의식 이념(이데올로기)의 집단적 규정에 묶여 제한적인 근현대역사만을 주입시키고 있다. 이는 사상과 행동

그리고 삶의 인식을 근본적으로 제약하고 있는 관념·신조(信條)의 체계에 묶어둠을 말한다. 한반도 역사의 새(鳥)는 좌·우 날개를 균형 있게 유지해야 목표를 향해 날 수 있다. 우리가 북한 사회주의 역사를 알아야 하는 이유이다. 이는 통일한반도 미래를 더욱 선명하게 그릴 수 있는 근간이 되기 때문이기도 하다. 올바른 토대 위에 세워지는 역사가 참이며, 바른 방향의 미래를 향해 나갈 수가 있다. 현상의 주입적인 인식체계형성과 결정은 힘에 의존한 잠시 동안 강제를 점할 수는 있을지 몰라도 역사의 진실로부터 멀어질 뿐이다.

각자의 이념은 자기 또는 또래 집단의 '편견의 틀'이 될 수 있다. 이러한 편견의 틀은 상대적으로 불편한 것이지 아예 듣지 않아야 할 부정은 아니다. 어차피 우리는 모두 편견의 한쪽 외줄에 매달려 있으면서도 마치 균형적으로 서 있는 사람들인 체하며 살고 행동하지 않는가? 자신만이 정당한 생각과 합리적 이성을 세우고 있다고 주장하는 것은 자칫 편협하고 옹졸한 무지함을 드러낼 뿐이다. 떨어지지 않으려면 서로 균형을 잡아 주어야 한다. 우리 한반도의 역사도 마찬가지다. 특정한 시대의 소수집단의 진영 이데올로기의 팽창이 갖는 기득권적인 점유가 아니라 보편적 현실 속에서 불편한 진실을 마주하며 함께 고민하고 사실적 배움과 다양한 인식을 통해 개방적인 사고의 틀을 확장해 나가야 한다.

역사에 대한 믿음은 진실을 향한 진보의 토대가 되어야 한다. 삶이 치열했다는 시대적 경험은 그 형태는 다르지만, 그 무게는 각 시대의 훈장이 되어 있다. 그런데 훈장을 미화하거나 과대 의미를 부여하는 것은 자칫 지배역사의 허구가 스며들기 쉽다. 그러므로 진실을 인식하는 양심은 몰각한 주관이나 편벽된 사고로 고립적인 표본에 묶여 진영의 논리로 일관하며 과거-현재의 상호 관련성, 공통성을 애써 부정함으로써 남겨줄 미래를 잃어버리게 하거나 차단하는 짓은 하지 말아야 한다.

이 책은 그동안 강의 자료집과 연구된 논문들을 정리하면서 북한 사회주의국가가 갖는 세습적 성격이 원시적(처음) 수령체제를 기본골격으로 하고 있음에 주목했다. 그리고 각 통치자의 시대별 통치체계가 수령중심 구도로 핵심 권력 엘리트 가계의 세습과 일정 부분 연동하여 진행되고 있음을 파악하고자 했다.

이에 지난 시기 분단구조의 상황적 인식을 보다 근원적으로 파악하기 위하여 우리 이데올로기 저편에 80여 년 가까이 변형된 사회주의국가 존재의 출발지를 인식했다. 그리고 북한국가의 성격을 규명하기 위하여 한반도 저편 이데올로기 반목의 한 줄기가 된 김일성 중심의 동북항일연군과 한반도의 잊힌 역사 조선의용군의 발자취를 따라 중국(남·동·북) 만주 전역과 무한, 연안, 태행산, 심양 그리고 극동 연해주(블라디보스톡, 우스리스크) 지역 등 동선을 밟았다. 그중 헤이룽장성 녕안시 경박호 안쪽 은둔의 밀림에 위치한 남호두 회의 장소를 정말 어렵게 찾아 답사한 일, 태행산 깊은 골 조선의용군 주둔지의 숨은 자료를 담아온 감격은 잊을 수 없다. 또한 (구) 소련을 경계하여 마주한 헤이룽장성 목단강 시 동쪽 삼차구 동녕현 성 전투 현장을 몇 차례 검문을 통과하며 자료답사를 한 것도 잊을 수 없는 발걸음이었다. 중국과 러시아 국경을 넘나들며 발품 팔고 다닐 때 당시 각각의 지역마다 동행하며 기꺼이 통역과 안내를 해 준 고마운 사람들을 다시 한번 추억으로 되새기며 고마움을 전한다.

이 책이 나오기까지 도움을 준 몇몇 사람들을 기억하고 싶다. 중국에서 사역 중에도 헌신적으로 동행하며 자료수집과 답사에 물심양면으로 함께한 안중호 선생, 조선 동포로 민족애가 남달랐던 (고) 장주하, 최미란 선생, 홍*우, 최세빈 형제의 통역과 안내 그리고 연해주 우스리스크 가는 길에 안전을 위해 숙식과 길잡이를 해 준 중·러 무역 상인이었던 이름 모르는 조선 동포와 지역별 현지 한국 선교사들에게 진심으로 고마움을 전한다.

또한 필자의 집필 과정에서 관심을 가지고 격려해주며 초록을 검토해준 서강대에서 함께 수학했던 김은실 선생, NHK방송에서 동북아 현안을 집중적으로 분석할 기회를 갖자고 약속하곤 그 뜻을 이루지 못하고 안타깝게 영면한 (고) 김철수 박사는 늘 필자의 학구적 도전에 응원과 격려를 아끼지 않은 고마운 후배들이다. 그리고 학교 제자들의 응원과 기대감도 집필 과정에 힘이 되었다. 한국연구재단과 교육부의 연구지원으로 진행된 이 책의 출판을 위해 여러 차례 교정·편집 과정에서 다소 생소한 학술적 용어와 문장들을 꼼꼼히 살피며 많은 수고로 애를 써 준 좋은 땅 출판사 관계자 여러분에게도 감사의 마음을 전한다.

지난날 무엇보다도 다소 늦게 은퇴 없는 학자(생)의 길로 들어섰던 필자의 연구 인생을 삶의 동행 속에서 한결같은 마음으로 언제나 최고라고 세워주고, 존재적 가치로 살뜰히 챙겨준 내 사랑하는 아내 이문영, 자신이 하고 싶은 꿈과 비전을 찾아 좋은 직장을 접고 자기 계발의 길 위에 선 자유로운 들꽃 영혼, 근사한 아들 영규, 딸 아이 건강한 양육을 위해 전공과 많은 달란트를 잠시 접고 살뜰하게 살아가는 당차고 멋진 딸 하린, 자신의 개발영역에서 최고를 꿈꾸는 사위 유태, 그리고 필자를 졸지에 할아버지로 만들고는 이제 어엿한 절친이 되어 내 삶의 이야기 한 부분이 된 손녀 라율이에게 이 고마움을 전한다.

2022년 11월 만추 백담으로 가는 길에서

정 병 일

// 목차 //

책을 내면서 · 5

제I부 서장

제1절 연구 대상과 목적 · 20
제2절 연구의 범위와 방법 · 26
  1. 연구의 범위 · 26
  2. 연구의 방법 · 31

제II부 김일성 통치체제의 유형과 변화

제1절 민족주의를 내장한 사회주의국가 체제형성 · 36
  1. 주체사상 속의 민족주의 내면화 · 37
    1) 북한 민족주의 개념
    2) 북한 민족주의적 성격
  2. 북한 민족주의관의 변천 · 48
    1) 북한 사회주의의 민족주의적 정향
    2) 주체사상과 민족주의적 요소의 내면화
    3) 조선민족제일주의와 우리식 사회주의의 전면화
  3. 김정은 애국주의의 등장 · 55

소결: 북한 민족주의 일반화와 추상화 · 57

제2절 북한식 사회주의국가 형성과정 · 59

  1. 해방공간의 시대적 배경: 이념적 고찰 · 59

    1) 자산 계급성 인민민주주의 도입과 실천

    2) 연합성 신민주주의와 부르주아 민주주의 혁명 혼용

      (만주파, 연안파, 남로당파)

  2. 민족통일전선을 통한 좌익세력 결집 · 71

  3. 군중노선을 중심으로 한 토지개혁 및 사회개혁 · 76

    1) 토지개혁

    2) 사상의식개혁: 건국사상 총동원 운동과 군중노선

제3절 중앙협력적 통치체계 · 88

  1. 개요 · 88

  2. 당·국가 체제의 이데올로기 수립과 개혁 · 92

    1) 당·국가 체제의 수립과 개혁

    2) 당 대회를 통해 나타난 계파별 협력과 갈등 분석

    3) 전후 김일성 단일정권의 배경: 인민민주주의 독재

  3. 연합정권의 구성과 전시동원 내각체제 · 107

    1) 연합정권 구성

    2) 전시동원체제와 김일성의 군사 지휘권 상실

  4. 북한 군사화의 토대형성과 정치적 숙청 · 117

    1) 군사화의 토대형성

    2) 단일체계로의 군 통제강화: 정치적 숙청

  5. 지방정권기관: 지방인민위원회 · 127

    1) 중앙·지방 관계의 기본적 틀

    2) 지방인민위원회

제4절 중앙일체적 통치체계 · 137

1. 파벌 간의 정치투쟁 · 137

1) 김일성의 대중주의 연합과 연안파의 군중노선
2) 파벌(만주파와 연안파) 간의 협력과 갈등

2. 연안파의 조직 성향 분석과 종파 사건 · 148

1) 연안파의 조직 성향 분석
2) 종파 사건

3. 단일 · 유일적 지배체계구축 · 163

1) 대중주의 군중노선: 현지지도 이론적 배경과 실천적 의미
  가. 현지지도의 이론적 배경
  나. 현지지도 형태와 절차

2) 만주파의 재정비 및 당 · 군의 일체화
  가. 초기 당 · 정 · 군 권력 엘리트 형성기준
  나. 간부양성기관 운영과 권력 엘리트 조직별 기능
    (1) 간부양성기관 설립과 운영
      가) 북조선 공산당 중앙당 학교
      나) 중앙정권 간부양성기관들
      다) 김일성종합대학
    (2) 권력 엘리트 조직별 기능
      가) 권력 엘리트 재생산 대상
      나) 권력 엘리트의 전략적 선택과 융합
      다) 김일성의 간부 정책 기준과 당 · 정 신진 엘리트
        부상 배경

3) 중앙일체적 통치체계가 갖는 함의
  가. 사상적 측면
  나. 제도 · 실천적 측면
  다. 조직적 측면

제Ⅲ부 김정일 통치체제의 유형과 변화

제1절 이론적 틀 · 206

제2절 김정일 통치체제의 사상 · 제도적 틀 · 209

　1. 김정일 수령 · 후계의 형성론 · 209

　　1) 수령론

　　2) 후계자론

　2. 김정일 시대어를 통한 통치체계구축 · 213

　　1) 사회정치적 생명체론

　　2) 3대 혁명 및 3대 혁명소조 활동

　　3) 조선민족제일주의와 우리식 사회주의

　　4) 강성대국과 선군정치 그리고 붉은기 사상

　　5) 광폭정치와 인덕정치

　3. 현지지도로 본 통치체계 형성 · 222

　　1) 현지지도의 이중적 구조

　　2) 현지지도의 성격과 특징

제3절 중앙집중적 통치체계 · 227

　1. 국가 기구와 권력 엘리트의 연계된 교체 · 227

　　1) 조직별 기능과 권력 엘리트 형성

　　　가. 당(黨)

　　　나. 군(軍)

　　　다. 정(政)

　　2) 당 · 군 · 정 권력 엘리트 분석

　　　가. 엘리트들의 현지지도 수행 및 역할 분석

　　　　(1) 권력 엘리트들의 현지지도 수행분포 분석

　　　　(2) 권력 엘리트들의 역할 분석

제4절 중앙집중적 통치와 권력 엘리트 서열 관계　·290

　1. 김정일과 권력 엘리트와의 관계 형성 배경　·290

　2. 김정일 체제의 출범과 당·군 엘리트의 전략적 선택·295

　3. 현지지도 수행과 주석단 서열분석　·301

　　1) 김정일 현지지도 수행에 참여하는 권력 엘리트와의
　　　함수 관계

　　2) 김정일 통치술의 변화와 제한적 다변성

　　3) 중앙집중적 통치체계가 갖는 함의

　　　가. 사상적 측면

　　　나. 제도·실천적 측면

　　　다. 조직적 측면

제5절 중앙통합적 통치체계　·319

　1. 제3차 당 대표자 회의가 가지는 함의　·319

　2. 3차 당 대표자 회의에서 나타난 조직 및 인물 분석·324

　3. 김정일 사망과 미완의 중앙통합적 통치체계　·327

　　1) 정치국 부활과 비서국 강화가 가지는 의미

　　2) 통치 승계에 권력 엘리트들의 기능성

　　3) 세습통치체제의 안정성

제Ⅳ부　김정은 통치체제 유형과 전망

제1절 준비된 통치 승계　·342

　1. 후계과정 및 유훈통치　·342

　　1) 예정된 후계자 김정은

　　2) 김정은식 사회주의 길 제시

　　3) 교사(敎師)형 후견인

2. 김정은 유훈통치와 교사(敎師)형 엘리트　　　　· 348

　　1) 초기 김정은 체제에서 현지지도의 특징

　　2) 김정은과 신권력 엘리트 역할의 이중구조

　　　가. 당 정치국의 권력 엘리트(상징형)와 비서국의

　　　　신진권력 엘리트(실무형)

　　　나. 김정은 체제 권력 엘리트들의 역할 비중이 갖는 함의

제2절 김정은 체제의 선당(先黨) 통치　　　　　· 362

　1. 선군(先軍) 통치에서 선당(先黨) 통치로　　　　· 362

　　1) 군부의 길들이기

　　2) 김정은 체제의 선당정치 실험

　　3) 김정은식 중앙통합적 통치체계(세대교체 중심으로)

제3절 김정은 체제의 안정화 가능성　　　　　· 374

　1. 중앙통합적 체계 공고화로의 이행기(移行期)　　· 374

　2. 김정은 체제와 핵심 엘리트와의 역학관계　　　· 378

　　1) 권력 엘리트의 순기능 역할

　　2) 권력 엘리트의 역기능 역할

제Ⅴ부　종장

참고문헌　　　　　　　　　　　　　　　　· 399

부록　　　　　　　　　　　　　　　　　　· 410

// 표 목차 //

[표 2-1] "조선신민당의 토지정책"과 "북조선 토지개혁에 관한
법령" 비교 · 62

[표 2-2] 2차 세계대전 후 동구 사회주의권 국가 토지개혁 유형 · 81

[표 2-3] 조선공산당 북조선분국 집행위원 시·도별 현황 · 91

[표 2-4] 제1차 당 대회 파벌 분포 (1946년 8월) · 96

[표 2-5] 제2차 당 대회 파벌 분포 (1948년 3월 27~30일) · 98

[표 2-6] 제3차 당 대회 파벌 분포 (1956년 4월 23~29일) · 102

[표 2-7] 북조선 임시인민위원회 계파별 분포 · 108

[표 2-8] 북조선인민위원회 1차 내각 계파별 분포 · 111

[표 2-9] 1차, 2차 내각 명단 · 114

[표 2-10] 조선의용군 출신 북한 인민군 간부현황 · 122

[표 2-11] 선거 참가자 및 찬성자 · 133

[표 2-12] 계파성향이 적거나 회유·전향한 대표적 인물 · 172

[표 2-13] 부문별 간부양성 교육기관 · 176

[표 2-14] 김일성 시대에 양성된 대표적인 혁명 유자녀 출신 · 180

[표 3-1] 노동당 비서국 기구도 · 235

[표 3-2] 빨치산 출신 엘리트 현황 (2001년 기준) · 257

[표 3-3] 만경대혁명학원 출신 현황 (2001년 기준) · 259

[표 3-4] 당(黨)에 배치된 김일성종합대학 출신 현황
(2001년 6월 기준) · 261

[표 3-5] 정(政)에 배치된 김일성종합대학 출신 현황 (2001년 기준) · 264

[표 3-6] 1998년~2001년 6월까지 현지지도 수행 집계표 · 272

[표 3-7] 군수공업 지역 현지지도 현황 (1998년 1월~2001년 6월) · 284

[표 3-8] 주요 현지지도 수행자와 주석단 서열분석표 · 304

[표 3-9] 북한 로동당 규약 주요 내용 변화 · 321

[표 3-10] 중앙통합적(정치국-비서국) 통치체계 · 323

[표 3-11] 김정은 시대 작동 시 추정되는 핵심 인물 (2010년 기준) · 326

[표 3-12] 대표적인 항일그룹 세습 엘리트 · 337

[표 4-1] 초기 현지지도 분야별 분포 · 346

[표 4-2] 2013년 기준 주요 장령 명단 · 351

[표 4-3] 김정은 초기정권 현지지도에 수행한 권력 엘리트 집계표 · 354

[표 4-4] 김정은 정권 권력 서열 10위(당·정·군) 점유율
(2012~2020년) · 368

[표 4-5] 2020년 이후 김정은 중앙통합적 통치체계의 주요
권력 엘리트 · 371

// 그림 목차 //

[그림 2-1] 연안파 중심의 8월 종파 계보 · 162

[그림 2-2] 연합정권 파벌구성 및 북·중 정치 소통도 · 163

[그림 3-1] 김정일 북한의 국가기관체계 (2000년 9월) · 232

[그림 3-2] 북한 국가 기구도 · 333

[그림 3-3] 사회정치적 생명체론 = 후계자론 · 339

[그림 4-1] 당(黨) 조직 기구 · 357

[그림 4-2] 정(政) 조직 기구 · 359

제 I 부
서장

분단 80년을 향한 지금의 시점에 이르기까지 남북관계는 현상의 접점을 모색하며 수많은 이야기를 나누어 오고 있다. 목표를 정하고 방향을 향한 동반 진행은 도달점으로 조금이라도 접근하는 것이 순리라면, 여전히 양극화 현상이 심화된 한반도의 지형은 어떻게 설명해야 할까? 강제된 분단의 태생적 출발은 그동안 한반도를 중심으로 한 패권적 변수들이 정치, 경제, 사회적으로 맞물리면서 내부적으로는 남북한 관계, 특히 북한에 대한 세대를 가름한 인식 편차의 다양성마저 객관성을 유지하지 못한 채, 현상의 벽을 넘지 못하는 한계를 나타내고 있다. 그러한 가운데 북한은 통치 역량의 집중화를 3대에 걸쳐 강제된 권위구조를 통해 정책실천 의지로 표명해 나가고 있다. 김일성 가계의 원시형[1] 세습통치체제가 3대에 걸쳐 진행되고 있는 것이다.

---

1) 원시(原始): '원래 처음'이라는 사전적 의미를 적용함. '원시형'이란 용어는 할아버지-아들-손자로 이어지는 3대 세습은 그동안 어떤 사회주의국가 체제에서도 없었던 북한이 유일하다는 점에서 '북한 원시형 세습통치체제'라는 제목으로 이 책에서 사용하고자 한다.

우리는 북한의 작은 움직임에도 민감함 또는 과도한 반응을 무분별하게 표출해 낸다. 당연히 특수관계에 접한 국가통치자의 움직임과 관련된 말과 행위 등에 집중될 수밖에 없는 것은 초미한 관심거리이다. 그러다 보니 지나친 통치자 개인의 신상에 관한 '아니면 말고 식' 첩보성 뜬소문과 함께 상대적으로 국가 시스템의 작동과 엘리트 동향 분석은 보조적 가십(gossip)거리로 처리하는 경우가 많다. 이는 그와 관련하여 심화된 접근과 분석이 취약하다는 뜻이기도 하다. 어쩌면 국가 = 통치자의 등식을 규정해 놓고 일관되게 풀 수밖에 없는 기존 연구 및 자료의 한계는 오히려 기존 '구조의 틀'을 새로운 '행위적 시도'로 학문적 진일보에 이바지할 수 있는 여백을 찾아낸다. 비근한 예로 필자가 북한 초기국가 건설의 성격을 소련 중심의 틀에서 민족주의를 내장한 중국식 틀로 접근하여 연구·집필한 경우다. 비록 이러한 시도는 아직도 실험적 상태에 놓여 있지만, 북한 연구의 다양한 출구를 제공했다는 점에서 의의가 있다고 생각한다.

일찍이 북한의 국가 성격을 규정하는 데 있어 학계에서는 다양한 주장들을 논하여 왔고, 나름의 분석은 타당성을 가진다고 할 것이다. 그런데 아무리 80여 년 가까운 폐쇄된 국가의 통치체제라고 하지만, 특히 어떤 사회주의국가에서도 없었던 수령제 중심의 '원시적 3대 세습체제'라는 외형적 틀을 지속하면서 내외적 충격을 원활하게 흡수·분출해야 하는 통치체제의 유형은 시대별 측근 엘리트와의 세대적 역학관계 등 통치 구조적 변화가 맞물려 진행될 수밖에 없다는 것에 주목했다. 즉 김일성과 항일혁명 세대의 전통적 카리스마 통치, 김정일과 항일혁명 세대 및 3대 혁명소조 세대와의 강제된 권위 구조화 통치, 그리고 현재 김정은 통치 형태는 선대 엘리트 세대들의 교사(敎師)형 후견과 신진세대와의 융합과정 속에서 실험 중이라는 점이다.

일찍이 그람시(Antonio Gramsci)는 정치 사회와 같은 국가는 상층 구조, 즉 엘리트 지배구조를 정권(government)[2], 정부의 지배 엘리트와 제도를 의미하는 것으로 보는 좁은 의미의 체제(regime)라는 정치적 지배구조로 되어 있다고 했다. 이것은 국가 정부의 중요 직책에 대한 접근 형태와 경로, 또 그러한 접근을 허용받거나 혹은 행위자들이 접근을 획득하기 위하여 사용할 수 있는 자원 및 전략을 결정하는 명시적 혹은 암묵적 패턴의 총체를 의미한다. 이러한 정의를 북한에 적용해 보면 김일성 가계를 중심으로 한 북한 권력 엘리트와의 상관관계는 바로 이들이 정권의 중심부에서 행사하는 기능과 역할을 일정 부문 파악할 수 있다는 단서와 함께 북한의 권력 체계가 국가 체제 유지를 위한 견고한 틀(frame)로 형성되어 있음을 확인할 수 있다. 또한 체계, 조직, 제도의 조합인 시스템(system) 면에 있어서는 당과 국가 사이의 상호 침투, 이것은 특히 국가사회주의 체제의 주요 구성 요소로 당-국가 체제의 중앙집권적 체계를 의미한다. 따라서 북한은 이 범주 안에 하나의 정형으로 존재한다고 볼 수 있다. 이와 함께 당은 국가(state)를 매개로 하여 강제력을 사용할 권리의 유일한 원천으로 간주한다. [3]

이에 따라 본 연구에서 시도하는 북한의 원시형 3대 세습권력 통치체제 변화과정의 틀(frame)을 1) 중앙협력적 통치체계, 2) 중앙일체적 통

---

2) Antonio Gramsci, *Selections from the Prison Notebooks* (New York: International Publishers, 1971), 261~263쪽

3) 함택영 · 김정, "김정일 체제하 북한의 장래", 함택영 · 김정 · 이종석 · 박제훈 · 김동한 · 정성장, 『김정일 체제의 역량과 생존전략』, 경남대학교 극동 문제연구소, 2000, 10~12쪽

치체계[4], 3) 중앙집중적 통치체계[5], 4) 중앙통합적 통치체계[6]라는 네 가지의 새로운 형태로 제시하고, 이를 정권(government), 체제(regime), 시스템(system), 국가(state)라는 틀(frame) 중심으로 분석하고자 한다. 이를 위해 북한식 통치행위의 독특한 형태인 현지지도와 당 중심 국가기구에 포진된 권력 엘리트의 기능과 역할을 통해 역학관계를 추적해보고자 한다. 어떤 국가든 최고통치자는 의도하는 국가건설목표를 달성하기 위해 당면한 현실 상황의 조건에서 가장 합리적이고 극대화를 시킬 수 있는 방향으로 모든 역량을 집중시킨다 할 수 있다. 마찬가지로 북한 역시 통치역량의 집중화를 '현지지도'라는 통치 형태를 통해 정책실천 의지 표현을 극대화해 나갔다고 볼 수 있다.

들어가기에 앞서 독자의 이해를 돕기 위해 먼저 '체제'와 '체계'에 대한 개념 정리가 필요할 것 같다. 체제(體制)란 사회를 하나의 유기체로 볼 때, 그 조직이나 양식, 또는 그 상태를 이르는 말로 일정한 정치 원리에 바탕을 둔 국가 질서의 전체적 경향을 뜻한다. 이는 하나의 이루어진 틀로서 '형식'으로 순화한다는 측면에서 북한의 경우 원시형 3대 세습체제로 표현할 수 있을 것이다. 반면 체계(體系)란 서로 의존 작용을 하는 부분 단위들이 통일적으로 구성되어 이루어져 있는 실체(實體)로 일정한

---

4) 일체(一切): '모든 것', '전부', '완전히'라는 뜻의 사전적 용어로 무오적 수령중심체계에서 완전성을 추구하는 것으로, 이는 전통적 카리스마를 향한 결사옹위적인 자발적 참여를 끌어낸다.

5) 집중(集中): 무엇이 한곳에 모인다는 사전적 용어임. 북한의 경우 김정일 체제가 수령중심체계지만, 일반적 카리스마에 대한 집중은 자연발생적으로 타고나는 것이 아니라 강제적인 통제가 필요하다.

6) 통합(統合): 둘 이상의 조직이나 기구 따위를 하나로 합침에 대한 용어로 김정일 정권 말기 정치국과 비서국의 권력 엘리트들의 통합적 기능을 설명하기 위해 적용하기로 한다. 참고로 위의 각주 4), 5), 6)은 필자의 개인의 용어적 견해임을 밝힌다.

원리에 따라서 낱낱의 부분이 짜임새 있게 조직되어 통일된 전체를 이루는 것을 말한다. 이에 따라 전체적 경향 안에서 짜인 행위들의 표현인 요소들의 집합과 요소들의 상호관계들 전체라는 측면에서 북한의 경우 통치 시기와 상황별로 협력적, 일체적, 집중적, 통합적과 같이 각기 유형이 다른 통치체계를 구성한다고 볼 수 있다. 하나의 체계 속의 각 부분은 외부 환경과의 경계 안에서 존재하며 서로 영향을 주고받으며 연결되어 있다고 할 수 있다. 이상의 정의를 통해 북한은 김일성 가계를 중심으로 한 상층 구조 엘리트들의 가족주의적 코포라티즘(corporatism)을 형성하여 체제의 틀 속에서 변형적 체계가 통치작동의 수단으로 당·국가를 결속시키고 있다고 볼 수 있는 것이다.

또한 일반적으로 북한의 세습 승계와 관련하여 제왕학 학습에 대한 관행적으로 내놓는 우려적인 분석은 '상식 실재론'에 입각할 때는 그 세계의 외재성으로 나타난 것을 단순 명백하게 주어진 것으로 봄으로써 급작스러운 승계 과정으로 정보적인 한계 선상에서 추론할 수 있다. 하지만 독립적으로 존재하는 내적 경험의 구체성과 개별성을 인식하는 '사물 실재론'적 측면에서 보면 북한의 세습 과정은 일반이 보지 않는 때에도 구체적으로 주도면밀하게 진행해 온 주요 속성을 가지고 있다고 보아야 한다. 그런 측면에서 북한의 원시형 3대 세습통치체제는 견고한 체제의 상·하부 체계 시스템이 확고함을 반영한다. 다른 표현으로는 북한이 김일성 가계의 유일권력체제에 의한 통치 가장자리에 권력 핵심 세력 역시 그 체계 속에서 자율 또는 강제된 결속과 더불어 그들의 가계도를 함께 형성함으로써, 그 역할과 기능을 일정부분 행사하고 있다는 뜻이기도 하다. 따라서 육친적 골간 성격으로 형성된 수령결사옹위 세력 구도

관계는 김일성·김정일의 사망이 곧 국가의 붕괴로 직결시킬 수 없다는 점을 확인시킨다. 이와 더불어 김정은 정권 탄생이 김일성·김정일 시대를 통괄하는 혁명 전통을 내재화한 채, 권력 엘리트들이 수령을 향한 일편단심의 연장선상에서 원시형 3대 세습 정권으로 출범되었다는 사실에서 그를 둘러싼 권력 엘리트들의 역할론이 순기능적으로 강하게 대두될 수 있다는 가능성 유무 또한 본 연구의 연결고리가 된다.

현재 북한은 여전히 국내외적인 사건들에 의해 정책 결정이 영향을 받고 있다 해도 과언이 아니다. 즉 북한의 정책결정자들은 자신들의 통제 밖에서 일어나고 있는 많은 사건과 함께 국내 상황에도 동시에 대처해야 하는 긴장감에 직면해 있다. 이 책에서는 민족주의를 내장한 사회주의 국가건설과정 속에 김일성·김정일·김정은 정권으로 이어지는 '원시세습통치체제 형태의 변화과정과 특성'을 엘리트와의 역학관계를 통해 시대별로 네 가지 유형의 통치체계변화과정의 틀(frame)로 설정하여 살펴보고, 더불어 현 시기 복합적 변수들을 안고 출범한 초기 김정은 체제 속에 권력 엘리트들의 역할과 기능이 어떠한 통치 메커니즘으로 형성되어 나가고 있는가에 집중한다.

제2절
연구의 범위와 방법

1. 연구의 범위

이 연구의 출발은 1945년 해방 전후로 설정하였다. 그 이유는 한반도 해방을 기점으로 국내외 민족주의를 내장한 사회주의 및 좌파 민족주의 항일세력들이 북한으로 입국하여 각자의 세력을 구축하기 시작했기 때문이다. 해방 후 내·외적 요인들의 복잡한 전개에 따라 한반도는 사회주의와 자유민주주의 간의 차이를 정확히 이해하지 못한 채, 혼란스러운 해방정국을 맞이하였다. 그중 학생과 일부 지식인들 사이에 유행한 급속한 좌경화는 사회주의나 좌파 민족주의자들에게 유리한 조건들을 제공했다. 그 이유는 당시 고등교육을 받은 사람들이 극소수였고, 그나마 대다수 지식인은 일제하에서 친일 및 부일 행동의 전력 때문에 자중할 수밖에 없는 상황에 부닥친 반면, 좌익 혁명가들은 일제하에서는 은밀하게 행동했으나 해방 후에는 공개적으로 활동할 수 있게 되었기 때문이었다. 그들의 경력은 특히 북한 주민들에게 동경의 대상이 되었고, 일본의 압제에 대항한 투쟁의 영웅으로 묘사되었다. 따라서 이들의 활동과 영향력이 급속하게 확장되어 나갔다. 그런데도 그때까지 북한지역에서 가장 세력이 우세하고 활발한 활동을 벌인 집단은 종교인이나 지식인층으로 구성된 민족주의 집단들이었다(전원근, 2000:106).[7]

북한으로 입국한 다양한 세력 중, 북한의 공식적 정치무대에서 활동한 간부들의 과거 경력을 통해 단순히 수적으로만 파악해도 좌파 민족주의 성향이 대다수였던 연안파 출신이 가장 세력이 강했다. 그런데 연안파의 입북은 1945년 11월 말경[8]으로, 이 당시는 이미 우익 민족진영 세력의 조만식과 소 군정하의 동북항일연군 출신인 김일성이 정국의 주도권을 잡아 나가던 시기[9]였기에 연안파의 입지는 상대적으로 약할 수밖에 없었다. 하지만 동북항일연군의 만주파와 조선의용군의 연안파 그리고 국내 공산주의자 및 소련파들의 입북은 한국 사회주의 운동 초창기에 참가한 많은 지식인이 본질에서는 민족주의적 열망을 담보한 좌익운동에 참여했다는 점을 반영하는 것이다. 당시 평양지역의 객관적 조건은 산업도시임에도 노동자의 힘은 약하였지만, 산업자본가의 역량이 우세

7) 당시 평양시당과 인민위원회 소속 당원의 행정기관 배치현황이 정치적 의미가 있다고 할 때, 총 134명 중 공산당은 인민 정치위원회 등 행정기관에 15명, 사법부 14명, 생산기관 10명이고 그중 대부분인 95명이 보안 기관에 배치되었다. 북조선지역의 정치·행정 중심지인 평양의 비중을 고려할 때, 당시 정치·행정 분야에 공산당의 역량은 많지 않았음을 확인시켜 주고 있다("평양시 당부 제1차 공작 총결보고초안",『조선공산당 문건자료집』, 42쪽 참조).

8) 대부분의 기존 연구는 조선독립동맹 간부진의 입북을 12월 13일로 기술하고 있다. 그러나 보다 정확하게는 김두봉, 무정, 최창익, 한빈, 박효삼, 김창만, 허정숙 등 7명은 11월 말경에 먼저 입북한 것으로 보인다(최강, 2006:190).

9) 1945년 11월 말 이전에 북한 전역 도·시·군·면 단위까지 인민위원회 조직이 대체로 완료되었다.『조선중앙연감』, 1950년 판, 조선중앙통신사, 193쪽

하였고, 기독교 문화가 뿌리 깊게 보급되어 있었으며, 소상인의 경제적 기초가 공고했다. 더욱이 지주층을 중심으로 한 민족주의자들이 많이 배출되어있는 환경적 조건이 형성되어 있었다(서동만, 2005:90). 그러나 민족주의를 내장한 각 계파의 이러한 행보는 김일성으로 하여금 당장에 적대적 공존 관계의 불가피성과 함께 근원적으로 견제하게 만드는 구실을 제공하는 실마리가 되었다.[10]

따라서 연구 범위설정은 김일성이 주도하는 만주파의 협력 세력으로서 계파를 아우르는 정치적 영향력과 또 무장력을 확보하기 위해서는 연립 정권을 구성할 수밖에 없었던 태생적 한계로부터 시작한다. 그리고 한국전쟁과 종파 사건을 통한 숙청과 단일 · 유일 체계 형성, 민족주의를 내장한 사회주의 이념의 체계화, 주체사상의 해석권 장악, 선군정치 그리고 유훈통치 등을 위한 장기적인 핵심 권력 엘리트들의 순기능적 역할을 창출, 이를 위해 강제된 양성과 정치적 투입과 산출까지로 숨 가쁘게 이어져 오고 있다. 결과적으로 이러한 연동성이 원시형 3대 세습통치체제를 가능하게 했다는 점에서 김정은 정권의 안정화 이행기 시점인 2020년 전후까지에 해당하는 시기로 설정하고자 한다. 어쩌면 80여 년의 북한 정치사의 통치 형태 변화와 특징을 앞에서 전술한 네 가지 형태의 틀로 재조명해 본다는 것은 다소 무리가 따를 수도 있지만, 이 연구의 시도가 후학들의 진보적 학문의 틀로 선도가 되길 바라는 마음으로 접근해 보고자 한다.

---

10) 김일성은 무정의 군사적 배경 때문에 그를 제일 위험한 견제 대상으로 생각하고 있었다(한재덕, 1966:225~7).

본 연구는 서장과 종장을 포함하여 총 다섯 부분으로 구성되어 있다.

제Ⅱ부는 김일성의 초기 연합정권 구성 및 단일·유일 체계로의 권력 시스템 전환과정과 그에 따른 정책들을 살펴보았다. 기존 연구의 많은 업적과 분석을 재정리하는 측면과 함께 권력 형성 초기에 협력 세력들과의 계파적 재조명도 함께함으로써 북한 정치사의 근간이 기존의 김일성 중심의 독식적인 역사 형성이 아님을 강조하고자 했다. 그중 무력과 조직력 그리고 정강 정책까지 확보했던 연안파와의 권력투쟁에 초점을 맞춰 전개하고자 한다. 무엇보다 한국전쟁은 김일성에게 위기의 순간이기도 했지만, 역설적으로는 정권의 공고화를 구축하는 단초가 되었다고 할 수 있다. 그것은 타 계파에 대한 전쟁 책임 전가의 명분은 피비린내 나는 숙청을 정당화시킬 수 있는 구실이 되었고, 단일정권 형성의 권력 투쟁기를 거쳐 사상개조를 통한 유일적 통치체계를 구축할 수 있었기 때문이다.

이를 정치 사회의 구조적 측면에서 당 중심 국가 기구에 포진된 권력 엘리트의 기능과 역할 및 사상개조를 통한 군중동원 체계 형성을 중심으로 1) 중앙협력적 통치체계, 2) 중앙일체적 통치체계로 통치 전후기를 살펴보았다. 그 결과 초기 계파 간 연합정권 수립을 통해 발원된 다양한 정책과 시스템 구축을 김일성의 신화적 치적으로 변형시켜 유일무이한 원시적 카리스마에 전통성을 덧입혔음을 서술했다. 더불어 이러한 유일적 김일성 정권 창출의 내성은 그가 항일무장투쟁 시기 '반(反)민생단' 사건의 생존적 경험에 근간한 투쟁과 무관하지 않음을 근거로 제시하였다. 그리고 통치 후반기 김일성은 정쟁의 투쟁기를 마감하고 후계구도의 안정성을 사상적으로 확보하고, 전통적 카리스마를 항일혁명의 신화로 장착하여 유일적 김일성 가계의 영원성을 명문화시킴으로써 절대적 수령체계구축을 항일 1세대 엘리트들과 일체적으로 진행하였음을 살펴보았다.

제Ⅲ부에서 김정일 통치시스템의 산물은 김일성의 피의 숙청이라는 권력투쟁이 정리된 시점에서 이어진 강제된 권위 구조화가 근간이라 볼 수 있다. 이 같은 사실은 혁명 1세대의 암묵적 동의와 김정일의 권력 진입과 함께 생성된 3대 혁명소조 세대 간의 완충적 통치 형태 수립을 통해 당-국가 기구와 권력 엘리트들과의 함수 관계에서 어떻게 지속할 수 있도록 강제하였나를 살펴보았다. 그 결과 김일성 시대의 정치국을 유명무실하게 하고, 조직지도부와 비서국을 중심으로 음지의 권위 구조화된 통치, 혁명 1세대 주석단의 상징성과 혁명소조 세대의 실무적 현지지도라는 제도의 틀로 절묘하게 이용한 권위적 실용 정치, 로 분석했다. 또한 주체사상의 해석권을 장악하여 후계론의 정당성과 선군정치의 주도성을 확보하면서 집권 1기 시대의 선군정치를 비서국을 중심으로 한 3) 중앙집중적 통치체계 메커니즘을 시행한 것으로 파악했다. 그리고 1966년 이후 이례적으로 개최한 2010년 9월 3차 당 대표자 회의에서 그의 집권 2기 구상을 통치기제 변화의 필요성과 상대적으로 위축된 당의 기능과 역할을 정상화함으로써 자신을 원로통치자로서의 입지를 확보하였다. 이때 정치국 복원과 함께 비서국 엘리트들을 당·정·군에 중복배치시킴으로써 4) 중앙통합적 통치체계로 통치기구와 엘리트의 장악을 통합적으로 구상한 것과 더불어 후계 구도의 원활한 후견 세력을 확보해 나가려 했음을 조명했다.

제Ⅳ부는 김정일의 후계 구도 준비와 김정은 정권의 초기 통치시스템을 조직 기구의 변화와 권력 엘리트들의 인사정책 및 현지지도 수행을 통해 살펴보았다. 물론 김정일 집권2기 구상이 그의 사망으로 인해 초유의 3대 세습이 그 연장선상에서 긴박하게 승계되었지만, 내부적으로는 이전부터 제왕학 학습이 진행되어 왔다는 점에서 놀라운 일은 아닐 것이다. 다만 통치기제 측면에서 항일혁명의 정통성에 대한 일편단심이 희석되어 가는 고난의 행군 및 장마당 세대들과 마주하게 될 김정은 정권이 주도성 확보를 어떻게 지속적으로 구축해 나가는가를 초기 김정은 정권의 통치구조에 따른 권력 엘리트들의 교사형 훈수와 이들의 순기능과 역기능 여부를 예측해 봄으로써 원시형 3대 세습체제의 전망을 살펴보고자 했다.

2. 연구의 방법

(구) 소련 사회주의혁명의 성공과 확산을 계기로 반일 민족해방투쟁의 주된 노선이 제국주의를 대상으로 한 사회주의 무장투쟁 방식으로 귀결되었다. 그리고 이러한 무장투쟁의 경험은 해방 이후 북한 사회주의 국가건설에서 국가의 성격을 규정하는 역사적 실마리가 되었다. 개별 사회주의국가는 고유한 혁명 과정상의 경험을 가질 수밖에 없다. 따라서 일본제국주의의 침탈을 경험한 국가의 특수성(구갑우, 2003:302)을 가진 북한이 민족주의를 내장한 사회주의 무장투쟁의 역사를 북한 국가형성과정에서 어떻게 반영하였는가는 중요한 연구 주제가 된다

(Kwon:1990). 그러나 안타깝게도 이론적 일반화를 위한 기반이 되는 '사실의 집적(集積)'이 빈약한 상태로 남아 있는 것이 오늘날 북한 연구의 현실이다. 이러한 현실은 냉전과 분단의 상황이 실증적 연구 자체의 제약 요인으로 작용하여 부족한 사실의 빈약성을 이론의 힘을 통해 공백을 메우려는 경향으로 나타난다. 그러므로 북한 연구의 척박한 현실을 타개하기 위한 전제는 무엇보다도 사실적 경험의 사적(史的) 발굴 및 복원에 있다. 특히 초기 북한 정치사의 중요한 특징 중 하나가 국가건설 단계에서부터 '정치'와 '역사'의 강한 결합으로 나타난 결과물이라 할 때, 식민시대 민족해방투쟁의 정통성 문제는 투쟁의 지역적 분산성과 얽혀 복잡한 세력 관계의 망을 형성했다는 점에서 역사적 사실에 대한 발굴과 복원의 중요성은 두말할 나위가 없다 할 것이다.

그런데도 북한 정치사는 식민지 시대 좌파 민족주의 운동 내지, 사회주의 운동의 차원으로서가 아닌 현실의 분단구조하에서 제한된 인식의 차원에서 해석되고 있다. 그 결과 북한은 김일성 유일체제 형성에 걸림돌이 되었던 실패한 세력에 대한 평가는 종파분자라는 낙인과 함께 역사적 사실 자체를 은폐시켰다. 남한 역시 학문적으로 정치적 투쟁에서 몰락한 주변부 세력으로 한정하여 취급하고 있다. 이러한 관점에서 북한의 국가형성과정에 미친 통치체제변화 과정을 시대적으로 규명하여 북한 연구의 새로운 영역 확장을 모색하고자 하는 접근은 쉽지 않다. 이러한 이유로는 남한, 북한, 중국 등에 산재해 있는 자료의 척박함과 수집의 제한성, 그리고 수집된 자료의 신빙성 등이 연구의 제약 요인으로 작용한다. 그런데도 기존의 북한 연구에서 다루어진바 있는 북한국가건설과정에서 당·정·군 분야별 요직에 투입된 계파 간 엘리트 구성과 역할 그리고 초기 출판물[11] 속에서 제기된 제도, 정책, 이념들을 통해 통치 시스템의 작동과 변화과정을 다음과 같은 연구 방법을 통해 분석한다면 추적할 수 있을 것이다.

첫째, 역사적 연구 방법이다(김광웅:2004). 이 방법은 시대적 환경 속에 나타난 현상들을 정치 작동상황의 실제적인 변화를 고찰할 수 있는 유용성을 갖는다. 그것은 과거에 발생했던 역사적 사실들을 수집하고 이들을 체계적으로 정리하면서 어떠한 상태의 변화가 있고 난 뒤에 그러한 상황변화에 대한 인과관계를 발견하는 데 초점을 맞출 수 있다. 일반적으로 김일성 가계의 원시적 통치체제형성이 기정화된 보편성에 대한 일반적 이해로 규정하고 접근을 해야 하는지, 아니면 이들 세력이 각 계파별로 식민지 시기에 가졌던 활동의 지향과 분기점, 해방정국에서의 위상과 역할 등 북한국가건설기에 형성되고 표출된 영향력을 좀 더 세밀하게 살피면서 통치시스템의 강제적 변화를 구축했는지에 관한 것이다(심지연, 2003:239). 이러한 역사적 연구는 특히 제기되고 있는 문제들의 역사적 기원과 원인을 밝히는 데 통찰력을 제시해 준다는 점에서 그 가치가 높다. 이는 궁극적으로 현재에 대한 보다 명확한 이해와 더불어 미래에 대한 예측을 위해 과거의 사실들을 정리하고 평가하며 전망하는 데 기본적 목적을 두고 있다 하겠다.

---

11)   최창익, 『조선 민족해방투쟁사』(평양: 김일성종합대학, 1949);「무정 장군회견기」(조선인민보, 1946. 1. 14.);「조선신민당 선언」(해방일보, 1946. 3. 12.~13.); 최창익,「민주적 민족통일 전선의 역사성에 대하여」(독립 신보, 1946. 6. 19.~23.); 백남운,「조선 민족의 진로」(독립 신보, 1946. 4. 15.); 최창익, 1946,「봉건적 인습에 관하야」『인민 평론』Vol. 2, pp. 121~3; 최창익,「토지개혁의 역사적 의의」(현대일보, 1946. 4. 26, 27, 29); 김일성,「조선정치형세에 대한보고」, 선전선동부, 『자주독립국가건설을 위하여』(평양: 로동출판사, 1947) 외.

둘째, 문헌 분석을 통한 엘리트 접근법이다(양성철, 1991:34~6). 엘리트에 대한 파악은 당시 사회를 이해하는 데 중요하다. 엘리트란 창조적인 능력을 갖춘 소수로서 '책임'과 '사명', 그리고 '능력'이라는 세 가지 요소를 갖추고 있는 지도적 인사를 의미한다. 따라서 엘리트에 대한 심층 분석을 통해 정책의 결과나 결정의 방향, 성격, 내용을 유추할 수 있다. 또한 엘리트의 구성 배경과 성향은 파벌을 분석하고 이해하는 데도 중요한 준거의 틀이 된다.

셋째, 내용분석법(contents analysis)의 활용이다. 내용분석법은 기록된 문서의 메시지에 함축된 내용을 분석하는 방법이다. 예를 들면 내용분석법을 통해 김일성·김정일의 회고록 및 전집 그리고 최근 김정은의 시대어 등을 통해 통치기제와 작동 등을 확인하고 방향성을 예측할 수가 있다. 이와 함께 북한 통치 형태의 분석 틀로 제시되는 3대에 걸친 현지지도를 인물과 조직, 사건 등의 관계를 도표화하여 분석하는 매트릭스(Matrix) 분석법이 보완적으로 활용된다. 이는 주로 주요 엘리트의 동태를 확인하는 데 유용하다. 이 분석법은 흩어진 일정량의 자료를 도표화하거나 정리하는 데 있어 매우 효과적인 분석 방법이다. 또한 북한국가건설기 시기별 당·정·군에 포진된 각 계파별 주요 보직 및 조직과 8월 종파 사건의 계보를 도표화시켜 분석할 때도 유용하다(육군본부:2006).

자료 활용에 있어서는 기본적으로 통일부 자료센터를 중심으로 북한 원전과 중국의 기록문서, 해당 시기 발간한 선전자료, 일제 관헌의 자료, 증언자료, 그리고 탈북민 인터뷰를 1차 자료로 이용하고, 남북한의 공식 간행물, 중국에서 간행된 출판물과 국내외의 각종 논문과 단행본 및 인터넷 자료들을 2차 자료로 참고하였다.

김일성 통치체제의 유형과 변화

민족주의를 내장한 사회주의국가 체제형성

북한은 1980년대 후반부터 '조선민족제일주의'를 새로운 대중적 기치로 들고나오면서 그들의 민족주의를 재해석하기 시작했다. 사실 북한은 민족문제와 관련하여 정권 수립 이후 80년대 전반까지는 "민족주의는 자본가계급의 노동계급 지배 논리"라는 마르크스·레닌주의의 입장을 수용하면서 계급투쟁론에 입각한 전 세계의 공산화를 적극적으로 강조했지만, 민족주의에 대해서는 부정적으로 인식해 왔다. 그러나 80년대 후반 소련 및 동유럽의 해체 후 "민족을 떠난 계급은 생각할 수 없으며 민족해방 과업은 계급해방 과업에 선행한다." 등으로 종전의 마르크스·레닌주의 계급론적 관점에서 이탈하기 시작했다.[12] 이와 관련하여

---

12) 국가안전기획부, 『북한의 민족주의 선전자료집』(국가안전기획부, 1995), 서문 중에서.

북한은 주체사상에 '조선민족제일주의'[13] 논리를 보완하고 단군릉 복원 등, 역사 재해석 작업을 통해 민족사적 정통성을 부각시키는 한편, 남한 과의 각종 대화 제의 시에는 '민족'이라는 용어가 가지는 포괄성을 통해 종래 부정적으로 인식하던 민족주의 요소를 적극 활용해 오고 있다. 이렇듯 북한은 정권 수립 이후 지금까지 민족주의를 사회주의혁명의 정치 이념적 수단으로 도구화해 왔음을 알 수 있다. 이처럼 민족주의적 이념을 사회주의 원리 안에 토착화시켜 나왔다 할 수 있다.

1. 주체사상 속의 민족주의 내면화

한 국가의 헌법에는 국가공동체가 이념과 체제를 바탕으로 국민의 기본권과 가치의 실현을 위해 국가권력이 어떻게 발동되고 행사되어야 하는지에 대한 기본적 지침을 제공하고 있다. 즉 국가는 헌법을 통해 정통

---

13) '조선민족제일주의'는 1986년 7월 김정일의 담화 〈주체사상 교양에서 제기되는 몇 가지 문제에 대하여〉에서 처음 등장하였으며, 1989년 김정일의 연설 〈조선민족제일주의 정신을 높이 발양시키자〉를 통해 본격적으로 강조되기 시작했음. 특히 2004년 신년공동사설 대남분야에서는 올해의 통일운동 구호로 "우리민족제일주의의 기치 밑에 민족 공조로 자주통일의 활로를 열어 나가자"를 제시한 이후 '민족제일주의'를 통해 우리 민족의 우수성과 민족 자주정신을 강조하고 있음. 「당보」, 「군보」, 「청년보」 2004년 1월 1일 자. 신년공동사설 이후 이와 관련하여 노동신문에 게재한 글을 몇 가지 살펴보면 다음과 같다. "우리민족제일주의는 온 민족이 우리 민족의 우수성을 깊이 간직하고 세상에서 가장 존엄 높은 민족으로서의 자부심을 빛내어 나가게 하는 민족자주정신이며…." 「노동신문」 2004년 1월 3일 자, "우리 겨레의 민족적 자존심과 자주 의식을 최상의 높이에 올려세워 주는 우리민족제일주의는 민족자주 위업, 조국 통일 위업을 힘 있게 고무 추동하는 불멸의 기치이다." 「노동신문」 2004년 1월 5일 자. "우리 겨레가 미제의 대조선 침략정책과 새 전쟁 도발 책동을 짓부시고 화해와 단합, 통일운동을 계속 전진시켜 나가기 위한 필승의 무기가 바로 우리민족제일주의에 기초한 민족 공조이다." 「노동신문」 2004년 1월 6일 자.

성과 역사를 이념적 기능으로 표현하고 있는 것이다. 이러한 측면에서 북한 사회주의국가도 예외는 아니다. 북한은 정권 수립 이후 24년 만인 1972년에 개정한 '조선민주주의 인민공화국 사회주의 헌법'[14] 제4조에서 "조선민주주의 인민공화국은 마르크스-레닌주의를 우리나라 현실에 창조적으로 적용한 조선로동당의 주체사상을 자기활동의 지도적 지침으로 삼는다." 제5조에서는 "조선민주주의 인민공화국은 북반부에서 사회주의의 완전한 승리를 이룩하며 전국적 범위에서 외세를 물리치고 민주주의적 기초 위에서 조국을 평화적으로 통일하며 완전한 민족적 독립을 달성하기 위해 투쟁한다."라고 명시해 놓고 있다. 북한은 이 사회주의 헌법을 '주체 헌법' 또는 '주체 사회주의 헌법'으로 표현하였고, 그리고 다시 20년이 지난 1992년에는 헌법을 대폭 개정했다. 이에 대해 주체사상을 다시 체계화하여 구현한 '우리식 사회주의'의 이론과 사상을 배경으로 한 헌법이라는 점에서 '우리식 사회주의 헌법'이라고 불렀다.[15]

예컨대 (구) 소연방 해체 및 동구 사회주의 체제 붕괴 등 대내외적 환경변화에 따라 주체사상의 강화를 통해 민족적 결속을 강조하고 있음을 감지할 수 있다. 그런데 여기서 주의해서 살펴볼 대목은 1972년 헌법 제4조에서 표현한 '창조적 적용'이라는 구절이다. 이는 '마르크스-레닌주의'에서

---

14) 북한은 1948년 4월 28일 북조선 인민회의 특별회의에서 '조선민주주의 인민공화국 헌법 총안'을 채택하고 이 초안을 북조선 인민회의 제5차 회의(1948년 7월 9일)에서 '전조선'이 통일될 때까지 임시로 사용할 '임시헌법'으로 채택하였다가 1948년 9월 8일 최고인민회의 제1기 1차 회의 때 '조선민주주의 인민공화국 헌법'으로 채택한 후 24년간 시행되다가 이를 완전 폐지하고, 1972년 12월 27일 최고인민회의 제5기 1차 회의에서 '조선민주주의 인민공화국 사회주의 헌법'으로 개정 채택했다. 이후 1998년까지 3차례의 개정·수정·보충하여 오늘에 이르고 있다. 북한법연구회 편, 『북한법 연구』(서울: 근사출판, 1999), 7~9쪽

15) 최고인민회의 제9기 3차 회의 1992년 4월 9일.

'주체사상'으로의 절묘한 승계 및 연속성을 가지게 하는 것으로 볼 수 있다. 왜냐하면 이러한 당위성이 바탕이 되어야만 조선로동당 제6차 당 대회(1980년 10월 13일)에서 채택한 서문에 "조선로동당은 위대한 수령 김일성 동지에 의한 주체형의 혁명적 마르크스-레닌주의 당이다."라고 명시한 로동당 규약의 현재 존속을 정당화시킬 수 있는 명분을 갖기 때문이다. 그러나 이는 엄밀히 말해, 마르크스-레닌주의적 민족 이론의 계승·발전으로 보기에는 억지스러운 면이 없지 않아 있다. 그런데 보편적으로 북한이 원용하고 있는 마르크스-레닌주의에서 사용하고 있는 민족개념은 대체로 스탈린의 그것을 원용하였다고 보는 것이 학계의 통설이다.

1) 북한 민족주의 개념

김일성이 교시한 민족이란 "핏줄과 언어, 령토와 문화의 공통성에 기초하여, 력사적으로 형성된 사회생활 단위이며, 사람들의 공고한 집단, 씨족공동체가 해체된 다음 사람들이 자주성을 옹호하기 위한 장구한 력사적인 투쟁 과정에서 핏줄과 언어, 령토와 공통성에 기초하여 결합되면서부터 형성되기 시작하였다."라고 한다.[16] 그런데 북한의 민족개념은 스탈린의 개념[17]을 그대로 표방하여 사용했다고 볼 수 있는데, 다만 '경제' 부분은 빠져 있다. 그러므로 이 부문에서 주의해야 할 대목은 스탈

---

16) 사회과학원 철학연구소, 『철학 사전』 (평양: 사회과학출판사, 1985), 246쪽

17) 스탈린에 의하면 민족이란 "공통의 문화에 나타나는 심리적 성격 및 언어, 지역, 경제적 생활의 공통성에 기초하여 이루어진 역사적으로 형성된 사람들의 안정된 공동체"라고 정의했다. Ronaldo Munck, 이원태 옮김 『사회주의혁명과 민족주의』 (서울: 민.글, 1993), 142쪽; J. Stalin, 『*Marxism and National Question* (oreign Language Publishing House, Moscow, 1913)』, 11쪽

린과 북한이 동시에 사용한 '역사적'이라는 말의 의미해석이다. 여기서 스탈린은 "발흥하는 자본주의라는 조건하"의 민족운동, 민족투쟁의 본질은 때에 따라서는 전 민족적 성격을 띠기도 하지만, 주로 부르주아의 이익과 이윤을 위한 부르주아계급 자체 내의 투쟁이며, "민족문제의 해결은 오직 발전하고 있는 역사적 조건과의 연관 속에서만 가능하다."라고 보지만, 북한은 경제와는 관련이 없이 "핏줄과 언어의 공통성은 민족을 특징짓는 가장 중요한 징표"[18]라고 하면서 민족의 요건을 정의 내리고 있다는 점에서 민족개념의 차이를 구분할 수가 있다. 결과적으로 북한의 민족개념은 "핏줄과 언어, 령토와 문화의 공통성에 기초하여 역사적으로 형성된 사회생활 단위이며 사람들의 공고한 집단으로 규정한다. 아울러 여기에 언어의 공통성을 더욱 부각시켜 민족을 특징짓는 가장 중요한 징표로 자리매김함으로써 혈통과 언어, 의식 등 문화적이고 정신적인 요소를 일차적으로 우선시하였다. 대신에 경제생활 등 물질적인 요인을 부차적으로 되돌려 놓은 특징"[19]을 안고 있다 할 수 있다.

그렇다면 이렇게 정의 내려진 북한의 민족개념이 민족주의적 요소로서는 어떤 특성이 있으며, 또 정치적으로는 어떠한 기능을 해 오고 있는가 하는 문제를 살펴볼 필요가 있다. 우선 사회주의에 있어 민족문제는 일찍이 스탈린의 「사회민주주의는 민족문제를 어떻게 이해할 것인가? How Does Social Democracy Understand the National Question? 1904」라는 논문에서 다음과 같이 흥미롭게 표현하고 있다.

---

18) 리규린, "친애하는 지도자 김정일 동지께서 독창적으로 밝히신 민족의 개념에 대한 리해", 『사회과학』 (평양: 과학백과사전출판사, 1986), 6쪽

19) 박호성, 『남북한민족주의 비교연구: '한반도 민족주의를 위하여'』 (서울: 당대, 1997), 109~111쪽(재인용)

"민족문제는 각 시대마다 각기 다른 이해관계에 이바지하며, 그것을 내세우는 계급과 시기에 따라서 조금씩 다른 의미를 가진다."[20]

그러나 스탈린은 민족주의가 근본적으로는 부르주아지와 밀접한 관련이 있으므로, 그 운명 또한 부르주아지의 운명에 달려 있다고 보았다. … 이와 함께 그는 자본주의하에서 민주화도 민족투쟁을 최소한으로 줄일 수는 있지만, 그러나 궁극적으로는 오직 사회주의만이 민족 억압을 극복할 수 있다고 봄으로써 사회민주주의자들은 민족의 해로운 제도나 합당치 않은 요구들에 반대하여 선동하고 투쟁해야 한다고 주장했다.[21] 데이비스(Horace Davis)[22]는 이러한 스탈린을 계급적 관점에 기초하여 민족주의에 대하여 가장 적대적이면서 부정적 태도를 보였다고 지적한다. 마찬가지로 북한도 이러한 인식을 그대로 답습하고 있다. 북한은 민족주의란 자본주의제도에 그 사회 계급적 근원을 두고 있으며, 사회주의 제도에서는 민족주의가 발생할 수 있는 사회 계급적 근원이 없다고 보고 있다.[23] 이에 김일성은 1970년도에 발간한『철학 사전』에서 '민족주의'에 대해 다음과 같이 부정적인 정의를 단호하게 내리고 있다.

---

20) P. Vilar, 『Nationalism』, Marxist Perspectives, No. 5, 1979, 25쪽; 뭉크의 위의 책, 142쪽. 그리고 이 글 이후에 레닌의 요청에 따라 쓰인 책이 『마르크스와 민족문제, Marxism and National Question (1913)』이다.

21) 이는 당이 코카서스 민족들의 민족적·문화적 자치에 반대하여 투쟁할 것이라는 의미에서 쓰였다. 뭉크, 앞의 책, 143쪽

22) Horace Davis, *Toward a Marxist Theory of Nationalism* (New York: Monthly Review Press, 1978), 103쪽

23) 서재진, "북한의 민족주의: 주체사상의 이론적 변용을 중심으로"「동일연구논총 제2호 1권」, 1993, 75쪽

"민족주의는 인민들 간의 친선관계를 파괴할 뿐만 아니라 우선 자기 나라 자체의 민족적 리익과 근로대중의 계급적 리익에 배치된다. 민족주의는 계급적 리익을 전 민족적 리익으로 가장하여 내세우는 자본가계급의 사상이다. 민족주의자들은 다른 민족을 멸시하고 모욕하며 민족들 사이의 불화와 알력을 고취함으로써 민족 내부의 계급적 대립을 감추고 로동계급이 자기의 독자적 리익을 위하여 투쟁하는 것을 방해하며 나아가 다른 나라에 대한 침략정책과 식민주의 정책을 합리화하는데 복무한다."

그러면서 그는 민족주의에 대해 '부르주아 민족주의'와 '진정한 민족주의'로 구분하기도 한다. 그가 말하는 부르주아 민족주의는 "민족의 기생충이라고 볼 수 있는 놀고먹는 자들"을 가리키며, 이에 비해 진정한 민족주의자들이란 "정신로동을 하든 육체로동을 하든 민족을 위하여 유익한 일을 하는 사람들", "사상과 제도, 신앙의 차이를 초월하여" "나라와 민족을 사랑하고 민주를 사랑하는 전체 인민"의 민족주의로서 민족의 이익을 옹호하는 민족주의를 말한다고 하면서 이를 '진보적 사상'이라고까지 했다.[24] 그런데 두 분류의 민족주의를 통해 계급적 태도를 유지하는 듯은 하지만, 마르크스-레닌주의적 민족 이론의 계승발전으로 보기에는 그가 구분한 '진정한 민족주의'의 정의는 상식적인 수준의 민족주의[25]에 불과함을 느끼게도 한다. 그런데도 앞으로 살펴보겠지만, 북한은 민족

---

24) 김일성, 〈우리 민족의 대단결을 이룩하자〉 (조국평화통일위원회 책임일꾼들과 범민족 연합 북측 대표 성원들과의 담화, 1991.8.1). 「로동신문」 1991년 8월 5일 자.

25) 민족주의: 민족의 독립과 자립 및 통일을 제일주의적으로 중시하는 주의. 이희승 편, 1986. 『국어대사전』 (서울: 민중서림) 1,327~1,328쪽 다른 민족의 지배를 벗어나 같은 민족으로서 나라를 이루려는 주의, 2) 피압박민족의 해방과 민족자결 및 평등한 권리를 주장하는 주의. www.naver.com(국어사전).

문제와 민족주의에 관해 사회적·정치적으로 시기별, 상황에 따라 절묘하게 변용시켜 나가고 있다.

사실 사회주의와 민족주의는 그 '동질성'과 '이질성'을 동시에 상호 내장하고 있다. 공통성은 해방 지향적이라는 점이며, 이질성은 담당 세력, 경제적 측면, 역사적 측면으로 나누어 설명할 수 있다. 그런데 북한은 이를 동시에 아우르며 그 문제를 '자기 합리적'으로 풀어나가고 있음을 유추해 볼 수 있다. 제국주의적 억압과 착취를 경험한 북한은 반제국주의 투쟁과 사회주의 건설을 결합하면서 민족해방의 논리[26]를 그 동력적 수단으로 삼았다. 그리고는 부르주아 이데올로기로서의 민족주의를 배척하고, '진정한 민족주의' 개념을 '사회주의적 애국주의'라는 개념으로 사용한 것이다. [27]

> "우리의 애국주의는 사회주의적 애국주의입니다. 우리는 온갖 부르주
> 아 민족주의와 배타주의를 배격합니다. 민족주의는 인민들 간의 친선
> 관계를 파괴할 뿐 아니라 자기 나라 자체의 민족적 리익과 근로대중의
> 계급적 리익과도 배치됩니다. 부르주아 민족주의와 배타주의는 프롤레
> 타리아 국제주의와 사회주의적 애국주의와 적대 되며, 대중 속에서 진

---

26) 박호성, 앞의 책, 121~122쪽

27) 필자는 개인적으로 북한이 '사회주의적 애국주의', '우리민족제일주의'와 '우리식 사회
주의'라는 표현을 통해 민족주의를 지속적으로 부정적 측면으로 견지하고 있다고 본
다. 그 이유는 이 이론들이 포괄하고 있는 개념들인 혁명적 당, 수령관, 군중관, 도덕
관 등으로 나타난다는 점에서 북한 체제에서 민족주의 요소는 계급적 입장과 스탈린
주의적 수령 절대권력의 논리에 종속되어 있기 때문이다. 따라서 북한에서 이데올로
기라는 차원의 민족주의라는 표현은 그 종속성을 탈피하지 않고서는 용어의 사용에
다소 무리가 있지 않나 하는 생각이다. 오히려 민족주의적 경향, 민족주의적 요소, 민
족주의적 성격 등으로 표현하는 것이 바람직하다는 생각이다.

정한 애국주의의 발현을 방해합니다."

　북한은 철학 사전에서 "사회주의 애국주의는 그 사상적 내용에 있어서 계급의식, 자기 계급과 제도에 대한 사랑과 민족자주의식, 자기 민족과 조국에 대한 사랑을 결합하고 있는 사상"[28]이라고 정의하고 있다. 이는 계급주의적 세계관을 강하게 반영하고 있다는 점에서 '주체사상'을 '사회주의적 애국주의'라고 주장한 것이다.[29] 이에 대해 박호성은 "사회주의적 애국주의는 중·소 분쟁이 심화하고 특히 조·중 갈등이 표출되기 시작하는 1996년경부터 본격화되었다는 점에서 이는 주체사상의 본격적인 대두와 함께 시작되었다고 볼 수 있다. 그래서 '주체사상'이 가장 철저한 '사회주의적 애국주의'라고 정의되기도 한다."[30]라고 했다.

　이렇게 민족주의의 대안으로 '사회주의적 애국주의'가 일반화된 가운데 북한의 공식적인 민족주의에 대한 부정적인 인식은 김일성이 부르주아 민족주의의 배격을 고수하면서 '참다운 민족주의'라는 말로 표현하고는 참다운 애국자만이 세계혁명에 충실한 '국제주의자'가 될 수 있으며, 그런 의미에서 자신은 "공산주의자인 동시에 민족주의자이고 국제주의자"[31]라고 단언했다. "요컨대 사회주의적 애국주의는 민족주의를 향한 일종의 낮은 포복으로 출발하여 이내 민족주의 그 자체로 등극하고 동시에 참다운 프롤레타리아 국제주의의 충실한 반려로 미화하는 것이다.

　결국 계급적 이해관계를 앞지르는 민족적 이해관계를 향한 절박한 열

28)　사회과학원 철학연구소, 1985. 『철학 사전』 (평양: 사회과학출판사), 353쪽
29)　서재진, 앞의 책, 76쪽
30)　박호성, 앞의 책, 134쪽(재인용)
31)　김일성, 1996. 『김일성 저작집 43』 (평양: 조선로동당출판사), 170쪽

망은 주저 없이 '조선민족제일주의'로 승화한다. "[32]는 것으로 특성화시켜 나갔다고 볼 수 있다. 나아가 북한 인민들에게는 "조선민족제일주의 정신은 조선 민족의 위대성에 대한 긍지와 자부심, 조선 민족의 위대성을 더욱 빛내어 나가려는 높은 자각과 의지로 발현되는 숭고한 사상 감정을 일컫는 것으로, 그러한 목적은 자체의 힘으로 사회주의 건설을 더 잘하여 민족의 존엄과 영예를 더욱 높이 떨치도록 하는 것이다. 이는 '인민 대중이 자기 운명의 주인으로 등장한 오늘, 민족의 운명을 결정하는 결정적인 요인은 민족을 이끌어 가는 당과 수령의 영도이며 민족이 지침으로 삼는 지도 사상이며, 민족이 살고 활동하는 사회제도입니다'라고 강조함으로써 북한 민족주의 이념은 북한 주민들로 하여금 정치적·이념적 동력 구실"[33]의 기능을 해 왔음을 파악할 수 있다.

2) 북한 민족주의적 성격

민족국가형성과정의 차이는 각 민족의 민족운동 기능과 속성의 차이와도 같다 할 것이다. 사실 민족은 '역사적이고, 실천적인 개념'이기 때문에 민족적 과업의 다름에 따라 그 민족이 추구하는 민족 또는 민족주의 성격이 달라질 수 있다.[34] 그러한 측면에서 한반도에 있어 민족주의 흐름은 구한 말, 한·일 합방 시기에 민족의 생존을 폭력적으로 억제해 온 열강과 일본제국주의의 침략에 맞서 민족국가의 형성을 시도한 '저항적 성격'을 가진다. 그리고 해방 이후 통일된 국민국가의 형성이 가시화되

---

32) 박호성, 앞의 책, 135쪽(재인용)
33) 박호성, 앞의 책, 136~138쪽(요약 재인용)
34) 박호성, 2004. 『민족주의론』(서강대학교 공공정책대학원), 13쪽

었으나, 냉전 질서의 고착화와 분단은 남북한의 대립극복과 민족의 통일이라는 과제를 남겨 둔 채 오늘에 이르고 있다. 이러한 측면에서 본다면 북한에서 나타난 민족주의적 지향 또한 조선조 멸망을 전후하여 생성되었다 하겠다. 다시 말해 일제 식민지 치하에서 그 역량이 축적된 한국 민족주의 운동이 해방공간에서 자연스럽게 생성된 토대 위에서 당시 제3세계에서 흔히 볼 수 있었던 자본주의 세계체제와의 단절을 통해 반제국주의 노선을 취하였고, 나아가 자주적 발전노선을 정립하였다고 볼 수 있다. 이러한 속성이 저항적 민족주의적 성격을 보다 충실히 반영할 수 있었다는 점에서 북한의 민족주의는 더욱 유용한 인민적 통합과 동원 이데올로기로 응집시킬 수 있었던 소지를 내포하고 있다. 그러면서 (구) 소련 및 사회주의 체제가 그러했던 것처럼, 북한 역시 사회주의를 민족주의 용기에 담으려 했던 것은 부인할 수 없는 사실이다.

이러한 정서는 그들이 항일무장투쟁의 역사적인 근거로부터 출발 되었다는 점에서 그들의 발언들은 '민족애와 애국심'을 불가결의 요소로 인식시켜 나가는 데 충분했다.[35] 한편 북한의 주체사상이 형성된 배경에는 한마디로 스탈린 사후 사회주의권의 변화에 대한 북한의 대응으로서의 국제적 배경과 김일성 리더십에 대한 정적들의 도전을 제거한다는 명분으로서 국내적 배경 속에서 형성되었다는 사실이다. 이러한 주체사상은 점차 사회통합, 김일성 우상숭배, 노력 동원을 위한 통치이념으로 발전하였으며, 나아가 '온 사회의 주체사상화'로 전개되었다. 혁명과 건

---

35) "나라 없는 백성은 상갓집 개만도 못하다. … 우리에게 이어서 무엇보다도 중요한 것은 조국"이다. 김일성, 〈새 민주주의 국가건설을 위한 우리의 과업〉(평안남도 인민 정치위원회에서 베푼 환영연에서 한 연설, 1945. 10. 18), 『김일성 저작집 1』, 361~364쪽; 〈공산주의자들이야말로 나라와 민족을 열렬히 사랑하는 참다운 애국자이다〉김일성, "민족 운동가들과 한 담화(1945. 11. 5.)" 『김일성 저작집 1』, 388~393쪽

설에서의 주체의 논리로 발전시켜 통치원리로 활용한 이것을 '혁명적 군중로선[36]'이라고도 하는데, 이러한 주체사상은 단순한 선언이 아니라 철저한 통치이념으로 작동되었다.

그런데 북한은 이 주체사상의 고취와 더불어 민족개념을 변형시키며 민족주의적 요소에 적극적으로 접근하게 된다. 여기서 "민족자결권의 문제를 민족의 자주성과 결부시켜 매개 민족이 자기 운명의 주인으로서 모든 문제를 자주적으로 결정하는 절대적인 정치적 권리에 관한 문제로 전환시키고, 민족자결권을 완전히 행사하는 데서 나서는 모든 문제와 방도들에 대하여 전면적으로 밝혀 준다."라고 하였다.[37] 이에 따라 민족적 긍지와 자부심을 품고, 미래에 대한 확신이 결합하여 있는 사상적 감정을 가져야 한다고 하면서, 그것은 사회주의적 애국주의와 프롤레타리아 국제주의 감정과 밀접하게 연결되어 있다고 했다.[38] 그리하여 모든 민족은 "사상에서 주체, 정치에서 자주, 경제에서 자립, 국방에서 자위의 원칙을 확고히 견지하고 부강한 자주독립 국가를 건설"할 의무를 지게 된다.

이상의 관점을 통해 한마디로 '주체사상'과 '북한 민족주의적 요소' 간의 상관관계는 박호성의 주장처럼 주체사상이 특히 '자주', '자립', '자위'

---

36) "군중로선은 근로대중이 모든 것의 주인이며, 모든 것을 결정한다는 주체사상에 기초한 우리 당 활동의 근본원칙"을 말한다. 황장엽은 이를 "군중에 의거하고 군중을 발동시켜 문제를 풀어나가는 사업원칙"이라고 정의하면서 김일성은 주체사상의 견지에서 이 사상을 적극적으로 지지하고, 그것을 관료주의를 극복하고 대중의 창발성을 높이 발향 시키는 기본 방법으로 이용했다고 주장한다. 황장엽, 1999. 『개인의 생명보다 귀중한 민족의 생명』(서울: 시대정신), 134~135쪽

37) 국가안전기획부, 1995. 『북한의 민족주의 선전자료집』(국가안전기획부), 62쪽

38) 김정일, 1982. 「주체사상에 대하여」(위대한 수령 김일성 동지 탄생 70돌 기념 전국주체사상토론회에 보낸 논문), 39~40쪽

등을 이념적 목표로 설정하였기에 가장 적나라하고 포괄적인 민족주의
적 사상체계라고 볼 수 있으며, 더불어 '민족의 생명'으로까지 일컬어지
는 '자주성'의 견지가 주체사상의 핵심 태제이자 곧 북한 민족주의의 태
생적 본질에 가깝다고 말할 수 있다. [39]

2. 북한 민족주의관의 변천

1) 북한 사회주의의 민족주의적 정향

정권 수립 초기 북한은 이념적으로는 마르크스-레닌주의를 지향하고
궁극적으로 사회주의 세계혁명을 기대하면서도 내용상으로는 일제 식
민지 유산의 척결과 한반도 통일을 최우선 과제로 삼으면서 민족국가라
고 하는 정치적 형식의 완성을 추구했다. [40] 사회주의 혁명기였던 이 시
기에 북한은 전통적인 한국 민족주의의 반제국주의적이고 저항적 속성
을 승계하였다. 그리고 이에 대한 사회주의와 민족주의의 현실적 문제
를 놓고 마르크스-레닌주의에 대한 충실성을 거듭 강조하였다. 그러면

---

39) 박호성, 1997. 『남북한민족주의 비교연구: '한반도 민족주의를 위하여'』 (서울: 당대),
     138~145쪽; 북한에서는 민족주의 대신에 사회주의적 애국주의라는 개념을 사용하고
     있다. "사회주의적 애국주의는 그 사상적 내용에 있어서 계급의식, 자기 계급과 제도
     에 대한 사랑과 민족자주의식, 자기 민족과 조국에 대한 사랑을 결합하고 이는 사상"
     이라고 정의되어 있다는 점에서 북한은 주체사상을 사회주의적 애국주의라고 주장한
     다. 사회과학원 철학연구소, 1985. 『철학 사전』 (평양: 사회과학출판사) 351쪽; 서재
     진, 1993. "북한의 민족주의: 주체사상의 이론적 변용을 중심으로" 「통일연구논총」 제2
     호 1권, 75~76쪽
40) 전상인, 1994. 『북한 민족주의 연구』 (서울: 민족통일연구원), 43쪽

서 당면한 사회주의혁명의 성공적 완수를 위해 사회주의를 민족주의의 그릇에 담길 원하였고, 민족주의적 요소를 정치적 에너지의 추동력으로 활용하고자 했다. 그런데 김일성이 이해한 민족주의는 부르주아 민족주의로서 이를 용납할 수 없었기에 '사회주의적 애국주의'를 수단적으로 이용하는 변용 방식을 택하였다. 여기서 김일성의 북한은 '민족적 이익'과 '근로대중의 계급적 이익' 등을 저버리지 않는 민족주의의 변용을 '사회주의적 애국주의'로 표출해 낸 것이다. 다시 말해 이는 '사회주의적 애국주의'에 대한 언급이나 관심 자체가 민족주의를 향한 조심스러운 접근의 매우 뚜렷한 징표라 할 수 있는 것이다. [41)]

그런데 이렇게 추구한 북한의 민족주의는 "각계각층의 애국적 민주역량" 결집을 호소하면서도 무원칙적인 대동단결을 지양했다. [42)] 이를 통해 민족통합의 원칙이 농민과 노동자계급을 중심으로 한 피지배계급을 정치적 중심에 놓고 있다는 점에서 북한 민족주의적 요소의 실천적 결과는 초계급적 민족통합을 지향한 것이 아니라 계급적 편향성을 내재하였음을 파악할 수 있다. 그러다 김일성의 북한은 마르크스-레닌주의와 소련공산당(스탈린)을 맹목적으로 따라가는 것을 반대하기 시작한다. 그러한 변화는 "김일성의 사상적 독립은 마르크스-레닌주의와 소련의 사회주의 건설 경험에 대한 교조주의적 태도를 배격하고, 조선 사람은 조선 혁명의 주인이라는 자각을 가지고 모든 일을 자기 나라 실정에 맞게 해 나가야 한다는 것을 강조하는 것"으로부터 시작했다. [43)]

---

41) 박호성, 앞의 책, 123~126쪽

42) 김일성, 〈친일파, 민족 반역자에 관한 규정〉(1946. 3. 7.)" 『김일성 저작집 2』, 113~114쪽

43) 황장엽, 앞의 책, 130쪽

2) 주체사상과 민족주의적 요소의 내면화

한국전쟁 이후 1955년부터 형성되기 시작한 주체사상은 민족주의적 요소가 북한의 사회주의적 발전에 용해될 수 있다는 이념적 전환을 논리적으로 합성화시켜 냄으로써 민족주의 요소를 주체사상의 하위개념으로 내면화시켰다. 북한 주체사상의 지도원칙 가운데 핵심은 '자주성의 원칙'이다. 이 자주성은 국제공산주의 운동에서 '제국주의를 견제'하고 "그 누구도 침해할 수 없는 매개 당의 신성한 권리"라고 주장했다.[44] 그러면서 "사상에서 주체, 정치에서 자주, 경제에서 자립, 국방에서의 자위"를 선언하면서 사상에서의 주체를 구현하는 것이 바로 자주, 자립 및 자위의 실천[45]이라고 설명했다. 여기서 사상에서 주체란 주체사상을 의미하는 뜻으로, 이 주체사상의 이론적 체계에는 하나의 공동체가 존립 발전해 나가기 위한 기본조건으로 그 공동체의 자주성 실현이 기본 태제로 내재되어 있다는 것이다. 이 자주성 태제는 특히 식민지 상황을 탈피한 뒤 약소국가로 출발한 북한에 있어서 '저항 민족주의 단면'과 '남한 민족주의와의 논쟁'에서 상대적으로 돋보인다는 측면과 공동체의 대외적 자주성의 실현과 대내적 단결에 용이하게 관철되었다[46]고도 할 수 있을 것이다.

---

44) 김일성, 1982. 〈현 정세와 우리 당의 과업〉 (조선로동당 대표자 회의에서 한 보고, 1966. 10. 5.),『김일성 저작집 20』(평양: 조선로동당 출판사), 376쪽

45) 김일성, 1983 〈국가 활동의 모든 분야에서 자주, 자립, 자위의 혁명정신을 더욱 철저히 구현하자〉(조선민주주의 인민공화국 최고인민회의 제4기 제1차 회의에서 발표한 조선민주주의 인민공화국 정부 정강, 1967. 12. 16.),『김일성 저작집 21』(평양: 조선로동당 출판사), 481~548쪽

46) 이종석, 1994. "주체사상과 민족주의: 그 연관성에 관한 연구",「통일문제연구」제6권 1 여름), 78쪽

그런데 여기서 주목해야 할 부분은 주체사상의 포괄적 개념으로의 확대해석이 갖는 또 하나의 이념 정립인 '김일성 주의'[47]이다. 북한은 이를 주체사상의 상위개념 내지는 수평적 포괄개념으로 위치시켜 놓고 있다. 1998년 개정된 사회주의 헌법전문에는 "조선민주주의 인민공화국 사회주의 헌법은 위대한 수령 김일성 동지의 주체적인 국가건설 사상과 국가건설을 법화한 김일성 헌법"이라고 규정하고 있다. 이와 관련지어 주체사상을 보다 구체적으로 설명을 하다 보면 유교를 근간으로 한 전통사상 안에 '조선혁명전통의 계승', '수령론', '후계자론' 그리고 '사회정치적 생명체론'과 '대 가정론' 등이 포괄되어 있음을 발견하게 된다.

다시 말해 김일성 주의는 주체사상이 그 정수이기는 하지만, 그보다 더 포괄적인 개념으로 규정한다. 그렇지만 김일성 주의는 주체사상이 이론적으로 '심화·발전'하는 가운데 등장했기 때문에 주체사상을 떠나서는 설명할 수 없는 개념이다. 이런 맥락에서 주체사상은 넓은 의미에서 김일성 주의로 부를 수 있는 것이며, 그 핵심에 자주성 태제가 자리잡고 있다 하겠다.[48] 결과적으로 주체사상은 무엇보다도 민족적 자주성의 개념에 따라 그 부수적인 정책 노선을 제시해 왔다고 볼 수 있으며, 그 이론적 체계를 형성하는 과정에서는 마르크스-레닌주의의 계승·발전보다는 한국의 전통사상과 전통문화에 많이 의존해 있음을 감지할 수

---

47) 북한에서 김일성 주의가 등장하기 시작한 것은 1973년경부터인 것으로 추정된다. 이종석, 1993. "조선로동당 지도 사상과 구조변화에 관한 연구: 주체사상과 유일지도 체계를 중심으로" 성균관대학교 정치외교학과 박사학위 논문, 51쪽. 또 다른 주장으로는 김정일이 1974년 2월 12일에 개최된 당 중앙위원회 제5기 8차 전원회의에서 김일성의 후계자로 결정되고 난 뒤 김일성의 사상을 '김일성 주의'로 선포하였다. 정성장, 1999. "주체사상의 기원과 형성 및 발전과정" 「한국정치외교사논총」 제21집 2호, (서울: 한국정치외교사학회), 14쪽
48) 이종석, 앞의 논문, 77쪽

있다. 또한 '사회주의적 애국주의'를 통해 노동자·농민계급 중심의 민족주의를 프롤레타리아 국제주의와 공존시킴으로써 민족주의를 사회주의 발전의 기본단위로 책정하고 이를 내면화시켜 왔음 또한 알 수 있다.

3) 조선민족제일주의와 우리식 사회주의의 전면화

북한의 민족주의 인식에 일대 전환을 가져온 것은 1986년 7월 김정일이 '조선민족제일주의'[49]를 제창하면서부터이다.

> "현 시기 우리 당이 중요시하고 있는 사회주의 애국주의 교양도 혁명의 주체를 강화하는 데 이바지하여야 합니다. 혁명이 나라와 민족을 단위로 하여 진행되고 있는 조건에서 매개 나라의 혁명과 건설의 주체는 어디까지나 자기 나라 인민입니다. 세계혁명 앞에 우리 당과 인민의 첫째 가는 임무는 혁명의 민족적 임무인 조선 혁명을 잘하는 것입니다. 우리 나라 혁명에 충실하자면 무엇보다도 자기 민족을 사랑하고 귀중히 여길 줄 알아야 합니다. 나는 이런 의미에서 '우리민족제일주의'를 주장합니다. 우리 민족이 제일이라고 하는 것은 결코 다른 민족을 깔보고 자기 민족의 우월성만을 내세우라는 것이 아닙니다. 우리 공산주의자들은 민족주의자로 될 수는 없습니다. 공산주의는 참다운 애국주의자인 동시에 참다운 국제주의자입니다. 내가 '우리민족제일주의'를 주장하는 것은 자기 민족을 가장 소중히 여기는 정신과 높은 민족적 자부심을 가

---

49)　김정일, 1986, 〈주체사상 교양에서 제기되는 몇 가지 문제에 대하여〉 (조선로동당 중앙회의 책임 간부들과 한 담화문, 7. 15.) 중에서.

지고 혁명과 건설을 적극적으로 해 나가야 한다는 것입니다. 자기 민족을 깔보고 남을 맹목적으로 숭배하는 사람들은 자기 당과 인민에게 충실할 수 없으며 자기 나라 혁명에 대하여 주인다운 태도를 가질 수 없습니다."

1986년 7월 김정일의 담화〈주체사상 교양에서 제기되는 몇 가지 문제에 대하여〉에서 처음 제시된 조선 민족 우월론인 '우리민족제일주의'는 오늘날 북한 사회에서 지배적인 이데올로기적 기능을 한다. 이는 '민족자주의식의 높은 표현'으로서 "조선 민족의 위대성에 대한 긍지와 자부심, 조선 민족의 위대성을 더욱 빛내어 나가려는 높은 자각과 의지로 발현되는 숭고한 사상 감정"[50]으로 규정되어 있다. 먼저 이들은 '민족의 징표'를 정의하는 데 있어 계급론적 입장을 완화하는 대신, 혈연과 언어의 중요성을 크게 부각시켰다. 이 이론은 모든 인민이 몸과 마음을 다 바쳐 혁명과 사회주의 건설을 다그쳐 나가게 하도록 민족에 대한 자각을 일깨우려는 의도에서 제기되었다.

이러한 사상적 기치 아래 "인민대중이 자기 운명의 주인으로 등장한 오늘 민족의 운명을 결정하는 결정적 요인은 민족을 이끌어 가는 당과 수령의 령도이며, 민족이 지침으로 삼는 지도 사상이며, 민족이 살고 활동하는 사회제도입니다." 이때 민족제일주의는 "위대한 수령을 모시고 위대한 당의 령도를 받으며, 위대한 주체사상을 지도 사상으로 삼

---

50) 1989년 9월 북한학자들에 의해 수정 보완되어『우리민족제일주의론』이라는 단행본으로 발행되었다. 이와 관련해 단행본에서는 이 이론의 원천을 ①김일성과 김정일이라는 지도자, ②주체사상, ③노동당의 혁명 전통, ④북한식 사회주의제도, ⑤우리 민족의 유구한 투쟁의 역사를 들고 있다.『철학 연구』(평양: 사회과학출판사, 1990년 4호).

고 가장 우월한 사회주의제도에서 사는 긍지와 자부심"이라고 한 것이다.[51] 그리고 "우리식 사회주의는 우리 인민이 민족제일주의를 가지게 하는 사회적 기초이며, 그것을 더욱 빛내어 나가자는 것이 민족주의 정신을 발양하는 목적"으로 규정하고 있다. 여기서 주목할 것은 '우리식 사회주의'라는 용어의 사용 시기와 연관 지어 살펴볼 필요가 있다. 김정일은 (구) 소련의 해체 및 동유럽 붕괴를 목격한 후인 1991년 5월에 발표한 〈인민대중 주심의 우리식 사회주의는 필승불패이다〉[52] 이후 이를 널리 사용하게 되었다는 점이다. 이러한 의미는 한마디로 '우리민족제일주의'에 입각한 '우리식 사회주의'는 북한이 1980년대 말과 1990년대 초의 대외 정세적 위기를 극복하는 이론적 지주로 활용되었음을 알 수 있다.

그리고 이어 1992년 4월에 있었던 헌법개정에서 주체사상이 마르크스-레닌주의를 계승하고 있다는 구절 ('72. 사회주의 헌법 제4조)을 삭제하고 "인민대중의 자주성 실현" ('92년 사회주의 헌법 제3조)과 독자성을 제시함으로써 '우리식 사회주의'를 더욱 공고화하였다.[53] 결국 조선민족제일주의는 "모든 당원과 근로자들이 당과 수령의 위대성을 깊이 체득하고 당과 수령의 령도를 충성으로 받들어 나가는 것, 즉 우리 민족의 위대성은 곧 우리 수령, 우리 당의 위대성"인 것[54]으로 귀결된다고 하겠다. 결과적으로 1980년대 후반 이후 북한에서 활발하게 전개되고 있는 조선

---

51) 김정일, 1989. 〈조선민족제일주의 정신을 높이 발양하자〉 (조선로동당 중앙위원회 책임 일군들 앞에서 한 연설, 12. 28) 『친애하는 지도자 김정일 문헌집』 256~257쪽
52) 김정일, 〈인민대중 중심의 우리식 사회주의는 필승불패이다〉 『친애하는 지도자 김정일 동지의 문헌집』 343쪽
53) 「조선민주주의인민공화국 사회주의 헌법」 (1972. 12. 27. 최고인민회의 제5기 1차 회의에서 개정하고, 1992년 4월 9일 최고인민회의 제9기 3차 회의에서 수정함.
54) 김정일, 1989. 〈조선민족제일주의정신을 높이 발양하자〉 (조선로동당 중앙위원회 책임일꾼들 앞에서 한 연설, 12. 28.) 『친애하는 지도자 김정일 문헌집』 259쪽

민족제일주의 이념으로서의 민족주의 복원 경향은 북한 주민들에게 '우리식(북한식) 사회주의'를 자부하도록 만드는 이념적 동력 구실을 하게 함[55]과 동시에 민족통합 이데올로기로서의 민족주의와 북한 체제의 내적 단결을 강화하기 위한 '통치 이데올로기로서의 민족주의'적 측면[56]이 혼합되어 있다고 볼 수 있을 것이다.

3. 김정은 애국주의의 등장

김정은은 김일성, 김정일의 사회주의적 애국주의를 2013년 1월 1일 신년사[57]를 통해 선대들이 제시한 조국 통일 성업을 위한 역사적 위업을 반드시 실현해야 함을 강조하면서 통일애국투쟁으로 조국 통일의 새로운 국면을 열어 놓아야 한다고 발표했다.

"당 사업을 1970년대처럼 화선식으로 전환 시키고, 김정일 애국주의를 실천 활동에 철저히 구현하도록 하는데 당 사업의 화력을 집중하여야 하겠습니다. 김정일 애국주의는 김일성 민족의 영원한 넋이고 숨결이며 부강 조국 건설의 원동력입니다. 당 조직들은 모든 일군들과 당원들과 근로자들이 김정일 애국주의를 피 끓는 심장에 소중히 간직하고 사회주의 조국의 륭성 번영을 위한 오늘의 성스러운 투쟁에서 애국적

55)   박호성, 앞의 책, 138쪽
56)   이종석, 2000, 『새로 쓴 현대북한의 이해』 (서울: 역사비평사), 209쪽
57)   김정은, 2013, 「신년사」 〈전당과 온 사회를 김일성-김정일 주의화 하자〉 (평양: 조선로동당 출판사), 15쪽

열의와 헌신성을 높이 발휘해 나가도록 하여야 합니다."

이러한 김정은의 애국주의 등장은 이미 2012년 4월 23일 당 중앙위원회 책임 일군과 동년 7월 26일 〈김정일 애국주의를 구현하여 부강 조국 건설을 다그치자〉라는 로작을 통해, 다음과 같이 말했다.

"위대한 장군님께서 지니시고 몸소 실천에 구현해 오신 애국주의는 그 본질적인 내용으로 보나 커다란 생활력으로 보나 오직 김정일 동지의 존함과만 결부시켜 부를 수 있는 가장 숭고한 애국주의입니다. 그렇기 때문에 나는 애국주의에 대하여 말할 때, 애국주의 일반이 아니라 우리 조국을 지키고 부강하게 하는 길에서 실지 장군님께서 마음속에 소중히 간직하고 구현해 오신 애국주의, 김정일 애국주의에 대하여 말합니다."

김정은은 김정일 애국주의의 핵심이 첫째, 숭고한 조국관을 기초하여, 둘째, 인민을 하늘처럼 여기는 숭고한 인민관을 바탕에 두고, 셋째, 숭고한 후대관으로 일관된 것이라고 강조하면서 이러한 애국주의 열풍을 전체 인민이 실천적 활동으로 부강 조국의 번영과 사회주의 강국으로 애국 사상을 실천해 나갈 것을 강조한 바가 있다.[58] 현재까지 김정은의 애국주의는 표면적으로는 주체사상, 우리식 사회주의, 조선민족제일주의와 같은 핵심 주제어를 사용하지 않고, 선대에서 이미 사용한 개념을 포괄한 김정일 애국주의를 근간으로 조국관, 인민관, 후대관으로 표현하고 있다. 이외에 김정은의 애국주의 개념이해와 관련한 발언들은 그의

---

58) 채희원·원충국, 2017, 『김정은 장군과 시대어 I』(평양, 백과사전출판사), 33쪽

시대어 속 담화 "유훈관철전", "김일성 민족의 100년사, 주체조선의 백년사", "수령님식·장군님식 인민관", "자강력 제일주의" 등에서 확인할 수 있다.

소결: 북한 민족주의 일반화와 추상화

주체사상이 민족주의 사상이라는 것은 전술한 내용을 통해 확인했다. 그런데 북한은 주체사상과 이에 기초한 이론 또는 방법으로 가장 중요하게 목표 설정하고 있는 것이 '민족적 자주통일'임을 당규약과 헌법을 통해 명시하고 있다.[59] 다시 말해 주체사상의 전 체계가 바로 민족적 자주 개념을 중심으로 이루어져 있으며, 특히 철학적 원리는 민족적 자주 개념의 일반화 내지는 추상화를 통해 이루어져 있음을 확인할 수 있다.

먼저 민족적 자주는 주체사상에서 지도적 원칙의 하나인 '자주적 입장'으로 표현되고 있다(이외에도 창조적 입장, 사상 의식의 우선 등의 세 가지 원칙으로 구성되어 있음). 지도적 원칙에서 말하는 민족적 자주는 전술한 것처럼 사상에서의 주체, 정치에서의 자주, 경제에서의 자립, 국방에서의 자위 등으로 구성된다. 그런데 여기서 자주성의 개념이 주체사

---

59) … 조국 통일의 근본원칙과 방도를 제시하시고 조국 통일운동을 전 민족적인 운동으로 발전시키시어 온 민족의 단합된 힘으로 조국 통일 위업을 성취하기 위한 길을 열어 놓으셨다. (조선민주주의 인민공화국 사회주의 헌법, 1998년 개정 서문 중에서), 조선로동당은 오직 위대한 수령 김일성 동지의 주체사상, 혁명사상에 의해 지도된다. 조선로동당의 당면목표는 공화국 북반부에서 사회주의의 완전한 승리를 이룩하며 전국적 범위에서 민족해방과 인민민주주의의 혁명 과업을 완수하는 데 있으며, 최종목적은 온 사회의 주체사상화와 공산주의 사회를 건설하는 데 있다(조선로동당 규약 1980년 10월 13일, 전문 중에서).

상의 광의적 개념에서 볼 때 '철학적 원리'에서는 본질적 특성으로, '사회역사적 원리'에서는 역사의 본질적 내용으로 한다는 점에서 민족적 자주의 위상이 '지도적 원칙'에만 국한되는 것이 아님을 노정한다. 더욱이 이 자주성은 그들이 말하는 혁명의 본질로서 혁명이론의 대전제가 되고 있으며, 민족 역시 이것을 생명으로 하고 있으므로 민족 이론과 남북통일 이론의 대전제가 되기도 한다. 나아가 이들이 꿈꾸는 통일의 이상사회도 자주성이 실현된 사회로 정의하고 있다. 따라서 자주성은 주체사상 전체의 핵심 개념으로 자리매김하고 있다 하겠다. 이는 또한 민족자주와 융화되어 일반화 내지는 추상화되어 대외적으로는 세계체제에 대응함으로써 생존적인 이념적 재구성으로, 대내적으로는 내부 결속의 사상적 통치 이데올로기로 작동되고 있음을 파악할 수 있다. 이상의 내용을 역사적 현실로 바꾸어 요약하면 북한의 민족주의는 시대적 상황에 따라 배격되거나 유사 민족주의적 개념으로 변용되어 사용되어 왔음을 이해할 수 있게 한다.

북한식 사회주의국가 형성과정

1. 해방공간의 시대적 배경: 이념적 고찰

1) 자산 계급성 인민민주주의 도입과 실천

해방공간에서 북한으로 들어온 각 계파는 당시 완전한 독립과 해방 그리고 민주국가건설을 위한 다양한 이념의 혼돈 속에서 이념을 초월한 정파 세력의 활동에서 응집과 해체를 수없이 반복하였다. 그중 조선신민당은 연안에서 입북한 독립동맹 간부진이 북한에서 건설한 조선신민당과 이들 중 한빈 일행이 서울에서 결성한 경성특별위원회[60]가 조직을 확대·재편한 남조선신민당으로 구분된다. 후자의 대표적 인물로는 백남운, 정로식, 심운, 고찬보 등을 들 수 있다. 이들 세력은 박헌영의 조선

---

60) 독립동맹 출신인 한빈 일행이 연안파 정치 강령의 핵심 가치로 설정된 통일 민주국가 건립을 실천하고자 남한조직을 확대하기 위해 1946년 2월 5일 서울에서 결성한 단체이다.

공산당으로부터 차별대우를 받고 있던 인물 중심으로 이루어졌다. 국내 일부 사회주의 세력이 우파로 전향하는 갈등의 길목에서 조선신민당의 좌파 민족주의 정치노선은 그들에게는 매력적인 대안이 되었기 때문이다. 이에 조선신민당은 공산당에 불만을 가진 세력, 그리고 친일의 흔적을 지우고 싶은 식민지 지식인들까지도 포괄적으로 흡수하여 조직을 확대할 수 있었다. 이들은 우선하여 조선에서 통일 민주국가 설립은 민족주의와 공산주의의 융합으로 표현되는 연합성 신민주주의에 따라 달성되어야 한다는 인식을 확고히 했다(백남운, 1946:24). 이때 '민족'이라는 용어는 민족주의자들만이 독점하는 것이 아니라 사회주의자들에게도 공통되는 정치적 사상(심지연, 1988:127)으로 개념이 정립되게 된다. 이 영향은 오늘날 북한이 민족주의를 내장한 사회주의국가 체제를 형성하게 되는 이념적 기틀이 되었다고 하겠다. 이와 함께 북한은 신속한 토지개혁과 노동법령 및 남녀평등법령 제정 등을 시행했다.

그런데 토지개혁 부분에 있어서는 보다 면밀한 접근이 필요하다. 왜냐하면 식민지 항일시기 동북과 관내 지역의 좌우 민족주의와 사회주의 계열의 집단강령은 누구나 할 것 없이 농민을 토대로 한 투쟁목표의 근간을 봉건적 인습과 제국주의 착취로부터의 해방에 두었기 때문에 혁명의 최우선 순위를 토지개혁에 두어야 한다는 인식은 명확했다. 그에 따라 조선신민당 창당 선언 시 언급한 경제개혁에서 '토지는 경작하는 농민에게 분급하자' 발표와 김일성의 만주파에 의한 토지개혁정책이었던 조국광복회 강령 전문 제4항에서[61] 독립운동의 경비 충당과 빈곤

---

61) 일본국가 및 일본인 소유의 모든 기업소, 철도, 은행, 선박, 농장, 수리기관 및 매국적 친일 분자의 전체 재산과 토지를 몰수하여 독립운동의 경비에 충당하며, 일부분으로는 빈곤한 인민을 구제할 것.

한 인민구제 차원에서 언급된 것, 그리고 다른 계파들과의 토지개혁정책이 국가건설의 최우선적 과제로 공감대를 형성하는 것에는 이의가 없었다. 다만, 토지개혁이 조선신민당 주도로 실행되었다는 사실은 북조선 공산당이 토지개혁법을 제정·발표한 이면에 연안파로서 입북 후 북조선 공산당에 입당한 허정숙이 "북조선 토지개혁법령에 대한 해역"을 통해 토지개혁의 해설권을 행사했다는 점에서 초기 토지개혁정책의 계파 간 연합성을 짐작할 수 있다.[62] 이러한 사실은 "조선신민당의 토지정책"(1946. 3. 28.)과 "북조선 토지개혁에 관한 법령" 비교(1946. 3. 8.)를 통해 내용의 유사점이 확인된다([표 2-1] 참조).

한편 김일성은 한반도 내외정세를 분석한 결과 우선적으로 북반부에 적합한 정치이념으로는 민족주의와 공산주의를 융합시킨 신민주주의밖에 없다고 주장한 조선신민당의 '민족통일전선' 결성이라는 정치적 제안을 받아들인다. 그 배경에는 그가 만주 지역을 중심으로 경험한 무장투쟁과정에서 중국공산당으로부터 받은 학습 영향 때문이었다. 더욱이 이 제의는 민족해방과 독립이라는 차원에서 해방 후 통일 민주국가 건립이라는 건국 과업의 완수 차원에서 같은 공감대를 형성하였기 때문으로 볼 수 있다. 그동안 이민족 통치로 인한 민족모순이 민족 내 각 계급 간의 모순을 초과했다(심지연, 1988:136)고 분석하고 반일 '민족통일전선' 하에 조국 독립을 위해 투쟁하는 각 계층, 각 당파, 각 개인의 모든 역량이 집결되어야 한다(최창익, 1949:404)는 일관된 주장에 합의한 것이다. 이러한 정신의 연장선상에서 자주독립의 민주 국가건설을 목표로 '민주

---

62) 6항) 조선에 있는 일본제국주의자의 일체의 자산 및 토지를 몰수하고 일본제국주의와 밀접한 관계가 있는 대기업을 국영으로 귀속시키며 토지 분배를 실행한다.

주의 민족전선' 결성 의지에 연합하기로 한 것이다. 그리고 이를 통해 민주정권 수립과 민주 경제실현, 그리고 민주 문화건설을 달성하려는 의지를 담아내려 했다.

[표 2-1] "조선신민당의 토지정책"과 "북조선 토지개혁에 관한 법령" 비교

북조선 토지개혁에 관한 법령 (1946년 3월 8일)	조선신민당의 토지정책 (1946년 3월 23일)
· 제1조: 소작제 폐지와 토지이용권 경작제 실시	· 제2항: 토지 사유제의 신 국유지 및 소작제를 직경제로 전환
· 제2조: 몰수 대상 및 소유 토지 규모를 규정함	· 제3, 4, 5항: 몰수 대상자의 선정과 몰수 이유를 구체적인 분석을 통해 밝히고 있음
· 제10조: 토지 매매, 소작, 저당 금지	· 제4항 및 6항: 사적 토지 매매의 방치는 항구적 채노(債奴)로의 전환을 경고함
· 제14조: 무상몰수 당한 자의 관계시설에 관한 원칙	· 제8항: 기술적 조치를 국가에서 보장해 줄 것
· 제7조: 토지소유권 등록 · 제9조: 고용자와 농민 간의 부채 일절 탕감 · 제12조 및 13조: 건축물, 시설, 산림 국가로 귀속 · 기타: 행정적 조항 명시	· 제11항: 북조선 토지개혁을 원칙적으로 찬동하나 기술적 보완 조치에 관한 언급

김일성은 1947년 9월 9일 평남도당 단체의 열성자 대회에서 조선로동당의 지도이론에 관한 문제와 관련하여 〈조선 인민들의 혁명적 임무에 관하여〉라는 제목하에 다음과 같은 연설을 하였다(김창만, 1949:438~9).

"공산주의자들은 오늘 조선에다가 공산주의를 당장 건설하자는 것이
아니라 공산주의자들은 오늘 국제 국내정세와 조선 사회 성질에 의조

(依照)하여 자산 계급성 인민민주주의에서와 또 그 계단을 속히 완성하기 위하여 그 투쟁에 가장 적극적으로 참여하며 또한 모든 민주 건설에 가장 선봉적인 역할을 다하여야 한다(「근로자」 창간호, 54쪽)."

김일성은 이 연설에서 자주적 독립국가건설에서 노동계급을 선두로 한 근로대중 전체의 애국적 역량을 국가지배 세력으로 하는 새로운 조국 건설의 청사진을 피력했는데, 이것이 '자산 계급성 인민민주주의'의 도입과 실천이라고 강조하였다. 김일성이 이러한 정치노선을 주장한 이유는 항일시기 중국에서 정치이데올로기를 경험적으로 수용했기 때문이라고 볼 수 있다.

흔히 인간의 초기 사회화 과정이 '최초의 사회적 관계와 특히 정서적 정향의 정형화'라고 정의할 수 있다면(John Paul Scott, 1972:74), 조·중 국경지대에서 김일성의 성장과 무장투쟁은 민족주의자들로부터 항일운동을 배우면서 당시 동북 지역에 확산된 사회주의 조류에 편승해가는 민족주의를 내장한 사회주의자들의 가치관 형성기라 할 수 있다. 따라서 김일성 역시 시대적으로 민족주의와 사회주의를 상호 배타적으로 보지 않고, 반일투쟁을 통한 민족해방을 달성하는 데 있어 사회주의를 매력적인 수단으로 받아들였다고 할 수 있다. 다시 말해 김일성에게도 민족해방이라는 상위목적을 관철하기 위해서는 사회주의 무장투쟁 방식이 '최선의 수단'이 되었다고 볼 수 있는 것이다.[63]

---

63) 1920년대 민족운동 내부에서 반(反)국민부 파와 같은 〈제3세력; 민족주의자도 아니고 공산주의자도 아닌 새로운 중도 세력〉이 대두하였다는 것은 이 운동의 방향을 공산주의 운동으로 전환하기 위한 지향이 실천단계에 들어섰다는 것을 실증해 주고 있었다. 그리고 김일성은 공산주의자들이 지도하는 무장투쟁만이 가장 철저하고 혁명적인 반일 항전이 될 수 있다고 확신하였다.

이처럼 김일성은 항일투쟁 기간 중국혁명의 역사적 단계와 연계된 조선혁명을 위한 이데올로기를 학습하는 과정에서 중국혁명과 연관된 정치·경제·사회적 이념과 사상을 선망하면서 수용했을 것이다. 특히 왕밍과 리리싼 노선의 오류를 체험하면서 반(反)민생단 사건[64]에서 혹독한 고초를 겪은 김일성은 중국혁명의 성공모델이 된 마오쩌둥 노선이 조선 민족의 성향과 처지, 그리고 정서적으로도 북한의 국가건설에 가장 적합한 모델이라고 확신하지 않았을까 한다. 그러나 김일성의 만주파는 대부분이 무장투쟁 군인 출신으로 인텔리 지식인층이 아니었기 때문에 민족주의를 내장한 사회주의 국가건설의 논리와 실천적 방안추진에는 취약했다. 이러한 약점을 안고 있던 김일성은 해방 후 동북에서 경쟁적 관계에 있었으나 협력적 연대를 했던 연안파 및 타 계파를 정치적 협력을 도모할 수 있는 친근한 세력으로 받아들일 수밖에 없었던 상황이었다 할 것이다. 만주파가 처해 있었던 이상의 정치적 환경은 주변의 여러 계파 중 특히 지식인들이 많은 연안파 간부들이 비록 뒤늦게 입북함으로써 김일성의 만주파보다 주도권확보에 뒤처졌지만, 입북 후 바로 당·정·군의 주요 보직을 맡을 기회를 제공하였다.

연안파의 김두봉은 "현 단계에서 새로운 조선건설이라는 과업은 하나의 계급이나 하나의 당에 의한 일이 아니라 전체 민족의 기본과업이다."라고 선언했다. 연이은 연안파 수뇌부들의 연합전선에 대한 방향 제시는 김일성의 대중주의 성향과 공감대를 형성하면서 조선공산당의 공식적인 노선으로 변화되었다(암스트롱, 2006:114). 이렇듯 해박한 이론을

---

64)　정병일, 2008. "반(反) 민생단 투쟁의 정치사적 의의: 김일성의 부상과 조국광복회 성립과 동인"『사회과학연구』제16호, (서강대학교 사회과학연구소)

바탕으로 중국공산당의 경험과 방법을 활용하여 변용적 수용을 주도한 조선신민당은 동일 이데올로기하에서 유사한 경험을 한 북조선 공산당과 정서적 인식을 같이하면서 정강(政綱)·정책을 수립하는 데 큰 역할을 하게 된다. 이러한 좌·우를 아우르는 조선신민당의 당세확장은 북조선 공산당의 우선적인 합당 대상이 되었다. 북조선 공산당에게 있어 조선신민당이 갖는 의미는 만주파들이 주도하는 우당을 만들어 공산당과 계급적 기반을 달리하는 지식인과 토착 농민들을 흡수함으로써 북조선 공산당의 취약한 기반을 보완할 수 있는 것이었다(김광운, 2003:363). 실제로 두 당이 합병될 시기 당원 수는 모두 16만 명이었다. 그러나 합당 3개월 만인 1946년 11월 중순 당원은 50만 명으로 비약적으로 늘어났다(기토비차·볼소프, 2006:120). 소 군정과 김일성의 정책에 협력적일 수밖에 없었던 조선신민당의 제한적 정치참여였다.[65] 그런 가운데서도 이들은 높은 학력과 경험을 인정받아 선전·선동 부문과 당·정·군에 걸쳐 초당적 입장에서 북한의 연합정권 수립에 참여하였다. 특히 김창만과 최창익, 허정숙은 해박한 이론을 바탕으로 중국공산당의 경험과 방법을 변용적으로 수용하여 북한국가건설의 정책 입안을 하거나 실천적인 적용을 할 수 있도록 주도했다.

---

65) 이들의 초기 정치적 행보는 이는 입북 과정에서 조선의용군이라는 무장력을 해체당하고 또 무장력 대부분을 중국 동북 지역에 두고 왔기 때문이다. 그리고 또 다른 이유는 연안파 내의 분파적 분열에 따른 약한 연대성 때문이기도 했다. 같은 연안파 출신 내에서 어느 한 사람을 김일성의 대항지도자로 추대하려는 움직임이 없었다는 사실이 이를 증명한다(중앙일보 특별취재반, 1992:155~62쪽).

2) 연합성 신민주주의와 부르주아 민주주의 혁명 혼용
(만주파, 연안파, 남로당파)

그렇다면 김일성의 만주파와 연안파가 중국 항일전쟁 중에 직·간접적으로 학습한 통일전선 구축과 연합성 신민주주의론은 과연 무엇인가? 마오쩌둥은 전 세계의 여러 가지 국가 체제를 그 정권의 계급적 성격으로 구분하여 다음과 같은 3가지 기본적 형태로 분류하였다. 즉 자산계급독재의 공화국, 무산계급독재의 공화국 그리고 몇 개의 혁명적 계급의 연합독재 공화국이 그것이다.

첫째 형태는 (구) 민주주의 국가형태로 제2차 세계대전에 참여한 허다한 자본주의국가들은 민주주의의 냄새조차 없어지고, 자산계급의 피비린내 나는 군사적 독재로 이미 전환되었거나 전환되어 가고 있다고 보았고, 또한 지주계급 및 자산계급이 연합하여 독재하는 일부 국가들도 이 부류에 넣을 수 있다고 했다.

둘째 형태는 (구) 소련에서 이미 실현된 외에 현재 자본주의제 국가에서 준비되고 있는 유형으로, 장래에 가서 그것은 일정 기간 세계적으로 지배적인 형태가 될 것으로 보았다.

셋째 형태는 식민지·반식민지 국가의 혁명이 취하는 과도적인 국가형태로 규정했다. 각 식민지·반식민지 국가의 혁명은 필연적으로 약간의 상이한 특성들을 가지게 될 것이지만, 그 혁명의 성격이 식민지 또는 반식민지의 혁명이라면, 그 국가구성 및 정권 구성은 필연적으로 같게 될 것이다. 즉 제국주의를 반대하는 몇 개의 계급들이 연합하여 공동으로 독재하는 신민주주의 국가로 될 것이라 보았다. 따라서 오늘날 중국에 있어서 이러한 신민주주의적 국가형태는 다름 아닌 항일 통일전선의 형태이며, 그것은 항일하는 것이고 제국주의를 반대하는 것이며, 또한 몇 개의 혁명적 계급이 연합하는 것이기도 하며 통일전선적인 것이라는 분석을 하였다(마오쩌둥, 1992:837~55).

이상의 연합성 신민주주의는 부르주아 민주주의 혁명과는 다소의 차별성을 갖는다. 중국혁명은 중국을 독립된 민주주의 사회로 만드는 제1단계와 사회주의를 목표로 하는 제2단계로 나누어진다. 제1단계의 혁명은 사회주의혁명은 아니지만, 유럽 근대의 부르주아 민주주의 혁명과도 다른 새로운 형태의 민주주의 혁명, 이것이 '신민주주의 혁명'이다. 신민주주의가 목표로 하는 것은 부르주아독재나 프롤레타리아 독재가 아니라 몇 개의 혁명적 계급에 의한 연합독재 공화국이라고 규정했다. 이때 혁명적 계급이란 중국의 경우 노동자·농민·지식인과 그 밖의 소부르주아지, 양면성을 가지는 부르주아지 안의 혁명적 일부이다. 그런데 부르주아지는 타협성이 있어 이 혁명을 지도할 수 없으며, 그 임무는 프롤레타리아트에 달려 있다고 보았다.

이와 같은 관점은 1945년 8월 20일 박헌영이 조선공산당 재건준비위원회를 조직하면서 당시 조선 공산주의자들의 정치노선과 활동 방침을 발표한 선언문에서도 나타난다. '현 정세와 우리의 임무'라는 8월 테제를 통해 현 단계를 '부르주아 민주주의 혁명단계'로 규정하고 기본과업으로 '민족적 완전 독립'과 '토지문제의 혁명적 해결'을 들고 있다. 부르주아 민주주의 혁명에서는 노동자, 농민, 도시 소시민과 지식인 등이 혁명의 동력이 되어야 하고, 가장 혁명적인 프롤레타리아가 이 혁명의 지도자가 된다고 언급했다(이주철, 1996:202). 여기서 마오쩌둥과 박헌영이 주장하는 '현 단계'의 공통점은 식민지·반식민지 혁명이 취하는 과도적인 국가형태가 자산계급독재로 표현한 부르주아혁명이나 프롤레타리아 계급이 장악한 독재의 개념이 아니라, 제국주의를 반대하는 몇 개의 계급들이 연합하여 프롤레타리아 계급이 주도하되 공동으로 독재하는 통일전선적 형태이다. 마오쩌둥의 신민주주의론이나 박헌영이 당시 한반도 상황에서 주장했던 부르주아 민주혁명은 프랑스 혁명이나 영국의 시민혁명과 같이 부르주아계급이 지배하는 부르주아 혁명개념과는 구별된다. 당시 소련과 박헌영 그리고 연안파의 김창만이 주장한 부르주아 민주혁명의 개념은 "제국주의 압박을 뒤집어엎는 '민족혁명'과 봉건 잔재를 뒤집어엎는 '민주혁명'이라는 조선 혁명의 두 가지 기본임무를 성격상 '부르주아 민주혁명'이다."(김창만, 1949)라고 표현한 것이다.

이렇듯 사회주의국가로 전이해가기 이전 과도기에 식민지·반식민지를 경험한 국가가 갖는 특수성을 전제로 프롤레타리아 계급의 주도하에 각 계급의 통일전선 구축이라는 공통된 인식은 신민주주의론과 부르주아 민주혁명의 개념이 배치(背馳)되지 않는 범위에서 혼용적으로 사용했음을 알 수 있다. 또 다른 신민주주의론의 특성은 경제적으로는 대기업의 국유화를 추구하지만, 자본주의적 소 생산의 존재도 인정한다는 점이다. 농촌에서는 철저한 토지혁명으로 자작 농민을 창출하고, 한편으로는 협동조합 경영을 목표로 한다. 문화면에서는 민족적·과학적·대중적인 것이 특징이다.

참고로 중국혁명에서 신민주주의의 길이 가능했던 이유는 첫째로 러시아혁명의 성공, 즉 사회주의 체제의 탄생과 자본주의 체제의 침체라는 국제정세이며, 둘째로 국내에서 프롤레타리아트가 독립된 정치세력으로 등장했기 때문이다. 식민지·반식민지의 피압박민족이 사회주의 체제와 결합하면 프롤레타리아트의 지도 아래 자본주의를 거치지 않고 사회주의에 도달할 수 있다는 이론으로, 1920년 코민테른 제2차 대회에 즈음하여 레닌이 "민족·식민지 문제에 관한 테제 원안"에서 제기한 이론을 중국의 실정에 맞추어 창조적으로 발전시킨 것이었다. 중국혁명은 또 어떤 의미에서는 소련혁명의 궤도수정 및 스탈린으로부터 유래하는 교조주의적 내정간섭에 대한 저항에서 발전했다고 볼 수 있다. 그것은 마오쩌둥 노선의 중국혁명 성공으로 분명해졌다. 이러한 판단은 스탈린의 정책과는 다르게 현 단계를 '자산 계급성 민주주의 발전단계'로 규정하고 농민을 주체로 하여 '토지개혁'을 표어로 내세운 신민주주의 이론이 성공한 것이다. 따라서 중국혁명 시기, 이들과 동일한 학습경험을 한 김일성의 만주파와 연안파가 통일전선 구축과 연합성 신민주주의를 북한국가건설 이념으로 내세운 것은 지극히 당연한 선택이었다고 볼 수 있다. 그것은 사회주의가 정착하기 전 단계까지의 과도적인 형태지만, 다른 어떤 형태로도 대체할 수 없는 이념의 틀로 인식되었다.

북한은 1946년 3월에서 8월 사이에 기본법령들을 공포하였다. 소 군정 역시 10월 12일 3개의 공식포고문을 통해 일제 잔재의 제거와 함께 조선의 자유와 독립은 전적으로 조선인에게 달려 있다고 선언함으로써 북한에서의 부르주아 민주혁명을 승인했다. 공포한 법령에 전체적으로 흐르는 맥락은 '부르주아 민주주의 혁명'의 완수였다. 그런데 실제로 이 개혁들은 부르주아 민주주의 혁명과 사회주의혁명이라는 서로 다른 혁명단계를 연계시킨 신민주주의 노선을 따른 것이었다(전원근, 2000:114).

연합성 신민주주의론은 이후 북조선 공산당과 조선신민당이 합당한 후 1946년 8월 창립한 북조선 로동당(이하 로동당) 선전선동부장이 된 김창만이 〈북조선 민주개혁의 력사적 근거와 그 사회적 경제적 의의〉라는 논문을 통해 해방 이후 북한의 4년을 정리하면서 조선로동당의 공식적 입장으로 채택되었다. 그는 "현 단계 조선혁명의 두 가지 과제는 밖으로는 제국주의 압박을 뒤집어엎는 '민족혁명'이고, 안으로는 봉건 잔재를 뒤집어엎는 '민주혁명'이다. 그런데 이 두 가지 임무는 서로 연관된 것으로 결합하여 있다. 따라서 조선혁명의 성공은 이 두 가지 기본임무로 분별됨과 동시에 통일된 것으로, 이러한 혁명의 성격은 '부르주아 민주주의 혁명'이다. 이 혁명은 제국주의와 봉건 잔재를 청산함으로써 사회의 진보와 국가의 독립과 민주를 전취하여야 할 임무로 보고 이것이 성공할 때 한 단계 높은 사회주의 단계로 도약한다."[66]라고 했다. 특히 최창익이 '조선민주운동'의 해방 이전 역사를 논의하는 글 속에서 '계급투쟁'을 '민족투쟁'으로 효과적으로 흡수하는 것에서 나타나는데, 이러한 경향은 오늘날까지 북한 이데올로기의 이정표가 되어 분명하게 드러나고 있다 하겠다(최창익, 1946:23; 암스트롱, 2006:113).[67]

일반적으로 기존 연구들은 초기 북한국가건설기의 정치노선이 소련의 절대적 통제의 결과로 보는 경향이 강하다. 그러나 이상에서 살펴본 바와 같이 공산주의의 토착화를 위한 조선식 요소들은 중국의 정치노선을 변용적으로 수용·발전시키는 과정에서 구체화 되었다고 볼 수 있다.

---

66) 제국주의 통치를 뒤집지 않고서는 봉건 잔재도 숙청할 수 없다. 그것은 제국주의가 봉건 잔재의 주요한 지지자이기 때문이다. 반대로 봉건 잔재를 숙청하지 않고서는 제국주의 통치도 뒤집을 수 없다. 봉건 잔재는 제국주의가 조선을 통치하는 데 있어 주요한 사회적 기초가 되기 때문이다(김창만, 1949:429~53).

67) 연안파 최창익은 조선혁명이 계급투쟁이 아닌 민족투쟁임을 1937년 조선민족전선연맹 시절부터 이론화시키고 있었다.

이 과정에서 연합성 신민주주의론과 민족통일전선은 상당한 영향력을 행사했다. 그런데 한국전쟁은 신민주주의론과 민족통일전선을 공고화 시키지 못하는 계기가 되었고, 그 결과 인민민주독재가 전면화되었다. 그러나 이 또한 마오쩌둥이 국가건립 이후 신민주주의에서 인민민주독 재 노선으로 수정한 경험의 북한식 적용으로 볼 수도 있다. 이들에게 마 오쩌둥 노선의 북한식 수용은 예속과 후진성의 지난 시기를 한꺼번에 변화시킬 수 있는 매력적 수단(Milovan Djilas, 1997:32)으로 인식되었기 때문인지도 모른다. 이들에게 각인된 정치노선은 프롤레타리아트 혁명 과 민족해방은 분리될 수가 없었기 때문이다.

2. 민족통일전선을 통한 좌익세력 결집

북조선 민주주의 민족통일전선은 8·15 해방 이후 연안파의 김두봉 을 의장으로 북한의 좌익역량을 한곳으로 모으기 위해 1946년 7월 22일 조직된 통일전선 조직이다. 이 기구는 반제 반봉건적 성격을 부각시키 며 사회개혁, 토지개혁, 민족독립, 남북통일 등 정치 문제들에 대한 포괄 적이고 대중적인 활동을 목표로 설립되었다. 1935년 코민테른 제7차 대 회는 독일과 이탈리아 등의 파쇼체제 등장에 대응하기 위해 반파쇼 인 민전선전술을 채택하였다. 이는 식민지·반식민지 지역에서는 반제 민 족통일전선으로 나타났다. 이러한 추세는 당시 중국지역을 중심으로 해외 전선에 즉각적인 반향을 불러일으켜 좌우익을 망라한 전체 민족 해방운동의 방법론과 실천론에 큰 영향을 미쳤다. 그러나 아직 사회주의 성장 세력이 미진했던 민족통일전선은 사회주의 세력과 민족주의 세력, 특히 민족주의 좌파 세력과의 통일전선운동으로 나타났다(강만길, 2003:338).[68]

해방 후 북한국가건설에 참여한 김일성의 만주파는 연안파와 1930년대부터 중국지역에서 통일전선운동의 실천적 학습경험을 숙지한 동일 이데올로기의 소유자들이었다. 박헌영의 조선공산당이 남북 좌익세력을 망라한 통일전선 조직체를 구성한 것과는 별개로 김일성을 중심으로 두 계파는 건국 사업을 완수하기 위해 통일전선을 결성하였다. 이들은 식민지통치로 인한 민족모순이 민족 내 각 계급 간의 모순을 압도하고 있다고 보고 "반일 민족통일전선 밑에 조국 독립을 위해 투쟁하는 각 계층, 각 당파, 각 개인의 역량을 집결할 것"(최창익, 1949:404)을 주장했다. 단, 통일전선 결성에 있어 친일파 민족 반역자를 배제해야 한다는 확고한 원칙을 전제로 하였다(『해방일보』, 1945. 12. 28.).

이에 따라 1946년 1월 18일 민주 조선의 건립을 목표로 각 민주정당과 사회단체 및 광범한 진보적 인민층을 총망라하는 '북조선 민주주의 민족전선'을 결성했다. 공동성명서에서는 "제 민주주의 정당과 단체 또는 전 조선의 모든 진정한 애국주의자들과 민주주의자들을 망라한 민주주의적 민족적 전선 결성 촉구와 그리고 민주 역량을 발동시켜 그 힘으로 민주정권을 수립하고 민주 경제 및 문화건설을 해 나갈 것"을 주장하였다. 이를 위해 우선적으로 친일파, 민족 반역자, 반동분자들과의 투쟁을 전

---

68) 이에 따라 북한지역의 4대 정당인 북조선 노동당(위원장: 김두봉), 북조선 민주당(위원장: 최용건), 조선신민당, 천도교청우당(대표: 김달현) 등 13개 사회단체 대표들이 북조선 민주주의 민족통일전선(북조선 민전) 중앙회를 결성하고 지방에도 북조선 민전 시·군 민전위원회를 결성하였다. 민주주의민족전선 편, 1946. 『조선해방연보』, (문우인 서관), 455쪽

제로 하였다. 준비위원으로는 김일성, 김두봉, 한빈, 최용건, 김책, 강기덕, 최창익 등 만주파와 연안파를 중심으로 한 24명이 선정되었다.[69] 김일성을 중심으로 한 북조선 민주주의 민족전선결성의 행보는 북한이 남한과는 달리 독자적인 정치 움직임을 본격적으로 시작하겠다는 의지의 표현이기도 했다.

이에 앞서 연안파가 통일전선구축을 제안한 데는 해방 전후기 민족혁명의 혼란으로 인해 종파성과 분열 및 대립이 팽배하고 있다는 현실분석에 따른 것이었다. 연안파는 민주 역량을 총결집하기 위한 구체적인 정치적 방안을 연합성 신민주주의로 표방했고, 더욱 포괄적인 통일전선의 일환으로 남북한 좌·우익을 아우르는 '정치협의위원회'를 제안했다(백남운, 1946:16). 하지만 남한 미군정의 좌익진영에 대한 억압은 남북한 연합을 모색한 민주주의 민족전선의 활동을 거절하였다. 따라서 북한은 2월 15일 공산당 북조선분국 제4차 확대 집행위원회를 통해 김일성이 "우리 당이 북조선인민위원회를 설립함으로써 북조선 민족통일전선을 완성하였다."라고 보고하였다(김일성, 1946:20).

초기 북조선이 결성한 민족통일전선은 일본제국주의의 독점적 식민지 경험을 가진 한반도에서 충분한 타당성을 갖고 있었다. 그것은 다름 아닌 식민지통치 기간, 자본가와 노동자, 지주와 소작인 간의 심화된 계급적 모순과 식민지통치와 약소 민족 간의 민족적 모순이라는 경험적 조건을 해체한 후 재결집하고자 한 요청이었기 때문이다. 이에 관해 연안

---

69) "우리는 제 민주주의 정당과 단체 또는 전 조선의 모든 진정한 애국주의자들과 민주주의자들을 망라한 민주주의적 민족통일 전선을 결성하고자 주장한다. 이 통일전선의 기초위에서 조선의 민주주의적 임시정부가 수립되어야 할 것이다."(『해방일보』, 1946. 2. 6.에 실린 내용으로 『민주주의 민족전선대회 회의록』(조선정판사, 1946:19~20쪽)에 수록; 서동만(2005:140~2)에서 재인용).

파의 대표적인 이론가였던 최창익이 민족통일전선과 관련한 다음의 내용에서 민족통일전선 운동이 좁은 의미에서는 북한국가건설의 민족적 토대형성을 위해 결집하려는 정치노선이었음을 짐작할 수 있게 한다.

"… 현 단계 조선사회의 역사성에서 규정된 정당으로 그의 조직적 성원은 각 계급, 각 계층을 불문하고 진보적 민주주의 사상을 가진 사람은 각자의 지원에 의하여 다 참가할 수 있는 정치결사이다. 따라서 조선신민당은 한 계급의 정당도 아니며, 한 주의의 정치결사도 아니고, 민주주의적 민족통일 전선 정당이며 민족적 자주독립과 민주주의적 정권 수립을 목적으로 하는 현실 조선에 있어서의 정치노선에 의거한 진보적 민주정당이다. 따라서 조선신민당은 신조선 건설에 있어서 …… 자산 계급성 민족민주혁명의 역사적 임무를 공동 집행하는 데 있다. 이 순간의 역사적 단계에서 민주주의적 통일전선은 계급적으로 무산계급과 진보적 자산계급층 등의 합작을 말하는 것이며, 정당적으로는 진보적 자산계급적 성질을 가진 정당과 공산당의 합작을 의미하는 것이다. 또 그러한 합작은 목전 조선에 있어서 민족적 이해감이자 민족 내부에서 발생되는 각 계급의 이해감과 공통되는 까닭이다.[70]"

그것은 또한 광범위한 대중이 사회주의 국가건설에 참여할 수 있도록 하는 매개체였다.[71] 그런 의미에서 1946년 8월 북조선 공산당과 조선신민당의 북조선 로동당으로의 합당은 대중주의의 이론적 기반을 일치시

---

70) 최창익, 〈민주적 민족통일전선의 역사성에 대하여〉(「독립 신보」, 1946. 8. 15.).
71) 민주주의 민족통일전선은 5백만 명의 조직화된 대중들을 대표하는 대중조직이다(민주주의민족전선, 1946:392).

킨 가운데, 더욱 강력한 대중적 정당으로서 입지를 확보하기 위한 절차였다고 할 수 있다. 또한 이는 민족통일전선 운동을 통한 북한 사회주의 국가건설의 본격적인 출발이기도 했다. 이에 따라 북한은 정권의 기초를 세우기 위해 첫 번째 주요 활동으로 전국적 인민위원회 선거[72]를 실시하였고, 북조선 공산당과 조선신민당의 합당 직전에 '북조선 민주주의 민족통일전선'을 결성하였다(임철, 1993:80~5). 이후 김일성을 축으로 한 북조선 로동당은 민족통일전선 운동의 실무이론을 구체적으로 체계화하기 위해 당 선전공작부장에 김창만을, 북조선인민위원회 선전부장에 허정숙을 임명하였다(와다 하루키, 1987:18). 그리고 국가재산의 횡령과 탐오, 낭비 현상을 적발하는 인민 검열국 국장에 최창익이 취임하였는데(서동만, 2005:199), 검열국은 북한에서 전개된 대중적인 사상의식개조 운동이었던 건국사상총동원 운동을 직접적으로 관리하는 부서였다. 이러한 점에서 초기 북한국가건설과정에서 민족적 토대를 형성하기 위해 민족 통일전선운동과 대중적 사상의식개조 운동들이 우선하여 추진·전개되었음을 알 수 있다.

그리고 김일성은 1년 뒤 북조선 임시인민위원회 창립 제1주년 기념대회에서 〈조선 정치형세에 대한 보고〉를 통해 북조선이 민주 과업을 실천하는 데 있어 가장 큰 업적을 수행한 통일전선운동을 다음과 같이 설명하고 있다.

"우리는 북조선에 있어서 모든 진보적 애국적 민주주의 역량을 집결하

---

72) 1947년 2월 24~25일 실시된 읍과 리 단위의 인민위원회 선거와 3월 5일 실시된, 면 단위의 선거가 민주주의 민족통일전선의 감독하에 치러졌다.

여 한 개 민족적으로 되는 통일전선을 결성함으로써 제 민주 과업을 실시하기 위한 투쟁에 동원되었으며 인민위원회를 지지하였기 때문입니다. 제 민주주의 정당과 사회단체들이 민주주의 민족통일전선 깃발 밑에 집결되어 공동한 목표, 부강한 민주 독립 국가를 세우기 위하야 싸우는 데서만이 민주 과업을 성과 있게 달성할 수 있습니다. 이 통일, 애국적 진보 역량의 통일은 오늘 북조선 민주 건설에 있어서 뿐만 아니라 장차 통일적 독립 국가를 세우는 데 있어서 필시 그 승리를 보장하는 유일한 밑천이 됩니다(김일성, 1947a:4~5)."

이어 김일성은 1946년 8월 29일 북조선 로동당 창립대회보고를 통해 민주개혁을 실천하는 데 있어 민주주의 민족통일전선은 조선신민당과 북조선 공산당의 합당으로 민주주의 독립 국가를 건설하는 주동력이 된다고 선언하였다(김일성, 1946b:2~28).

3. 군중노선을 중심으로 한 토지개혁 및 사회개혁

1) 토지개혁

마르크스 · 엥겔스의 사회주의 혁명이론은 자본주의가 발달한 국가의 상황에 맞추어 제기된 것으로 주로 무산자계급의 역량에 의지하고 있다. 그러나 현실에서 사회주의혁명은 이와는 달리 대지주에 의한 토지소유제가 시행되는 국가에서 진행되었다. 이는 사회주의혁명의 진행 과정에서 농민의 광범위한 지지와 참여가 필수적임을 말한다. 그리고 농민 문제의 핵심은 토지문제였기 때문에, 당시의 불합리한 토지 소유제도를 변화시켜 농민의 토지에 대한 요구를 만족시켜 주는 것이 문제 해결의 관건이기도 했다(박명희, 1999:21~2).

소련은 1917년 러시아혁명으로 농경지의 국유화와 집단농장화가 실시되었다. 이러한 개혁으로 처음에는 많은 희생과 자본의 유실이 발생했으나, 결국에는 농장의 기계화로 수많은 농부들이 산업부문으로 방출되었다. 반면 중국의 토지개혁은 역사상 가장 전면적이고 성공적으로 추진된 농촌혁명으로 평가받고 있다. 중국공산당은 토지개혁의 성공으로 인해 탄탄한 기반을 조성했다고 볼 수 있을 정도로 토지개혁의 영향력은 지대했다. 중국공산당 토지개혁의 기본원칙은 착취계급인 지주와 부농의 토지를 몰수하여 피착취계급인 빈농에게 재분배하여 경자유기전(耕者有其田)을 실현하는 것이었다. 또한 이 과정에 농민대중이 직접 참여토록 하였다. 그것은 농민대중의 참여의식을 고취시키려는 정치적 의도와 함께 실질적인 경제적 이익을 보장함으로써 광범위한 대중적 지지를 획득하기 위한 특단의 조치였다. 마오쩌둥의 농촌 토지정책은 1928년 정강산에서 최초로 실시한 토지법에 기초한다. 즉 토지소유권은 소비에트 정부에 있으며, 매매는 불가능하지만 사람 수에 따른 균등한 분배방식을 지향한 토지혁명이었다. 그리고 분배방식의 신속성은 많은 사람의 욕구를 충족시킴으로써 농민이 토지혁명에 적극적으로 참여하게 되었다. 이를 통해 마오쩌둥은 농촌근거지를 튼튼히 하고, 농민을 중심으로 공산정권의 대중적 존립 근거를 확립하고자 했다(박명희, 1999:42).

중국과 함께 식민지·반식민지를 역사적으로 같이 경험한 북한 정권 역시 해방 이후 '민주개혁'이라는 명목 아래 '토지개혁'을 최우선으로 단행하였다. 이 조치는 단순히 토지를 농민에게 재분배하는 차원을 넘어 사회 전반의 구질서를 전환하고자 하는 혁명적 조치였다. 이는 식민지 시기 굴절된 역사를 가진 민족이 새로운 역사발전경로를 찾으려는 노력의 일환이라 하겠다(이주철, 1996:194). 1946년 2월 8일 출범한 북조선임시인민위원회는 토지개혁법령, 노동법령, 남녀평등권법령, 주요 산업 국유화 법령 등을 잇달아 제정·선포하면서 장차 사회주의 체제로 진입하기 위한 사회경제적 기본 틀을 갖췄다. 북한에서의 '민주개혁'은 중국과 마찬가지로 식민지적, 봉건적인 낡은 사회제도를 청산하는 동시에 앞으로 있을 사회주의적 개조를 위한 토대 마련을 위한 조치로 시행된 것이다. 사실 토지개혁의 전개가 사회구조에 미친 영향은 변혁의 핵심 내용을 구성하는 것이었다.

여기서 북한 토지개혁의 중요한 문제의 하나는 토지개혁 주체에 관한 것으로, 토지개혁 전 과정의 중심에 김일성만을 부각시키고 있다는 점이다. 그리고 이에 관한 대부분의 기존 연구는 소련 중심의 역할에 비중을 두었다. 관련하여 박명림은 농민의 요구를 소련이 수용하는 방식을 택했다고 주장하고, 김성보는 토지개혁 법령원칙을 소련과 조선공산당 북조선분국이 협의하여 만들었다는 견해를 보인다. 이는 북한 토지개혁의 최고 결정권자가 소련이었다는 인식을 기본바탕으로 하는 것이다. 그러나 소련군의 점령이라는 조건을 과도하게 강조하여 각 부문에서 조선인들의 역량과 자율적인 국가건설의 역할을 최소화하는 인식은 지양되어야 한다. 왜냐하면 정치적 환경조건에 가까운 소련군의 점령을 결정적 조건으로 설정하고, 소련군을 모든 사건의 원인과 동력으로 파악하는 인식은 자칫 해방 직후의 사실을 객관적으로 복원하는 데 걸림돌이 될 수 있기 때문이다. 당시 소련 제25군 정치 사령관이었던 레베데프는 "소련군 위수사령부의 존재는 민주적인 사회조직사업과 민주적인 사회개혁을 방해하는 적대적이고 반인민적인 세력을 용납하지 않았다."(레베데프 1987:125)라고 하면서 소련군 사령부는 군부대를 지휘하는 고유업무에 여념이 없었을 뿐만 아니라 민정 업무를 다룰만한 경험과 지식을 소유한 전문가들이 많지 않았기 때문에 민정 업무수행에 상당한 곤란을 겪고 있었음을 시사하고 있다. 이러한 현상은 소련 제25군 대좌들의 일부가 각 도(道)의 고문을 맡았으나, 이들의 역량과 조선 상황에 대한 지식의 한계 등으로 인해 그 역할은 제한적일 수밖에 없었다는 사실에서도 확인된다(이주철, 1996:209).

김일성 역시 소련의 정치적 환경을 인정하면서도 토지개혁에 관해서는 "각 민주주의 정당과 각 사회단체의 튼튼히 결성된 민주주의 통일전선의 힘으로 실시된 것이며, 우리 공산당은 이 민주주의 통일전선에서 핵심적 작용과 주동적 역할을 하였다."(국사편찬위원회 1982:63)라고 강조하였다. 특히 토지개혁의 실제적 집행은 소련의 묵인하에 북한의 연합 정치세력 및 농민과 농촌위원회 등의 주도로 이루어졌다는 것이다.

북조선 임시인민위원회는 1946년 3월 5일 '북조선 토지개혁에 관한 법령'을 공포하여 사회주의개혁의 서막을 열었다. 김일성은 임시인민위원회의 첫 번째 당면과제로 "지방정치기관들을 튼튼히 하여 그로부터 친일파와 반민주주의적 분자들을 숙청하지 않고서는 민주주의적 조선을 건설할 수 없다."라고 단언했다. 그리고 두 번째 과업으로 "일본제국주의자와 민족 반역자 및 조선인 대지주들의 토지를 몰수하여 농민에게 무상분배하고 산림은 국유화한다.”라는 토지개혁방안을 제시하였다. 이어서 그는 “반역자들의 경제적 기초는 봉건적 소작제도이고, 그 봉건적 토지 소유자는 무엇보다도 농촌에 봉건적 세력을 보존하려 하여 어떠한 민주주의적 개혁에 대해서도 다 반대하고 있었다. 그러므로 토지개혁 없이는 농촌경제의 발전과 부흥을 할 수 없을 뿐 아니라 자유민주주의적 조선국가건설도 불가능하다.”(전원근, 2000:112~3)라고 하면서 토지개혁의 이유를 분명하게 밝히고 있다. 따라서 해방공간에서 북한의 토지개혁은 일제와 그 주구 세력 또는 봉건 잔재들을 제외하고 통일전선의 기치 아래 결집한 정치세력을 중심으로 자율적으로 준비되고 집행되었다고 할 수 있다. 이는 북한 토지개혁이 소련의 주도하에 실시되었다고 보는 기존의 정설에 대한 재론을 요구한다.

이러한 사실과 관련한 보다 구체적인 정황은 다음 문건에서도 확인할 수 있다. 소련군은 1946년 1월 2일 ‘북조선 주둔 소련군 사령관의 명령서’ 제2호를 통하여 “전 농호를 각각 조사하여 각종 토지 사용자들의 소유지(농민, 소작농, 지주, 사원소유지, 기타)와 일체 국유지, 이전 일본인 소유지를 세밀히 조사(한림대학교 아시아문화연구소 1993:446)하여 2월 15일까지 등록할 것”을 명령하였다. 이 문건의 내용에서는 소련 측이 북한 토지개혁 시기에 일정한 역할을 하였음을 알 수 있다. 하지만 이것이 소련의 토지개혁 주도론이 될 수는 없다. 그런데 소 군정의 조사 완료 기한인 2월 15일에 조선공산당 북조선분국 중앙 제4차 확대 집행위원회는 “토지문제에 관하여 최단기간 내에 토지의 수목과 등별 인구수와 노동력의 여하한 형편 등을 자세히 조사할 것을 결정하였다(국사편찬위원회 1982:33). 이것은 소련군 사령관의 명령이 정해진 기간 내에 시행되지 않았음과 더불어 토지개혁의 진행 과정이 북한 정치세력의 주도로 이루어졌음을 확인시켜 준다."(이주철, 1996:219). 그리고 동구 사회주의권의 토지개혁이 현지의 실정을 고려하여 그 차이가 존재했다는 사실을 주목해 보면 북한에서의 토지개혁 역시 소련의 일방적인 개입영역이 아니었음을 간접적으로 확인할 수 있다([표 2-2] 참조).

[표 2-2] 2차 세계대전 후 동구 사회주의권 국가 토지개혁 유형(박동삼, 1991:53~57)

토지개혁 유형	국명
무상몰수. 무상분배	유고슬라비아, 알바니아
무상몰수. 유상분배	루마니아
유·무상몰수. 유상분배	폴란드, 동독, 체코슬로바키아, 헝가리
유상 매수. 유상분배	불가리아, 쿠바

그런데 북한의 토지개혁은 입북 후 북조선 공산당에 입당한 허정숙이 그 해설을 담당했다는 데 주목할 필요가 있다. 허정숙은 "토지개혁은 반봉건의 혁명 임무를 실행하고 민주 조선의 인민정권을 확립하는 관건이라고 하면서 토지개혁의 의미를 (1) 봉건 잔재와 그 세력을 숙청하는 것, (2) 친일 분자와 민족 반역자 및 일제 반동파들의 사회경제적 토대를 소멸하는 것, (3) 농민을 토지에서 해방하는 것, (4) 농촌경제의 향상과 진보를 가져오는 것, (5) 농민으로 하여금 민주국가의 주인공이 되게 하는 것"(심지연, 1988:133) 등 5가지로 설명하였다. 토지개혁법령에 대한 취지와 그에 따른 해설을 담당했다는 사실은 관련 개혁을 입안하고 주도하였다고 볼 수 있다.

김일성은 토지개혁과 관련하여 마오쩌둥과 중국공산당이 연안 시절에 발전시킨 군중노선에 의한 토지개혁을 주도할 때 함께 경험한 연안파를 실무적으로 활용하였다. 그 이유는 이들이 북한 정권 수립기에 농촌근거지를 튼튼히 하고 농민을 중심으로 그들을 조직화하여 정권의 대중적 존립 근거를 확립하고자 한 마오쩌둥의 대중노선 방법을 북한식으로 수용하려 했기 때문이다. 김일성이 최창익, 허정숙, 김창만 등과 같은 연안파 출신 실무핵심 이론가들을 통해 이른바 민주개혁을 단행한 이유는 군중노선의 실행방법을 체득한 이들의 눈에 비친 북한 사회가 당면한 가장 심각한 문제는 바로 농민 문제이며, 그 핵심은 토지문제라고 판단했기 때문이었다. 그리고 국가사회주의 건설의 첫 단추로 토지개혁을 착수한 이유는 지주와 소작 관계를 해체함으로써 반민주적 봉건 잔재와 그에 따른 사회의식 상태를 변혁시키기 위해서였다. 또한 토지개혁을 통해 절대다수를 차지하고 있는 농민들의 여론을 환기시킴으로써, 취약한 정치적 지지기반을 공고히 하려는 의도였다 하겠다.[73]

　북한지역에서의 토지개혁은 법령 발효를 통해 3월 8일~3월 30일 사이에 실시되었다. 이때 북한은 전 사회적으로 토지개혁 캠페인을 벌여 개혁의 열기를 높인 뒤, 빈농을 중심으로 토지개혁을 시행하였다. 북한의 토지개혁은 단순히 농지개혁, 농촌구조개혁이라는 경제적 측면보다는 반제반봉건민주주의 혁명이라는 구호 아래 로동당의 일당 지배체제를 구축하기 위한 정치적 의도가 강력히 작용한 데 그 특성이 있다. 북한의

---

73)　이 법령은 그 후 부분적인 보충과 개정을 통해 1948년 9월 9일 북한 헌법으로 그 합법성이 부여되었으며, 1958년 8월 농업 협동화 완성 시까지 그 효력이 지속되었다. 이는 엄밀한 의미에서 '국가 소작제'로 전환되었다고도 할 수 있는 것이다. 그리고 농민들에게 부여된 권리는 토지소유권이 아니라 경작권이었다. 이러한 토지개혁법령은 전문 17조로 되어 있다.

토지개혁은 "토지는 밭갈이하는 농민에게!"라는 구호를 내걸고 무상몰수, 무상분배 원칙 아래에 이루어졌다. 5정보 이상의 토지 소유자를 지주로 규정해 이들의 재산을 무상 몰수했는데, 토지개혁의 결과 지주계급은 완전히 사라지고 부농층이 약화하였으며 빈농과 중농이 농민의 절대다수를 차지하였다.

이상의 토지개혁은 신생 북한 사회주의국가의 경제·사회적 토대를 군건히 했을 뿐만 아니라, 로동당의 정치 기반 조성에 큰 공헌을 했다. 토지개혁의 집행자인 농민위원회에 망라된 구성원들과 토지를 분배받은 농민층을 대량으로 당에 입당시켜, 각 리(里)마다 당 조직이 강화되었다. 또한 이들은 당 조직이나 인민위원회, 각종 사회단체의 간부들로 등용되어 로동당의 지지기반이 강화되는 계기가 되었다. 인민대중이 스스로 토지개혁에 참여하도록 한 것은 중국공산당의 '군중노선'을 그대로 수용한 것이었다. 이에 따라 북한 내의 반공 세력은 급속도로 몰락하였음은 물론 천도교·기독교·불교 등 종교재산까지 몰수함으로써 종교 활동을 위축시키는 부수적인 효과도 나타나게 되어 사회주의 국가건설의 현실적·잠재적 저항 세력들을 제거하는 계기가 되었다. 김일성은 1947년 2월 8일 북조선 임시인민위원회 창립 제1주년 기념대회에서 토지개혁실시 결과를 다음과 같이 보고했다.

"1946년 3월 5일에 실시된 토지개혁은 토지의 봉건적 소유관계를 완전히 청산하고 토지를 밭갈이하는 농민에게 넘겨줌으로써 조선 농민들의 세기적 숙망(宿望)을 달성하여 주었습니다. 토지개혁에 의하여 98만여 정보의 일본인과 친일파의 소유와 5정보 이상의 조선인 대지주 소

유의 토지를 몰수하여 72만여 정보를 토지 없는 농민, 토지 적은 농민
들에게 분여하였습니다(김일성, 1947:12)."

참고로 남로당 역시 8월 테제를 통해 토지문제 해결방안을 제시하고
있다. 그런데 토지개혁의 방향에 관한 포괄적 입장은 같았으나, 북조선
공산당처럼 토지개혁의 방안을 구체화하지는 못하고 있다.

(1) 일본제국주의자와 민족적 반역자의 토지는 무상 몰수할 것
(2) 조선인 지주의 토지에 대해서는 우선 대지주, 고리대금업자의 토지를 무
    상 몰수할 것
(3) 사원, 향교, 종중 등 기타 공공체의 토지는 무상 몰수할 것
(4) 조선인 중소 지주의 토지에 대한 것은 우리 투쟁의 발전에 따라 해결할 것
    (즉 그들의 자기 경작 토지 면적 이외의 것은 몰수함을 원칙으로 한다.)
(5) 몰수된 전 토지는 토지 없는, 또는 토지가 적은 농민에게 분여할 것이요,
    그 관리권은 (노동자, 농민의 이익을 대표하는 진보적 인민 정부가 수립
    될 때까지) 농민위원회 혹은 인민위원회에서 가질 것(김남식 엮, 1988:40
    에서 재인용)

그런데 북한의 토지개혁은 한국전쟁이 끝난 1954년에 다시 한번 궤도
수정을 하게 된다. 농지를 개인이 소유할 수 없도록 한 토지의 '협동적
소유화 정책'이 그것이다. 이는 토지가 개인·국가 또는 당의 소유가 아
니라 협동 농장원 전체의 소유라는 개념으로, 이것이 사회주의로 가는
조치라는 것이다. 이렇듯 북한의 토지개혁은 해방 이후 위로부터의 주

도와 아래로부터의 요구가 결합하여 신속하고 급진적인 변화를 낳은 가장 중요한 사례라 볼 수 있다. 북조선 공산당이 정책을 주도하고 농촌위원회가 주관한 토지개혁은 인민위원회의 전국적 조직망을 바탕으로 광범위하게 추진되어 불과 3주 만에 성공적으로 완성된다. 토지개혁의 성공으로 북한 사회주의혁명을 추진하는 북조선 공산당의 권력 기반이 강화되었음은 두말할 나위가 없다. 그와 함께 북한 내에 반동성을 가진 분자들을 숙청함으로써 사회적인 성분 개조를 가능케 했다고 볼 수 있다. 또한 정치적으로는 인민대중의 혁명 열정과 생산 열정을 북돋우어 농촌을 진지화함으로써 생산 운동을 발전시키는 계기가 되었다. 이렇듯 북한은 공산주의 당 조직을 더욱 공고히 함으로써 분단 상황에서 체제의 내부적 결속을 촉진해 나갔다고 할 수 있다.

2) 사상의식개혁: 건국사상 총동원 운동과 군중노선

건국사상 총동원 운동은 1946년 11월과 이듬해 2월에 실시된 북조선 인민위원회 선거를 계기로 북한에서 전개된 대중적인 사상의식개조 운동을 말한다. 이 운동을 주도한 연안파의 자신감은 당 사업방식에서 독자적인 목소리를 내기에 이른다. 그것은 마오쩌둥식 '군중노선'을 북한에 적용한 것으로 당 선전부장인 김창만이 주도했다. 그러한 변화는 김창만이 집필에 관여하여 1947년 8월 호 「근로자」에 게재했던 김일성의 북조선 로동당 창립 1주년 기념논문에서 확인할 수 있다. 김일성은 종래의 '당 사업작풍'에 문제를 제기하며 "군중을 조직하며 인도하는 데에 있어, 명령하여 군중을 가르치며 군중과 같이 군중 속에서 호흡하는 대신에 군중은 모른다고 뒤떨어졌다고 욕하며, 군중과 한 덩어리가 되지 못하고 군중을 이탈하는 현상"을 관료주의라고 비판하였다. 또한 "군중 속과 하급 당원들 속에 들어가서 그들에게 해석하며 그들의 심정을 연구하며, 그들을 이끌고 목적 달성의 길로 나가는 작풍을 세워야 한다. 명령할 것이 아니라 이신작칙(以身作則)하여 군중과 한 덩어리가 되어 그들이 모른다고 시비와 비방할 것이 아니라, 그들과 접근하고 그들을 가르치는 군중의 친우가 되도록 하는 사업작풍을 가져야 한다."(김일성, 1947b:40~1)라고 주장하였다.

이러한 주장은 최창익의 글에서도 확인된다. 최창익은 "북조선의 민주적인 각 정당, 각 사회단체는 오로지 민주정치로 군중을 동원하며 군중을 교육하며 군중을 조직하여서 신조선의 민주정권을 건립하고 민주경제를 시행하며 민주 문화를 창설하여야 한다."라고 말했는데, 여기서 김일성과 동일한 군중노선을 발견할 수 있다. 나아가 그는 이러한 군중노선의 궁극적 목표는 통일적 민주정권에 있으며, 그 실천적 기초는 민주주의적 민족통일전선에서 비롯되었다고 했다(최창익, 1946).

마찬가지로 김창만은 상술한 김일성의 기념논문에 대한 이론적 뒷받침으로 「근로자」 12월 호에 게재한 〈대중과의 긴밀한 연락은 간부의 지도적 중요 요소다〉라는 논문을 통해 "사업상 중요 무기의 하나인 검열과 독촉사업도 군중과의 연락이 없이 군중의 원조 없이는 그의 완전을 기할 수 없다. 우리 당은 군중을 지도함에 있어 감독식으로 지도하는 것을 절대로 허용하지 않는다. 우리 당은 이런 감독식 형식주의적, 관료주의적 사업방식과는 무자비하게 투쟁하는 것이며, 이와 같은 사업작풍은 사업을 진전시키는 것이 아니라 오히려 사업을 정체케 하는 것이다."라고 주장했다. 또 "유감하게도 아직 일부 지도자 속에는 군중과는 아주 많이 분리되어 군중 속에서 사업하는 것이 아니라 사무실에서 사업하며 구체적 지도사업을 보장할 줄 모르는 간부가 더러 있는 것"이라고 지적했다. 그는 이 주장을 통해 중국공산당의 군중노선을 적용하면서 소련파가 자랑하는 검열식 사업방식을 관료주의라고 지적하며 비판하였다(서동만, 2005:202~4). 이를 통해, 북한 내 군중노선을 토대로 주도한 주요 정책의 의미는 중국에서의 경험을 그대로 모방한 것이 아니라 북한의 환경과 조건에 비추어 변용적으로 수용함으로써 북한식의 주체적 민족주의를 지향한 것이었다.

중앙협력적 통치체계

1. 개요

해방 후 정치 권력의 공백 상태가 된 한반도는 중앙의 정치적 움직임과 지방의 자치조직이 분리되었고, 오히려 전 지역을 장악한 것은 자연발생적으로 만들어진 자치조직이었다.[74] 이후 미·소 군정의 한반도 진출에 따라 양군의 점령정책 규정을 받게 되었는데, 대표적인 사례가 남한에서는 광복군이, 북한에서는 조선의용군이 무장 해제되어 개별 입국한 사건이다. 초기 북한지역에 대한 소련의 정책은 북조선 영토 내에 소비에트 및 그 밖의 소비에트 정권의 기관을 수립하지 않고 전 조선 인민의 이익과 열망에 부응하는 부르주아 민주주의 정권을 창설하는 것이

---

74) 보안대, 치안대, 자치위원회, 건국준비위원회 등 이들의 활동은 치안 확보와 일본 및 친일 주구들의 재산몰수였다(김용복, 1989:201~16).

었다.[75] 이러한 소 군정의 조치는 북한 내 민족주의적 토착 세력들이 행정과 치안을 장악하고 있는 상황에 따른 것이기도 했다. 따라서 중국공산당 동북위원회에서 분리·파견된 조선공작단의 역할은 만주 동북 지역에서와는 달리 소련군 점령 요원으로 이들은 소련군을 배경으로 북한 각 파견 지역의 경무사령부 부사령관, 통역요원 및 지역방위 요원으로 제한된 활동을 하였다(한임혁, 1961:34).

따라서 김일성은 오기섭, 정달헌 등 북쪽 공산주의 국내파의 일국일당 주위 고수에 따른 진통 가운데, 서울당 중앙의 박헌영과의 비밀 합의에 따라 1945년 10월 8~13일 서북 5도당 책임자 및 열성자 대회를 개최하고 '조선공산당 북조선분국'을 결성하게 된다. 그런데 분국은 시·도당 조직의 연합으로 결성이 되었지만, 내부적 대립을 안고 있었으며 또 독자적인 세력을 형성하고 있는 자치조직과의 융합되지 못한 갈등은 원활한 당 조직의 기능을 발휘하지 못하게 했다. 이런 가운데 김일성은 노동계급의 단결력이 약하고 반동 부르주아지가 청산되지 않고 있는 국내적 조건을 배경으로는 당의 기반이 취약하므로, 자본가와 노동자가 연대하는 반파시스트 통일전선 결성을 통한 민족통일 정권 수립을 1차 과제로 설정하기에 이른다. 그리고 이러한 현 단계를 '자본 민주주의 정권' 수립 단계로 규정했다(김일성, 1998:40). 이와 같은 행동은 당시 북조선분국의 성격을 외형적으로는 서울을 본부로 한 조선공산당에 예속되었지만, 실질적으로는 박헌영이 서울에서 발표한 '조선인민공화국'을 간접적으

---

75) "스탈린과 안토노프가 바실리에프스키 원수, 연해주군관구군사회의, 제25군 군사회의에게", 국방성 문사관, 폰드 148, 목록 3225, 문서철 28, 42~59쪽. 「每日新聞」 1993. 2. 26. (서동만, 2005:59~62).

로 부인한 것이다.[76]

이 같은 사실은 김일성이 건국·건당·건군과 관련한 자신의 새로운 당 노선과 정치노선을 천명한 사실에서 확인할 수 있다. 보다 구체적으로는 김일성은 4대 기본정치과업으로 민주주의적 민족통일전선을 형성하여 민주주의 인민공화국 건국, 일제 잔재 세력과 국제 반동 주구들 및 기타 반동분자 청산, 인민위원회 조직과 민주주의적 개혁 시행으로 민주주의 독립 국가건설의 기본토대 마련, 그리고 당 대회 강화 등(김일성, 1947b:26~7)을 단행했다. 또한 분국 집행위원은 17명으로 북조선 5개 도와 평양시 대표들로 구성하고 이들을 중심으로 분국 집행부서도 발표하였다. 이 시기 연안파 주요 간부들은 입북하지 않은 상태였고,[77] 만주파의 김책과 최용건은 조선민주당 창당 준비 관계로 집행위원에서 제외되어 있었다(김광운, 2003:163). 이렇듯 조선공산당 북조선분국은 서울의 조선공산당 중앙과의 미묘한 갈등 속에서 성립되었다. 이 분국 설립은 그동안 수면하에서 진행되던 권력창출과정이 공식적으로 표면화되어 나타난 북한 정치사의 전환점이라 할 수 있다. 그러나 그 기능은 김일성의 구상대로 발휘되지 못했다([표2-3] 참조). 더욱이 10월 12일 소련군 제25군 치스차코프 사령관은 성명을 통해 "모든 반일 민주주의 단체들의 결성과 활동을 허가"한다고 발표함으로써 민주주의 정당 및 단체들의 광범위한 통일전선 구축을 허용할 수밖에 없었다.

---

76) 이때까지만 해도 김일성은 그가 중국에서 체험한 자산계급성 신민주주의 노선을 염두에 둔 것으로 보인다.

77) 이와 관련 슈티코프(19~20), 기광서(2003), 박길룡(1967:33), 김창순(1961:95~6), 중앙일보 특별취재반(1992:116) 등은 사실관계에 기초하지 않은 채 신빙성 없이 기술하고 있다. 예를 들어 이들 연구는 당시 무정이 제2비서로 선출되었다고 기술하고 있으나 무정은 아직 입북하지도 않은 상태였다.

[표 2-3] 조선공산당 북조선분국 집행위원 시·도별 현황

분국 집행부서	시·도별	성향	집행위원
제1비서: 김용범 제2비서: 오기섭 조직부장: 리동화 선전부장: 윤상남 산업부장: 정재달 기관지주필: 태성수	평안남도	좌·우 연합	김일성, 김용범, 장시우, 박정애, 윤상남
	평안북도	좌·우 연합	김 휘
	함경남도	좌익 중심	오기섭, 이주하, 정달헌
	함경북도	좌익 중심	허현보, 이주봉
	황해도	우익 우세, 좌익 중심	최경덕, 김응기
	강원도	좌익 중심	정재달
	평양시		리동화, 김 책, 김 일

※ 출처: 서동만(2005:72~3); 김광운(2003:89, 163)을 재구성.

한편 연안파 독립동맹 간부들은 1945년 11월 말에 대부분 입북하여 독립동맹 간부들 중 일부가 곧바로 북조선 공산당에 가입했는데, 이는 연안파가 추구하는 정치노선을 정치과정 참여 속에서 반영하려 했기 때문으로 보인다. 그것은 최창익과 같은 공산주의 이론가가 국가 이데올로기의 이정표를 '계급투쟁'에서 '민족투쟁'으로 흡수·수용하도록 한 것이나, 허정숙의 토지개혁해석 및 김창만이 주도한 군중노선의 이론적 뒷받침 등 북조선 공산당의 당 정책 브레인으로 역할을 한 데서 확인할 수 있다. 그리고 김두봉을 비롯한 나머지 간부들은 조선신민당 창당을 위한 준비를 하며[78] 2월 8일 북조선 임시인민위원회 설립과 함께 현실정치에 참여하여 김두봉은 인민위원회 부위원장으로 선출되었다. 이처럼 초기 북한 정권이 당파를 초월한 연립내각으로 구성될 수밖에 없었던 사실은

---

78) 본부를 평양에 둔 독립동맹은 조직 확대 사업을 위해 부주석 한빈을 1946년 1월 25일 서울에 보내어 백남운 등을 가입시켜, 그해 2월 5일 독립동맹 경성특별위원회를 결성하였다(심지연, 1988:76~9).

김일성 만주파가 수권 세력으로서의 한계를 반영하는 것이기도 했다.

2. 당·국가 체제의 이데올로기 수립과 개혁

1) 당·국가 체제의 수립과 개혁

북한은 기본적으로 당·국가 체제로서 정(政)과 군(軍)에 대한 당의 영도와 지도원리가 확립되어 있다. 해방 후 초기 북한은 소련과 같은 사회주의 당·국가 체제를 확립하고자 했다. 그러나 정·군에 대한 당의 영도와 지도체계를 확립한 것은 1956년 8월 종파 사건과 1961년 제4차 당대회를 통해 단일지도체계를 구축하면서 가능해졌다고 볼 수 있다. 그런데 초기 북한 사회주의에서 당·국가 체제 수립[79]은 김일성의 만주파를 중심으로 많은 경쟁 계파와의 협력관계 및 투쟁 과정 속에 진행되었다. 그와 같은 사실은 대립과 갈등을 전면적인 폭력적 계급투쟁보다는 이데올로기의 원칙을 고수하면서 실용적인 정략으로 접근해 나갔다고 볼 수 있다. 이에 따라 허가이를 중심으로 한 소련파들은 당과 국가의 건설책임을 맡았고(중앙일보 특별취재반, 1992:184), 연안파들은 북조선공산당과의 합당을 통한 참여 속의 개혁[80]을 주창하였다. 특히 연안파는

---

79) 당·국가의 중앙집권화를 위한 북한의 새로운 국가의 정치·경제·사회조직들은 1947년 봄까지 군(軍)을 제외한 모든 분야에서 그 기능을 작동하고 있었다. 이와 함께 '민주주의 인민공화국'이라는 용어 역시 이 시기에 로동당과 인민위원회에서는 통용되고 있었다(암스트롱, 2006:339).

80) 김두봉은 당시를 민주주의 혁명단계로 주장하면서 연합성 신민주주의를 실현하게 하기 위해서는 현 단계의 역사적 필연성에 의한 무조건 합동이 필요하다고 주장하였다(심지연, 1988:164~7).

현 시기를 "새로운 전투조직으로서의 민주주의 혁명단계"로 규정하고 당·국가사업에 적극적으로 참여했다.

이와 관련하여 연안파는 북조선 공산당 창당 과정에서 무정, 김창만, 허정숙, 이상조, 박일우, 윤공흠, 고봉기, 양계, 서휘 등 독립동맹 실세들이 참여하였으며, 2차 당 대회 시에는 김두봉, 최창익, 한빈 등 조선신민당을 창당했던 주역들이 북조선 로동당과 합당한 이후에 당 정책에 깊이 관여하였다.[81] 사실 이 두 계파들은 식민지 항일무장투쟁 시기부터 조선독립과 해방 후 국가건립에 대한 자체 강령을 수립하고 있었다. 김일성의 만주파는 식민 시기 조국광복회 10개 조항의 강령 전문[82]을 통해 조선인민정부를 수립할 것과 일본국가 및 일본인 소유의 기업소, 철도, 은행, 선박 및 전체 재산을 몰수하여 독립운동경비에 충당한다고 했다. 연안파의 조선독립동맹 역시 강령(최창익, 1949:404~7)을 통해 전국 국민의 선거에 의한 민주정권을 수립하고, 조선에 있는 일체의 일본제국주의의 자산 및 토지를 몰수하고 대기업 등을 국영으로 귀속시키며, 토지를 분배할 것 등을 주장하고 있었다. 김일성 만주파의 '인민정부 수립'과 연안파 조선독립동맹의 '민주정권 수립'은 사회주의국가들이 지향하는 당·국가 체제 확립에 의한 국가와 사회 전반에 대한 '당적 지도'를 전제로 한다는 점에서 기본적인 국가건설지향점을 같이했다고 볼 수 있다.

여기에서 주목할 것은 당·국가 체제의 이데올로기 수립과 개혁의 이론적 주도를 누가 수행했느냐 하는 점이다. 이는 식민지시기 중국 내에

---

81) 그들은 높은 학력과 경험을 바탕으로 선전·선동 부문과 중국공산당의 경험과 방법을 북한식으로 변용적 수용을 할 수 있도록 당 이론을 확립시키는 역할을 주도하였다(김광운, 2003:185).

82) 「조국광복회 강령 전문」, 『현대조선력사』 (저자 미상:1983), 4장 2절.

서 투쟁과 학습 등을 유사하게 경험한 두 계파의 행적을 구분하는데 어려움이 따르는 부분이기도 하다. 다르게 표현하면 그것은 오늘날 북한에서 현실의 권력투쟁과정에서 패배한 연안파 세력을 사장(死藏)한 채, 승리한 김일성 중심의 지배역사를 정당화하는 데 큰 어려움이 없는 이유이기도 하다. 그러나 두 계파가 유사한 국가이념 수립안을 지니고 있었을지라도 구체적 정책실현 능력에 있어서 김일성의 만주파는 마르크스-레닌주의 이론, 마오쩌둥 노선의 변용적 수용, 사회주의 정책 및 당조직 등에 대한 지식에 부족함(중앙일보 특별취재반, 1992:301)이 있었다. 이에 따라 북조선 공산당 창립에서부터 연안파와 협치에 의한 당 이론의 정립이 수행되었다는 사실이 훨씬 설득력이 있다. 실례로 선전부장 김창만은 1946년 〈당 정치노선 결정서〉를 통해 이미 '유일적 영도의 실현', '대중지도에서 유일성과 통일성 보장', '영도에서 주체를 세우는 것', '혁명적 군중노선의 관철' 등 정치이데올로기를 당의 결정으로 공식화하는 데 주도적인 역할을 했다.[83]

이러한 작업은 당·국가 체제의 이데올로기 수립과 개혁의 이론가로 하여금 김일성의 최대 정적이라 할 수 있는 무정과 박헌영과의 차별성을 부각시켜, 김일성의 이미지를 대중적으로 형상화 시켜 나가도록 한 것이다. 다른 측면에서는 대중지도와 군중노선이라는 정치 성향이 관철된 것이라는 점에서 당·국가건설에 대한 이론적 틀이 북한 국가건설기의 정치이데올로기 형성에 절대적인 이바지를 했다고 할 수 있다. 이와 같은 사실은 소련 군정의 지원으로 정권을 주도한 김일성의 만주파가

---

83) 〈당의 정치노선 급 당 사업 총결과 결정〉 『당 문헌집 I 』 (평양: 정로 출판사, 1946:66~8). 이 시기 연안파 책사였던 김창만이 김일성의 권력에 편승하고 있었다고 추론할 수 있다.

당·정·군의 방대한 조직을 자체적인 능력으로 일거에 장악하기에는 불가능했다는 점을 보여 준다. 이러한 점은 1~3차까지 북한 초기 당 대회에서 나타나고 있는 계파별 분포도 비교를 통해 그 역할과 비중을 짐작할 수 있다([표 2-4 · 5 · 6] 참조).

2) 당 대회를 통해 나타난 계파별 협력과 갈등 분석

북조선 로동당의 최고기관은 당 대회며, 이 대회는 1년에 한 번 당 중앙위원회가 소집하도록 당규약에 규정되어 있다. 그리고 당 중앙위원회는 3개월에 1회씩 개최하도록 하였는데 그 이유는 당 대회가 원칙적으로 1년에 한 번씩밖에 열리지 않아 실제 당 사업을 중앙위원회가 전담하기 때문이다. 또한 당 중앙위원회가 휴회 중일 때는 당을 지도하는 최고 기구로 정치위원회와 중앙상무위원회를 두었다. 정치위원회에서는 전체 당을 대표하는 위원장과 부위원장을 뽑고, 중앙상무위원회는 일반적인 당 사업을 지도하며 집행하였다. 1차 당 중앙위원회는 43명으로 구성되었는데 위원장은 연안파 김두봉이 맡았다. 이는 조선신민당과 북조선 공산당의 합당에 따른 안배 차원의 고려 때문이었을 것이다. 김일성과 주영하는 부위원장에 선출되었다. 그러나 합당 과정이 그리 순탄하지는 않았다. 특히 조선신민당의 활동이 활발했던 신의주 지역에서는 그간의 활동 과정에서 쌓인 감정의 골이 깊었고, 반면 일부 북조선 공산당 또한 자신들의 특권적 지위를 조선신민당에 이양한다는 사실에 대한 반발이 있었다.

[표 2-4] 제1차 당 대회 파벌 분포 (1946년 8월)

구 분	국내파	만주파	연안파	소련파	기 타
중앙위원(43명)	10명(23%)	4명(9%)	19명(44%)	8명(19%)	2명(1%)
상무위원(13명)	3명(23%)	2명(15%)	6명(46%)	2명(8%)	

※ 출처:「근로자」창간호 1946년 10월 호, 48쪽 재구성.

그것은 당 대표 비율을 1:1로 선출하는 것에서 뚜렷이 나타났다.[84] 연안파는 김두봉, 최창익, 김창만, 허정숙, 무정, 이춘암, 김여필, 박효삼, 윤공흠, 김민산, 박훈일, 박일우, 김교영, 명희조, 한빈, 임해, 리종익, 김월송, 임도준 등이 중앙위원에 선출되었다. 그리고 정치위원으로는 김두봉과 최창익이 뽑혔고, 상무위원으로는 김두봉, 최창익, 김창만, 박효삼, 박일우, 김교영 등 6명이 선출되었다. 당시 연안파는 조선신민당 시기 포용된 국내 출신들을 포함한 범 연안파를 구성하여 조선공산당과 합당한 상황이었다. 이러한 연안파의 약진은 합당에 대한 배타적 불만을 해소하기 위한 배려된 안배였다 할 수 있다. 이때 조선신민당 창당 정신에 따라 온건주의 민족노선에 동의하여 참여했던 국내 지식인들도 포함이 되었는데 대표적 인물로는 리종익, 김월송, 임도준 등이 이에 속한다(서동만, 2005:179).

김일성은 조선신민당과 합당한 이후 조선로동당 창립 1주년째이던 1947년 8월 현재 조선로동당이 70만의 당원을 가진 '대중적 정당'임을 선언했다. 이러한 당 조직의 확장은 소련파에 의한 소련식 '당 = 국가' 모델을 지향하면서도, 더 중요하게는 포괄적 당 확장사업에 치중하였기 때

---

84) 북조선 로동당 주석단 명단은 김두봉, 김일성, 김용범, 최창익, 허가이, 김책, 박창식, 김창만, 김교영, 박일우, 리동화, 박정애, 무정, 명희조, 임해, 김월송, 태성수, 한설야, 장순명, 김재욱, 오기섭, 주영하, 정두현, 홍성익, 오경천, 최정환, 김열, 김찬, 박훈일, 윤공흠, 김영태 등 31명(김광운, 2003:367~8).

문이다. 이에 따라 연안파는 김두봉이 '건국사상총동원운동[85]'을 주도하고, 최창익이 당 이데올로기를 '계급투쟁노선'에서 '민족투쟁노선'으로 전환시켜 나가는 작업을 총괄했다. 그리고 당의 선전부장은 김창만이 계속 맡고, 북조선인민위원회가 발족한 후 선전부장을 허정숙이 담당함으로써 연합정권 당·정의 선전 부문을 연안파에게 할당되었다.

더욱이 건국사상총동원운동과 관련하여 일제 시기 국가재산의 횡령, 탐오, 낭비 현상 등을 적발하는 인민 검열국에 최창익이 취임하였는데, 이는 당·정 양면에 걸쳐 국가건설 전면에 배치된 연안파의 실질적인 참여가 확대되는 기폭제가 되었다. 특히 당·정 선전분과는 건국사상총동원운동이 인민의 사상교양사업을 중심으로 전개되어야 한다고 강조하면서 구체적으로는 문맹퇴치, 곡식헌납, 생산돌격운동 등을 중심으로 진행되었다. 이러한 정치구도의 진행은 신민주주의론에 입각한 마오쩌둥의 대중노선을 변용적으로 수용한 연안파들이 조선독립동맹의 정치적 강령과 그들의 경험을 한반도에 민주국가 건설과정에서 구체적으로 투영할 기회를 제공했다. 특히 연안파가 국정운영의 전면에 나설 수 있었던 또 다른 이유는 국공내전 시기 중국공산당 동북국이 조선 북부지역을 그들의 후방 기지로 제공토록 요청했을 때, 연안파들이 북·중의 정치적 가교역할을 수행함으로써 중국이 연안파가 북한정치의 전면에 부상하도록 했기 때문이기도 하다(서동만, 2005:200~1).[86]

---

85) 건국사상총동원운동은 김두봉의 상징성과 김창만의 이론적 토대, 허정숙의 선전 활동의 극대화, 최창익의 검열을 통한 지원 등이 총괄적으로 집중되어 전개되었다고 볼 수 있다.

86) 중국공산당 동북국은 조선 북구에 부상병 철퇴와 치료, 물자교류 및 인원 수송, 조선으로부터의 물자지원과 재조화교공작의 원조 등을 위한 '동북국 주조선변사처'를 설치하였다.

[표 2-5] 제2차 당 대회 파벌 분포 (1948년 3월 27~30일)

구분	국내파	만주파	연안파	소련파	기 타
중앙위원(67명)	13명(19%)	8명(12%)	18명(27%)	16명(24%)	12명(18%)
상무위원(15명)	4명(26%)	3명(20%)	4명(27%)	4명(27%)	

※ 출처: 「조선중앙연감」 1950년 판 조선중앙통신사, 238쪽 재인용.

토지개혁실시 이후 개최된 제2차 당 대회는 창립 당시보다 190% 신장된 75만 명의 당원을 보유한 가운데 개최되었다. 이 대회의 특징은 중앙위원의 구성에서 당의 권력구조 변화가 시작되었다는 점이다. 1차 당 대회 이후 연안파와 소련파의 주관하에 실시된 당 조직 강화와 확대 사업에서 전당적으로 당원을 심사하고 당증 수여 작업을 시행했다. 그 결과 국내파의 대표적 인사였던 오기섭, 최용달은 종파행위 문제로, 이순근, 장시우, 장순명 등은 사업 지도상의 문제로 비판을 받았다. 이들에 대한 비판의 초점은 혁명투쟁의 연고 지역이 국내였기 때문에 지방주의, 가족주의 등에 의한 세력화 가능성이 해외파보다 높았다는 사실에서 비롯되었다. 그리고 무엇보다도 이들은 1920년대 조선공산당 출신이었다.[87] 그런데 주목할 사실은 이 당 대회에서 계파별 견제와 비판이

---

87) 1920년대 초부터 진보적인 조선인 유학생들이 일본 유학 기간 사회주의를 접하면서 점차 수면으로 나오기 시작하였으며, 조선공산당은 러시아 10월 혁명에 영향을 받은 몰락한 양반과 인텔리겐챠, 민족주의 계열 등이 중심이 되어 1925년 4월 17일 서울에서 조직되었다. 하지만 엠 엘파, 화요파, 서울파 등 파벌들의 난립으로 코민테른에서 서로 자기들이 조선공산당이라고 주장할 정도로 심각한 진통을 겪었다. 북한은 1925년 조선공산당의 실패를 논하며 이러한 파벌들의 각축전이 "형식적, 행세식 공산주의자들"이 뿌린 "종파주의의 해독" 때문에 조선공산당이 실패할 수밖에 없었다고 강력히 비판하였으며, 조선공산당의 실패는 이후 김일성이 "종파주의 척결"을 내세우며 조선로동당 내에서 분파를 숙청하는 구실이 되었다. 이종석은 이에 대해 남북 로동당 합당에 따른 사전 정지작업의 하나로 풀이한다. 그것은 합당 후 남로당 박헌영이 국내 공산주의 세력을 규합할 가능성에 대한 사전제어작업이었다는 것이다(이종석, 2003:200~2).

시작되었고, 연안파의 분열이 감지되었다. 이와 맞물려 김일성을 중심으로 한 권력 집중이 진행되었다. 소련파는 허가이를 중심으로 국내파에 대한 종파문제를 집중적으로 성토했으며, 국내파 내에서도 주영하는 오기섭과 리순근을 향해 직업동맹문제와 농림국 사업방식이 관료주의적이라는 비판을 가했다. 그런데 가장 특징적인 사실은 연안파의 박훈일 황해도 당 위원장이 연안파의 거목이자 황해도의 우상이었던 무정이 토지개혁 실무자로서 우경적 오류를 범했다고 비판한 점이다(서동만, 2005:208~16).

중앙위원회 정 위원이 24명, 후보위원 20명이 추가로 늘어난 2차 당 대회는 김두봉이 위원장을 연임하였으며 김일성, 주영하가 여전히 부위원장을 맡았다. 그리고 정치위원은 김두봉, 김일성, 김책, 최창익, 박일우, 주영하 등 7명이, 상임위원회는 이들을 포함하여 박정애, 박창옥, 김일, 김재욱, 진반수, 기석복, 정준택, 정일용 등 8명이 선임되었다. 이에 따라 정치위원은 만주파 2명, 연안파 3명, 국내파와 소련파가 각 1명씩으로 분포되었으며, 상임위원은 만주파가 김일성, 김책, 김일 등 3명, 연안파가 김두봉, 최창익, 박일우, 진반수 등 4명, 국내파는 주영하, 박정애, 정준택, 정일용 등 4명, 소련파가 허가이, 박창옥, 김재욱, 기석복 등 4명으로 구성되었다.

특히 1948년 8월은 남북 로동당이 합당된 뒤 당 구조의 계파 연합적 성격이 더욱 강화된 시기로, 각 부서별로는 계파별 영향력이 상당히 강했다. 관심의 초점은 만주파의 김책이 수장으로 있던 산업성과 최용건의 민족 보위성과 더불어 연안파의 박일우가 보안국·내무국·내무성을 장악하면서 새로운 실력자로 부상했다는 점이다. 내무성은 당시 민청-보안국이라는 긴밀한 관계로 연결되었는데, 그중 민청은 조선인민군 구축 및 징집과 연계된 전국 모든 군(郡)에 지부를 둔 방대한 조직이었다(암스 트롱, 2006:326)는 점에서 그의 위상이 크게 신장하였음을 짐작하게 한 다. 또한 중앙위원 67명 중 연안파가 18명[88], 소련파 16명, 국내파 13명 그리고 만주파(갑산계 포함)가 8명으로 분포되었다. 여전히 조선로동당 의 권력구조가 정치 연합적 성격을 띠고 있음을 확인할 수 있다. 이때 연 안파는 1차 당 대회 때와 같은 수준을 유지하면서 인물들만 교체가 되었 다. 1차 대회 시 당 중앙위원이었던 김창만, 이춘암, 김여필, 윤공흠, 명 희조, 한빈 등이 탈락하고, 범 연안파 인물들이 새롭게 등장했다. 그리고 이 시기부터 연안파 내에 각 계파 중 일부 세력들이 김일성을 지지하는 동요가 감지되기 시작했다(이종석, 2003:203).[89]

  2차 당 대회의 특징은 소련파의 부상과 함께 국내파의 견제가 이루어 졌다는 점이다. 이에 반해 연안파는 몇 사람이 좌천을 당하기는 했지만, 전체로서 당 세력 분포는 안정적이었다. 따라서 이 대회를 통해 비록 소 수이기는 하지만, 주요 보직을 확보한 김일성의 만주파가 연안파, 소련 파와 함께 세력균형을 유지하게 된다. 이후 1949년 6월 30일 남북 로동 당은 분단 상황으로 인해 상층 주요 지도부를 중심으로 조선로동당으로 통합되었다. 이는 북한 로동당과 내각에 만주파, 연안파, 소련파, 국내파 와 함께 남로당파가 추가됨으로써, 계파별 집단지도적 성격이 더욱 강

---

88)   중앙위원 서열 10위권 안에 연안파는 (1) 김두봉, (6) 최창익, (7) 박일우, (9) 김교영 등 4명이었다.

89)   대회 직전 당 선전부장 김창만, 평북 당 위원장 등이 반소적 태도를 밝혔다는 이유로 탈락 했다. 실례로 연안파가 장악했던 선동선전부장직이 연안파의 김창만에서 소련파인 박창 옥으로 넘어갔다(서동만, 2005:218~9). 그러나 김창만은 곧바로 연안파를 배반하고 김일성 지지자로 변절하여 유일 체제구축에 문화예술 및 이론적 기초를 형성하는 데 이바지했다.

화되는 결과를 가져왔다. 그러한 가운데 통합정당 위원장에 김일성, 부위원장에 남로당의 박헌영, 소련파의 허가이가 선출되었다. 당 정치위원으로는 김일성, 박헌영, 김책, 박일우, 허가이, 리승엽, 김삼룡, 김두봉, 허헌 등 9명이 결정되었다. 1차 당 대회 시 연안파에 대한 보직 배려와 같은 맥락으로 남로당파의 당·정 분야에의 안배가 두드러지게 나타난 결과라 할 수 있다.

이러한 당내 계파 간 힘의 안배는 북한이 군사적 기반을 준비하는 과정에서도 나타났다. 김일성 만주파의 주도하에 정규군형 군대의 실무적 지휘는 소련파가, 인민 전쟁형 군대의 지휘는 연안파가, 그리고 유격전형의 병력 및 대중봉기형의 지하조직은 남로당파가 담당하게 된다. 이러한 기능적 배분은 외형적으로는 통일적 제도하에 결합한 군부 조직의 형태로 보였다(서동만, 2005:401~2). 그러나 한국전쟁을 통해 나타난 군사적 조직의 맹점은 대중봉기의 오판, 유격전에서의 고립, 전시 지휘체계 및 후퇴 작전의 무질서 등의 문제점을 낳았다. 그 결과는 전쟁 책임의 문제를 당 대회에서 계파 간 숙청으로 해소하는 비극적 빌미를 제공하였다. 다시 말해 이 시기 북한은 강력한 정치적 중심이 형성되지 않은 상태에서 각 계파 간 통일되지 않은 허상의 무력 기반을 내세우며 견제 속의 협력을 지속하고 있었다. 따라서 한국전쟁의 실패는 그 책임론과 맞물리면서 불안정한 연대적 관계가 깨지고 정치적 사활을 건 숙청의 소용돌이에 빠지게 되는 실마리가 되었다고 할 수 있다.

우선하여 박헌영과 남로당파에 대한 전쟁 책임론은 소련과 중국을 배경으로 하는 소련파와 연안파의 제거보다 쉬웠을 것(서동만, 2005:438)이다. 남로당의 숙청은 당 중앙위 제5차 전원회의를 통해 남로당파가 맡고 있던 대남사업 전반업무를 박금철에게 이양함으로써 본격화되었고, 내무상이던 소련파의 방학세와 당 비서가 된 박창옥, 그리고 선전선동 부장으로 승진한 최철환을 내세워 남로당파에 대한 대대적인 숙청을 감행하였다. 그리고 1955년 12월 박헌영에 대한 최종 재판을 통해 대부분의 남로당 세력이 숙청되었다. 이와 함께 소련파 허가이가 자살하였고, 재정상으로 승진한 연안파 윤공흠이 같은 계파 박일우에 대해 "그가 박헌영을 두둔하는 반당적이고 반혁명적인 태도를 보였다."라고 비판(윤공흠, 1956:85; 서동만, 2005:441)하였으며, 김두봉과 최창익은 이에 침묵함으로써 연안파는 자체 분열을 시작하였다. 이는 당연히 김일성 단일체제로의 순항을 예고하는 것이었다.

3) 전후 김일성 단일정권의 배경: 인민민주주의 독재

한국전쟁 이후 전후 복구 기간에 개최된 조선로동당 제3차 당 대회는 연안파가 당·정·군 모든 분야에서 몰락이 예고된 대회였다. 또 이 대회는 2차 당 대회 이후 8년 만에 개최되었는데 당 위원장은 남북 로동당 합당 시 이미 김일성으로 바뀐 상태였고, 당시 부위원장이었던 남로당 박헌영과 소련파 허가이는 김일성 친정체제의 인물로 교체되었다.

[표 2-6] 제3차 당 대회 파벌 분포 (1956년 4월 23~29일)

구 분	국내파	만주파	연안파	소련파	기 타
중앙위원(71명)	21명(30%)	19명(27%)	15명(21%)	13명(18%)	3명(4%)
상무위원(11명)	2명(18%)	5명(55%)	2명(18%)	1명(9%)	1명(9%)

※ 출처: 조선로동당 제3차 대회, 1956:541~3.

김일성은 국내외 정세와 당 조직과 관련된 연설에서 국내 부문에서는 전후 복구에 따른 경제건설을 위한 제1차 5개년계획을 발표했다. 그런데 정치·이념적으로 이 당 대회를 통해 나타난 중요한 전환은 북한이 초기 민주주의 민족통일전선에 입각한 연합성 부르주아혁명에 의한 국가건설방침에서 '인민민주주의 독재' 기능으로 변경할 것을 선포하였다는 점이다. 한마디로 그동안 공식적 정치노선이자 국가건설 실천 이데올로기로서 연안파와 협치로 진행되었던 연합성 부르주아 혁명론이 전격적으로 폐기되는 순간이었다. 김일성의 인민민주주의 독재로의 전환 선포는 당·정 장악과정 11년 만에 주도된 국가 이데올로기의 새로운 방침 전환이라 할 수 있다. 하지만 이것 역시 그 시대적 배경에는 국제적으로 소련의 국제정치 노선변경과 마오쩌둥의 인민민주전공(人民民主專政) 체제[90]로의 노선 전환, 그리고 그에 따른 중·소 분쟁과 관련이 있었다. 1956년 2월 25일 제20차 소련공산당 대회에서 흐루쇼프의 스탈린 격하 비밀연설은 소련공산당 중앙위원회는 물론 공산주의 체제 국가에 일대 타격을 가한 사건이었다. 이에 따라 김일성은 수정주의 노선을 주창하는 소련을 비판하면서 친중 노선에 서게 된다. 이 시기 마오쩌둥 또한 중화인민공화국이 성립된 이후 신민주주의론에 입각한 혁명단계가

----

90) 인민민주전공(人民民主專政): 혁명이론의 실천 문제를 해결하는 기본노선이다. 마르크스가 제기한 프롤레타리아 독재는 레닌과 스탈린을 거쳐 1949년 중국 인민공화국 수립 이후 마오쩌둥이 신민주주의 체제를 파기하고 프롤레타리아 독재체제로 전환하였다. 마오쩌둥은 무산계급 통치를 시행한다는 마르크스의 주장을 중국에 응용하기 위해 건국 이후 무산자계급 전공(프롤레타리아 독재)을 수립하는 혁명이론으로 폭력을 강조하였다. 이에 따라 중국공산당은 1949년 3월 제7기 2차 전체 회의를 소집하여 당 사업 중점을 전환하기로 하고, 그해 6월 31일 마오쩌둥은 "인민민주주의 독재에 대하여"를 발표하여 인민공화국 정권의 성격과 대내, 대외 기본정책을 규정했다. 즉 인민민주전공이란 바로 인민민주독재의 구체적인 표현이라 할 수 있다(마오쩌둥, 2008).

끝났음을 선언하고, 마르크스가 제기한 프롤레타리아 독재를 변용적으로 수용·채택하여 인민민주전공 체제로 노선을 수정하였다.

1949년 중국대륙을 해방하고 중화인민공화국을 수립하기까지 중국 공산당의 이론적 실천은 신민주주의 혁명으로 구체화하였었다. 신민주주의론은 국민당과 비교해 세력의 열세에 처해 있던 마오쩌둥의 중국공산당이 이를 극복하기 위해 노동자, 농민, 소시민 그리고 민족 자본가까지도 일치단결을 주장하여 소위 민족통일전선의 명분을 세우기 위한 노선이었다. 그 후 1949년 초까지만 해도 마오쩌둥은 중국공산당이 지도하는 신민주주의 체제 아래 모든 '반제·반봉건 세력'을 규합하는 민족통일전선의 형성과 그것을 바탕으로 하는 연합 정부의 수립을 주장하였다. 사실 그의 통일전선구축과 연합정부론은 일본제국주의가 몰락한 뒤 이어진 국공내전이 몇 년간 더 지속될 것으로 예측한 데 따른 판단이었다. 그러나 예상 밖으로 국민당 정부가 손쉽게 붕괴하자, 마오쩌둥은 중국공산당의 방침을 크게 수정하게 되었다. 이에 따라 마오쩌둥은 1949년 3월 개최된 당 제7기 중앙위원회 제2차 전체 회의에서 중점정책을 농촌으로부터 도시로 옮기기로 하고, 아울러 신민주주의 노선에서 탈바꿈할 뜻을 명백히 밝혔다. 그것은 중국공산당이 대륙을 지배하여 새로운 공산정권을 수립할 수 있는 전망이 현실화하자 '무장한 혁명적인 농촌으로 도시를 포위한다'라는 이전의 농촌 중심의 혁명 전략을 '도시로부터 농촌을 지도한다'라는 새로운 단계의 전략으로 수정하는 것이었으며, 신민주주의 탈을 벗어 던지고 인민민주독재로 전환할 방침을 천명한 것이다.

중국혁명의 성공으로 마오쩌둥은 중국의 공산화에 장애가 되는 일체의 '반혁명 요소'를 제거하고 청산할 뿐만 아니라 소시민, 민족 자본가 그리고 지식층에 대해서도 각종의 개혁사업을 전개할 수 있는 명분과 중앙집권화된 강력한 독재체제의 확립을 서둘렀다. 이것이 바로 마오쩌둥이 1949년 7월 인민민주독재를 천명한 배경이었다. 인민민주독재에 대해 마오쩌둥은 이렇게 규정했다. "인민이란 무엇인가, 중국의 현 계급에서는 노동자, 농민, 소시민, 민족 자본가들이 인민이다. 인민의 내부에는 민주제도를 실시하여 언론, 집회, 결사 등 각종의 자유로운 권리를 인정한다. 선거권은 인민에게만 주고 반동파에게는 주지 않는다. 이 두 가지측면인 인민 내부에 있어서 민주주의와 반동파에 대한 독재주의를 결부시킨 것이 인민민주독재이다."(마이스너, 1987:137~68).

다시 말해 인민민주독재란 인민에게만 동지적 민주주의를 베풀고 인민이 아닌 자에 대해서는 적대적인 독재를 강행해야 한다는 주장이다. 마오쩌둥은 인민민주전공론에서 민주주의를 실시할 자격이 될 수 있는 인민은 노동자, 농민, 소시민, 민족 자본가 등 신민주주의 혁명에 가담할수 있는 모든 반제, 반봉건의 진보세력이라고 규정하였다. 반면 독재의 대상이 되는 비 인민은 제국주의 주구, 봉건지주, 관료 자본가 그리고 그들을 대변하는 신민주주의 혁명의 타도 대상이 되는 모든 반동 세력을 일컬었다. 지난날 민심을 장악하고 국민당을 고립시키는 데 역점을 두었던 시기에 주장했던 연합성 신민주주의론의 어조와는 현격한 차이를 가지는 위협적 선언이었다. 이러한 마오쩌둥의 인민민주독재론은 신생 중화인민공화국의 기본정책으로 구체화 되었다.

따라서 김일성 정권의 인민민주독재 천명은 친중 노선의 흐름을 탄 정치적 영향을 그대로 수용한 것이다. 다시 말해 연안파의 이론적 토대 없이도 모방 가능한 정치적 학습을 바탕으로 내린 결정이었다. 이러한 상황은 한국전쟁의 종결과 함께 신민주주의론의 전도사로 자임했던 연안파에게는 충격적인 정치적 퇴장 신호였다. 그러나 당 대회를 통해 연안파에 대한 당장의 숙청 의지가 표면화되지는 않았다. 당 대회에서는 중앙위원 71명과 45명의 후보위원이 선출되었고, 11명의 상무위원과 7명의 조직위원이 선출되었다. [91] 이 대회를 통해 당의 실권은 김일성 지지 세력 중심으로 전환되었다. 위원장은 김두봉에서 김일성으로 바뀌었으며, 부위원장은 최용건, 박정애, 박금철, 정일용, 김창만으로 전면 개편되었다. 중앙위원의 계파별 분포는 만주파 11명, 연안파 18명, 소련파 9명, 기타 국내파들로 구성되었다. 이 시기부터 김일성은 당의 통일과 종파주의 청산을 부르짖으면서 파벌을 청산하려는 자들을 선택적으로 포섭하였다. 그에 따라 국내파는 거의 잔영만 남았고, 소련파는 상당히 위축되었다. 반면 연안파는 중앙위원 서열 10위 안에 김두봉, 최창익과 그외 하앙천, 박훈일, 서휘, 김창만이 여전히 포함되어 있었고, 김창만은 상무위원 후보로도 선임됨으로써 큰 변화 없이 일정 세력을 유지하였다. 그 이유는 중국이 한국전쟁 파병과 전후 복구지원 기간 북한에 정치적 개입을 하면서 연안파의 후견인 역할을 하였기 때문으로 보인다.

---

91)   상무위원: 김일성, 김두봉, 최용건, 박정애, 김일, 박금철, 임해, 최창익, 정일용, 김광
      협, 남일, 조직위원: 김일성, 최용건, 박정애, 박금철, 정일용, 김창만, 한상두.

3. 연합정권의 구성과 전시동원 내각체제

1) 연합정권 구성

1946년 2월 5일 김일성은 정당·사회 단체대표들과 도·시·군 인민위원회 위원장, 행정국장 등이 참가한 각 정당 사회단체발기위원회를 개최하고 "북조선 임시인민위원회를 수립한 데 대하여: 북조선 공산당 중앙조직위원회 상무집행위원회에서의 연설"을 통해 선언서와 당면과업 채택, 그리고 인민위원들을 선거할 것을 지시했다.[92] 그리고 2월 7일 북조선 임시인민위원회 수립을 위한 정당·사회단체 대표들의 예비회의가 연속적으로 열린 후, 다음 날 2월 8일 발족한 북조선 임시인민위원회[93]는 1945년 10월에 세워진 5도 행정국을 대체하는 단독정권의 성격을 가졌다([표 2-7] 참조). 위원회의 위상은 지방인민위원회와 행정국의 사업을 지도하는 최고행정기관의 역할과 함께 모든 기관, 기업소, 단체, 공민들에게 적용되는 법령제정 및 공포할 권한과 사법권을 가진 최고의 주권 기관으로 국가 전반을 포괄하는 권한을 확보하였다.

우선하여 해방 직후 혼돈상태에 있었던 정치·경제적 조건들을 안정화시키는 법률제정이었다. 이는 반혁명 혐의자로 분류된 친일 및 반동분자 제거, 그리고 무엇보다도 1946년 2월 9일 발표한 정치 대강과 11개

---

92) 『김일성 전집』3권, 조선로동당 출판사, 88~89쪽

93) 북조선 임시인민위원회의 위상과 성격에 관하여 박광운은 각 연구자마다 '통일전선적 정권 형태', '실질적 단독정권', '새로운 공산국가', '북한중앙주권기관', '분단 정권' 등 다양하게 의미를 부여하고 있지만, 이는 기본적인 사실 확인조차 없거나, 부족한 상태에서 자기주장을 개진하고 있다고 기술했다(박광운, 2003:263~264).

조 당면과업[94]을 통해 민족 통일전선의 실천적 의지를 합법화시킬 수 있는 근간이 되었다. 이것은 또한 본질에서는 북한의 인민정권 기능을 구체화하는 기초가 되었다. 같은 날 연속회의에서 위원장에 김일성, 부위원장에는 김두봉, 서기장에는 강량욱으로 하는 상무위원을 선출하였다. 그리고 보안국장 최용건을 비롯한 총 14개 국장 자리는 국내파를 중심으로 계파별로 안배되면서 연립내각이 구성되었다. 1946년 8월 2일 "공민증 교부에 관한 결정서" 제57호를 채택하여 18세 이상의 주민에게 공민증을 교부하였다. 공민증 교부는 국가권력이 인민에게 공적 증서를 부여한다는 정치적 의미와 함께 친일파 및 민족 반역자를 색출해 내려는 목적도 있었다. 또한 선거권을 부여하여 각급 인민위원회 및 북조선 인민위원회를 출범시키는 준비작업의 일환이기도 했다.

[표 2-7] 북조선 임시인민위원회 계파별 분포

국내파	만주파	연안파	소련파	기 타
5명 한희진 오기섭 이주연 이봉주 최용달	2명 김일성 최용건	1명 김두봉	3명 조영렬 정진태 장종식	4명 강량욱(목사) 한동찬(치과의사) 윤기녕(의사) 리문환

---

94) 북조선 공산당은 1946년 3월 23일에 정치노선과 임시인민위원회에서 11개 조 당면과업을 더욱 구체화 시킨 '20개조 정강'을 발표하였다. 김일성, 1948 『조선민주주의 인민공화국 수립의 길』, 20~22쪽

이후 1947년 2월 17일 소집된 각 도·시·군 인민대회는 전년도 11월 3일 선거에서 선출된 인민 위원 1/3과 북조선 로동당, 민주당, 청우당, 직맹, 민청, 여맹 대표 각 5명을 포함한 1,186명을 참석시켜 개최하였다. 이 대회를 통해 참가자 5명당 1명 비율로 237명의 대의원을 선출하여 북조선 인민회의를 구성했다. 동년 2월 21일 평양에서 제1차 회의를 소집하여 상임위원장에 연안파의 김두봉을 선출하고 부위원장에 최용건, 김달현, 서기장에 강량욱을 선출하였다. 이 대회에서는 또한 종전의 '임시'를 삭제한 북조선인민위원회를 공식적으로 출범시키며 북한 단독정권의 내각 구성을 발표했다. 이는 대내외적인 국가 기구로서 실질적인 정권 기능의 소임 수행을 선언하는 의미를 갖는다. 계파별로는 국내 공산주의자를 중심으로 하여 해외 공산주의자들이 안배되었다. 이러한 현상은 당시 국외파들이 정권을 장악해 가는 초기과정에서 나타난 일시적인 것으로, 국내파의 두각은 1948년 9월 8일 조선민주주의 인민공화국의 초대 내각 때까지 유지되었다([표 2-8] 참조).

민주주의 민족통일전선이 추천한 자들로 선출된 572명의 대의원[95]으로 구성된 최고인민회의에서 헌법을 채택한 북한은 1948년 9월 9일 조선민주주의 인민공화국을 출범시켰다. 최고인민회의 의장은 남로당 위원장인 허헌, 최고인민회의 상임위원장에는 연안파 김두봉이 각각 선출되었다. 주요 요직 인선에서 북한 출신 국내파의 거세와 남한 출신 국내파에 대한 배려가 눈에 띄게 나타났다. 주목할 사실은 최고인민회의 부

---

95) 북한지역에서 선출된 대의원 212명, 해주에서 열린 남조선 인민대표자 대회에서 선출된 1,080명을 대상으로 인구 5만 명당 1명 비율로 360명의 대의원을 선출하여 최고인민회의를 구성하였다. 자세한 내용은 『조선민주주의 인민공화국 최고인민회의 제1차 회의 회의록』참조.

의장에 남한의 근로인민당 출신 이용, 최고인민회의 상임위원회 부위원장에 남로당 출신 홍남표를 각각 세우는 등, 반(反)박헌영 인사들을 포진시켰다는 점이다. 이는 남로당의 영향력을 분산시키려는 북로당의 전략적 고려로 보인다.[96] 그리고 22명의 초대 내각에는 소련파가 일제하에서 투쟁경력의 취약성으로 인해 배제되었지만, 당 조직과 군사 부문에서는 주요 보직을 안배 받았다. 남과 북이 10:12 비율로 배분된 내각 구성은 외형적으로는 남북 및 계파 간 연합정권의 성격을 띤 안배였다. 그러나 김일성을 수상으로 국가계획위원장에 정준택, 민족 보위상에 최용건, 내무상에 박일우, 산업상에 김책, 재정상에 최창익 등 주요 보직은 북한 로동당 인사들로 구성되었다.

그중 연안파는 최고인민회의 상임위원장 김두봉을 비롯하여 내무상 박일우, 재정상 최창익, 문화선전상 허정숙 등과 월북 인사 중 연안파와 관련이 깊은 김원봉이 국가검열상, 조선신민당의 이론가였던 백남운이 교육상 등 주요 직을 맡음으로써 그 지분을 인정받았다고 할 수 있다. 이 중 연안파 박일우가 맡은 내무성을 살펴보면 상 1인, 부상 4인으로 조직되었는데, 제1~3부상은 각각 정치보위국, 보위국, 경비국을 제4부상은 후방국과 문화국을 담당하였다. 이 부서는 혼란 정국의 초창기에 일제의 잔존세력을 숙청하고 사회 치안을 유지하는 것을 주된 임무로 하여 반당·반체제주민들과 사상 이반자들을 색출, 감시하는 사회통제기구였다. 이외에도 방첩, 간첩 색출, 국경경비, 대외정보수집, 종파분자 관

---

96) 남로당 출신의 박문규(농림상)와 허성택(노동상)은 이미 박헌영의 통제권을 벗어나 있었다.

리 등을 관장했다.[97] 경비국은 38선, 해안, 철도, 국가 중요기관, 공장, 산업시설 등을 관장했는데 내무성에 대해서는 당적 통제도 뒤늦게 조직되는 등 특수한 권한이 부여되어 있었다. 한마디로 박일우가 장악한 내무성은 북한국가건설에 필요한 사회기강과 안보, 치안 및 정보획득, 그리고 군 창설 및 지원에 이르기까지 총체적인 내치를 관장했던 막강한 권한을 행사했음을 알 수 있다.

[표 2-8] 북조선인민위원회 1차 내각 계파별 분포

국내파	만주파	연안파	소련파	기 타(민·청)
한병옥(사무장) 정준택(기획국장) 리강국(외무국장) 리봉수(재정국장) 리순근(교통국장) 장시우(상업국장) 한설야(교육국장) 최용달(사법국장) 송봉욱(양정부장) 장종식(간부부장)	김일성(위원장) 김 책(부위원장)	박일우(내무국장) 최창익(검열국장) 허정숙(선전부장)	(없음)	홍기주(부위원장) (민) 주황섭(체신국장) (청) 리동영(보건국장) (민) 김정주(총무부장) (청) 허남희(교통국장) (무) 리문환(기획국장) (무) * (민): 민주당 * (청): 청우당 * (무): 무소속

※ 출처: 『로동신문』(1947. 2. 23.)

이에 반해 한때 연안파의 상징이었던 무정이 내무성 예하의 차관급에 해당하는 민족보위부상을 맡은 사실은 김일성파의 견제와 더불어 연안파 내 핵심 인물에서 상대적으로 소외되어 있었음을 보여 준다. 이러한 북한정권 출범의 성격에 대해 김원봉은 "모든 친일파와 민족 반역자들

---

97) 이후 국가안전보위부가 독립적으로 분리해 나와 현재 그 역할을 대신하고 있으며, 특히 김정일 총비서의 특명에 의해 당 간부나 국가기관에 대한 특별사찰도 시행한다.

을 일소하고 노동자, 농민, 사무원, 지식인 및 프티부르주아를 포함하는 애국 인민들의 대표들이 설립한 범민족적 통일 정부"였다고 주장하였다(김원봉, 1948:15). 여기서 김원봉은 '인민'이라는 마오쩌둥식 대중주의적 조직 강령을 간접적으로 시사하면서 "전체 조선 인민의 의지 표현과 완전히 통일된 독립국가건설"을 추구하고 있기에 '진정한 인민정권'이라고 표현했다(암스트롱, 2006:345~6). 이는 북한의 초기 국가 이데올로기에 민족주의와 대중주의가 강력히 자리 잡고 있었음을 시사한다. 요컨대 북한의 초기 국가형성과정에서 소련의 이론적 혁명보다 식민 시기 중국에서의 혁명투쟁과 학습경험이 실질적인 영향을 미쳤던 중국식 대중주의 노선은 김일성의 정치적 사고와 공감대를 형성하면서, 조선 특유의 변용적 민족주의로 내재화되어간 것이다. 또한 이 공감대는 김일성과 연안파 박일우와의 관계로 밀착되면서 박헌영파에 대한 견제라는 공동이해관계로 나타났다.[98]

여하튼 남북 로동당이 전 조선을 대표하여 연립으로 출범한 초대 내각을 표방했지만, 내각의 업무는 북로당의 통제하에서 진행되었다고 해도 과언이 아니다. 급기야 정치 환경적 조건은 1949년 6월 30일 분단 상황으로 인해 남북 로동당이 상층지도부를 중심으로 조선로동당으로 통합되는 절차를 밟게 된다. 이처럼 북한 초기정권의 성격은 각 계파 간의 기득권 형성의 이해관계 속에서 연합적 합의를 도출해 나갔지만, 암암리에 김일성 중심의 일사불란한 단독정권 확립을 위해 만주파를 중심으로, 중앙은 약한 고리 연대를 형성하고 있던 최대 계파인 연안파를 와해

---

98) 박헌영은 월북한 뒤에도 거의 3년 동안 남로당을 북로당과 별개의 정당으로 유지하고 있었다(전원근, 2000:123).

시키고[99] 소련파와 남로당을 단계적으로 정권의 한직에 배치하며 전개해 나갔다. 동시에 지방의 신진 간부 충원은 간부부(부장: 허정숙) 주관으로 각국 사업검열을 통해 기존의 부패적 인물 제거라는 목표를 세우고 사상검증과 민주개혁의 능력과 의지가 있는 자들을 선발하여 간부양성사업을 지속시켜 나갔다.

1950년 6월 26일 최고인민회의 상임위원회는 정령 "군사위원회 조직에 관하여"를 채택하고 김일성을 위원장으로 군사위원으로 박헌영(부수상 겸 외무상), 홍명희(부수상), 김책(전선사령관), 최용건(민족 보위상), 박일우(내무상), 정준택(국가계획위원장) 등 6인을 선출하였다. 전시 동원체제에 돌입한 북한은 군사위원회에 모든 주권을 집중시켜 당·정·군을 배속시키고 국가 전반의 지시와 결정에 절대복종토록 했다. 이른바 '전시내각체제'를 가동한 것이다. 전쟁 중에도 당 중앙위원회 전원회의는 전쟁 수행상황을 총괄하는 공간으로 활용되었는데, 당 정치위원 겸 군사위원회 4인에 김일성, 박헌영, 김책과 함께 연안파의 박일우를 선임했다([표 2-9] 참조).[100]

---

99) 김창만, 허정숙 등을 친 김일성의 핵심 참모로 포용했다.
100) 전쟁 직전인 1949년 당의 최고 의사결정기구인 정치위원은 김일성, 박헌영, 김책, 박일우, 허가이, 리승엽, 김두봉, 허헌과 조직위원으로 최창익, 김열이 포함되어 연안파 3명이 최고 의사결정자로 참석하고 있다.

[표 2-9] 1차, 2차 내각 명단

1차 내각 (1948. 9.~1957. 9.)	2차 내각 (1957. 9. 20.~1962. 10. 22.)
수상: 김일성	수상: 김일성
부수상: 박헌영(1948. 9.~1953. 3.)	부수상: 김 일, 홍명희, 정일룡, 남 일,
홍명희(1948. 9.~1957. 9.)	박의완, 정준택
김 책(1948. 9.~1951. 1.)	민족 보위상: 김광협
국가계획위원장: 정준택	내무상: 방학세
민족 보위상: 최용건	외무상: 남 일
국가검열상: 김원봉 (민족혁명당)	사법상: 허정숙 (연)
내무상: 박일우 (연)	국가검열상: 박문규
외무상: 박헌영	국가계획위원장: 리종옥
산업상: 김 책	국가건설위원장: 박의완
농림상: 박문규	금속공업상: 강영창, 기계공업상: 정일룡
상업상: 장시우	석탄공업상: 허성택, 화학공업상: 리천호
교통상: 주녕하	농업상: 한전종, 전기상: 김두삼
재정상: 최창익 (연)	경공업상: 문만옥, 수산상: 주황섭
교육상: 백남운 (남조선 조선신민당)	교통상: 김회일, 건설건재공업상: 최재하
체신상: 김정주	재정상: 리주연, 대내외상업상: 진반수 (연)
사법상: 리승엽	체신상: 고준택, 교육문화상: 한설야
문화선전상: 허정숙 (연)	보건상: 리병남, 로동상: 김응기
로동상: 허성택	지방경리상: 정성언, 무임소상: 김달현
보건상: 리병남	무임소상: 홍기황
도시경영상: 리 용	
무임소상: 리극노	

※ 연안파(연), 조선신민당, 민족혁명당은 같은 성향의 노선을 공유했던 인연을 가지고 있음. 2차 내각은 1956년 종파 사건 이후 내각 구성인데, 김일성 지지파로 전향한 허정숙과 진반수 등 생존한 연안파의 입각을 확인할 수 있음.

2) 전시동원체제와 김일성의 군사 지휘권 상실

북한은 전시 중이던 1950년 12월 21~23일까지 자강도 강계시에서 당 중앙위원회 제3차 전원회의를 소집했다. 이 회의는 전쟁 과정을 총괄하는 것이었는데, 그것은 전시체제에서 당 중앙위원회가 국가를 대표하는 공식기능 역할을 했기 때문이었다. 이 회의는 전쟁 관련 책임을 물어 만주파의 림춘추를 제명하고, 김일,[101] 최광을 해임했으며, 연안파인 2군단장 무정과 사단장 김한중을 면직시켰다. 과거 연안파인 박훈일이 황해도 토지개혁 당시 책임자였던 무정을 이미 비판한 경험이 있었으나 연안파의 상징적 인물인 무정의 숙청은 김일성에게는 정적을 제거하는 쾌거를 안겨 주었다. 그런데 연안파는 이번 숙청과정에서도 무정을 변호하지 않음으로써 계파의 약한 연대성이라는 약점을 타 계파에 노출하였다. 이는 향후 연안파가 쉽게 와해할 수 있다는 징후적 사건이었다.

전시동원 내각체제는 당·정·군이 일체가 되어 가동되었다. 그중 연안파는 내무상 박일우가 조·중 연합사 부사령, 당 간부부장이었던 이상조가 좌천 이후 인민군 부총참모장 겸 정찰국장, 황해도 당 위원장이던 박훈일이 내무성 경비국장, 평북도당 위원장에서 좌천되었던 윤공흠이 인민군 총정치국 선전부장, 당 선전부장에서 좌천되었던 김창만이 인민군 총사령부 동원국장, 당 연락부장이던 임해가 제2군단 문화부 군단장, 당 부부장이던 서휘가 후방사령부 문화국장, 그리고 김강이 제12사단 문화부 사단장이 되었다. 이때 군사 부문에서는 조선의용군 출신들의 80%가 이미 연대급 이상의 군(軍) 지휘부를 장악하고 있었다. 이처럼 한국전쟁 기간은 연안파가 군 요직 및 정치 간부직에서 대거 전면에 나선 최고전성기였다.

1950년 10월 8일 중공군의 참전 결정은 한국군과 유엔군이 10월 2일 38선을 넘은 데 따른 것이었다. 한반도 전쟁 개입을 위한 군 통수권과 작

---

101) 김일은 1950년 12월 제3차 전원회의에서 평남도 당 위원장에 선임되면서 복권하였다.

전지휘권 협의 문제에 있어 중국 측은 박일우를 통해 김일성에게 논의를 요청했고, 조·중 연합사령부를 설치키로 합의했다. 사령원 겸 정치위원은 중국 측 팽떠화이(彭德懷)가 맡았고, 중국 측 부사령원은 등화(鄧華)가, 북한 측은 연안파 김웅이 선임되었으며 박일우는 부정치위원이 되었다. 또 연합명령은 팽떠화이와 김웅, 박일우 3인의 서명으로 집행할 수 있게 했다. 이때 작전 및 전선 활동은 연합사령부 관할로 하고, 후방동원, 훈련 및 군사행정, 경비 등은 북한이 담당하는 것으로 하였다.

'전시군사지휘권'은 주권의 가장 핵심이라는 점에서 김일성으로서는 매우 굴욕적인 사건이었다. 더욱이 북한 측 군사 및 정치책임자가 연안파라는 사실은 당·정·군을 통할하는 전시행정 체제에서 정치·군사적 역학 관계상 김일성 정권이 받아들이기 어려운 것이었다. 하지만 전쟁 후퇴에 따른 중국인민해방군에 대한 지원요청은 김일성의 어쩔 수 없는 선택이었다. 이러한 와중에 중국지도부의 요청에 따른 연안파의 급부상은 건국 초기부터 연립내각이라는 계파 간의 합종연횡으로 정권 기반을 구축해 가던 김일성의 상징적 이미지를 실추시킬 수 있는 최대의 위기로 작용했다. 특히 박일우의 위상은 로동당 정치위원이자 내무상으로서 최고 의사결정기구인 군사위원회 위원이었으며, 또한 조·중 연합사령부 내에서 조선인 최고 정치책임자였다(서동만, 2005:411~5). 이는 식민 시기 연안에서 중국공산당 중앙간부들과 연안파가 맺은 인연으로 인해 연안파의 입지가 극대화되는 기회였다 할 수 있다. 그러나 한국전쟁 과정에서 연안파는 세력 확장의 기회를 살리지 못하고, 결과적으로 내부 결속의 와해와 김일성의 만주파에게 전쟁 책임추궁의 빌미를 제공함으로써 몰락이 가속화되는 계기가 되었다.

한국전쟁 이후 중국의 대북한 관계는 국방장관인 팽떠화이가 전담했다. 팽떠화이와 연안파와의 관계는 연안 시절부터 긴밀한 유대를 형성해 왔다. 특히 박일우에 대한 애정은 남달라 중국이 그를 북한의 최고 실력자로 세우려고까지 했다는 후문이 있을 정도였다. 이러한 팽떠화이의 연안파에 대한 비호는 북·중 관계의 냉각 원인이 되기까지 했다(시모토마이 노부오, 2006:143). 그러나 중국공산당 중앙이 휴전 교섭을 김일성 정권을 중심으로 진행 시킨다는 방침을 공식적으로 표명하면서 김일성은 박일우를 1953년 2월 조·중 연합사령부 부정치위원에서 소환하여 체신상으로 좌천시키게 된다.

4. 북한 군사화의 토대형성과 정치적 숙청

1) 군사화의 토대형성

전술한 바와 같이 동북 항일유격대는 기본적으로 군사 집단이다. 이들이 건국(建國)의 기초로 내세운 '혁명 전통'은 항일무장투쟁의 근간에서 비롯되었다. 이는 군대를 근거로 하여 북한국가건설을 주도해 온바 '무장력'의 중시는 당연했던 것이다. 따라서 이들이 북한국가건설 수립의 기초 및 출발도 무장투쟁으로 설정할 수밖에 없는 이유가 여기에 있다. 북한 인민군의 창설은 1945년 8월 해방 직후부터 '건당·건군·건국'이라는 3대 과제의 하나로 추진되었다. 소 군정은 1945년 10월 12일에 "북한지역 내에 있는 모든 무장대를 해산하고 모든 무기·탄약·군용물자들을 군경무사령관에 바치며, 그러나 사회질서를 유지하기 위하여 임시 도위원회들은 필요한 인원수로 충당하는 보안대를 조직함을 허가한다."라는 내용의 성명서를 발표하였다(http://nk.chosun.com). 이에 따라 치안을 목적으로 조직되었던 민족진영의 자위대, 국내파 공산 계열의 치안대 등 이미 조직된 무장대를 해산시키고 북한 각지에 보안대를 조직하였다. 이것이 바로 인민군의 모체이다. 북한은 군(軍)내 정치장교와 군사간부 양성을 위해 1945년 11월 '평양학원'을 세우고, 1946년 6월에는 '보안간부학교' 등 군사교육기관도 설립하였다.[102] 보안대는 1946년 8월 15일 각 지역에 조직된 보안대를 통합하여 평양에 보안 간부훈련대를 창설하였다. 이 부대는 처음 보안 간부훈련소로 명명되어 신의주에 1조(1사단), 라남에 2조(2사단)가 위치해 있었고, 1조에 1, 2, 3분소(연대), 2조에 4, 5, 6분소가 편제되었다. 그리고 1947년 5월에 인민집단군 총사령부로 개칭된 이후 정권 수립 7개월 전인 1948년 2월 8일에 인민집단군을 조선인민군으로 개칭하고 정규군 창설을 선포하였다.[103]

당시 군사 편제는 3개 사단 (1사, 2사, 4사, 평양에 1개 여단)으로 출발했다. 조선인민군 창건행사에서 김일성은 "자신의 군대를 갖지 못한 국

---

102) 만경대에는 조선인민군 정치학원이 있었는데, 이곳 정치 간부양성학교를 졸업하면 중위 계급을 달았다.

103) 북한은 조선인민군을 창설한 2월 8일을 조선인민군절로 기념해 왔으나 1978년 김정일의 지시로 김일성이 '항일인민유격대'를 창설했다는 1932년 4월 25일로 소급하여 이날을 군 창건일로 기념해 오고 있다. 북한 최초의 무장 부대는 1945년 10월 12일 진남포에서 조직된 대대 단위의 보안대였다. 조선의용군 출신인 장한철은 인터뷰에서 조선인민군 창설일은 1948년 6월 8일로 정했다가 다시 2월 8일로 변경되었고 증언한다. 현재 북한은 2018년 1월 22일 조선인민군과 조선인민혁명군의 창건일을 구분하여 1932년 4월 25일을 조선인민혁명군 창건일, 1948년 2월 8일을 조선인민군 창건일로 다시 제정하였다. 2월 8일은 2·8절(이칭: 건군절)이라 명명하였다.

가는 완전한 독립국이 될 수 없으며, 또한 진정한 평화와 자유는 우리가 강하고 절대적인 군사적 우위에 있을 때만 보장된다."(북조선 로동당 선전부, 1948:3~7)라면서 조선인민군은 국가의 토대이며 성벽이라고 축사했다. 이어 문화선전상 허정숙은 "북한은 두 갈래의 투쟁을 전개해야 한다. 첫째는 북한에서 민족건설투쟁이고, 둘째는 남한에서 민족구원을 위한 무장저항투쟁인데, 양자 모두 '강고하고 상설적인 인민군과 자위대'를 필요로 한다."(허정숙, 1950:1. 16; 암스트롱, 2006:366에서 재인용)라고 주장했다.

이처럼 북한의 군사화는 일제의 전시동원체제를 토대로 만들어졌으며, 이는 북한 체제를 하나의 단일체로 만드는 데 중요한 역할을 했다. 그리고 소련의 자문 아래 만주와 중국에서 유격 활동을 한 항일연군과 조선의용군 출신들이 주도적으로 수행하였다(암스트롱, 2006:340). 이후 소련군이 철수한 뒤에 중국혁명 과정에서 전투 경험을 쌓은 조선의용군 출신들이 입북하여 5사, 6사, 12사로 재편되어 기존 3개 사단과 함께 총 7개 사단으로 군사 체계를 다졌다. 이때 1사단장은 만주파 최광, 2사단장은 소련군 출신의 이청송, 3사단장은 만주파의 이영호, 4사단장은 이권무, 5사단장은 김창덕, 6사단장은 방호산, 이후 중국 인민해방전쟁에 참여한 뒤 합류한 12사단장은 중국 인민해방전쟁 이후 합류한 전우 등 연안파가 맡았다. 그리고 전쟁 후퇴 시 신의주에서 퇴각부대 병사들을 중심으로 재편성하여 47사단을 구성하고 사단장에 임해를 임명하였다. 또한 북한군에 '군단'이 형성된 것은 전쟁 초기 1950년 10월에 후퇴하면서인데, 군단장 역시 연안파인 이권무가 임명되었다.[104] 다음은 조선 인민군 주요 사단에 편제된 조선의용군 출신 간부명단이다. 이를 통해 초기 조선인민군에서 연안파가 차지하는 비중을 가늠할 수 있겠다.

- **166사에서 북한 인민군 제6사단으로 재편된 조선의용군 주요 간부명단**
  사단장: 방호산, 참모장: 노철룡, 문화부사단장: 홍림, 포병부사단장: 심청, 후방부사단장: 박민
  13연대장: 한일해, 14연대장: 황석, 15연대장: 조관

- **164사단에서 북한 인민군 제5사단으로 재편된 조선의용군 주요 간부명단**
  사단장: 김창덕, 문화부사단장: 장복, 포병부사단장: 박송파, 후방사단장: 관건(후임: 김립)
  10연대장: 박정덕, 11연대장: 김봉문, 12연대장: 왕휘

- **독립 15사단에서 북한 인민군 12사단으로 재편된 조선의용군 주요 간부명단**
  사단장: 전우, 참모장: (지병학 항일연군 출신) 제1단장: 최학훈, 제2단장: 이원성
  제3단장:(김동규 항일연군 출신)

- **47군 조선족 독립단에서 인민군 제18연대로 재편된 조선의용군 주요 간부명단**
  연대장: 장교덕, 참모장: 송덕만

- **중국철도병단 조선독립단에서 북한 인민군 584부대로 재편된 간부명단**
  단장: 김기원, 부단장: 김학룡

---

104) 북한 보안대 장교의 80% 정도, 그리고 조선인민군 고급장교와 정치 간부(정치위원)의 2/3가 조선의용군 출신이었다.

이상을 토대로 조선인민군의 구성을 분석해 보면, 한국전쟁 당시 전선에 배치된 인민군 7개 사단, 21개 보병 연대 중 47%인 10개 연대의 지휘관이 조선의용군 출신이었다. 특히 7개 사단 중 4사단장 이권무, 5사단장 김창덕, 6사단장 방호산, 12사단장 전우와 7개 사단 참모장 중 2사단 현파, 3사단 장평산, 5사단 조관, 6사단 노철룡 등 주요 고급 군 간부들 역시 조선의용군 출신이 다수였다. 또 예하 연대장 및 참모는 80%가 조선의용군 출신으로 배치되었다. 이러한 전투력은 한국전쟁 시 조선인민군의 1/2 이상이 중국 국공내전 참가 경력을 가진 자들로 구성되었음을 확인시켜 준다. 이렇듯 사단급 이상 주요 지휘관 및 조선인민군 문화(정치) 간부의 2/3가 조선의용군 출신이라는 점을 고려한다면, 조선인민군에서 연안파가 차지하는 비중과 중요성을 충분히 이해하고도 남을 것이다(암스트롱, 2006:368).

2) 단일체계로의 군 통제강화: 정치적 숙청

휴전 후 김일성은 '군(軍)'을 '당(黨)의 군대'로 만들기 위한 구체적인 첫 조치로 병력증강과 군대 내 당 사업의 강화에 초점을 맞추었다. 먼저 전쟁 이후 군 지휘부에 초점을 맞추어 군내 반당 음모를 거론하면서 1956년 정치적 종파 사건과 연관 지어 당의 군 통제를 강화했다. 이미 전쟁 중 정치적 정적이었던 무정을 면직시켰고, 북한전시체제를 이끌었던 박일우를 좌천시켰으며, 그리고 2중 영웅 칭호를 받았던 방호산의 직위를 박탈함으로써 연안파는 구심력을 상실한 상태였다. 이는 전쟁 중 인민군 고위 간부를 연안파가 장악한 것에 대한 김일성의 정치·군사적 위기의식 팽배에 따른 조치의 일환이었다. 특히 종파 사건으로 인해 미진했던 군사적 숙청은 1958년 3월 당 중앙위원회 전원회의에서 당 중앙의 결정과 지시가 잘 전달되지 않을 뿐만 아니라 당 정책이 제대로 수행되지 않는다고 지적하였다. 이를 기점으로 민족 보위상 김웅, 총참모장 리권무 등 연안파 군 수뇌부와 소련파 총정치국장 최종학을 숙청함으로써(정성임, 2007:488~9), 정·군에 걸친 연안파의 숙청이 대대적으로 이루어졌다([표 2-10] 참조). 이는 군 편제상 50%가 넘는 조선의용군 출신이 인민군 주요간부직을 장악한 상태에서 김일성의 단일 및 유일 체제의 안정된 구축이 어려웠을 것이기 때문에 8월 종파 사건의 후속 조치로 군부 내 연안파는 대부분 숙청되었다. 이 숙청과 함께 김일성은 조선의용군 항일투쟁의 역사까지도 금지하고 만 것이다.

[표 2-10] 조선의용군 출신 북한 인민군 간부현황

성 명	주요 보직	기 타
김 강	**5군단 정치부장**	미확인
김기원	철도병으로 입북 후 **철도사단장**, 정전 후 민족 보위성 **건설군단 사령관**	1959년 정치적 실종
김봉문	한국전쟁 시 11연대장, **총참모부 간부부 국장**	미확인
김수만	한국전쟁 시 총참모부 훈련부 부부장(대좌)	행적 미확인
김성춘	한국전쟁 시 15연대 후방 연대장, **6사단 후방사단장**	미군 공습 때 사망
김 신	보안부대 창설에 참여, 한국전쟁 시 **여단장**	행적 미확인
김 연	한국전쟁 시 15사단 참모장	영천 전투에서 전사
김오진	입북 후 직위 미확인, 한국전쟁 시 5군단 정치부 부장	행적 미확인

김 웅	**1사단장, 1군단장, 한국전쟁 시 전선사령관**	1978년 공직 해임
김윤식	**5군단 후방사령관**	미확인
김종원	입북 후 정치문화 부연대장	행적 미확인
김창덕	한국전쟁 시 **5사단장, 8군단장**, 총정치국 간부 국장, 연안파 숙청 시 찬성으로 김일성 신임 얻음	숙청 모면, 이후 병사
김철원	탱크사단 참모장	정전 후 행적 미확인
김창만	한국전쟁 시 **부총참모장 겸 군사동원국장**	1966년 사고로 사망
김한중	한국전쟁 시 **예비사단장**, 전쟁 후 공군 부사단장	행적 미확인
김후진	6사단 교도대대장, 한국전쟁 시 1연대장, 6사단 참모장, 정전 후 **건설여단장**, 인민군 간호학교장	1959년 정치적 실종
김 흠	**예비사단장**	미확인
김 흥	한국전쟁 시 인천 방어 여단장, **9사단장**, 1957년 15사단장	1959년 정치적 실종
관 건	**철도사단장**	미확인
노철용	한국전쟁 시 6사단 참모장, 정전 후 **1집단군 참모장, 부사령관**	1958년 쿠데타 혐의로 실종
무 정	민족보위성 부상, **포병사령관**, 한국전쟁 시 2군단장 평양방위사령	1951년 사망
박 민	**6사단 후방부사단장, 5군단 후방 사령관, 공군사령부 후방부사령관**	1959년 정치적 실종
박송파	입북 후 5사단 작전과장, 한국전쟁 시 **포병부 사단장**, 정전 후 3군단참모장	1958년 직위 해제, 실종
박일우	한국전쟁 시 조·중 **연합사 부정치위원**, 정치위원	1955년 해임, 실종
박정덕	한국전쟁 시 10연대장, 영웅 칭호, **5사단장**	교통사고 사망
박정화	한국전쟁 시 대대부관, 참전 후 참모장, 연대장	정전 후 행방 미확인
박효삼	중앙정치간부학교 교장, 한국전쟁 시 **서울 위수사령 9사단 부총참모장**	1959년 정치적 실종
박훈일	한국전쟁 시 **남한 점령지구사령관, 내무성 경비사령관**	1958년 정치적 실종

방호산	**6사단장, 5군단장, 육군대학 총장**, 이중영웅	1954년 당내 종파활동 죄목으로 단천, 광산 지배인으로 좌천, 실종
서 휘	**3군단 정치위원**	종파사건 시 중국으로 망명
손 달	보안간부학교 정치교무부장, 한국전쟁 시 **2군단 정치부장**	1958년 정치적 실종
송덕만	한국전쟁 시 18연대 참모장, **4사단장**	정전 후 행방 미확인
신학균	한국전쟁 시 15연대 문화부 연대장	폭격으로 사망
심 청	한국전쟁 시 **6사단 포병부 사단장**, **5군단 참모장, 서해집단군 참모장**	1959년 정치적 실종
안창국	**모스코바 무관**	미확인
왕 련	평양 항공과장, 민족보위성 공군 **사령관**	1958년 정치적 실종
왕자인	인민군 부참모장, 한국전쟁 시 2군단 참모장, **12사단장, 통화후방사령부 총참모장, 6군단장**, 전선사령부 부참모장	1958년 정치적 실종
왕 휘	한국전쟁 시 12연대장, 전쟁 후기 부사단장	이후 행방 미확인
양 계	한국전쟁 시 **3군단 정치부장**	1958년 정치적 실종
유 신	보안간부훈련 대대본부 작전처장, 한국전쟁 시 1군단 참모장	폭격으로 사망
윤공흠	**5군단 군사위원**	중국 망명
유원천	소련 군사학교 유학, 탱크 여단장, 파직	행적 미확인
윤지평	서해수상방어사령관	국외로 이주
윤명환	12연대 참모장, 영덕 전투에서 사망	사망
이가흥	사단 문화부 대대장, 전쟁 후 12사단 정치 부사단장, 5군단 정치부 부부장	1958년 실종
이권무	인민군 1사단 연대장, **한국전쟁 시 4사단장 및 1군단장**, 정전 후 **제2집단군 사령관**, **인민군 총참모장**	1959년 정치적 실종
이근산	한국전쟁 시 철도경비여단 참모장	정전 후 행적 미확인

이동호	입북 후 직위 미확인, 한국전쟁 시 **예비사단장**	정전 후 행적 미확인
이 림	인민군 집단사령부, 민족 보위성 간부국장, 정전 후 **1군단 군사위원**	1958년 정치적 실종
이명선	입북 후 직위 미확인, 한국전쟁 시 인천해안방어 여단 연대장	정전 후 행적 미확인
이방남	한국전쟁 시 15연대장, **10사단장, 6사단장,** 정전 후 **1군단장**	숙청설과 재기설 행방 미확인
이 빈	한국전쟁 시 15연대 포병부 연대장	전쟁 중 행불
이상조	한국전쟁 시 **부총참모장 겸 정찰국장,** 정전 회담 시 **수석대표**	1957년 소련 망명
이영준	13연대 부관, 13연대 참모장, 연대장, 정전 후 6사단 참모장	1959년 정치적 실종
이원성	한국전쟁 시 31연대장, 9사단 부사단장, 제대	이후 행방 미확인
이원영	한국전쟁 시 여단 정치부 여단장	행적 미확인
이익성	나남보안훈련소 참모장, 2사단 참모장, 한국전쟁 시 **7사단장, 총참모부 대열보충국장,** 낙동강 전투에서 부상	1958년 정치적 실종
이청원	한국전쟁 시 15연대 참모장	51년 2월 전사
이지강	서해방어사령	항해 중 익사
이철중	한국전쟁 시 포로, 정전 후 북송	행적 미확인
장교덕	한국전쟁 시 18연대장, **사단장 발령**	평택에서 전사
장 복	**4군단 군사위원**	행적 미확인
장중광	한국전쟁 시 **철도경비 사단장**	행적 미확인
장중진	한국전쟁 시 **항공학교 부교장**	망명 기도 체포설
장지복	동해안 방어사령관	행적 미확인
장평산	신의주 경찰서장, 평양경비사 참모장, 한국전쟁 시 3사단 참모장, 정전 후 **4군단장,** **정전대표**	1957년 정치적 실종
장 훈	13연대 참모장, 부상으로 후송 중 전사	미확인

전 우	한국전쟁 시 **12사단장, 후방사령부 참모장, 37사단장, 6군단 부군단장, 5군단장, 부총참모장**	1959년 4월 30일 실종
조 관	15연대장, 한국전쟁 시 5사단 참모장, **27사단장, 6사단장**, 육군대학 입교	1959년 정치적 실종
조렬광	한국전쟁 시 **15사단장**	1958년 정치적 실종
조병룡	6사단 간부과장, 5군단 간부부장, 총참모부 간부부 부국장	행적 미확인
조세걸	13연대 포병부 연대장, 사단포 연대장, **5군단 포병사령관**, 정전 후 4군단 포병사령관	1959년 실종
주 연	보안간부훈련대대본부, 철도경비부대 창설 참여, 한국전쟁 시 3군단 **15사단장**, 정전회담 연락장교	정전 후 행적 미확인
주춘길	나남보안간부훈련소 정치소장, 한국전쟁 시 2군단 군사위원, **37사단장**	1961년 정치적 실종
진국화	동해 수산보안대장	행적 미확인
최경수	한국전쟁 시 4연대장	미확인
최계원	입북 후 직위 미학인, 한국전쟁 시 **부사단장**	통화에서 총격 사망
차균섭	한국전쟁 시 5사단 포병 연대장	총살
최 명	한국전쟁 시 **8군단 참모장**	전사
최봉록	인민군 10사단장, 정전 후 후방총국 참모장	행적 미확인
최봉준	12사단 참모장, **6사단장, 12사단장, 육군대학 부총장**	1959년 정치적 실종
최아립	한국전쟁 시 **포병부 사단장, 12사단장, 공군참모장**, 소련군사학원 유학	정치적 망명설, 실종설 미확인
최인덕	한국전쟁 시 16연대장	미확인
최진작	13연대 문화부 연대장, 마산전투에서 사망	미확인
최학훈	한국전쟁 시 30연대장, 정전 후 **25기포여단장, 장군 승진, 1959년 군사재판 15년 구형**	이후 행방 미확인
표구서	6사단작전과장, 5군단작전부장, **총참모부 작전부국장**	1959년 행방 미확인

풍중천	한국전쟁 시 대좌계급	행적 미확인
하진동	한국전쟁 시 **37사단장, 포병군관학교 교장**	행적 미확인
한 경	한국전쟁 시 **군단 참모장, 4군단 군사위원**	1958년 정치적 실종
한일해	한국전쟁 시 13연대장, 6사 참모장	1950년 행방 미확인
황 석	한국전쟁 시 14연대장, **13사단장** 부임 시 사망	폭격에 의한 사망
호철룡	**2군단 참모장**	미확인
홍 림	**6사단장**	미확인
홍천파	한국전쟁 시 15연대장, 군단 항공참모, 일본군 장교 출신으로 군사지식과 지휘능력을 인정받았으나 활용 후 처형	총살

※ 출처: 김중생(2001: 120~215); 강만길 · 성대경(1996); 『북한인물록』(1979)을 재구성. 굵은 글씨
　　체는 전시체제의 북한 인민군 장군급 보직임.

5. 지방정권기관: 지방인민위원회

1) 중앙 · 지방 관계의 기본적 틀

　사회주의 국가기관의 특성으로 인해 지방정권도 국가중앙기관과 마
찬가지로 민주주의 중앙집중제에 따라 중앙에 대한 지방의 복종, 당에
의한 국가기관 지도원칙이 적용된다(박영자, 2007:408). 이 원칙하에 북
한도 사회주의 국가기관의 운영원리 및 위상인 민주주의 중앙집중제
와 프롤레타리아 독재, 그리고 당적 지도 등이 지방정권에도 똑같이 적
용되었다. 이때 지방정권기관이란 지방 각급 인민대표회의와 각급 인
민 정부, 특별행정기관 및 법원과 검찰소 등이 포괄되는 개념이다. "권
력 집중에는 중앙과 지방 관계에서 중앙으로의 권력집중 형태인 '수직

적 권력집중'과 동급수위의 여러 기관 중에서 하나의 기관에 권력이 집중화되는 '수평적 권력집중'이 있다. 이와 관련하여 소련의 경우, 중앙에 대한 지방의 자율성이 상대적으로 크다. 이는 권력이 각 부문 계선별로 나뉘어 수직적으로 중앙집중이 되어 있다는 뜻이다. 그러나 각급 행정기관 사이는 병렬적 존재로 당 국가체제에서 수평적 권력집중은 나타나지 않았다. 반면 중국의 경우는 지방에 대한 중앙의 통제가 개혁개방 이전까지 집중적이었다. 이러한 점은 북한 지방정권기관의 주요 특징으로도 반영되어 나타났다. 따라서 중국과 북한은 각급 레벨에서 수평권력을 집중한 당 위원회의 수직위계구조를 가진 '다층집권체제'의 특징을 가지고 있다. 이는 각급 당 위원회 및 당 중앙에 대한 수평적 권력집중 때문에 당정, 당군, 당 사회의 일체화 현상으로 나타난다."(박영자, 2007:409~10).

1948년 9월에 채택된 북한 헌법에서는 지방주권기관이 각급 인민위원회 휴회 기간에 업무수행을 위한 상임위원회를 설치하도록 하였다. 그리고 이 시기에 수립된 지방정권기관은 한국전쟁 직전까지 주권 기능과 행정기관 기능을 동시에 수행하는 '통합형 구조'를 유지하였다(이계만, 2000:80). 더욱이 1950년대 초, 전시군사위원회는 국가와 군대의 최고기관으로서 당의 권한을 각급 지방정권기관에서도 강화시켰다.[105] 사실 중앙과 지방의 관계에 대한 논의에서는 중앙정부가 지방정부에 어떤 권한을 배분하는가의 문제가 중심적인 고찰 대상이 된다. 이러한 관계는 양자 간의 권력관계에 따라 결정되며, 그것은 '중앙집권'과 '지방분권'의 정

---

105)   산하에 내각의 각 성과 국, 중앙국가기관과 함께 각 도·시에 지방군(地方軍) 정부를 두었다. 이때 주권과 일체 권력을 집중시키고 군사위원회 지시에 복종하게 하였다(허정호, 1983:124~5).

도를 어느 선에서 조화시킬 것인가 하는 문제로 귀결된다고 하겠다. 그러나 이의 적절한 균형을 이론적 또는 실제의 정형화된 객관적 기준으로 정하기는 어렵다. 그 이유는 비록 집권화의 불가피성과 분권화의 당위성을 주장할지라도 집권과 분권의 어느 한 부분을 강조하는 데 불과하기 때문이다. 다만 중앙과 지방이 완전히 독립된 정부가 아니라 공적 문제를 해결하는 수직적 분업의 한 형식이라고 생각한다면, 양자 간의 바람직한 관계유형은 수평적 상호협력관계라 할 수 있다(정병일 2008b:144).

따라서 이러한 정형에서 초기 북한 지방행정 체제의 출범은 '민주주의 중앙집권제'[106]라는 통치방식과 조직 활동 원칙에 따라 작동되었다. 이는 전술한 것처럼 소련식보다는 중국식의 수직적 행정통제 관계유형에 속한다. 중국식 제도를 수용한 북조선 로동당은 당의 영도원칙 아래 국가기관을 포함한 사회 내 모든 조직을 영도하는 지도체제를 구축해 나가기 시작했다. 국가 권력구조가 당 중심으로 조직됨으로써 행정기관 역시 당에 의해 결정된 정책을 집행하는 기관으로서 역할에 충실하게 수행하였다. 그리고 당에 의한 통제는 당 관료가 행정 관료를 겸하는 겸직 장치와 행정기관 및 부서에 상응하는 당 기관을 설치하는 등의 방법을 통해 이루어졌으며, 또한 민주적 중앙집권제가 국가기관의 조직과 활동에 있어 지도원칙임을 헌법으로 명시하였다.

이를 보다 구체적으로 설명하면 민주주의 중앙집권제는 민주주의와

106) 1) 조선로동당 규약 제2장; 당의 조직원칙과 조직구조 11조: "당은 민주주의 중앙집권제 원칙에 의하여 조직된다."(1980. 10. 13.). 2) 사회주의 헌법 제1장; 정치 제 5조: "조선 인민민주주의 인민공화국에서 모든 국가기관들은 민주주의 중앙집권제 원칙에 의하여 조직되며 운영된다."(1998. 9. 5. 최고인민회의 제10기 1차 회의). 3) 조선민주주의 인민공화국 지방주권기관 구성법 제1장 지방주권기관 구성법의 기본 제5조: "지방주권기관은 모든 활동에서 민주주의 중앙집권제 원칙을 구현한다."(1999. 1. 28.).

중앙집권제라는 두 가지 성격을 동시에 가지고 있다. 먼저 '당 안에서 민주주의'는 당원 대중의 직접적인 참가 밑에 당 조직을 비롯한 모든 기관 등을 운영하며 당원 대중의 의사에 의거하여 문제를 토의 결정하고, 당원들의 창발성을 동원하여 모든 것을 풀어 나가는 것을 말한다. 반면 '당의 중앙집권제'는 당원은 당 조직에 소수는 다수에, 하급 당 조직은 상급 당 조직에 복종하며 전 당은 수령과 당 중앙에 절대복종하는 구조(틀)와 기능(역할)을 내용으로 삼고 있다(사회과학출판사, 1971:132). 결과적으로 아래로부터의 의사결정 자율성과 위로부터의 통일적 지도가 민주적 중앙집권제의 요체인 것이다. 그리고 이러한 기본적 틀을 바탕으로 북한은 1954년 10월 30일 「지방주권기관구성법」을 채택함으로써 기존 인민위원회로부터 지방주권기관인 지방인민회의와 지방행정 기관인 지방인민위원회로 분리되었다.

2) 지방인민위원회

한반도의 갑작스러운 해방에 따라 남북한에 걸쳐 거대한 정치 공간이 형성되었다. 식민통치의 억압기제가 사라진 해방공간에는 다양한 세력들이 각축하는 정치적 공간이 형성된 것이다. 이러한 환경조건은 또한 총체적인 사회개조 차원에서 새로운 질서를 창조하거나 혹은 강제하려는 광범위한 시도가 행해지는 것을 가능하게 했다. 특히 북한의 정치적 질서 창출 과정은 엄밀히 말해 소련에 의해 부과된 것이 아니라, 소련 점령 당국과 중앙과 지방 양쪽에서 각각 그들 자신이 주도한 '인민위원회'라는 정치조직을 만들면서(암스트롱, 2006:87) 출발하였다고 할 수 있다. 우선적으로 각 지방은 자체적으로 행정권을 장악하고 일반치안과 경제적 통제력을 확보하며 공공기관, 교통 운송 등을 운영하면서 주권기관으로서 지방인민위원회를 조직하였는데, 도·시·군·면 단위에 1945년 11월 말 이전에 지방인민위원회가 조직 완료되었다. 특히 함경남도의 경우 1945년 9월 1일에 도(道) 인민위원회가 수립되었으며 함흥과 원산을 포함한 3시 16군 129개 면의 인민위원회가 8월 31일 이전에 이미 수립되었다. 이들의 우선적인 활동은 친일파를 비롯한 반동분자들을 숙청하고 교통, 운송, 통신 기관, 교육문화기관 등 정치·사회·문화기관의 활동을 재건하는 것이었다.

이후 1945년 10월 8일 평양에서 평안남도 31명, 평안북도 15명, 황해도 11명, 함경남도 11명, 함경북도 7명 등 5도 인민위원회 연합회의를 개최하였다. 이 회의에서는 (1) 산업생산과 식량문제 (2) 군수공장을 민수공장으로 개편할 데에 대한 문제 (3) 금융·재정문제 (4) 지방기구의 정비·통일에 관한 문제 등을 토의·결정함으로써 각 지방주권기관의 유기적 연락과 통일적 관계를 확립하였다. 자치기관의 자발적 활동으로 소련 군정은 이들의 권위를 인정하고 보다 친소적으로 만들기 위해 온건하게 유도하는 정책을 채택하였다. 이러한 사실은 북한국가의 형성과정에 소련의 정책이 위로부터 전일적으로 부과되었다는 기존 연구의 틀을 수정할 필요성을 제기한다.[107] 그리고 중앙정권은 1946년 2월 북조선임시인민위원회, 그리고 1947년 2월에는 북조선인민위원회로 개명하였다. 따라서 북한에서 인민정권은 해방 후 자연발생적으로 조직된 지방

---

107) 소련은 "북조선 영토 내에 소비에트 및 그 밖의 소비에트 정권 기관을 수립하지 않고, 전 조선 인민의 이익과 열망에 부응하는 부르주아 민주주의 정권을 창설할 것을 지시하였다.

인민위원회를 모체로 수립하였다(김남식:21).[108] 이렇듯 지방의 자율성은 남쪽보다 북쪽에서 더욱 뚜렷하게 나타났고, 특히 변방 지역은 더욱 그러했다. 다시 말해 초기 북한국가건설의 모체였던 인민위원회라는 정권 형태는 중앙으로부터 하향식으로 조직된 것이 아니라 밑으로부터 상향식으로 조직되었다고 볼 수 있는 것이다(김남식, 2006:22).

북한 지방행정기관의 시초는 1945년 8월 황해도를 제외한 북한지역 5개 도(道)에 공산당 도당 조직이 결성된 뒤, 그해 10월 8일에 평양에서 개최된 5도 인민위원회 연합회의이다. 이어 11월에 5도 행정국이 수립되어 인민위원회의 행정업무를 통일적으로 수행하게 된 북한은 1946년 2월 8일 북한 중앙정권의 출발점이 된 북조선 임시인민위원회를 결성하기 위해 도 인민위원회를 소집하기로 하고, 제 정당 및 사회단체, 5도 행정국과 북조선 각 도 인민위원회 대표를 참석시켰다. 이때 조선독립동맹 대표로 김두봉과 최창익이 참석하였다. 여기서 김두봉은 본 회의에서 개회선언을 함으로써 일단의 정치적 입지를 확보하였다. 그리고 회의 둘째 날에 선출된 북조선 임시인민위원회 위원 23명 중 정당 대표로 조선공산당에서는 김일성과 무정, 조선신민당에서는 김두봉과 방우용이 인선되었다. 그리고 도 인민위원회 대표명단에 연안파인 윤공흠이 평안남도 인민위원으로, 장지민이 평안북도 보안부장 자격으로 참석하였다. 이후 1946년 6월을 기준으로 최영이 평안북도 인민위 위원장, 진세성이 황해도 인민위 건설부장, 이주석이 함경북도 길주인민위원, 김

---

108) 당시 한반도 전체 인민위원회 2,602개 중 북한에 673개가 있었다. 그 이유는 인구가 적었기 때문이다. 특히 해방 초기 북쪽 지역의 지방인민위원회는 함경남도를 예외로 하고 대개 보수적인 민족주의자들에 의해 장악되었다. 이러한 상황은 당시 공산주의자와 민족주의 좌파들이 오히려 소수였다는 사실을 말해 준다.

교영이 함경남도 인민위 부위원장, 그리고 이학이 강원도 인민위 부위원장 등을 맡아 국내 세력 중심의 도 인민위원회 구성 속에서도 미약한 분포지만 각 계파별 진출이 눈에 띄게 확장되었다.[109] 한편 북조선 민주주의 민족통일전선과 조선로동당이 창립되고 난 뒤 착수한 첫 사업은 1946년 11월 3일 군, 시도의 인민회의 대의원 선출작업이었다.

이 선거의 의미는 조선 인민들이 처음으로 자유·직접·평등·비밀투표의 방법으로 자신의 의지를 나타낼 수 있었다는 점이다. 이로 인해 민주주의 민족통일전선에 참가한 정당과 사회단체로 북조선 로동당, 북조선민주당, 천도교청우당, 농민동맹, 민주여성총동맹, 민주청년동맹을 비롯하여 기타 사회단체 선거법령에 의한 각 정당과 사회단체가 자신의 입후보자를 출마시켰다. 이에 따라 친일분자와 수형을 선고받은 자 및 정신질환자 등을 제외하고 선거권을 가진 사람은 도합 451만 6,120명이었다([표 2-11] 참조).

[표 2-11] 선거 참가자 및 찬성자

	유권자 총수	투표자(%)	후보 찬성(%)
도	4,516,120	99.6	97.0
시	411,847	99.4	95.4
군	3,930,062	99.6	96.9
면	3,766,995	99.9	96.2
리	3,859,319	99.8	86.6

※ 출처: 중앙선거위원회, 『북조선도·시·군 인민위원회 위원선거에 관한 총결 1946』188쪽; 중앙선거위원회, 『북조선 면 및 리(동) 인민위원회 위원선거에 관한 총결 1947』 191~7쪽; 김광운(2003:413) 참조.

---

109) "조선신민당 중앙 집행위원 명단"(『북한관계사료집 26』, 51~3).

처음 선출된 북조선 최고인민회의 대의원으로는 노동자, 농민, 사무원, 지식인, 상공업자, 수공업자, 종교인 등 국내 각계각층, 각 사회단체 대표들이 선출되었다. 237명의 대의원은 89명의 노동당원, 29명의 민주당원, 29명의 천도교청우당원, 90명의 무소속 인원으로 구성되었다(기토비차·볼소프, 2006:218~33). 노동당원 소속 중 만주파 3명(김일성, 김책, 최용건), 연안파 9명 (김두봉, 최창익, 박일우, 허정숙, 조영, 무정, 김창만, 윤공흠, 박훈일)과 소련파 6명(김재욱, 박창식, 김렬, 김영수, 박영성, 한일무)을 제외한 대부분이 국내파들로 선출되었다(서동만, 2005:88~9).

국내파와 무소속 인원 및 다양한 단체들이 선출되는 양상은 해방 초기 지방인민위원회가 지역별 국내 토착 세력 중심으로 자발적인 자체 기관을 형성한 만큼 그 명칭 또한 서로 다르게 불렸기 때문이다. 여기에서 북조선 민주주의 민족통일전선 결성과 조선공산당과 조선신민당의 합당 의미를 통찰해 볼 수 있다. 그 의미는 중앙의 통일전선 조직의 틀 안에서 군(郡)과 지방 지부를 아우르는 정치세력의 통합을 위한 것이었고, 그로 인해 지방인민위원회를 연계한 각 정당 및 사회단체의 유기적 협의체 성격이 강화되었다. 이에 따른 구체적인 실행조치로 1946년 4월 10일 북조선 공산당 확대집행위원회와 동년 11월 25일 임시인민위원회 제3차 확대회의에서 인민위원회 기구와 행정구역 개편을 결정하였다. 이에 평안남도 인민정치위원회를 평안남도 인민위원회로 개칭한 것을 시발로 도·시·군 등의 명칭 뒤에 인민위원회를 붙이는 것으로 명칭을 통일시켰다.

인민위원회의 기구와 행정구역 개편작업에는 통일전선의 조직 틀 안에서 중앙과 지방인민위원회를 연계하여 정치세력 통합에 영향을 미친 사실을 확보할 수 있는 단초를 제공한다. 그것은 식민지와 반식민지를 경험한 만주파와 연안파의 항일투쟁 방향은 한마디로 좌우를 망라한 통일전선 구축이었다. 사실 당시 북조선 공산당과 조선신민당의 이념적 토대는 달랐다. 전자는 무산계급의 토대 위에 건립된 계급적 정당으로서 노동자계급의 전위정당을 지향하고 있었고, 후자는 현 단계의 한반도 상황을 자산 계급성 민주주의 혁명의 시기로 규정하고 각 계급, 각 계층을 불문하고 진보적 지식인과 양심적 자산가들까지 포섭하였다. 그러나 조선신민당의 이러한 이념적 노선은 북조선 공산당이 주도하는 정치과정에 참여하여 관철될 수밖에 없었다. 이에 따라 조선신민당은 북조선 공산당과 공동으로 정권을 운영하여 자산 계급성 혁명을 완료해 나가는 방향을 선택함으로써 합당에 이르게 되었다고 볼 수 있다(심지연, 1988:143~5).

이러한 조선신민당의 의도는 최창익이 1946년 6월 22일 자 「독립신보」에 게재한 "민족적 민족통일 전선의 역사성에 대하여④"에서 "이 순간의 역사적 단계에서 민주주의적 민족통일전선은 계급적으로 무산계급과 진보적 자산계급층 등의 합작을 말하는 것이며, 정당적으로는 진보적 자산계급적 성질을 가진 정당과 공산당의 합작을 의미한 것"으로 표현한 데서 파악할 수 있다. 양당의 계급적 기초와 국가건설이념의 차이에도 불구하고 합당은 외부적 정세요인이 합당의 필요조건을 충족시켰다는 점에서도 촉진되었다. 다시 말해 조선신민당으로서는 남북을 아우르는 통일전선 구축작업이 미군정 때문에 북한에 한정될 수밖에 없었고, 북조선 공산당은 자산 계급성 신민주주의 도입에 따라 다양한 계층의 참여와 수용을 유인하여, 계급정당이라는 편협성에서 민족정당이라는 포용성을 갖출 수 있었던 것이었다.

　이러한 민주주의 민족통일전선의 성립과 양당의 합당을 통해 진행된 지방인민위원회의 역할은 전술한 바와 같이 민주주의 중앙집중제를 근간으로 한, 중앙의 통일전선 조직의 틀 안에서 군(郡)과 지방 지부에 이르는 정치세력의 통합을 위한 것이었다. 이로써 지방인민위원회를 연계한 각 정당 및 사회단체의 유기적인 협의체의 성격을 갖추게 되었다. 그럼에도 불구하고 주권 기관과 함께 행정기능을 동시에 수행하는 통합형 구조인 지방인민위원회는 1956년 전후까지는 집단지도체제의 성격을 가진 중앙권력의 특징으로 인해 당과 중앙으로부터 '상대적 자율성'을 가질 수 있었다. 이후 1948년 9월 공포된 인민민주주의 헌법에서 도·시·군·면·리에 의결 및 집행기능을 지닌 인민위원회를 두도록 하였으며, 1954년 10월 지방주권기관구성법에 따라 주권기관인 인민회의와 집행기관인 인민위원회로 분리되었다.

4절

중앙일체적 통치체계

1. 파벌 간의 정치투쟁

1) 김일성의 대중주의 연합과 연안파의 군중노선

김일성의 대중주의 노선은 마오쩌둥의 농민 대중주의를 모델로 한 것이지만 중요한 차이가 있다. 김일성의 대중주의 노선은 대중을 통해 정치적 변화가 일어나지만, 어디까지나 간부가 대중을 지도함으로써 가능하다고 보았다. 이는 위로부터의 하향식 지도를 강조한 것으로 제도적으로는 정권 초창기에서부터 고도의 중앙집중제에 의한 하달 방식으로 나타났다. 오늘날까지 그 맥을 이어오고 있는 '현지지도'는 대중주의 노선에 입각한 북한식 통치 방법으로 볼 수 있다. 김일성이 이러한 대중주의 노선으로 궤도를 수정한 계기는 신의주 사건이었다. 1945년 11월 23

일 발생한 신의주 사건[110]은 당과 정권에게는 전환적 계기가 되는 사건이었다(김광운, 2003:87). 김일성은 이 사건으로 인해 사회적으로는 포괄적이면서도, 정치적으로는 규율이 잡힌 대중정당의 필요성을 인식하게 된다. 핵심 내용은 북한 청년들의 잠재적 에너지를 발산시키고자 하는 것으로 대중들을 이끌기 위해서는 대중으로부터 배워야 한다는 것이다. 이러한 사고 전환은 김일성이 항일혁명 시기 중국으로부터 경험한 민족주의 통일전선전술의 필요성을 재삼 인식하게 하는 계기가 되었다. 그리고 마오쩌둥의 군중노선을 직접 학습했던 최창익, 김창만, 허정숙 등 연안파 핵심 이론가들이 북조선 공산당과 조선신민당의 정책 브레인으로 참여하면서 이러한 인식에 확고한 토대를 제공하게 된다.

최창익의 경우 일본식민지의 경제적 영향을 분석하면서, 일제 침략자본 세력의 총체적 파괴가 조선 민중을 프롤레타리아트로 만들었다고 보았다. 그는 식민주의에 대한 저항을 통해 민족의식과 계급투쟁 의식이 깨어났다고 주장하면서, 조선민족해방 사업은 반일적 각 계급, 각 계층, 각 정당의 공동임무이며 공동투쟁역량으로 해결되어야 한다고 했다. 이에 따라 노동자, 농민, 소시민, 지식분자, 청년 학생, 기타 진보적 민중 모두가 반일 민족통일전선의 이익에 복종해야 한다면서 계급투쟁의 언어가 반식민주의 민족투쟁의 언어라고 주창했다. 이러한 최창익의 논리는 계급투쟁을 민족투쟁으로 흡수시키면서 오늘날까지 북한 이데올로기의 이정표가 되고 있다(최창익, 1946:23; 심지연, 1988:324~53; 암스트롱,

---

110) 김일성은 사건 직후 '신의주시 군중대회'에 참석하여 일부 공산주의자들이 권력을 남용하여 악행을 저지른 행동에 대해 자신도 공산주의자임을 밝히면서 "만일 공산주의자라고 하는 사람이 자기 나라와 자기 민족을 사랑하지 않는다면 참다운 공산주의자가 아니다."라고 주민을 설득하였다(『김일성전집 2권』, 346쪽).

2006:112). 김두봉 역시 "현 단계에서·새로운 조선건설은 하나의 계급이나 하나의 당에 의한 것이 아니라 전체 민족의 과업이다."라고 선언하였는데, 연안파 간부들이 제시한 군중노선에 입각한 연합전선은 김일성의 대중주의 노선에 영향을 미쳤다. 이처럼 김일성은 중국식 군중노선을 변용적으로 수용함으로써 연안파와 조선로동당으로 손쉽게 합당할 수 있었고, 궁극적으로는 오늘날 민족주의를 내장한 북한 사회주의 이데올로기의 토대가 되었다고 볼 수 있다.

　　이와 관련 김광운은 「로동신문」에 실린 김정일의 "혁명 선대를 존대하는 것은 혁명가들의 숭고한 도덕 의리이다."를 인용하면서, 김일성으로 대표하는 북한 공산주의자들은 모순의 대립 갈등에 근거한 폭력적 계급투쟁을 선호하지 않았으며, 이데올로기적 원칙과 입장을 견지하면서도 실용주의적 과제와 실천을 배합하고자 노력하였고, 또한 조선로동당은 '대립배제'보다는 '혁명적 단결의 전통'을 쌓아 갔으며, 자신들의 역사를 하나의 중심과 사상, 동지애에 기초하여 형성되는 '통일단결의 역사'로 만들고자 하였다고 주장한다(김광운, 2003:337). 이러한 관점은 김일성 중심의 지배역사의 연장선상에 있는 오늘날의 시점에서 결과적으로는 과거의 행위를 정당화하고 합리화시키는 논리가 될 수 있겠지만, 향후 연안파의 정강 정책을 재조명할 경우에는 수정되어야 하는 시각이다.

2) 파벌(만주파와 연안파) 간의 협력과 갈등

　　일반적으로 파벌이란 공적이익이 아니라 분파적 이익을 추구하는 집단을 지칭할 때 사용하는 개념이다. 이러한 파벌에 대한 정의는 정당조직 내의 소규모적이고 비공식적인 집단으로 보는 견해(Min Jun-Kee, 1983:131~33; Nyomarkay, 1965:22~4)와 정당 발전과정의 초기 단계에서 볼 수 있는 정치세력의 연합형태(political coalition)인 정당의 예비적 집단으로 보는 견해가 있다. 또한 밸로니와 밸러는 파벌을 정당과 구별하여 그 특성이 규정된다고 보기도 한다. 정당은 잘 조직된 공식적 조직으로서 가시적이고 규칙적이며 안정적으로 구조화된 관계와 절차를 가진 유기체인 데 반해, 파벌은 분명성, 질서, 안정적 절차가 결핍되어 있는 집단이라는 것이다. 따라서 파벌을 향후 정당으로 성장할 집단이라고 규정한다(Frank P Belloni & Dennis. C Beller, 1976:535~6). 파벌에 대한 이상의 몇 가지 정의는 특정한 목적을 추구하기 위해 협력하는 사람들의 다양한 집단형성의 자유를 전제로 한다.

그런데 사회주의국가에서의 파벌형성과 투쟁은 일반적인 파벌의 그것과는 상당히 다르다. 사회주의국가의 경우 통상 일당 체제를 유지하고 있기 때문에, 양당체제 혹은 다당체제를 기반으로 하는 서구 민주주의 국가에서와 같이 권력 변동이 정당 간 합법적인 경쟁을 통해 이루어지는 것이 아니라 권력 장악을 위한 당내세력 간 권력투쟁이 불가피하게 발생한다. 그 이유로 사회주의국가에서는 경쟁적 정당체계가 허용되지 않기 때문에 권력투쟁이 개인 지도자를 중심으로 이루어질 수밖에 없으며, 이때 개인 지도자들이 일정 수의 추종자들과 결합하여 파벌을 형성하게 되는 것이다(Nathan, 1973:37~9). 따라서 사회주의국가에서 권력투쟁은 정당 간 경쟁 체제가 아니라 파벌 간 권력투쟁의 역사라 할 수 있다(전원근, 2000:10).

북한국가건설기에 나타난 파벌은 제도화된 정당 내 조직이나 집단이 아니라 정당조직 이전에 이미 형성되었으며, 공통적 이데올로기의 실현을 목표로 한 이념적 성향의 파벌이라는 특성을 갖고 있다. 이러한 사실은 '김일성이 초기 북한의 권력체계를 주도해 나간 것은 아니다'라는 가설을 뒷받침한다. 당시 로동당과 국가기관의 지도부는 공히 사회주의 이데올로기를 공유하면서 북한 사회의 소비에트화를 추진했으나 지위와 역할을 파벌 간에 분담하는 일종의 연합체제가 형성되었다. 그 이유는 북조선 공산당과 조선신민당이 합당하여 북조선 로동당이 성립함으로써[111] 연안파가 상당한 영향력을 행사하였고 이후 남로당이 북로당으로 흡수통합 되기는 했으나 남로당의 입지가 비교적 강했으며 소련을 배경으로 하는 소련파의 영향력 역시 만만치 않았기 때문이다. 결과적으로 김일성의 만주파를 비롯하여 연안파, 국내파, 소련파, 남로당파 등의 계파별 원심작용으로 인해 김일성 중심의 단일 권력이 형성되지 못했다 할 수 있다. 결국 북한의 초기정권 형성과정은 단순한 소련의 외재적 압력 이외에도 여러 파벌 간 상호 세력 관계가 큰 영향을 미쳤음을 알 수 있다.

이러한 파벌 간 역학관계는 북한과 비슷한 시기에 수립되었던 동구 사회주의국가 경우에도 유사하게 나타난다. "동구 국가들의 사회주의 정권 수립 배경을 보면, 2차 대전 중 독일에 대항하는 방법과 수단으로 사회주의를 선택하였다. 소련의 지원을 받은 대표적인 국가로는 불가리아, 체코슬로바키아, 헝가리, 폴란드, 루마니아, 동독 등이 있다. 소련의 지원 없이 자체적인 힘으로 정권을 수립한 국가는 유고슬라비아와 알바니아였다. 소련의 지원을 받은 국가들은 전쟁 중 민족 단합과 반파시즘

---

111) 이에 관해 이종석은 북로당 창당이 갖는 의미는 철저한 정치 연합적 성격을 띠었지만, 내용상으로는 김일성 중심의 단일지도체계를 지향한 강한 구심력이 작용하고 있었다고 주장했다. 이종석, 1995.『조선노동당연구』, (서울: 역사비평사), 188~191쪽

에 기초한 민족해방투쟁 전술을 전개하였으나, 전후에는 인민민주주의 전선을 표방하면서 연립 정권을 형성하였다. 이후 이들은 단계적으로 반대 세력을 제거해 나갔다."(전원근, 2000:2; 전인영, 1984:102~18). 이와 같이 동구 사회주의국가의 정권 형성과정 역시 소련 지배하의 외적 압력을 통해 일률적이고 통일적으로 이루어진 것이 아니라 자체적으로 형성된 파벌 간 연립과 갈등을 통해 이루어진 것이다. 마찬가지로 북한 역시 이와 같은 일반적 패턴에서 예외는 아니었던 셈이다.

이렇게 볼 때 북한 정권 수립과정 또한 단순한 소련의 개입이나 압력에 의해 수동적으로 위성정권이 성립된 것이 아니라 주요 파벌 간 연합(coalition) 또는 통일(united)을 통해 형성된 것이라 할 수 있다. 실제로 초기 북한정권건설기에 주요 역할을 담당했던 파벌들은 계파 간 권력 배분을 둘러싸고 정치적 투쟁이 상당히 심화되어 있었다. 이로 인해 김일성이 권력을 독점하기까지 상당 기간 복잡한 권력투쟁 양상이 전개되었다(Merrian, 1934:45~58). 전원근은 그의 논문에서 "북한국가건설기에 나타난 파벌은 제도화된 정당 내 조직인 집단이 아니라 정당이 공식적으로 조직되기 이전에 이미 형성되었으며 공통적 이데올로기의 실현을 목표로 한 이념적 성향의 파벌이라는 특성을 갖고 있었다."라고 하면서 다음과 같이 정리하고 있다.

(1) 식민지 항일투쟁 전개 과정에서 이미 파벌이 형성되었다.
(2) 이데올로기적으로 사회주의 노선을 투쟁 수단으로 선택한 그들은 독립운동과 밀접한 관계를 가졌다.
(3) 각기 상이한 지역에서 조직되었으며, 이러한 지리적 특수성은 파벌들의

성격에 많은 영향을 미쳤다.

(4) 조직의 성격상 특정한 지도자와 이를 추종하는 사람들로 구성되어 조직 활동이 개인적 리더십에 전적으로 의존하였다.

(5) 집단의 최우선 목표는 해방과 독립이었으며, 사회주의 이념을 투쟁 수단으로 받아들인 이들은 북한국가형성과정에 어떤 형태로든 참여했으며 또한 정도의 차이는 있지만, 정권 내에서 권력을 분배받은 지배적 정치세력이 되었다(전원근, 2000:15).

위의 특성에서 4) 항의 경우 연안파와 소련파 등에 적용하기는 다소 무리가 따르나 나머지 항들의 내용은 북한 내 파벌들의 공통적 특징들을 잘 함축하고 있다. 파벌에 대한 이상의 검토 내용을 토대로 만주파와 연안파 간 밀월과 갈등 관계를 분석해 보기로 하겠다. 북한 초기정권에서 파벌 간 실력행사는 매우 긴박하게 이루어졌다. 그중 김일성의 만주파와 연안파는 투쟁지역과 활동 시기에서 차이가 있었으나, 식민지 시기 중국에서 국제주의적 입장으로 중국공산당과 연대하여 항일투쟁을 전개한 공통의 이데올로기적 토대와 학습경험을 공유하고 있었다. 보다 구체적으로는 연안파 대다수는 마오쩌둥 노선이 확립된 시기 중국공산당 중앙과 관내를 중심으로 생사고락을 함께한 지식인들이 중심이었던 반면, 만주파는 리리싼과 코민테른 중국공산당 대표였던 왕밍 노선의 영향을 받으면서 동북 지역을 중심으로 활동하였다.

거시적 측면에서 볼 때 해방 후 이들의 연대는 중국식 무장투쟁의 경험을 공유했다는 점에서 긍정적 상호작용의 가능성이 컸다. 그러나 미시적으로 이들 양 파벌은 조선 독립을 위한 항일투쟁 과정에서 주도권

경쟁을 하는 민감한 관계이기도 했다. 만주파는 조선인들이 월경하여 농작지를 경작하던 농민들이 정착한 한반도에 인접한 동북 지역을 배경으로 농민들과 연대하여 항일투쟁을 전개하였기 때문에 지정학적으로 유리한 투쟁 전통을 갖고 있었다. 이에 반해 연안파는 비록 중국공산당 중앙과 밀접한 관계를 유지했으나, 한반도 내에서 그들의 인지도는 만주파보다 약할 수밖에 없었다. 연안파 내에서 최창익이 동북전이를 끊임없이 추진하려 했던 이유도 이왕이면 조선 독립이라는 목적을 달성하기 위해 한반도 언저리를 중심으로 투쟁하는 것이 명분과 실제에서 타당하다고 보았기 때문이다. 그러나 한구(漢口 현재 중국 우한: 1938년 이곳에서 조선의용대가 결성)를 시작으로 연안과 동북을 잇는 조선독립투쟁의 여정은 연안파가 만주파와 비교해 정치·군사적 주도권을 행사하기에는 너무나 긴 여정이었음을 부인하기 어렵다. 양 계파의 첫 만남은 주더의 명령 제6호에 의한 동북 선점 시기 중국 심양(瀋陽)에서 이루어졌다. 중국공산당 팔로군과 함께 입성한 조선독립동맹의 리유민은 중국 공산당에게 동북 지역을 인계하러 온 동북항일연군 출신 최용건[112]과 공식적인 첫 대면을 하게 된다.

만주파와 연안파의 공식적 회동은 이후 동만과 북만 지역 확군 사업에서 협력관계를 긴밀히 유지하는 데 일조했다. 또한 입북 후 정치 활동에 있어서도 이미 중국에서 형성된 사상 및 투쟁 성향의 동질감이 양 계파의 긍정적 상호작용에 영향을 미쳤다고 볼 수 있다. 또한 전술한 바와

---

112) 최용건은 항일투쟁의 대부분 시기를 동북 지역에서 보낸 인물이지만, 1924년 운남강무학교를 졸업하고 이듬해 황포군관학교 교관이 되었으며, 1926년 중국공산당에 입당한 후 광주봉기에 참여했던 인물로 1928년 중국공산당 중앙의 지시에 따라 만주로 이동하여 1930년대 항일무장투쟁 대부분을 북만주 요하지방에서 지휘관 및 참모 임무를 수행하면서 보냈다.

같이 연안파에 비해 지식인 출신들이 부족했던 만주파로서는 초기 국가건설기에 절대적으로 필요했던 정책 입안과 집행에 필요한 인적자원을 연안파에게 의존할 수밖에 없었다. 이러한 양 계파의 밀월관계는 1953년 정전을 전후한 시기까지 외형적으로 유지되었다. 그러나 중국공산당이 중화인민공화국을 예상보다 빨리 건국함으로써 제기된 마오쩌둥 노선의 수정으로 인해 이러한 밀월관계는 분열의 씨앗이 감지되기 시작했다. 결과적으로 마오쩌둥의 중국공산당이 인민해방전쟁에 승리한 이후 '인민민주독재'로 노선을 수정함에 따라 연안파는 그동안 중국에 편승하여 북한에서 영향력을 행사해 오던 기득권에 치명적인 타격을 입을 수밖에 없었다.

전술한 바와 같이 1949년 중화인민공화국을 수립하기 전까지 중국공산당 혁명의 구체적 실천목표는 신민주주의 혁명을 달성하는 것이었다. 마오쩌둥은 중국의 혁명운동에 대해 "신민주주의 혁명단계에서 사회주의 혁명단계로 전환하는 것이어야 한다."라고 선언하면서도 신민주주의 혁명이 결코 단시일 내에 성취할 수 없는 것임을 명백히 밝히었다. 그는 중국혁명의 제1단계는 신민주주의 단계이며 제2단계는 사회주의인데 제1단계의 달성조차도 그 기간이 상당히 길 것이며 절대로 일석일조에 달성될 수 없다고 보면서 "우리는 공상가가 아니며 우리들의 당면한 실제 조건에서 유리될 수 없다."[113]고 설파하였다.

이러한 마오쩌둥의 선언은 통일전선구축과 연합정부론 또한 일본제국주의가 몰락한 뒤 이어진 국공내전이 장기화할 수 있다는 예측에 따른 것이었다. 그러나 예상 밖으로 빠르게 완수된 중국혁명의 성공은 당

---

113) 마오쩌둥, 1992. 『신민주주의론』

의 방침을 크게 수정하는 계기가 되었다. 급기야 1949년 3월 개최되었던 당 제7기 중앙위원회 제2차 전체 회의에서는 신민주주의 노선에서 탈바꿈할 뜻을 명백히 밝히게 된다. 이전의 농촌 중심 혁명전략을 '도시로부터 농촌을 지도한다'라는 새로운 단계의 전략으로 수정하는 것과 때를 같이하여 '신민주주의'의 탈을 벗어 던지고 '인민민주독재'로 전환할 방침을 천명하였다. 이러한 신생 중국의 새로운 국가통치모델의 영향으로 김일성은 정권 수행의 자신감을 갖게 되었고, 독자적인 노선을 구축할 수 있는 계기가 되었다고 할 수 있다. 그 이유는 시기적으로 주변 환경의 변화가 신민주주의론의 전도사임을 자임하던 연안파와 중국공산당의 연결고리를 끊어 낼 수 있는 명분으로 작용했기 때문이었다.

김일성의 만주파는 정권 초기 국가경영철학의 취약성으로 인해 연안파와 소련파 등과 함께 연립 정권을 구성할 수밖에 없었다. 그런데 한국전쟁을 비롯한 국내외적인 정치적 경험을 통해 김일성은 마오쩌둥의 인민민주독재론의 변용적 수용이야말로 자신들의 독자적 노선을 구축할 기회였을 뿐만 아니라 이는 그동안 신민주주의론으로 일관하면서 중국공산당에 편승해 온 연안파의 기득권을 약화시키는 기회이기도 했을 것이다. 더욱이 김일성은 북한에 상당한 영향력을 행사해 온 소련의 국내적 혼란이 야기된 틈새를 이용해 권력 장악에 유리한 배경적 조건을 형성해 나갔다 할 수 있다.

파벌에 대한 최초의 견제는 김일성의 최대 정적이라 할 수 있는 연안파 무정과의 갈등 관계에서 가시화되었다. 실례로 1947년 임시인민위원회 성립 당시 무정은 함경도 회령·나진 국경, 경비 지역을 순찰하던 중 김일성의 초상화가 붙어 있는 것을 발견하고 당장 떼어내라고 호통을 쳤다고 한다.[114] 당시 무정은 중국은 물론 한반도에서 항일투쟁의 영웅으로 추앙받고 있었고, 중국공산당과 비교적 친밀한 관계를 맺고 있었음은 물론 김일성보다 항일투쟁의 선배라는 점을 비롯한 다양한 이유로 김일성의 부상을 못마땅하게 생각했을 법하다. 또한 연안파와 소련파 내 핵심 수뇌급 인사들은 김일성보다 먼저 항일투쟁을 시작한 사람들인데 북한 사회주의의 정통성을 이루는 항일무장투쟁의 기원을 김일성으로 귀착시키려는 움직임은 쉽게 용납할 수 있는 사안이 아니었다. 특히 최창익, 박일우, 무정 등과 같은 연안파 핵심 간부들은 나이로나 항일투쟁 경력으로는 김일성보다 훨씬 선배였으므로 항일투쟁의 정통성을 김일성으로 단일화하려는 시도는 인정할 수 없는 굴욕이었다. 그러나 김일성은 무정을 민족 보위성 산하 포병사령관에 묶어 두었고, 역시 중국의 절대적 신망을 받고 있었던 박일우를 한국전쟁 정전 직전에 체신상이라는 한직으로 내몰면서 연안파 수뇌부에 대한 정지작업을 단행하였다.

비근한 예로 이러한 상황은 또한 주요 보직 임명에서도 나타났다. 만주파 강신태와 연안파 이익성은 항일투쟁의 동반자로서 해방 직후 동북에서 확군된 무장병력을 인솔하고 입북했던 자들이다. 그런데 이후 보직 배정에 있어 강신태는 사단장으로 승승장구했던 반면, 이익성은 늘 그의 참모 역할을 해야 했다. 이러한 만주파의 자파에 대한 편중된 인사 정책은 타 계파의 인사 불만으로 확산하여 파벌 간 갈등은 더 첨예화되었다. 이러한 와중에 평양시 위수사령관을 맡고 있었던 연안파 장평산은 정변을 계획하기에 이른다. 그런데 이 정황은 오히려 김일성의 권력 단일화 명분을 더욱 구체적으로 확보해 나가는 빌미를 제공했을 뿐이었

---

114) 장한철, "북한 정권에 대한 구술인터뷰"(정현수 외, 2006:261).

다. 급기야 상황적으로 연안파 수뇌부들에 대한 사전 정지작업은 1956년 8월 종파 사건으로 몰고 가기 위한 예정된 수순이 되었음은 예측 가능한 전조였다.

2. 연안파의 조직 성향 분석과 종파 사건

1) 연안파의 조직 성향 분석

연안파 내 계파 형성은 매우 복잡한 인연으로 이루어졌다고 볼 수 있다. 이들은 식민지 항일시기 이념적 투쟁수단과 투쟁지역의 연고를 바탕으로 정치·군사교육을 받은 각종 학교의 학맥과 깊은 관계를 맺고 있다. 복잡한 학연 형성과정은 내부 계파 간 갈등을 야기시키며 연안파 내 연대성을 비교적 취약하게 만들었다.

첫 번째 부류는 중국공산당의 해방구가 존재했던 화북 연안에서 활동하던 공산주의자들이다. 이들의 특징은 조선민족해방운동에 참여한 경험이 있고 중국혁명에도 참여했으며, 중국공산당 당원이기도 하다는 점이다. 연안홍군학교 출신인 무정, 서휘, 연안중앙당교 출신인 박일우, 진광화, 정률성 등이 이에 속한다. 두 번째 그룹은 중국공산당 지구에서 민족주의자와 행동을 같이했던 조선공산당 출신들과 그들을 추종한 급진적 청년들이다. 이 그룹의 중심적 지도자는 최창익과 한빈이며, 이외에 김학무, 김창만, 허정숙, 이유민 등이 여기에 속한다. 세 번째 그룹은 민족주의 좌파 성향의 성원들로 구성된 민족혁명당 출신들이다. 이들 대부분은 중국혁명당 내부에 설치된 조선혁명간부학교, 또는 중국 중앙군 관학교 성자(星子) 분교 출신들이었는데, 이 그룹의 중심적 인물로는 김두봉, 박효삼, 양민산, 리춘암, 김세광 등이 있다. 그리고 네 번째 그룹은 항일연군과 소련 동방노동자대학 출신인 주춘길, 주덕해, 방호산, 김창덕, 이권무, 리득산, 전우, 박훈일, 장복, 왕전, 이림, 유경룡, 진반수 등과 국내와 화북 등지에서 항일투쟁에 가담했던 심청과 양계 등을 포함한 집단이다.

이해를 돕기 위해 먼저 모스크바 동방노동자대학은 식민지·반식민지 국가의 공산당 간부를 교육하기 위한 목적으로 1920년대 레닌의 발의로 세워졌다. 1935년 무렵 국제공산당 집행국은 조선공산당 재건을 염두에 두고 만주 항일연군 출신들 중 우수한 청년들을 선발하여 동방노동자대학에 보낼 것을 모스크바 주재 중국공산당 대표단에게 통보했다. 선발된 자들 대부분은 김일성, 김책, 최용건 등 만주파 계열에 속한 사람들이었는데 모스크바 유학이 끝난 다음 연안으로 가서 조선의용군 지휘관으로 활동한 후 입북한 경력 때문에 연안파로 분류되었다(김중생, 2001:228~30). 그리고 1930년대 조선민족혁명당의 김원봉이 세운 군사정치 간부혁명학교와 중앙군관학교는 조선의용대 내 민족주의 좌파 성향의 성원들로 김두봉, 박효삼을 중심으로 계파를 형성했고, 연안항일군정학교 출신의 조선의용군은 이미 중국공산당에 가입한 상태였거나 입학 후 전원이 공산당에 입당했다. 대표적으로 홍염, 김웅, 허금산, 한경, 홍림, 송운산, 리근산, 리철중, 김란영, 장경령, 한청, 이상조, 노민 등이 여기에 속한다. 그리고 1941년 이후 태행산과 기타 항일근거지에 세운 조선의용군 간부학교에서는 학도병으로 중국 전선에 파견되었거나 넘어 온 청년들과 독립동맹 지하 거점을 통해 포섭된 청년들을 중심으로 인적자원을 배출하였다. 마지막으로 동북군정대학 길림분교를 들 수 있다. 이들은 해방 후 조선의용군이 동북으로 진출한 후 각 지대별로 건립한 교도대대 및 육군 중학으로 중국 인민해방전쟁에 참군한 뒤 입북하여 인민군 중하위 장교 층의 기본골격을 이루게 된다. 이렇듯 연안파는 해방 전 태행산을 중심으로 형성된 4개 그룹과 해방 이후 확군 과정에서 양성된 학연 중심의 인자들이 이합집산 과정을 통해 결집하여 조선 독립이라는 혁명목표를 지향하는 인물들로 구성되었다.

그런데 연안파 내의 분파 투쟁은 이미 1943년 독립동맹 내부에서 사상통일과 단결을 위한 정풍운동을 기점으로 표면화되었다고 할 수 있다. 정풍운동은 1942년 2월 마오쩌둥에 의해 촉발되어 당원, 군대, 정부 및 일반 군중에게까지 확대되어 전개된 운동이다. 이 운동은 중일전쟁 이후 연안으로 집결한 부농, 부르주아, 지식분자, 룸펜 프롤레타리아 출신들에 대한 비판을 통한 재교육 차원에서 시작되었다. 그것은 내부의 프티 부르주아적 요소를 척결함으로써 출신과 사상이 이질적인 사람들을 하나로 단결시키기 위한 것이었다. 이는 또한 중국이 처한 현실을 고려하지 않고 마르크스-레닌주의의 경험을 기계적으로 적용하면서 좌·우경적 오류를 범한 왕밍에 대한 비판과 척결이기도 했다. 이러한 운동의 여파는 동고동락하던 조선독립동맹과 조선의용군 내부에도 영향을 미쳤다. 여기에서 조선독립동맹과 조선의용군의 위상은 중국공산당과 연합한 국제군의 성격을 지닌 협력단체였음에도 왜 중국공산당의 정풍운동을 내부적으로 적용했느냐는 의문이 생긴다. 그것은 정풍운동을 통해 중국공산당 간부들의 사상 의식이 고조되었으며, 마오쩌둥 노선이 마르크스-레닌주의를 중국혁명의 실천과 결부시킨 확고부동한 사상으로 받아들여지면서 그의 위상이 절대화되었기 때문으로 볼 수 있다.

사람은 경험의 폭만큼 배운다는 점을 인정할 때, 중국공산당의 팔로군과 생사를 함께했던 조선의용군 수뇌부가 중국공산당의 정풍운동을 변용하여 조선 혁명의 실천과 연결하고자 했을 것이라는 추론이 가능하다. 보다 구체적으로는 항일투쟁에 더욱 집중하기 위한 내부적 사상통일과 단결강화의 필요성은 중국공산당과 대동소이했을 것이다. 연안파 내 정풍운동은 무정과 박일우가 주도했다. 그 이유는 이들이 중국혁명의 중심부에서 중국공산당 수뇌부와 밀접한 관계를 형성하고 있었기 때문이었다. 이는 조선독립동맹과 조선의용군 내에 중국공산당의 영향력이 상당히 컸다는 점을 보여 주는 것이기도 하다. 연안파 내부 정풍운동의 구체적인 전개 방식은 첫째, 내부적 단결강화의 일환으로 교본 역할을 한 중국공산당의 22개 정풍문헌학습을 통해 여러 분파로 나누어져 있었던 갈등을 사상적으로 봉합하려 했다. 그 이유는 각 계파의 구심력 작용을 하던 간부급들이 대부분 지식인 출신들로서 다양한 편차를 지닌 민족주의자 또는 사회주의자였기 때문이다. 둘째, 기존 투쟁과정에서의 잘잘못에 대한 자아 및 상호비판을 통해 앞으로 진행될 조선독립투쟁에 효율성을 기하자는 의미를 지녔다.

이와 관련 주목할 사실은 정풍운동이 연안파 내 잔존해 있는 국민당의 영향을 소멸시키기 위한 것이었다는 점이다. 조선의용군과 조선독립동맹의 성원들 대부분은 국민당 지역에서 이전해 온 인물들이었다. 이들 중 일부 인물들은 중국공산당을 탄압하는 데 앞장섰던 국민당 특무기관인 '남의사'(藍衣社, Blue Shirts Society, BSS: 중국 국민당 산하의 파시즘

비밀조직)와 관련되어 있었다. 요컨대 무정과 박일우를 앞세운 중국공산당은 정풍운동을 통해 조선독립동맹과 의용군 내에 남아 있는 국민당의 영향력을 소멸시키고, 중국공산당의 사상적 노선에 충실한 무장대오로 만들려 했다. 중국공산당은 조선인 무장단체의 활약을 익히 인정하고 있었으나, 동시에 항일투쟁 시기 중국 관내 지방에서 조선인 민족 운동가들의 분파 투쟁이 민족운동의 역량을 약화시키는 원인이 되어 왔다는 사실을 우려 속에서 지켜봐 온 터였다. 이에 따라 중국공산당으로서는 비록 조선의용군과 조선독립동맹이 국제적 성격의 군대이기는 했지만, 조선인 무장 대오를 유용하게 활용하기 위해서는 사상통일을 통한 내부적 단결을 기할 필요가 있었다. 이를 통해 파벌 간 분파 투쟁으로 인한 조선의용군의 자멸을 막고자 한 것이다. 중국공산당은 이러한 인식에 따라 무정과 박일우를 통해 조선독립동맹과 의용군의 정풍운동을 주도하게 한 것으로 볼 수 있다.

그러나 이 운동은 중국공산당의 대세에 호응하여 전개되었음에도 중국공산당의 기대와 달리 과거 혁명운동에 대한 평가, 독립동맹과 조선의용군의 위상 및 정체성과 같은 구체적인 사안과 관련하여 다양한 이견이 표출됨으로써 반발에 부딪히게 된다. 사상적 단결을 도모하고자 시도된 정풍운동은 오히려 무정의 세력과 최창익 등을 중심으로 한, 반발 세력 간의 분파 투쟁으로 표면화됨으로써 오히려 내부적 갈등의 골이 깊어지는 계기가 되었다.[115] 무정은 최창익 등과 같이 조선공산당에

---

115) 무정의 정풍운동은 조선공산당을 비판하면서 북상파의 최창익을 불편하게 하였는데, 그것은 국내 조선공산당 운동경력이 최창익의 정치적 자산으로 작용하는 데 대한 반발이었다. 최창익은 1956년 북한의 8월 종파 사건시에도 "해방 전 조선 노동운동에 끼친 분파의 해독성을 은폐한 자"로 비판을 받았다.

서 활동했던 사람들을 기회주의자로 몰아세웠고, 그와 함께 북상파들이 북상 전에 국민당 지구에서 국민당의 원조 하에 활동해 온 점을 문제 삼았다. 이에 반발하여 최창익은 무정에 대해 중국공산당에 소속되어 과거 국내외 조선혁명운동에 직접적으로 참가하지 않은 자라면서 맞대응을 하였다. 최창익은 비록 자신들이 국민당 지역에서 국민당의 지원하에 있었지만, 조선인 좌파 운동을 활발하게 전개하였다는 점을 민족통일전선 정책의 정당성에 기초하여 문제 제기한 것이다. 다시 말해 조선독립동맹 강령에 나타난 조선 민족의 반일 통일전선적 정치노선을 기준으로 한 사상적 통일이 과거 역사의 공과를 평가하는 기준이 되어야 한다는 점을 주장했던 것이다. 그러나 중국공산당 중앙의 의지를 반영한 무정 중심의 정파 운동은 결과적으로 조선공산당의 오류와 국민당 지구에서의 활동을 주로 비판하면서 최창익을 중심으로 한 북상파의 입지를 축소시켰다.

이상에서 살펴본 바와 같이 연안파 내부의 알력은 해방 후, 입북하여 북한 국가건설 초기과정에 참여하면서 다시 재연되기 시작하였다. 조선독립동맹은 1946년 2월 16일 평양에서 전체 대회를 개최하고 조선신민당으로 개편하였다. 이때 선언문 발표와 함께 중앙 집행위원을 선출하였는데, 김두봉, 최창익, 한빈, 방우용, 박효삼, 장지민, 이유민, 김호, 이춘암, 최영, 윤공흠, 진반수, 양민산, 백남운, 명희조, 김여필, 김장훈(이상 17명)이었다. 이 중 백남운, 명희조, 김여필, 김장훈 등은 해방 후 국내에서 가담한 자들이다. 나머지 중국으로부터 들어온 13명 중 김두봉, 최창익, 한빈, 박효삼, 이유민, 김호(채국번), 이춘암 등 7명은 1942년 7월 조선독립동맹 당시 중앙집행위원이었던 인물들이다. 주목할 사실은 이들을 비롯한 연안파의 다수는 조선신민당 창당에 참여하였고, 무정이나 무정파에 참여했던 김창만 등은 북조선 공산당에 입당했다는 점이다. 이후 조선신민당과 조선공산당이 합당하여 북조선 로동당이 창당된 이후 범 연안파를 아우르려는 외형적 계파규합의 노력이 행해졌지만, 연안파 내의 갈등은 자멸을 예고하는 수준으로 심화하여 갔다.

2) 종파 사건

김일성 단일체제로 가기 위한 정치적 절차는 한국전쟁을 통해 상대적으로 세력이 강해진 연안파와 소련파를 견제하기 위한 구실을 찾는 데서부터 시작하였다. 1953년 이후 김일성은 유일사상 체계를 만들기 위한 준비작업의 일환으로 동북 지역에 사람을 파견하여 그의 항일투쟁 역사를 중심으로 조사하게 했다. 김일성은 이에 대한 사전 정지작업으로 "과거에 마르크스주의를 몰랐을 때 민족주의자들에 대해, 공산주의에 헌신한 이후에도 무조건 파쟁 주의자로 간주하는 것은 반대한다."라는 견해를 밝힌 바 있다.[116] 이는 그가 '반 민생단투쟁' 당시 주의할 인물 대상으로 위기에 봉착했을 때, 과거 국민부 시절 자신이 민족주의를 내장한 공산주의 입문자였지만 조선공산당 만주총국의 어느 계파에도 소속되지 않았음을 밝힘으로써 자기변호의 수단으로 피력한 것이다. 그러나 과거 조선공산주의자 상층 간부들에 대해서는 동만특위 중국인 간부

---

116) 김일성은 민족주의 계열의 양세봉 휘하의 조선혁명군에서 항일운동을 시작했다. 그러나 당시 동북 지역은 사회주의 혁명 성공의 기류를 타고 이를 항일투쟁의 수단으로 실천하였다. 이 시기 김일성 역시 이에 편승하여 민족주의를 내장한 공산주의자화 되어 갔다고 볼 수 있다.

와 같이 파쟁주의자로 인정함으로써 소위 최창익 등과 같은 조선공산당 출신자들을 항일투쟁의 역사에서 지워 버리려 했다. 이러한 김일성의 행보는 북한정권 수립에 미친 항일무장투쟁의 정통성 확립을 위해 1956년 8월 종파 사건을 계기로 동북 및 중국 내에서의 모든 조선인 항일역사를 김일성 중심의 항일역사로 바꾸는 역사 왜곡의 시발점이 된다(정병일, 2008a: 598).

중국공산당 세력을 배경으로 북한에 들어온 연안파는 김일성과 만주파에게 적지 않은 불안감을 안겨 주었다. 독립동맹 주석인 김두봉, 조선공산당 초창기 핵심 간부 출신이었던 최창익, 모스크바국립대학을 졸업하고 1920년에 소련공산당에 가입했던 한빈, 1925년 중국공산당에 가입하여 팔로군 포병사령관이라는 중책을 맡았던 무정, 그리고 박일우, 김창만, 허정숙, 이상조 등 유명한 공산주의 선배들의 등장은 김일성의 존재가치를 절하시키는 위기 상황을 초래할 수 있었기 때문이다. 그런데도 김일성의 만주파는 국내파와 비교해 국내적 기반이 취약한 약점을 극복하기 위해 중국에서 유사한 투쟁 경험을 갖고 있었던 연안파와 연합세력을 구축함으로써 국내파들의 전횡을 우선 차단하고자 했다.

이에 따라 소련의 비호 아래 결성된 김일성 정권에 참여한 연안파는 자파 내의 지식인들이 중심축이 되어 북한국가건설의 이론적 기틀과 실무에 대한 주도권을 행사하면서 당·군·정에 두루 포진하였으며, 온건한 민족주의적 포용 정책으로 많은 지지 세력을 확보해 나갔다. 더욱이 한국전쟁에 중공군이 개입하면서 연안파의 세력은 일시에 극대화되었다. 이는 그동안 상대적인 협력관계를 형성했던 김일성의 만주파가 연안파에 대한 경계심을 보다 극대화시키는 계기가 되었고, 이후 연안파를 붕괴시키기 위한 김일성파의 작업이 서서히 진행되었다. 그 첫 단계로 북한의 군중노선을 주도했던 연안파 이론가인 김창만, 허정숙과 진반수 등 선전 선동업무를 담당했던 간부 부장 출신들을 전향시켜 포섭하는 데 성공하였다.

연안파 몰락의 또 다른 동기는 중국혁명의 중심적 인물이었던 팽떠화이의 흥망과도 일정 부분 관련된다. 팽떠화이는 연안 시절 조선의용군과 동고동락을 같이 했던 인물로서 한국전쟁에 조·중 연합사령부 총사령관의 직책으로 참여하였으며, 전후 중국의 국방장관으로서 대북 업무를 전담하였다. 그는 1956년 8월 종파 사건 시 직접 북한을 방문하여 윤공흠, 서휘 등 연안파에 대한 숙청을 의결했던 전원회의 결정을 번복시키는 막강한 대북 영향력을 행사했다. 그러나 팽떠화이는 마오쩌둥의 대약진 운동을 비판함으로써 실각하고 만다. 이를 계기로 이후 마오쩌둥 정권은 소련의 수정주의 선언으로 친중 노선을 선언한 북한과의 양국 관계 개선의 일환으로 김일성 정권의 정통성을 인정하는 방향으로 북·중 간 국가적 우호 협력관계를 형성해 나가게 된다.

만주파의 연안파에 대한 본격적인 숙청은 한국전쟁 기간이던 1950~1952년 사이 연안파의 핵심 수뇌이면서 군사적 영향권을 행사하고 있었던 거물인 무정과 박일우를 제거하면서부터 시작되었다. 그리고 1953년 종전 후 군사력 재건 및 군당 사업의 강화가 숙청을 매개로 하여 1962년까지 종파 사건의 연장선상에서 진행되었다. 이는 결과적으로 당(黨)의 군(軍)에 대한 통제강화로 이어졌다. 실례로 1958년 3월 당 중앙위원회 전원회의에서는 군대 내 '반당 음모'와 관련하여 집중적인 검열과 사상검토가 이루어짐으로써 연안파인 민족보위부상 김웅과 총참모장 이권무를 숙청시켰다. 이는 군을 당의 군대로 만들기 위한 구체적 조치로서 군대 내 파벌 제거라는 명분으로 진행되어 실질적으로는 정적을 제거하는 효과를 낳았다(정성임, 2007: 488~9).[117]

김일성파가 주도한 고도의 숙청전략은 군부 내 중하위급 간부들에 대해서는 숙청 대신에 전향을 유도함으로써 결실을 맺었다(정현수 외, 2006: 109). 이러한 회유 전략이 가능했던 이유는 동북 지역에서의 확군 운동을 통해 조선의용군에 가담했던 젊은 병사들이 중국 관내에서 활동했던 마오쩌둥과 무정은 잘 몰라도 동북 지역에서 활동했던 김일성의 명성은 어릴 적부터 잘 알고 있었기 때문이다. 이후 이들은 조선인민군의 중하위급 간부 및 병사들이 되어 한국전쟁에 참전하였다. 따라서 1956년부터 진행된 종파 사건 시 김일성파가 연안파를 숙청하되, 그 대상을 상급 지도층에 한정하고 대다수 조선의용군 출신 중하위급 군인들에 대해서는 전향을 유도했을 때 이러한 점이 유리하게 작용하였다(정현수 외, 2006:165).

또한 종파 사건을 언급하기 위해서는 국내 전후 복구 문제와 당시 소련을 중심으로 한 사회주의권의 동향이 미친 영향을 살펴볼 필요가 있다. 특히 소련 당 대회의 영향은 북한의 정책 결정과 집행에 당연히 영향을 미칠 수밖에 없었다. 1956년 2월 소련공산당 제20차 당 대회에서는 흐루쇼프가 제시한 ① 스탈린 격하, ② 개인 숭배 사상 배제에 따른 집단적 지도체제의 실현, ③ 평화공존노선 등이 제시되었다. 이러한 소련의 정세는 김일성의 정치적 고민을 쌓이게 했다. 북한 역시 2개월 후인 4

---

117) 한국전쟁 당시 북한 측 부사령은 연안파의 김웅이 맡았고, 부정치위원 역시 같은 계파인 박일우가 추천되었다. 김웅은 동부전선에서 지휘부를 조직하고 그 지역 3개 인민군단(2, 3, 5군단)을 지휘했다. 이는 소련 중심으로부터 권력을 행사해 오던 김일성에게는 위기의 순간이기도 하였다.

월에 조선로동당 제3차 당 대회를 개최하였다. 그러나 김일성은 이 대회 석상에서 민감한 사안인 소련 당 대회 문제에 대해서는 언급하지 않았다. 오히려 자파를 중용하고, 항일혁명전통을 강화하는 등 단일체제로 가기 위한 수순을 밟아 나갔다. 반면 각 계파 간에는 반(反)김일성 움직임이 태동하였는데, 그중 이미 주요 핵심 간부를 잃은 연안파의 항명은 더 노골적으로 표명되었다.

더욱이 당시 동구 지역에서는 동독의 노동자 반란과 유고슬라비아의 수정주의 노선 등 반소투쟁이 일어나고 있었다. 동시에 국내적으로는 전쟁 후 전후 복구 3년 계획이 종결되는 1956년도에 인민 생활경제의 회복 없이 곧바로 인민 경제 5개년계획이 수립되었다. 경제사정의 악화는 곧 반(反)김일성 사조를 강화시키는 기능을 했다. 이러한 상황에서 외자 확보를 위해 소련 및 동구 순방길에 올랐다 돌아온 김일성은 인민 경제 5개년계획의 허구성을 비판받고 곧바로 8월 전원회의를 소집하였다. 이 회의에서 김일성은 3차 당 대회 이후 당의 당면한 과업과 인민 보건사업의 개선 강화 등과 같이 소련 및 동구 순방의 성과에 관한 결과 보고와는 다른 의제를 내놓았다. 이에 최창익을 비롯한 연안파와 박창옥이 중심이 된 소련파가 연합하여 반(反)김일성 정서를 고양시켰다. 연안파 윤공흠이 발언권을 얻어 민주당 출신의 만주파 최용건을 조선로동당 부위원장에 중용한 점과 일제에 아부했던 이종옥을 등용하는 등 당 간부 기용에 있어 불공평성을 비판했다.

이어서 인민 경제 5개년계획의 허구성을 비판하고 당의 경제정책이 인민들을 위협하고 있다고 강력히 주장함으로써 김일성의 정책 노선에 대해 정면 반박했다. 혼란의 와중에 윤공흠이 최용건에 의해 발언이 정지되고 휴회에 들어가자 윤공흠, 서휘, 이필규 등은 보복이 뒤따를 것임을 예견하고 중국의 지원을 얻어야겠다는 결론을 내린 뒤 신의주를 통해 중국 단동으로 도피하여 망명 허가를 받았다. 이에 김일성은 연안파의 당 이론가이자 당·정의 선전선동 분야 전문가였던 김창만과 허정숙을 매수한 뒤 연안파 최창익과 소련파 박창옥까지 출당 및 직위 해제시켰다. 윤공흠 일행이 중국으로 간 지 얼마 되지 않아 중국공산당 제8차 대회가 북경에서 개최되었다. 이 회의에는 소련 대표로 미코얀이 참석하였다. 여기에서 윤공흠 일행은 중국공산당 수뇌부와 미코얀에게 북한의 8월 전원회의 사태를 설명하였다. 사태의 심각함을 느낀 중국공산당 중앙은 팽떠화이와 미코얀을 동반으로 북한에 파견하여 사실을 조사·규명하고 조정하도록 지시하였다. 이에 따라 김일성의 만주파와 최창익과 박창옥 등은 사절단에게 보고할 자료를 각각 준비하여 제출하였다. 그러나 서로의 의견이 다르게 나타나자 상무위원회를 소집하도록 하였고 ① 윤공흠 사건은 정책상의 견해차에서 온 것이지 반당 또는 반란죄가 아니니 출당 및 철직은 고려하고 관대히 조치할 것 ② 숙청 주의는 당의 발전에 해가 되므로 삼가해야 한다는 결론을 내렸다. 이에 북한은 윤공흠 등을 중국공산당 수뇌부를 통해 소환하는 형식을 갖추어 복당 및 복직을 시키는 9월 전원회의를 소집하였다.

결국 소련 및 중공 사절에 의해 윤공흠 사건이 '헤게모니 대립'이 아닌 '정책 대립'이라는 결론이 나면서 8월 전원회의의 결정이 번복되고 만다. 이로써 김일성은 중·소의 내정간섭이라는 치욕적인 수모를 또 한 번 경험하게 되었다. 따라서 이후 김일성은 종파 사건을 '헤게모니 대립', 즉 '정권 전복 음모'로 조작하게 된다. 먼저 김일성종합대학에 대한 집중 지도를 벌여 종파와 관련된 류성훈 총장, 김정도 역사학부장과 다수의 교원을 숙청하는 것을 시작으로, 1957년 4월에서 그해 말까지 당·정 기관에 대한 집중 지도를 벌여 80여 명의 간부급 종파분자를 축출하였다. 그와 더불어 각 지방 하부기관에서도 종파분자를 몰아내고 그 자리를 자파 당원들로 대체하였다. 그뿐만 아니라 군부 내 연안파를 거세하기 위해 민족 보위성 부상 김웅, 4군단장 장평산, 민족 보위성 총정치국장 최종학, 육군대학 총장 김을규, 제1 집단군 참모장 노철갑, 민족 보위성 군사과학 국장 최원 등을 종파분자로 몰아 숙청하였다. 이러한 숙청작업과 동시에 연안파인 김창만과 허정숙, 그리고 윤공흠의 전처 조영과 내각 사무국장을 역임했던 양계 등에 대해서는 포섭작업을 벌여 성공하였다.

김일성이 조작한 8월 종파 사건의 범죄행위 죄목은 다음과 같다. 최창익(부수상), 윤공흠(상업상), 이필규(건설성 건재공업국장), 서휘(직총 위원장), 고봉기(황해도당 위원장), 양계(내각 사무국장: 이후 김일성이 포섭) 등이 각각 포섭 대상을 맡아 공작사업을 착수하기로 했다. 그리고 쿠데타 방법에 있어서는 ① 윤공흠의 무력과 군중을 동원한 실력적인 쿠데타론 ② 소련과 박창옥의 당 회의를 통한 비판식 퇴진론, ③ 최창익의 어느 시기까지는 회의를 통하되 부득이한 경우 행동론을 하자는 3가지 방향을 계획하였다. 그리고 실제 활동은 윤공흠, 이필규, 서휘가 중앙위원회에서 김일성의 실정을 폭로하도록 하고 최창익, 박창옥, 김승화는 중국 수뇌부에게 김일성의 실정 및 개인 우상화의 진상을 분석 보고하기로 했으며, 연안파의 이상조(소련주재 북한대사)는 소련 유학생에게 김일성의 실정폭로 및 우상화 반대 사상의 주입, 그리고 최창익, 박창옥, 고봉기는 지하조직을 확충하는 한편 장평산 4군단장으로 하여금 작전상에 필요한 인사 배치를 했다는 점을 나열하였다([그림 2-1] 참조, 공산권 문제연구소, 1968:175~80).

1957년 11월 김일성은 소련 10월 혁명 경축 및 당 대회에 참석하여 흐루쇼프와 마오쩌둥에게 8월 종파 사건을 설득시키고 돌아왔다. 특히 이 시기 중국은 대북한과의 관계 개선을 새롭게 모색하였는데 이러한 결과는 한국전쟁 전후를 통해 북한에 지대한 영향력을 행사했던 팽떠화이의 실각과 함께 그동안 중국공산당과 연안파를 통한 북·중 협력관계가 이후 국가적인 우호 관계로 전환되는 계기를 마련하게 되었다고 볼 수 있다. 여기에는 흐루쇼프의 수정주의에 대응하기 위한 마오쩌둥의 대북한 포섭의 필요성이라는 정치적 의미가 함축되어 있었다([그림 2-2] 참조).

1958년 3월 1차 당 대표자 대회를 소집한 김일성은 대회를 통해 8월 종파 사건을 쿠데타 사건으로 공식적인 결론을 내린다. 이때 연안파에 대한 숙청총화보고를 하면서 그때까지 구금되지 않고 있던 김두봉을 종파의 우두머리로 몰아세워 노동을 통해 사상개조를 해야 한다는 결론을 내리고 순안 농목장 농업노동자로 추방했다. 김두봉에 대한 숙청은 연안파 중심인물의 마지막 숙청이었다. 한국전쟁의 위기를 반전의 기회로 삼은 김일성은 전쟁 책임론에 입각한 연안파 수뇌부의 숙청과 이에 대한 연안파의 무대응은 그들의 약한 연대성을 확인하는 기회였다. 결국 종파 사건을 통해 계파의 최대 정쟁 관계였던 연안파 및 타 계파들을 파멸시킬 수 있었다. 그리고 김일성은 조선인민군 내 조선의용군 출신 중하위급 간부들의 전향을 유도하여, 향후 김일성 단일·유일 정권을 창출하는 기반으로 삼을 수 있었다. 모든 역사가 승자의 역사이듯이, 오늘날 북한과 중국 역시 승리한 자의 역사로 장식되는 순간이었다.

[그림 2-1] 연안파 중심의 8월 종파 계보

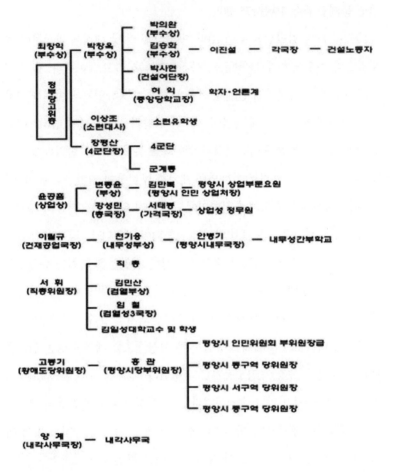

※ 출처: 공산당 문제연구소(1968:178).

[그림 2-2] 연합정권 파벌구성 및 북·중 정치 소통도

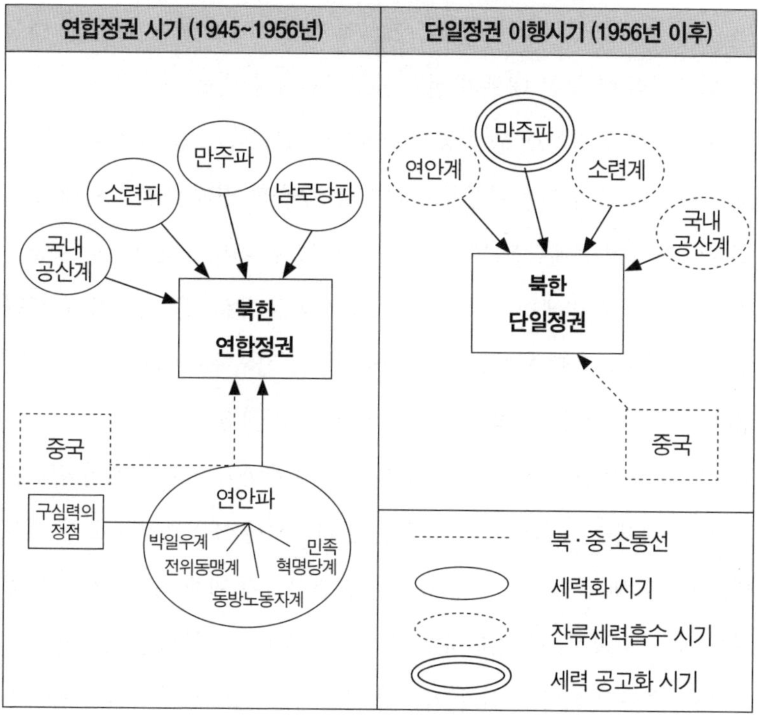
연합정권 시기 (1945~1956년)
단일정권 이행시기 (1956년 이후)
만주파
소련파
남로당파
국내
공산계
북한
연합정권
중국
구심력의
정점
연안파
박일우계
전위동맹계
민족
혁명당계
동방노동자계
만주파
연안계
소련계
국내
공산계
북한
단일정권
중국
북·중 소통선
세력화 시기
잔류세력흡수 시기
세력 공고화 시기

3. 단일·유일적 지배체계구축

1) 대중주의 군중노선: 현지지도 이론적 배경과 실천적 의미

전쟁 책임논쟁의 중심에서 이를 정치적 투쟁으로 전환한 김일성은 박일우, 방호산 등 군부를 장악하고 있던 연안파와 허가이를 중심으로 당 조직을 주도하고 있던 소련파, 그리고 전통적인 조선공산당 원류로 자

처했던 박헌영 중심의 남로당을 대상으로 경쟁자들의 도전을 피비린내나는 권력투쟁으로 종식시켰다. 동시에 시급하게 대두가 된 것은 폐허가 되다시피 한 북한 내부의 전후 복구사업과 함께 소련과 중국 사이에서의 북한의 입지확보 문제 등이 산재되어 있었다. 그중 우선적 당면과제는 북한 내부의 전후 복구를 통한 민심 수습과 경제 재건을 토대로 김일성의 유일적 존재감을 부각시키는 것이었다. 이러한 존재감을 추동시킬 수 있었던 이면에는 1956년 4월 조선로동당 제3차 당 대회 및 1957년 9월 제3기 최고인민회의 그리고 1958년 3월 전후 복구사업에 참여했던 중국인민해방군이 완전히 철수하는 과정이 그 배경이 되었다.

어떻게 보면 한국전쟁은 김일성이 자신의 계파와 함께 절체절명(絶體絶命)의 과제를 공격적으로 풀어 간 동기부여를 제공하였다고 할 것이다. 다시 말해 김일성이 전쟁 책임을 반전시키기 위해 정치투쟁을 통해 북한 내부의 정적들을 정리하고 중·소의 관계의 영향력을 제거했으며, 그 위기에서 벗어나기 위한 역동적 탁월성이 돋보인 기회의 전환이었다. 이러한 권력 기반구축으로 실용적인 정치 자주노선을 창안하여 유일적 통치지배권을 확충해 나갔다. 김일성은 초기 통치기제를 한국전쟁의 실패와 중·소관계의 역학적 구조 같은 외적인 방향타에서 내적으로 전환을 기했다고 볼 수 있다. 보다 구체적으로는 남북분단과 긴장을 조성시키고, 적대적 공존 관계 형성의 틀을 고착시키기 위한 일환으로 대중주의 군중노선을 표방하고, 사상을 이론적으로 체계화시키며, 정치적 실천 의지를 현지지도를 통해 실현해 나간 것이다.

가. 현지지도의 이론적 배경

현지지도는 북한식 통치행위의 가장 독특한 형태로 이는 최고통치자가 지방 간부의 태만에서부터 지방경제의 세세한 상황에 이르기까지 일일이 검열하고 지도하는 정책실천 의지 표현의 극대화라 할 수 있다. 그동안 북한은 이 현지지도를 통해 그 사회를 움직이는 '수령의 현지교시'와 다양한 형태의 대중운동을 창출해 왔는데, 사실 1950년~1960년대의 '천리마 운동', '대안의 사업체계'에서부터 자력갱생의 혁명정신을 의미하는 '강계정신'까지 북한의 대표적인 기업운영 시스템, 대중운동, 선전구호 등이 이 현지지도를 통해 만들어졌다.[118] 그렇다면 북한에서의 현지지도를 통한 통치방식의 근원은 무엇으로부터일까? 현지지도 형태가 중국 모택동이 주창했던 군중노선과 소련의 레닌과 스탈린의 대중으로 접근하는 지도 방법, 또 남한의 근대화과정에서의 박정희의 민정시찰 등과 같은 측면에서 유사한 성격을 지니고 있다[119]는 행위적인 단순 비교의 의미와 함께 고찰해 보고자 하는 것은 통치행위의 이론적 틀(배경)이다.

어떤 국가든 최고통치자가 의도하는 국가건설목표를 효율적으로 달성하기 위해서는 때로는 비합리적 통치행위도 불사하는 예가 있겠지만, 대부분 처한 현실의 조건에서 가장 합리적이고 극대화를 시킬 수 있는 방향으로 모든 역량을 집중화시킨다는 것이다. 그런데 북한은 이러한 통치역량의 집중화를 현지지도라는 시스템을 통해 행사하고 있다. 이러

---

118) 정창현, 2000. "신 남북시대" 『중앙일보』, 9월 5일, 41쪽
119) 황재준, 1998. "북한의 '현지지도' 연구" (서강대학교 공공정책대학원 석사 학위 논문), 20쪽

한 측면에서 김일성은 혁명투쟁을 승리로 이끌어 나가는 가장 과학적이고 혁명적이며 독창적인 영도 방법으로 "항일유격대식 사업 방법"을 창조하였다고 했다. 그리고 이것은 로동당의 전통적 사업 방법으로서 '주체영도방법의 원형'이라고 밝히고 있다. 이 주체영도방법은 다음 4가지로 정의한다.

(1) 근로 인민대중을 중심으로 하여 전개되고 체계화된 영도 방법
(2) 참다운 공산주의적 영도 방법
(3) 모든 문제를 인민대중의 지혜와 힘에 의거하여 풀어나가는 영도 방법
(4) 백과사전적인 완벽한 영도 방법

이것을 과학성, 정당성, 위대성을 바탕으로 한 혁명 실천의 방법론이라 규정하고, 이 영도 방법의 구체적인 실천행위가 바로 '현지지도'라 했다.[120] 그리고 이러한 사업 방법의 결과물로 사회주의 건설의 새로운 역사적 조건에 맞게 구현한 '청산리 정신', '청산리 방법'이 창조되었다고 주장하였다. 이에 근거하여 김정일은 김일성이 창조한 과학적이며 혁명적인 영도방법을 전면적으로 체계화하여 이것을 현지지도를 통한 대중영도로 더욱 구체화하면서, 아울러 수령이 차지하는 절대적 지위와 결정적 역할을 수령후계자의 유일적 영도로 철저히 실현하게 할 수 있도록 영도체계에 대한 이론을 확립하기에 이른다.[121] 이러한 측면에서 오늘날의 현지지도는 근본적 이론에 대한 실천행위의 전개가 1970년대 초반을

---

120) "주체영도방법은 우리 시대의 과학적이며 혁명적인 대중 지도 방법" 『영도체계』, 27쪽
121) 『영도체계』, 17~18쪽

기점으로, 그 본래의 기능과 기대효과를 회복하지 못하고 있음에도 불구하고 대를 이은 통치체계의 골간을 이루고 있다 할 것이다. 이는 현지지도가 행위의 본질에서 이탈된 김정일·김정은 개인 우상화를 강화하기 위한 왜곡된 정형으로 변질화된 것이라 볼 수 있다.

나. 현지지도 형태와 절차

어느 국가나 통치권자의 움직임에는 상황에 따른 의전, 예식의 절차가 수반되듯이 현지지도 또한 그 형태에 따라 크게 정기, 수시, 특별 현지지도로 나눈다. 먼저 '정기 현지지도'는 매년 특정 '도' 또는 '군'을 대상으로 짧게는 2~3일에서 길게는 약 15일 정도의 기간 이루어진다. 이때 김일성은 해당 지역 내의 여러 산업부문 및 농업생산 부문 등을 시찰하며 사업정형을 요해하고, 여기서 제기되는 문제점 및 과업 등을 도당 및 군당 확대회의나 도내 당 정권기관, 사회단체 일꾼들과의 연석회의에서 '현지교시'로 내리게 된다. 또한 반대로 년 초에 수립된 당해 경제계획 및 당 정책을 인민대중에게 직접 전파하기 위하여 정기 현지지도가 시행되기도 한다. '수시 현지지도'는 정기 현지지도에서 행한 지역 및 생산 단위에 수시로 방문하여 사업의 진행 정도와 문제점 등을 검열하고, 여기서 드러나는 문제점들을 해결하는 데 주된 목적을 두고 있다. 또한 생산을 독려하며 사업 진행 속도를 다그치기 위해서도 이 방법이 시행되는데, 지금까지 북한에서 실시된 많은 부분의 현지지도가 여기에 속한다고 볼 수 있다.

'특별 현지지도'는 모범창출에 이바지한 생산 단위 및 김일성의 현지교시를 효과적으로 관철하고 있는 곳에 대한 현지지도라 볼 수 있다. 이 역시 수시 현지지도 같이 그 기간은 보통 당일에 이루어지며 김일성의 즉흥적 결정에 따라 이루어진다. 이외에도 매 시기의 당면한 정치, 경제적 위기를 돌파하는 데도 현지지도는 자주 활용되었는데, 이처럼 현지지도는 그 형태나 목적에 따라 분류되어 진행된다고 할 수 있다.[122]

그렇다면 이 현지지도는 어떤 절차에 의해 진행되는가? 일반적으로 정기 현지지도는 노동당 조직지도부 내 검열 지도1과 지도원들이 해당 지역 공장, 농장에 사전에 가서 전반적인 사업검열을 한 후 김일성이 내려오면 해당 지역 실정을 종합하여 보고한다. 또 현지지도에 대한 발의나 제안을 김일성이 하는 경우와 정치국, 내각 등에서 제기하는 경우가 있다. 이런 형태와 과정에서 시행된 현지지도 결과는 중앙당에서 전체 성과와 문제점을 다시 한번 총화하고 이를 다른 도·시 지역으로 확산시키는 후속 조치가 이루어지게 된다. 또한 현지지도에서 내려진 김일성의 결론은 '현지교시'라는 이름으로 말단 하부단위까지 당일로 전파된다. 일반적으로 이러한 '수령교시'에는 친필교시, 회의교시, 현지교시가 있는데 북한에서의 교시는 곧 최상위 '법'이라 할 수 있다.[123]

---

122) 황재준, 앞의 논문, 32~33쪽(재인용)
그런데 정창현은 현지지도 형태를 정기, 순간, 수시 현지지도로 구분하고 황재준이 분류한 정기 및 특별 현지지도 개념을 정기 현지지도로 묶고 있다. 이와 아울러 순간 현지지도의 성격을 사고가 났을 때와 특정 분야 단위에 문제가 발생하였을 때 실시하며 정기 현지지도 때와는 달리, 지도 기간을 3일~1주일에 걸쳐 실시되는 것으로 분석하고 있다. 정창현, "현지지도" 『통일경제』 1997년 12월 호, 39쪽.

123) 정창현, 앞의 글, 93~98쪽. 김정일에게 '현지지도'라고 공식적으로 사용된 것은 1990. 1. 7. 로동신문에 의해 처음 발표됨으로 시작되었다.

2) 만주파의 재정비 및 당·군의 일체화

　대중주의 군중노선의 실천적 통치행위로 진행된 김일성의 현지지도
는 전후 복구 현장을 방문하여 인민을 격려하고, 물자 절약과 생산증산
운동을 독려하는 한편 선전·선동 구호를 통해 북한식 공산주의자를 발
현시켜 나가고자 했다. 특히 대중 속에서 정치·사상사업을 전개하기 위
해서는 대중이 알기 쉬운 말로 선전하고 인민의 생활적 문제로부터 시
작하여 점차 높은 수준으로 사상교양사업을 발전시켜 나갔다. 또한 대
상의 특성에 맞게 정치·사상사업의 내용을 규정하고 다양한 형식과 방
법을 취할 것을 강조하였다. 이는 전술한 바와 같이 김일성이 통일전선
운동의 기본원칙의 연장선상에서 현지지도로 구현했다는 점이다. '천리
마 운동', '청산리 정신과 방법', '대안사업체계', '강계정신', '자력갱생' 등
이 대표적인 예로, 이러한 구호는 지금도 북한 인민들을 독려하기 위해
상기시키는 상징적 메시지 역할을 하고 있다. 이에 서대숙은 "북한에 적
합한 새로운 공산주의자라는 신 인간형을 창조하였다고 하면서 이들은
일체 불평·불만을 하지 않고, 오직 나라에 대한 애국심과 충성심으로
물질적 보상을 대신하며, 최대한의 노동력을 바치는 사람"이라고 규정
했다.[124]

　김일성은 1961년 4차 당 대회를 통해 북한의 전쟁 복구가 완료되었음
을 선언하면서 계속해서 7개년 경제계획을 발표했다.[125] 이러한 일련의
성과는 김일성을 중심으로 한 유일적 지배체계를 구축해 나가는 데 인

---

124)　서대숙, 2000, 『현대북한의 지도자: 김일성과 김정일』 (서울: 을유문화사), 95쪽

125)　국가 경제 7개년계획은 예정대로 진행되지 않음으로써 1966년 10월 5일 소집된 조선
　　　로동당 제2차 대표자 회의를 통해 3년을 더 연장하였다.

민이 보증역할을 하게 유도되었다. 동시에 권력투쟁의 결과에 발 빠르게 순응했던 잔여 계파의 전향과 충성 서약[126]은 만주파 중심의 권력 엘리트 형성에 편승하여 스며들었다. 그런데 만주파 중심의 권력 형성은 그들의 성향이 합리성이나 지성적 측면보다는 투쟁성과 충성심 일변의 일체적 집중성이 강했다고 볼 수 있다. 이처럼 북한은 만주파들이 군(軍)을 완전히 장악하고, 나아가 자위 국방을 관철하기 위해 우선적으로 안보 문제를 해결해야 한다는 정향(定向)은 4대 군사노선을 수립하고 당 군사위원회를 복구시킴으로써 군(軍) 중심의 당(黨) 국가건설의 핵심축을 형성하였다. 이를 반영하여 당 중앙위원회의 정치국에 정 위원 11명 중 10명이 만주파로 임명되었다. 하지만 이후 연이어진 모험적인 북한의 대남 강경정책은 당·정·군에 배치되었던 만주파 대부분을 쇄신하는 결정적인 계기를 갖게 되고 전문 관료들이 부상하는 기회가 주어졌다.[127] 생사고락을 같이했던 만주파까지 재정비한 김일성은 그에게 충성 서약을 확인한 인사정책을 시행하여 검증된 인척, 만경대혁명학원 출신의 젊은 유학파 및 최현, 김일(박덕산), 오진우와 같은 만주파를 당·정·군에 포진시키고 권력 투쟁의 종지부를 찍고 김일성 중심의 '중앙일체적' 통치체계를 구축해 나갔다.

---

126)   소련파의 남일(한국전쟁 당시 휴전협정의 북한 측 대표), 연안파의 책사였던 김창만, 허정숙, 남로당의 농업전문가 박문규 등이 있다.

127)   허봉학의 박정희 암살단 사건 미수, 미 해군 함정 푸에블로 납치, 내부적으로는 군의 과도한 정치참여 등이 김일성으로 하여금 만주파의 재정비를 통한 유일지배체계의 근간을 마련하게 된다.

가. 초기 당·정·군 권력 엘리트 형성기준

"사회주의 체제의 발전과정에서 권력 엘리트로 충원되는 인사의 특징은 크게 두 가지 측면에서 상이하다. 체제형성기에는 정치적 충성심과 혁명적 이념을 강조하는 당성이 권력 엘리트 충원에 가장 결정적인 변수로 작용한다. 하지만 체제가 안정 국면에 접어들면 체제관리와 통치 실천 의지 행위의 효율성을 제고하여 권력 엘리트 충원이 당성을 토대로 한 전문성이 중시되는 경향이 있다."[128] 김일성은 항일혁명 시기 함께 동고동락했던 만주파 중심의 군부 세력을 재정비함으로써 본격적인 사회주의국가 체제 확립을 시도하였다. 그런데 북한 내부의 간부 충원방침이 제도적으로 마련되었지만, 기본적으로 교육 수준이 낮았으므로 우선은 정치적·사회적 성분을 고려하여 선발할 수밖에 없었다.

먼저 간부 충원에서 항일혁명의 정통을 가장 우선시하였고, 이들에게 개인의 능력과 자질과는 무관하게 핵심 요직에 등용과 교육 기회 등 많은 수혜를 부여했다. 그리고 이러한 엘리트 충원과 형성과정은 출신성분, 가족 배경, 과거 경력 등에 따라 계급과 계층으로 분류하였다. 이때 파벌에 대한 항목을 구체화시킴으로써, 전향을 유도해 체제에 대한 충성도를 확인시켜 나갔다. 이는 개인의 출세와 성공은 물론이고 향후 대를 이은 가문의 항구적인 제도적 보장이 되었기 때문에 유일적 김일성 체계구축의 극대화를 유도하기에 충분했다. 그러나 당장의 필요충분조건이 충족하지는 못한 상황에서의 대처는 제도적인 충성 서약과 함께 계파성향이 적은 지식인들을 회유하였고, 강압적으로는 숙청이라는 표

---

128) 이교덕, 1996. 『북한 체제의 변화주도 세력연구』(서울: 민족통일연구원), 16쪽(재인용)

면적 행위를 구사함으로써 김일성 유일 체계로의 발판을 구축해 나갔다고 할 수 있다. 동북항일연군 골간 출신들의 사활적 충성도를 근간으로 개인 또는 집단을 대상으로 회유, 전향, 숙청의 양날을 사용한 것이다 ([표 2-12] 참조).

[표 2-12] 계파성향이 적거나 회유·전향한 대표적 인물

성 명	생년월일	출신도	출 신	직 책	비 고
김용진	1909~?	함북	적색농민조합	황해북도인민위원회위원장, 정무원농업부위원장(1984)	
김 웅	1912~?	경북 김천	연안파	인민군대장, 인민군전선사령관, 군단사령관, 1978년 예멘 대사	종파사건 숙청 후 10년 만인 1968년 복직
박문규	1906~1971	경북 경산	남로당 중앙위	국가검열상, 내무상, 조평통위 부위원장	1971년 사망
박 열	1902~1974	경북 문경	재일조선 거류 민단장	재북평화통일협의 상무위원	한국전쟁 시 납북, 평양 사망
박팔량	1905~?	경기 수원	시인	로동신문부주필, 조선작가동맹 부위원장	1967년 숙청 이후 복권
박효삼	1903~?	함남	연안파	인민군 1군단 사령관	1969년 노동당함흥시 위원회 비서
백남운	1894~1979	전북 고창	남조선 신민당	최고인민회의의장, 조통민주전선의장	1979년 애국열사릉
이권무	1914~1986	만주	연안파	인민군 총참모장	
이기영	1896~1984	충남 아산	소설가	조선문학예술 총동맹위원장	
이주연	1903~?	함남 단천	단천 농민운동	부수상(1967)	
최원택	1895~1973	경북 대구	남로당	조평통위원, 노동당중앙위원	

허정숙	1902~1991	함북 명천	연안파	문화선전상, 최고인민회의 부의장	허헌의 딸
홍기문	1903~1992	충북 괴산	국어학자	조평통위원장, 사회과학원장	홍명희 아들
홍명희	1888~1968	충북 괴산	소설가	부수상, 조평통위원장	임꺽정 작가

※ 출처: 강만길·성대경. 1996 『한국사회주의운동 인명사전』 창작과 비평사, 발췌.

　김일성 유일체제로 가기 위한 체계확립은 1958년 8월 1차 종파 사건 과 1967년 전후한 갑산파를 비롯한 잔존해 있던 정적 제거로 정리된다. '8월 종파 사건'이 김일성 단일체계의 시발이었다면, 1967년에 시작된 갑산파 숙청은 김일성 유일체계를 확립하는 시기였다고 할 것이다. 연 안파와 소련파를 몰아낸 김일성의 친위세력인 만주파는 갑산파와 1966 년 이후 김일성의 국방·경제 병진 노선을 두고 대립했다. 당시 갑산파 의 김도만 노동당 선전 담당 비서 겸 선전선동부장은 '인민경제 우선정 책'을 주장했고 "기업소에서 당 일꾼의 역할을 줄이자"라며 김일성의 '대 안의 사업체계'와 '청산리 방법'에도 반대했다. 김일성은 1967년 3월 비 밀리에 당 중앙위원회 4기 15차 전원회의를 열어 갑산파 숙청을 단행 했다. 단서는 당의 유일사상 체계에 반한다는 명목이었고, 이는 갑산파 가 '반당·반혁명 종파분자'로 불리는 이유였다. 회오리치듯 한 2차 숙 청은 1968년 중반까지 지방의 중견간부 2/3 이상이 제거될 정도로 상당 한 여파를 가져왔다. 김일성 유일체계의 기반이 된 '당의 유일사상 체계 확립의 10대 원칙'은 이 시기에 만들어졌다. 갑산파 숙청과정에서 김일 성은 자 계파 및 약간의 걸림돌이 될 만한 반대파들을 모두 찾아내 소탕 했다. 대표적으로 동북항일연군 핵심 참모였던 김광협도 이 노선에 반대하였다는 이유로 1970년 숙청하였다. 또한 연안파이면서 일찍이 김일성의 책사로 전향하여 활동한 당 이데올로기 및 유일 체계 영도를 기초했던 김창만과 조선인민군 사단장과 최고회의 상임위원이던 김창덕도 1966~1969년 전후로 사고 또는 숙청되었다.

나. 간부양성기관 운영과 권력 엘리트 조직별 기능

(1) 간부양성기관 설립과 운영

가) 북조선 공산당 중앙당 학교

1946년 6월 1일 북조선 공산당 중앙당 학교라는 교명으로 개교하였다. 처음 입학생은 약 80여 명이었고, 초창기 입학 인원 중 1/2은 생산 현장에서 복무하는 노동자 당원을 모집하여 당 간부로 육성하는 과정, 나머지 50%는 사회단체인 직맹·농맹·여맹·민청·보안 등에서 각각 10명씩 선발된 간부들을 재교육하였다. 이후 1972년 4월 15일 김일성 고급당학교로 개명되어 오늘에 이르고 있다. 창립 당시에는 2개월~6개월 코스의 단기과정이었으나 1948년에 1~2년제로, 1955년부터는 3년제 기본반과 4년제 통신학부로 확대되었고, 1973년에 이르러는 3년제 연구원 학제가 신설되었다. 현직 당 일꾼을 위한 6개월 재직반, 한 달 강습반과 같은 단기 코스도 운영하고 있다. 교육내용은 당 간부 재교육이라는 특성에 맞게 주체사상과 당 정책을 기본으로 이론과 실습을 병행하는 것으로 짜여 있다. 이 학교를 졸업한 대표적 인물은 김중린, 문성술, 박승일, 홍시학, 심계철 등인데, 이들은 김일성 시대에는 신진 관료로 김정일 시대에는 핵심 관료로 활동했다. 이들 중 문성술과 박승일은 기본계급 출신으로 고위직에 오른 대표적 인물이다. 신분적 배경이 노동자 출신 및 기본계급 출신이 섞여 있는 것을 볼 때, 당 체계구축 참여의 열성 정도에 따라 신분 세탁이 일정 부분 가능했다고 볼 수 있다. 초창기 졸업생들은 보안대, 인민위원회, 공산당 지도기관 등에 배치되어 해방 직후 중앙 및 지방 요소요소에 간부 문제를 해결해 나갔다(김광운, 2003:483). 김일성은 1955년 9월부터 대학 과정에 해당하는 3년제 기본반 과정과 4년제 통신학부를 설치함으로써, 당 간부의 재교육뿐 아니라 고등교육 수준의 인력양성기능을 수행하였다.[129] 나아가 전국의 모든 도·시·군에 당원강습소와 야간 당 학교를 설치 운영하여 초급 간부들을 양성하였다. 이처럼 중앙당 학교의 창립과 양성과정의 궁극적인 목적은 당내 파벌과 분파 고리가 약한 신진세력을 흡수하여 양성하는 데 두었다.

나) 중앙정권 간부양성기관들

김일성은 1946년 6월 22일 북조선 공산당 중앙위원회에서 간부양성을 위한 학교창설을 주장하고 중앙정치 간부학교를 설립하였다. 이 학

---

129) 이후 1972년 4월 김일성 고급당 학교로 명칭이 변경되었고, 1973년에는 마르크스-레닌주의학원과의 통합으로 3년제 연구원을 부설하였다. 1978년부터는 학교 내에 당 간부양성기관 지도국을 설치함으로써 전국적 수준의 당간부양성을 위한 중앙기관으로서의 역할을 수행하였다. 1983년에 3년제 기본반이 4년제로 개편되어 현재까지 유지되고 있다. 김일성 고급당 학교는 중앙급 당 간부를 대상으로 4년제 고등교육과정과 재교육을 위한 단기과정을 운영하고 있는데, 북한 사회를 움직이는 노동당 간부들은 모두 김일성 고급당 학교를 거친다. 출처:『한국민족문화대백과사전(김일성 고급당 학교)』

교는 인민정권 기관 및 공장·기업소 간부를 체계적으로 양성하기 위한 목적을 갖고, 각 정당 및 사회단체의 지도자들을 우선하되 노동자·농민 중에서도 선발하여 민족간부로 키웠다. 결과적으로 해방 직후 혼탁했던 국가기관업무수행의 질서를 체계화해 나가는 데 이바지하였다. 이들은 이후에 연합정권하의 정치적 계파들이 기득권 쟁탈로 인한 투쟁에서 패배한 공백을 채워 나감으로써 신진행정관료로 급부상하는 기회를 부여받았다. 또 김일성사회주의 청년동맹과 근로단체 간부를 양성하는 기관인 지금의 금성정치대학을 1946년 11월 5일 중앙청년간부학교로 개교하여 1950년 5월 민청중앙학교, 한국전쟁 직후에는 사로청대학으로 개명되었다가 1974년에 이르러 현재 이름으로 바뀌었다. 교육과정은 청년동맹과 근로단체 간부를 양성하는 정규코스와 현직 간부를 위탁 교육하는 단기 코스, 한 달 기간의 강습회 등이 있다. 이중 정규코스는 대부분 제대군인과 산업현장의 우수 노동자를 대상으로 한다([표 2-13] 참조).

[표 2-13] 부문별 간부양성 교육기관

부 문	교육 기관명
행 정	중앙지도 간부학교, 각 도 행정 간부학교
사 법	북조선 법률학원, 중앙사법 간부양성소
산 업	중앙산업 간부양성소, 각도 고등기술원 양성소
교통운수	서평양철도 기술학교, 중앙철도 기술원 양성소, 함흥철도 기술원 양성소, 원산 해양 간부학교, 평양 자동차 기술원 양성소
체 신	중앙 체신기술원 양성소, 각도 체신기술원 양성소
농 림	중앙 농림기술원 양성소, 중앙축산 기술원 양성소, 황해 고등잠사 기술원 양성소, 중앙기상 기술원 양성소, 함남·함북·강원·평북도 농림기술원 양성소

보건	중앙 보건 기술원 양성소 외 11개소
교육	중앙 교육 간부양성소 및 각도 양성소
상업	중앙상업 간부양성소, 함흥·청진·신의주 상업 간부양성소
금융재정	중앙은행 간부양성소

※ 자료: 북조선 통신사, 1948「순간북조선통신」2월 중순호 No21. 김광운, 2003,「북한정치사연구
 Ⅰ」(서울: 선인), 491쪽 재인용.

다) 김일성종합대학

1946년 9월에 세워진 김일성종합대학은 항일무장투쟁의 애국적 전통
계승의 명분하에 세워진 북한 최초의 인민종합대학이다. 이곳에서 농
민·노동자 출신의 영재들과 점진적으로 만경대혁명학원을 통해 성장
한 항일유자녀들을 당과 정권의 골간 핵심 민족간부의 양성 및 배출하
였다. 초창기에는 북조선 로동당 중앙위원회에서 직접 관장하여 당 중
앙의 지도노선을 교직원과 학생들에게 관철시켰으나, 향후 북한 당·정
핵심 엘리트 대부분이 배출됨으로써 북한 권력의 산실이 되었다. 그와
함께 1945~1948년까지 기타 고등교육기관은 교육, 공업, 의학, 농업, 기
술 전문분야 등을 세워 중앙 및 지방당·정 분야와 행정·기술관료들을
양성시켜 나갔다.

이처럼 초기 김일성 중심의 일체적 통치체계구축으로 가기 위한 북
한의 당·국가형성의 전제는 항일유격대 출신을 골간으로 계파 간 권력
투쟁을 회유·전향 그리고 숙청으로 무력화시키고, 그 공백을 농업사회
빈농층과 노동자의 지지에 충성도를 담보하여 사회적 포괄성으로 만들
어 갔다. 특히 사회적 포괄성의 기반은 정치적으로 고도의 강제된 규율

로 충성심을 유도하면서, 이에 대한 기회와 보상을 가난하고 무학의 농민들에게 토지와 교육의 기회를 제공함으로써 김일성 중심의 일체적 당·국가체계를 확보해 나갔다 할 수 있다. 김일성 시대를 통해 양성 배출된 만경대 유자녀 출신과 노동자·농민·기본계급 등 영재 출신의 신진 관료들은 지방당·정·군을 통해 실무적 당적 지도·행정·군사 경험을 한 뒤, 김정일 시대에는 비서국을 중심으로 한 중앙당 권력 엘리트로 부상하였고, 김정은 시대에 이르러 당·정·군에 중첩적으로 위치하여 정치국을 통해 교사(敎師)형 충성심을 유지해 나가고 있다.

(2) 권력 엘리트 조직별 기능

가) 권력 엘리트 재생산 대상

오늘날 김일성-김정일-김정은으로 이어지는 원시형 3대 세습체제의 견고성과 주변 핵심 세력들의 일편단심 결사옹위를 가능하게 한 것은 정권 초기 김일성의 항일유격대 집단의 전통을 계승하는 권력 엘리트 재생산 장기전략에 근간한다. 일찍이 김일성 가계의 항구적 체제 확립의 절대적 지지자이던 친·인척 중심의 만경대 줄기, 항일 빨치산 세력 및 그들의 유자녀들로 이어진 백두산 줄기, 그리고 차선적으로는 한국전쟁 전사자·피살자들인 낙동강 줄기의 전쟁유자녀들이 혈연과 혁명적 동지애를 기초로 한 운명공동체로서의 세력 기반으로 형성해 왔다는 측면에서 이 설명은 유효하다 할 것이다.

김일성 중심의 '일체적 통치체계' 확립은 최우선으로 항일혁명 당시 생사고락을 같이한 전우에 대한 보상 차원에서 핵심 엘리트로 부상시켰다. 이에 대해 김일성은 그의 회고록에서 다음과 같이 기록하고 있다.

"혁명은 동지들을 얻는 것으로부터 시작된다. 자본가의 밑천은 돈이지만 혁명가의 밑천은 사람이다. 자본가는 … 다면, 혁명가는 동지를 밑천으로 하여 사회를 변혁하고 개조해 나간다. 청년 시절 내 주위에는 동지들이 많았다. 그들 가운데는 … 있었고, 투쟁 과정에 뜻을 같이하면서 얻은 동지들도 있었다. 그들 한 명 한 명의 동지들은 모두가 억만금을 주고서도 바꿀 수 없는 귀중한 사람들이었다."(『김일성 동지 회고록』 2권 93쪽)

그와 함께 항일유자녀를 장기계획에 근거하여 만경대혁명학원과 김일성종합대학을 통해 항일유격대 집단의 전통을 계승하는 재생산을 도모하였다. 김일성은 해방 후 가정 먼저 자신이 반일 운동을 시작할 때 만났던 공산주의청년동맹 동지, 이후 반일유격대를 거쳐 동북 항일무장투쟁 시절 함께 했던 유격대 희생자들의 가족, 특히 반(反)민생단 사건[130]으로 기약 없이 죽어 간 동지들의 유자녀, 그리고 조국광복회와 보천보 전투를 통해 많은 동료들의 희생을 기억하면서 사망자들에 대해서는 항일애국열사로 추대하고, 그 가족 및 유자녀들을 찾아 나섰다. 또한 한국전쟁에서 희생된 가족과 자녀들을 선별하여 우선으로 교육 및 삶의 혜택으로 부여함으로써 이들은 시의적절하게 등용되었다. 우선적으로 김일성 시대인 1960년대에는 항일유격대 중심과 계파 중 성향이 약한 지

---

130) 정병일. 2008. "반민생단투쟁의 정치사적 의의: 김일성 부상과 조국광복회 성립의 동인." 『사회과학연구』(16), 서강대학교 사회과학연구소.

식인들을 전향·회유한 뒤 신진 엘리트 군으로 형성, 당·정·군·교육기관에 배치하여 실무행정 및 군사·기술·교육전문가로 경험을 축적하였다. 1970년대에 이르러 만경대혁명학원에서 배출된 항일혁명 유자녀 출신들을 3대 혁명 소조원으로 각 지방에 투입하여 중앙일체적 김일성 유일체계를 구축하는 항일유격대식 혁명적 활동을 구현시켜 나갔다. 그리고 이들은 1980년대 이후 김정일 시대의 핵심 엘리트로 중앙무대로 진입하여 차세대 수령결사옹위 세력으로써 정권의 핵심축을 이루게 된다. 이곳 만경대혁명학원과 김일성종합대학 출신들은 항일혁명전통의 계승자로 육성되었고, 원시형 세습지배체계의 수령결사옹위의 혁명 전사들로 양성 배출되었다([표 2-14] 참조).

[표 2-14] 김일성 시대에 양성된 대표적인 혁명 유자녀 출신

성 명	출 생	학 력	주요 경력	비 고
강성산	1931	만경대혁명학원, 김일성종합대학	당 중앙위 조직지도부, 노동당 중앙위원, 정무원총리	김일성 이종사촌, 항일유격대 이두찬의 사위
계응태	1925~2006	만경대혁명학원, 소련고급당학교	당 정치국위원, 공안담당 비서, 최고인민회의 법제위원장	
김국태	1924	만경대혁명학원, 김일성종합대학, 모스크바대학	당 중앙위 간부부, 선전선동부, 노동당 중앙위원, 노동당 고급당 학교장, 간부부 비서, 국가검열위원장	항일유격대 김책의 차남
김달현	1941~2000	만경대혁명학원, 김일성종합대학, 일바니아 유학	당 중앙위 조직지도부, 정무원 국가계획위원장, 부총리	김일성 외조카, 항일유격대 자녀
김두남	1930~2009	만경대혁명학원, 강건군관학교, 소련군사아카데미	당 중앙위원, 인민군 대장, 금수산 기념궁전 관장	김영남 (전) 최고인민위원회 위원장 동생

김병률	1930~2013	만경대학명학원, 김일성종합대학, 프라하 공대	조선로동당 중앙위원회 정치국 위원, 중앙재판소장	항일유격대 김중권의 아들
김시학	1932~현재	만경대혁명학원, 김일성종합대학, 모스크바대학	개성시 책임비서, 김일성 고급당학교장, 국가선물관 관장	
김영춘	1936~1918	만경대혁명학원, 김일성군사종합대학, 소련프룬제군사대학	총참모장, 인민무력부장, 국방위부위원장, 당 정치국원	
김 환	1929~?	만경대혁명학원, 김일성종합대학	정무원 부총리	김일성과 카륜 일대 에서 활동했던 김혁의 아들
리길송	1923~?	만경대혁명학원, 레닌그라드공대	평남 당 책임비서, 양강도 당 책임비서	
박송봉	1932~	만경대혁명학원, 루마니아 유학	당 군수공업부 제1부부장, 당 중앙위원	
박용석	1928~2007	만경대혁명학원, 모스크바철도대	당 검열위원장, 당 중앙위원	김일(박덕산) 부주석 장남
연형묵	1931~2005	만경대혁명학원, 김일성종합대학, 모스크바대학	김일성 호위병, 정무원 총리, 로동당 중앙위원회 비서, 정치국 위원, 자강도 책임비서, 국방위원회 부위원장	항일유격대 자녀, 김일성과 인척 관계
오극렬	1931~2023	만경대혁명학원, 김일성종합대학, 프룬제아카데미	총참모장, 당 정치국원, 노동당 민방위 부장, 당 작전부장	항일유격대 오중성의 아들, 오중흡이 당숙, 대표적인 항일가문
우동측	1942~2012	만경대혁명학원, 김일성종합대학	정치국후보위원, 국가안전보위부 제1부부장	
전병호	1926~2014	만경대혁명학원, 소련우랄공대	당 중앙위 정치국원, 국방위부위원장, 당 중앙위 군수담당 비서	
최영림	1930~	만경대혁명학원, 김일성종합대학, 모스크바대학교 (기계공학)	최고인민회의 상임위원회 서기장, 조선로동당 정치국 위원, 내각 총리, 김일성의 비서, 김일성 책임 서기	
최용해	1950~	만경대혁명학원, 김일성종합대학	당 정치국 상무위원, 국무 위원회 제1부위원장, 군 차수	항일유격대 최현의 장남

한성룡	1923~ 2009	만경대혁명학원, 체코프라하공대	제2경제위원장(군수), 당 중공업부장, 최고인민회의 예산위원회 위원장	
현철해	1934~ 2022	만경대혁명학원, 김일성종합대학, 루마니아공대	당 정치국원, 인민군 원수	

나) 권력 엘리트의 전략적 선택과 융합

아렌트(Arendt)에 의하면 공산주의는 가족, 공동체, 종교, 직업 등에 뿌리박고 있는 인간들의 유대를 약화시키고, 개인들이 국가의 자선(Good Will)에 매달리게 함으로써 반공산주의에 대항하여 집단적 동원 또는 봉기행위를 막는다고 분석했다.[131] 그리고 베버(Max Weber)는 한 집단의 지도자가 갖는 카리스마를 두 가지 방식으로 정의하고 있다. 하나는 기존의 제도, 관행, 합리성 등을 부정하는 매우 초인적이고, 혁명적이고, 부정적인 강력한 힘이고, 다른 하나는 비일상적인 열정이 가라앉은 다음에 나타나는 제도에 자리를 물려주는 '일상화된 카리스마'(routinized charisma)이다.[132] 그런데 일반적으로 비민주국가에서 나타나는 카리스마의 유형은 전자로서 초인적, 혁명적, 부정적 힘으로서의 카리스마를 지닌 지도자는 기존의 모든 관습의 굴레를 해체하고 기본 사회구조를 전복시키는 것을 목표로 삼는다. 이때 카리스마적 지도자의 지시는 논리적으

---

131) Hannah Arendt, *The Origins of Totalitarianism:* (New York: World Publishing, 1958), 3쪽; 양성철. 1992. "북한의 권력구조와 김일성 이후 정책방향 전망"(민족통일연구원), 20쪽(재인용)

132) H. H. Gerth and C. Wright Mills, eds., *From Max Weber* (New York: Oxford University Press, 1946), 53~54쪽

182 북한 원시형 세습통치체제 형태의 변화과정과 특성

로 또는 위계상의 어떤 직책에 의해 정당화되는 것이 아니라 지도자의 개인적 명령권 그 자체에 의해서만 정당화된다고 했다. 그에 따라 카리스마적 권위는 지도자가 무오한 것으로 보이고 지도자에 대한 어떠한 행동도 국가에 대한 범죄로 간주하기 때문에, 종종 가장 오래 지속되는 정권의 체제이기도 하다. 종국에는 카리스마적인 지도자는 결국 자신의 행동이 아닌 개인의 숭배로 발전시킨다. 따라서 베버는 카리스마적 권위를 카리스마적 지도자의 성격적인 특성이 아니라 지도자와 추종자 간의 관계로 보았다. 카리스마의 타당성은 추종자에 의한 '자발적 충성도'에 기초하는 것으로 보았다.

이러한 측면에서 김일성의 권력체계 형성과정은 생사고락을 같이한 항일유격대 골간을 중심으로 한 일편단심을 근간하고, 항일혁명 전통 계승이라는 사회주의국가들이 운영하는 공산주의 혁명 과정에서 생겨난 유자녀 교육이라는 매개 정책을 적절하게 사용한 것이다.[133] 보다 구체적으로 김일성 유일체계의 공고화 과정은 1960년대에는 파벌투쟁의 정치적 양상이 수령중심의 일체적 체계로 이행과정을 거쳤고, 1970~1980년대에는 양성된 신진 엘리트들을 적재적소에 등용한 관료중심으로 전환해 이해관계가 다른 상황에서 충성심 경쟁을 유발하며, '중앙일체적 체계'를 공고화했다고 볼 수 있다. 이 과정에서 김일성은 자신의 정치적 기반이 되었던 항일유격대 동료 중에서도 갈등 요소는 수령에 대한 충성도와 주체사상을 통해 제거하며, '중앙일체적 통치체계'

---

133) 공산주의 혁명 과정에서 생신 유자녀를 위한 교육과정으로 소련은 1943년 수와로프 군사학교와 나히모프 해군학교가 있으며, 중국은 1937년에 세운 연안보육원소학이 있다. 김옥자. 2014. "만경대혁명학원 창립과 핵심인재양성에 관한 연구" 『북한연구학회보』제18권 제1호, 118쪽

를 강화했다. 실례로 당·정에 포진되어 있던 김광협, 김창봉, 최광(후에 복권), 이영호, 석산, 김창덕 등 항일유격대 출신들이 제거되고, 김중린 (대남담당 비서 3차례 연임)과 같은 군 출신이 아닌 관료들로 빈자리를 채웠다. 전후 국외적으로 조·소, 조·중, 중·소분쟁과 국내의 중·경공 업 정책 노선을 매개로 한 김일성 중심의 완전한 중앙일체적 유일체계 로의 과정에서, 개인 또는 집단 갈등 구조나 정책의 이견은 존재할 수가 없게 했다. 오직 수령의 교시가 당규약이나 헌법보다 초월적인 무오적 권위행사를 하게 했다.

  그런데 문제는 노·장·청 간부 충원과 관련된 세대 간 갈등 구조가 정 책의 집행과정에서 대립적 요소로 부각되었다는 점이다. 즉 1980년대 들어 당·정·군 주요 보직에는 항일유격 1세대는 김일성을 정점으로 김 일, 오진우, 박성철, 최현, 서철, 오백룡, 전문섭, 최광, 김철만, 백학림, 전창철, 허정숙, 리을설, 주도일, 황순희, 리두익, 최인덕 오재원, 전문욱, 조명선, 김좌혁, 최용진 등이 당 정치국을 중심으로 중앙과 지방 그리고 교육기관에 포진되었으며, 항일혁명 2세대 격인 만경대혁명학원 출신 은 김정일을 비롯한 김환, 오극렬, 계응태, 강성산, 연형묵, 최영림, 리근 모, 김강환, 홍시학, 김국태, 고정식, 김일대, 김병률, 백범수, 최문선, 리 동춘, 리길송, 림수만, 심창완, 박용석, 장성우, 조명록, 김일철, 최상욱, 리하일, 리봉원, 전병호, 현준극, 리동호, 김두남, 김윤상, 리용익 등이 신 진 관료로 이들은 3대 혁명소조들로 등용되었다. 이들은 당·정·군·교 육 등 전문분야에서 정책의 범위와 속도를 둘러싸고 정책 성향의 차이 를 드러냈다. 하지만 이 또한 김일성 유일체계의 중앙일체적 통치구도 를 강화하는 촉매제로 작용했다. 즉 중앙일체적 유일체계 통치구도는 하부구조의 행위변수가 와해가 아닌 통합으로 작용하면서 자연스럽게 김정일 후계체계로 이어지는 정치적 봉합으로 융합되어 나갔다. 북한정치 체제에 있어 지도체계를 둘러싼 논쟁은 당의 지도적 역할을 부정하는 것이 되므로 김일성은 "우리 당은 우리 인민의 정치적 수령입니다. … 그렇기 때문에 모든 조직이 다 당의 영도를 받아야 하는 것은 움직일 수 없는 법칙입니다."[134]라고 하면서 김일성 중앙일체적 통치체계구축에 걸림돌이 되는 조직이탈 조짐에 종언적 선언을 하였다.

다) 김일성의 간부정책 기준과 당·정 신진 엘리트 부상 배경

김일성 정권 초기 간부양성과 조직사업의 핵심은 아무래도 '종파주의 타도'를 중심으로 진행되었다. 이는 1948년 김창만이 「근로자」에 실은 〈당 사업 영도방법에 있어서 몇 가지 문제〉에서 확인할 수 있다.[135]

"첫째, 로동계급의 사업에 무한한 충심으로 가져야 하며 당에 대하여 무한한 충심을 가질 것이며, 또한 이미 전투 중에서 감옥 중에서 법정에서 계급적 원수들과 투쟁을 하는 데 있어서 자기가 진실로 이러한 충심을 가진 것을 증명하여야 한다.

둘째, 우리들의 간부는 응당 군중들과 긴밀한 연계를 둬야 하며 일시 일각을 불문하고 어느 때든지 군중의 이익을 주의하며 군중의

---

134) 김일성. 1968. 〈우리 당 사업정책을 관철하기 위하여〉(1958년 4월), 『김일성 저작선 집 2』(평양: 조선로동당출판사) 44쪽
135) 이주철. 2008. 『조선로동당 당원조직 연구』(서울: 선인) 146쪽; 김창만, 「당 사업 영 도 방법에 있어서 몇 가지 문제」, 「근로자」 1948년 1월 호, 15~16쪽(재인용)

감정과 정서와 수요를 깊이 알며, 당부 조직 영도자들의 위신은 응당 이러한 기초 위에 세워져야 한다.

셋째, 우리의 간부들은 응당 복잡한 환경 가운데서 독립적으로 방향을 결정하며, 또한 책임지고 문제를 해결하는 것을 두려워하지 않아야 할 것이다.

넷째, 우리의 간부는 응당 규율을 준수하는 정신을 가져야 하며, 또한 계급의 원수들과 투쟁하는 가운데 있어서 일절 볼셰비키적 노선에서 떠난 경향들과의 비타협적 투쟁을 진행하는 가운데 있어서 볼셰비키적 단련을 받았어야 한다."

이상의 내용 속에 김일성의 간부 정책은 첫째, 항일투쟁 경험, 군중노선, 자주성, 공산주의 신념 등으로 무장된 자로써 최우선으로 주체 확립의 근간이 되는 자주, 자립, 자강, 자위에 대한 이데올로기적 충실성을 기준 삼았다. 이는 사상의 주체, 정치의 자주, 경제의 자립, 외교의 자강, 국방의 자위 노선 확립이라는 당 정책과 수령의 무오적 통치에 충성도로 맹세해야 함을 의미한다. 하지만 이상의 조건을 충족시키기에는 당시 상황적으로 어려울 수밖에 없었다. 따라서 차선적으로 종파적 성분과 연관이 없는 당 조직의 순결성에 부합되는 인재들을 재교육, 또는 차세대 인재로 함께 양성하였다. 둘째는 국내에 봉착한 시대적 상황을 타개해 나갈 실무적 전문성을 배양한 김영남, 박송봉, 박용석, 한성룡, 연형묵 등과 같은 국외파 신진 관료들을 일선에 배치했다. 이들 대부분은 항일유자녀 출신들로 만경대혁명학원과 김일성종합대학을 거친 신진 엘리트들로 충성도, 사상적 이념이 검증된 자들이었다. 셋째는 당 중심의 통일성을 강화시키는 목적에 부합시키기 위해 종파주의, 지방주의를 철저하게 배격을 도모하고자 지방인민위원회 및 기업소에 당적 지도책임자들을 선별하여 투입했다. 특히 김일성의 인사정책의 기본원칙은 기본계급 출신 중에서도 필요한 교육과정을 마친 대상 가운데서 혁명과 건설사업을 통해 당성, 인민성, 충성도를 오랜 경험과 교훈을 통해 체득하고 현실 속에서 검증된 인물은 채용·충원했다는 점이다. 이는 1950년 대부터 1차 2차 종파주의자들을 대상으로 피의 숙청을 한 자리의 공백과 1970년대 초반 김일성 유일적 지배체계와 당 정책 노선에 반기를 든 항일유격대 내부의 정적까지 제거한 뒤 그 자리를 메우기 위한 조치의 일환도 포함되었다.

실례로 최고인민회의 5기~7기(1972~1986)에서 나타난 중앙인민위원회 주석단 인물을 분석해 보면 김일성 인사정책의 기본원칙에 입각한 인물들이 배치됨으로써 중앙일체적 유일지도체계가 확립되었음을 확인할 수 있다.[136] 이 시기 첫째, 항일유격대 친위세력, 둘째, 기본계급 중에서도 당성, 인민성, 충성도를 통해 검증된 전문 관료, 셋째, 만경대학원 출신의 신진세력들이 노·장·청으로 김일성을 중심으로 융합되어 포진하고 있다. 1972년 12월 25일부터 28일 사이에 진행된 최고인민회의 제5기(1972~1977)에서 회의 주석단은 김일성을 비롯한 최용건, 김일, 박성철, 최현, 오진우, 김동규, 김중린, 서철, 한익수, 현무광, 양형섭, 정준택, 김만금, 리근모, 리종옥, 최재우, 연형묵, 오태봉, 남일, 홍원길, 김성

---

136) "당의 유일사상 체계를 세운다는 것은 자기 수령의 혁명사상, 자기 당 정책으로 전당을 무장시키고, 모든 당원들을 수령과 당 중앙의 주위에 굳게 묶어 세워 혁명사업을 해 나가도록 한다는 것을 의미"하는 것이다. 조선로동당 출판사 편, 『조선로동당 약사』 (평양: 조선로동당 출판사, 1979), 600쪽

애, 강량욱, 박신덕 및 내각 성원들로 구성되었다. 현재의 북한 헌법의 근간이 된 사회주의 헌법이 이때 채택하였다.

그리고 1977년 12월 15일부터 17일까지 진행된 제6기 최고인민위원회(1977~1982)를 통해 구성된 주석단에서는 김일성, 김일, 강량욱, 최현, 박성철, 오진우, 서철, 리종옥, 림춘추, 오백룡, 계응태, 김환, 홍시학, 김만금, 로태석으로 구성되었으며, 1982년 4월 5일 개최된 최고인민회의 제7기(1982~1986)는 김일성, 김일, 강량욱, 박성철, 최현, 리종옥, 오진우, 림춘추, 서철, 오백룡, 김환, 현무광, 윤기복, 리근모, 강희원 등으로 주석단을 자리하고 있다. 이 중 5기 때 연형묵, 강성산, 리길송, 김병률, 한성룡, 김환 등 만경대혁명학원 또는 해외유학파로 김일성 친위대 출신인 혁명 유자녀 2세와 리근모, 황장엽, 윤기복, 서관히 등 항일 1세대와 2세대의 견인역할을 할 전문 관료들이 포진되어 있다. 이러한 배치는 6기에서도 김환, 홍시학, 김기남, 지재룡, 손성필, 계응태, 계형순, 공진태, 최원익, 조창덕, 박용석 등이 있다. 흥미로운 것은 이 시기 국가 부주석인 김일(본명: 박덕산)과 철도부장 박용석은 부자지간이 중앙 정치 무대에 함께 하고 있다는 점이다.

제7기에서는 김환, 홍성남, 김기남, 계응태, 홍시학, 강성산, 최태복 등이 김일성 시대부터 당·정 상층 중앙정치실험대로 부상하며 실무경험을 터득하였다. 특히 제8기에서는 김영남, 양형섭, 홍성남, 김병률, 김국태, 박남기, 리길송, 최용해, 박용석 등 혁명 2세대들이 신구 교체 중심축으로 진입한 시기로 볼 수 있다. 그리고 군부에서는 만경대혁명학원 출신들인 김영춘, 현철해, 오극렬 등이 수령결사옹위 친위세력으로 성장하고 있었다. 이들은 이후 김정일 정권에서 핵심 권력 엘리트로 자리매김하는 것은 어떻게 보면 사회정치적 생명체론에 입각한 수령결사옹위 세력으로 성장하는 당연한 정무(政務)적인 절차라 할 것이다. 나아가 김영남을 비롯한 일부는 현 김정은 초기체제 막후에서 교사형 훈수(후견) 정치세력으로 일편단심 원시형 3대 세습체제의 버팀목이 되는 증거이기도 하다. 김일성은 1994년 4월 6일~4월 7일까지 개최된 제9기 7차 회의가 마지막이 된다. 항일 1세대 출신은 거의 중앙무대에서 사라지고, 그의 시대에 발탁된 항일 2세대가 김정일 후계체제에 선봉적인 역할을 담당하게 된다.

다음은 김일성 유일적 중앙일체적 통치 시기인 1972~1990년대까지 최고인민회의(5기~8기)에 구성된 핵심 엘리트 현황이다.

최고인민회의 제5기(1972~1977)

5기 1차 회의(1972년 12월 25~28일)~6차 회의(1976년 4월 27일)
* **현재 북한 헌법의 근간인 사회주의 헌법이 채택**
* **회의 주석단**
  최용건, 김 일, 박성철, 최 현, 오진우, 김동규, 김중린, 서 철, 한익수, 현무광, 양형섭,
  정준택, 김만금, 리근모, 리종옥, 최재우, 연형묵, 오태봉, 남 일, 홍원길, 김성애,
  강량욱, 박신덕
* **중앙인민위원회**
  국가주석: 김일성
  부주석: 최용건, 강량욱(1976년 4월 27일부터 29일 5기 6차 회의에서 1부주석: 김 일)
  서기장: 림춘추
  위원: 김일성, 최용건, 강량욱, 김 일, 박성철, 최 현, 오진우, 김동규, 김영주, 김중린,
    현무광, 양형섭, 정준택, 김만금, 리근모, 최재우, 리종옥, 림춘추, 연형묵,
    토애봉, 남 일, 홍원길, 류장식, 허 담, 김병하
* **국방위원회 부위원장**: 최현, 오백룡, 오진우
* **최고인민회의**
  상설회의 의장: 황장엽, 최고인민회의 상설회의 부의장: 홍기문, 허정숙
  상설회의 사무장: 전창철
  상설회의 의원: 서철, 한익수, 전창철, 박신덕, 김영남, 정준기, 렴태준, 림성애,
  김이훈, 리영복, 윤기복, 리두찬, 강성산, 오현주, 천세봉, 리면상
* **대의원자격심사위원회 위원장**: 김동규. 위원: 박영순, 박수동, 리용무, 리용익,
                                    장인석, 리창도
* **예산심의위원회 위원장**: 오태봉. 위원: 리길송, 리봉원, 서관히, 신수근, 리방근, 반일병
* **법안심의위원회 위원장**: 윤기복. 위원: 정동철, 방학세, 한석진, 김병률, 리봉길, 박춘식
* **정무원 총리**: 김 일(1976년 4월 27일부터 29일 5기 6차 회의에서 김 일→ 박성철로
                    교체)
  부총리: 정준택, 남 일 / 부총리 겸 인민봉사위원장: 박성철 / 부총리 겸 농업위원장:
  김만금 / 부총리 겸 기계공업위원장: 홍원길 / 부총리 겸 국가계획위원장: 최재우
  / 외교부장: 허 담 / 인민무력부장: 최 현 / 사회안전부장: 김병하 / 중공업위원장:
  리종옥 / 화학공업부장: 김 환 / 선박기계공업위원장: 한성룡 / 교통체신위원장:
  현무광 / 수산부장: 김윤상 / 건재공업부장: 문병일 / 교육부장: 김석기 /
  문화예술부장: 리창선 / 재정부장: 김경련 / 무역부장: 계응태 / 대외경제사업부장:
  공진태 / 건설부장: 박임태 / 로동행정부장: 정두환 / 보건부장: 리락빈
* **중앙재판소장**: 방학세
* **중앙검찰소장**: 정동철

최고인민회의 제6기(1977~1982)

6기 1차 회의(1977년 12월 15일~17일)

* **중앙인민위원회**

 국가주석: 김일성

 부주석: 김 일, 강량욱, 박성철

 서기장: 림춘추. 위원: 김일성, 김 일, 강량욱, 최 현, 박성철, 오진우, 서 철, 리종옥, 림춘추, 오백룡, 계응태, 김 환, 홍시학, 김만금, 로태석

* **국방위원회 부위원장**: 최 현, 오진우, 오백룡

* **최고인민회의**

 상설회의 의장: 황장엽

 상설회의 부의장: 허정숙, 홍기문

 상설회의 사무장: 전창철

 상설회의 의원: 황장엽, 허정숙, 홍기문, 전창철, 김영남, 정동철, 윤기복, 김관섭, 김기남, 김봉주, 지재룡, 장윤필, 김성애, 손성필, 천세봉

* **예산심의위원회 위원장**: 홍시학, 위원: 서관히, 강현수, 계형순, 허순, 강중한, 김형삼

* **법안심의원회 위원장**: 윤기복, 위원: 정동철, 리진수, 방학세, 김윤혁, 김석기, 변창복

* **대의원자격심사위원회 위원장**: 림춘추, 위원: 서 철, 리근모, 한익수, 김 환, 변창복, 최만국

* **정무원 총리**: 리종옥

 부총리 겸 무역부장: 계응태 / 부총리 겸 외교부장: 허 담 / 부총리 겸 대외경제사업부장: 공진태 / 정무원 사무장: 김윤혁 / 인민무력부장: 오진우 / 사회안전부장: 최원익 / 국가계획위원장: 홍성룡 / 농업위원장: 서관히 / 광업위원장: 조창덕 / 금속공업부장: 윤호석 / 전력공업부장: 리지찬 / 기계공업 부장: 계형순 / 화학공업부장: 원동구 / 건설부장: 박임태 / 국가건설위원장: 김응상 / 건재공업부장: 김남윤 / 경공업부장: 허 순 / 철도부장: 박용석 / 륙해운부장: 리철봉 / 수산부장: 김윤상 / 인민봉사위원장: 림형구 / 교육위원장: 김일대 / 자재공업부장: 김태극 / 체신부장: 김영채 / 문화예술부장: 리창선 / 재정부장: 김경련 / 로동행정부장: 채희정 / 국가과학기술 위원장: 주회종 / 보건부장: 박명빈

* **중앙재판소장**: 방학세

* **중앙검찰소장**: 리진수

최고인민회의 제7기(1982~1986)

7기 제1차 회의(1982년 4월 5일)~7기 제3차 회의(1984년 1월 25~27일)

* **중앙인민위원회**

 국가주석: 김일성

 부주석: 김 일, 강량욱, 박성철((1983년 4월 5일~7일: 7기 2차 회의에서 림춘추
　　　　보선), (1984년 1월 25일~27일: 7기 3차 회의에서 부주석: 리종옥 보선)

 서기장: 림춘추(7기 2차 회의에서 림춘추→리용익), (7기 3차 회의에서 리용익→김이훈)

 위원: 김 일, 강량욱, 박성철, 최 현, 리종옥, 오진우, 림춘추, 서 철, 오백룡, 김 환,
　　　현무광, 윤기복, 리근모, 강희원(7기 2차 회의에서 최영림, 리용익 보선), (7기
　　　3차 회의에서 강성산 보선)

* **최고인민회의**

 상설회의 의장: 황장엽(1983년 4월 5일부터 4월 7일 7기 2차 회의에서 황장엽→ 양형섭)

 상설회의 부의장: 허정숙, 홍기문(7기 2차 회의에서 손성필, 려연구로 교체)

 상설회의 사무장: 김이훈(7기 3차 회의에서 김봉주로 교체)

 상설회의 의원: 황장엽, 허정숙, 홍기문, 김이훈, 정동철, 김관섭, 김기남, 리용익,
　　　　　　럼태준, 정두환, 리영수, 김봉주, 김성애, 손성필, 천세봉(7기 2차회의
　　　　　　에서 김일대 보선), (7기 3차회의에서 김만금, 주창준, 박수동, 지창익)

* **예산심의위원회 위원장**: 김 환(7기 3차 회의에서 안승학으로 교체)

 위원: 김창주, 홍성남, 맹태호, 리충성, 장윤필, 박승일

* **법안심사위원회 위원장**: 윤기복(7기 3차 회의에서 채희정으로 교체)

 위원: 리진수, 방학세, 한상규, 김성룡, 박수동, 안승학(7기 3차 회의에서 강현수,
　　　김히준 보선)

* **대의원자격심사위원회 위원장**: 림춘추

 위원: 서 철, 조세웅, 김만금, 리봉원, 리지찬, 변창복

* **정무원 총리**: 리종옥 (제7기 3차 회의에서 리종옥→ 강성산 교체)

 부총리: 강성산, 계응태 / 부총리 겸 외교부장: 허 담 / 부총리 겸 국가계획위원장: 홍성룡
 부총리 겸 채취공업위원장: 홍시학 / 부총리 겸 기계공업위원장: 최재우 / 부총리 겸
 무역위원장: 공진태 / 부총리 겸 수산위원장: 최광 / 부총리 겸 농업위원장: 김창주
 / 부총리 겸 교통위원장: 김회일 / 부총리 겸 건재공업위원장: 김두영 / 부총리 겸
 경공업위원장: 김복신 / 부총리 겸 과학원장: 정준기 / 인민봉사위원장: 림형구
 / 문화예술부장: 리창선 / 무역부장: 최정근 / 전력공업부장: 리지찬 / 체신부장:
 김영채 / 자원개발부장: 고정식 / 대외경제사업부장: 정송남 / 금속공업부장: 최만현
 / 로동행정부장: 채희정 / 보건부장: 박명빈 / 재정부장: 윤기정 / 륙해운 부장:
 방철갑 / 자재공급부장: 김태극 / 국가과학기술위원장: 김창호 / 국가건설위원장:
 김응상 / 건설부장: 조철준 / 국토 및 도시관리위원장: 박임태 / 철도부장: 리익순 /
 화학공업부장: 맹태호 / 교육위원장: 최태복

* **중앙재판소장**: 방학세

* **중앙검찰소장**: 한상규

최고인민회의 제8기(1986~1990년)

8기 1차 회의(1986년 12월 29일~30일)~4차 회의(1988년 12월 12일)

* **중앙인민위원회**
  국가주석: 김일성
  부주석: 박성철, 림춘추, 리종옥
  서기장: 지창익
  위원: 오진우, 박성철, 림춘추, 리종옥, 리근모, 홍성남, 서윤석, 현무광, 강희원,
  　　　조세웅, 윤기복, 지창익, 김병률, 백범수

* **최고인민회의**
  상설회의 의장: 양형섭
  상설회의 부의장: 손성필, 려연구
  상설회의 사무장: 김봉주
  상설회의 의원: 렴태준, 정두환, 리동호, 주창준, 최룡해, 박수동, 김성애, 김경봉,
  　　　　　　　석운기, 류호준, 남순희

* **예산심의위원회 위원장**: 윤기복
  위원: 박남기, 김창주, 박승일, 리충성, 신경식, 김형정

* **법안심사위원회 위원장**: 계응태
  위원: 백학림, 방학세, 한상규, 강현수, 김의순, 정문산

* **대의원자격심사위원회 위원장**: 림춘추
  위원: 서철, 김국태, 리길송, 리봉원, 변창복, 김학봉

* **정무원 총리**: 리근모(제8기 1988년 12월 12일 4차 회의: 리근모→ 연형묵 교체)
  제1부총리: 홍성남 / 부총리 겸 외교부장: 김영남 / 부총리 겸 대외경제위원장:
  김복신 / 부총리 겸 농업위원장: 정준기 / 부총리 겸 농업위원장: 김창주 / 부총리:
  최 광, 정준기 / 부총리 겸 건설건재공업 위원장: 김윤혁 / 국가계획위원장: 박남기
  / 교통위원장: 리길송 / 금속 및 기계공업 위원장: 계형순 / 채취공업위원장:
  조창덕 / 전력공업위원장: 리지찬 / 화학 및 경공업위원장: 김 환 / 수산위원장:
  최복연 / 인민봉사위원장: 공진태 / 국가건설위원장: 김응상 / 국가과학기술
  위원장: 리자방 / 사회안전부장: 백학림 / 자원개발부장: 김세영 / 원자력공업부장:
  최학근 / 선박공업부장: 리 석 / 체신부장: 김영채 / 철도부장: 박용석 / 무역부장:
  최정근 / 대외경제사업부장: 정송남 / 림업부장: 김재률 / 로동행정부장: 김봉을 /
  교육위원장: 변영립 / 문화예술부장: 장 철 / 재정부장: 윤기정 / 과학원장: 김경봉
  / 보건부장: 리종률 / 상업부장: 한장근 / 중앙자재총련합상사총사장: 리필성 /
  조선체육지도위원장: 김유순 / 중앙은행총재: 변승우 / 양통계국장: 신경식 / 정무원
  사무국장: 정문산

3) 중앙일체적 통치체계가 갖는 함의

가. 사상적 측면

중앙일체적 통치체계 확립을 위한 출발은 주체 이데올로기의 선점보다는 1950~1970년대 초반까지 북한국가 내외적 환경변화 흐름에서 추동되었다 할 것이다. 중·소, 조·소, 조·중 분쟁 및 대남정책 그리고 이에 따른 주체적 자주를 내세우기 위한 중공업 중시정책과 자립경제 노선을 이루기 위한 국방·경제 병진 정책을 구가할 수밖에 없는데 기인한다. 그리고 이에 대한 정책 노선의 대립은 결과적으로 1차·2차 종파 사건을 일으켰다. 그때까지 북한은 마르크스-레닌주의적 국가사회주의 이념적 수용과 중국혁명을 학습하며 역사적·경험적 교훈을 가진 무장투쟁 출신자들이었기에, 이들의 사회주의적 정치투쟁은 반식민지 민족주의와 밀접하게 결합되어 있었다. 따라서 초기 사회주의 국가형성에 있어 식민 종속과 후진성 극복의 최선의 대안으로 탈식민지 전략은 후진성과 종속적인 민족의 지위로부터 정치, 경제, 사회, 문화를 단시간에 성과를 내야 했기 때문에, 급진적 방향으로 추동해야 하는 시대적 과제를 안을 수밖에 없었다 할 것이다.[137] 우선하여 김일성의 탈식민 민족주의 정책은 사회주의 당·국가의 맥락 속에서 작동되었다. 민족주의를 애국주의화시켜 국가사회주의에 귀속시킴으로 주체사상 이데올로기를 담보로 유일적인 중앙집권체제로 강화했다.

또한 김일성은 전술한 바와 같이 1958년 종파 정적을 제거한 이후

---

137)　찰스 암스트롱, 2006『북조선탄생』서해문집, 17쪽

1961년 9월 제4차 당 대회를 통해 단일지배체계가 확립되자 이를 바탕으로 1967년에 이르러 김일성 유일지배체계 구축을 위한 다양한 방법을 동원하기 시작했다. 이때 제기된 것이 '수령론'이다. "수령은 혁명사상과 혁명이론을 창시하고, 혁명 승리의 전망을 제시하며, 인민대중을 혁명사상으로 무장시키고 이들을 조직화하여 혁명 승리의 조건을 마련한다. 그리고 혁명 전통을 계승·발전시키며 당을 비롯한 혁명조직을 창건하여 혁명 무기를 마련하고 나아가 로동계급과 당을 영도하며 혁명과 건설을 승리로 이끌어 나가는 등 혁명 위업을 수행하는 데 결정적인 역할을 하는 통치자"로 이론적 정립을 하였다. 유일사상 체계 확립에 박차를 가하던 1968년 말, 북한 권력 핵심부에서는 또 한 번의 대대적인 숙청이 전개되었다. 숙청대상자는 김일성의 항일유격대 출신인 민족 보위상 김창봉, 대남총책 허봉학, 인민군 총참모장 최광 등 군 수뇌부로서 이들은 유일사상 체계 확립에 반대하다가 숙청당하였다. 이를 계기로 군(軍)에 대한 당의 통제가 더욱 강화되어 사단, 연대에 정치위원을 두게 되었고 당 비서국이 군 간부와 정치 간부들을 관장하도록 하였으며, 1970년 5차 당 대회에서는 '군사위원회'가 신설되었다. 그리고 군부 숙청이 마무리된 1969년 김정일은 1956년 이래 형성되기 시작한 '수령제'를 확립하기 시작하였다. 유일사상 체계 확립을 김일성 개인숭배와 연관 지어 이론적 바탕이 되는 '혁명적 수령관'을 제시하였다.

'혁명적 수령관'은 수령을 절대화하고 수령의 지위와 역할을 무오적으로 인식하여 진심으로 우러러 모시려는 자세와 입장을 정의한 것으로, 수령은 "인민대중의 최고 뇌수, 통일단결의 중심으로서 력사 발전과 혁명 투쟁에서 절대적 지위를 차지하며 결정적 역할"을 하는 것으로 규정된다.[138) 그런데 혁명적 수령관이 공식적으로 제기된 것은 김정일이 1986년 7월 15일 로동당 중앙위 책임일꾼들에게 행한 담화 〈주체사상 교양에서 제기되는 몇 가지 문제에 대하여〉에서 집중적으로 거론하면서 대중화되었다. 수령에 대한 충실성은 절대적이고 무조건적이어야 한다는 혁명적 수령관은 수령의 유일적 지배체제구축을 위해 제시된 수령론을 뒷받침하기 위한 논리로 작용했다. 그리고 같은 날 제기된 '사회정치적 생명체론'의 이론적 바탕이 되었다. 이후 1972년에 이르러 개정된 사회주의 헌법에서 국가주석제를 도입, 정치 구조를 당의 상위에 둔 수령중심 체제로 전환하여 수령이라는 특수한 존재를 상징화시켜 통치체계를 형성하고 절대성을 부여하였다. 이 수령론의 상징성은 이후 김정일·김정은으로 이어지는 후계자론[139)과 김정일에 의해 제기된 사회정치적 생명체론[140)으로 이론화시켜 그 당위성을 인민대중에게 사상적으로 결속시킬 수 있는 구실로 확보했다.

또한 유일사상 10대 원칙은 1974년에 제정되었다. 이 원칙은 헌법보다 상위에 있는 초헌법적인 것으로 당의 모든 지령, 지시사항, 입안과 정책의 발의는 10대 원칙으로부터 비롯되어 10대 원칙을 옹위하는 것으로

---

138) 사회과학출판사 편, 『철학사전』, 602~603쪽

139) 수령의 영도적 지위와 역할을 계승하는 것으로 김일성은 1986년 5월에 〈조선로동당 건설의 력사적 경험〉에서 "로동계급의 당 건설에서 후계자 문제는 정치적 수령의 지위와 역할을 계승하는 문제입니다. 수령의 령도적 지위와 역할은 그 후계자에 의해 변함없이 계승되어야 합니다."『근로자』, 1986년 6호, 59쪽

140) 1986년 7월 15일 김정일이 당중앙위 책임일꾼들에게 행한 담화 〈주체사상 교양에서 제기되는 몇 가지 문제에 대하여〉에서 처음 제기되었다. 더 정확히는 1974년 「당 유일사상 체계 확립의 10대 원칙」, 1982년 3월에 발표된 그의 논문 「주체사상에 대하여」에서 언급되었다. 논문에서는 "인민대중은 당의 영도 밑에 수령을 중심으로 하여 조직·사상적으로 결속됨으로써 영생하는 자주적인 생명력을 지닌 하나의 '사회정치적 생명체'를 이루게 된다."라고 주장했다.

끝마친다 해도 과언이 아니다. 이처럼 전당·전군·전 인민을 김일성 혁명 전통과 주체사상으로 무장시킨 수령중심의 유일지배체계는 1967년 5월 17일 로동신문에 게재한〈당원들과 근로자들 속에서 당의 유일사상 체계를 철저히 확립하자〉제하의 사설에서 처음으로 사용되면서 본격화되었다. 그리고 1970년 11월 제5차 당 대회에서 보고를 통해 김일성이 직접 "당을 강화하는 데서 무엇보다 중요한 것은 전당에 유일사상 체계를 세우며, 그에 기초하여 당 대열의 통일과 단결을 계속 확고히 보장하는 것"이라고 언급함으로써 수범(垂範)의 전형으로 상징화시켰다.

이러한 김일성의 중앙일체적 통치체계는 정치적 노선을 인민대중의 조직·동원하는 방법과 수완을 '령도예술(령도술)'이란 차원에서 그 전형을 찾을 수 있다. 주체사상에 기초를 둔 령도술은 모든 인민대중과 권력 엘리트들이 김일성 유일적 사상으로 무장할 것을 주문하고 있다. 김일성 스스로도 "로동계급의 당은 능란하고 세련된 령도예술을 가질 때만 전투적 전위조직으로 될 수 있으며, 광범한 대중을 혁명 투쟁과 건설 사업에 힘있게 조직·동원할 수 있다."라고 언급하며 인민대중의 지도노선은 당의 수뇌인 김일성에 의해서만 철저하게 실현할 수 있는 수완과 통치술임을 사상적으로 규정한 것이다.

나. 제도·실천적 측면

정치적 권력 투쟁의 종식과 병행하여, 사상적 이론 틀을 명문화하여 유일통치체계를 구축한 김일성은 제도의 실천적 측면에서 대중적 존립 근거를 확립은 마오쩌둥의 군중노선 방법을 북한식으로 수용한 현지지도로 접근했다. 전쟁과 권력투쟁으로 참혹한 인민대중의 현실의 삶으로 친근한 통치자 이미지를 심기 위한 정략적 행보였다. 이는 전술한 바와 같이 김일성은 1947년 8월 호「근로자」에 게재했던 김일성의 북한 로동당 창립 1주년 기념논문에서 종래의 '당 사업작풍'에 문제를 제기하며, "군중 속과 하급 당원들 속에 들어가서 그들에게 해석하며 그들의 심정을 연구하며 그들을 이끌고 목적 달성의 길로 나가는 작풍을 세워야 한다. 명령할 것이 아니라 이신작칙(以身作則)하여 군중과 한 덩어리가 되어 그들이 모른다고 시비와 비방할 것이 아니라 그들과 접근하고 그들을 가르치는 가장 군중의 친우가 되도록 하는 사업작풍을 가져야 한다."(김일성, 1947b:40~1)라고 주장한 데서 현지지도가 갖는 함의를 찾을 수 있다. 동시에 중앙집권적 계획경제 체계구축을 중앙일체적 통치체계로 연계시키며 유일적 정치지배체제를 구축하였다는 점을 내포한다. 대표적인 군중노선 표어로 꼽는 '천리마 운동'은 초기 북한국가가 사회주의 건설을 다그치기 위하여 추진된 장기적인 군중노선으로 김일성은 "많은 사람들을 계속 전진하고 계속 혁신하는 사회주의 건설의 적극분자로 만드는 하나의 공산주의 교양 운동이며, 많은 사람들이 대중적 영웅주의를 발양하여 사회주의 건설을 힘있게 밀고 나가게 하는 공산주의적 전진운동"이라고 규정하였다.[141]

따라서 천리마 운동은 사회 전반에 걸쳐 직·간접적인 영향을 미치며 천리마작업반 운동, 천리마 학교 운동, 천리마 속도, 천리마 영예상 등 다양한 형태로 전개되었다. 김일성이 초기 현지지도에서 제도·실천적 측면에서 세운 대표적인 경제관리체계는 1960년 2월 평남 남포시 강서

---

141) 『김일성 저작집 제22권』, 261쪽

군에 위치한 청산협동조합에서 제시한 '청산리 정신·청산리 방법'이다. 이는 1959년 12월 로동당 전원회의에서 생산 관계의 사회주의적 개조가 완성된 새 환경에 맞게 사업체계와 사업 방법을 개선하도록 제도적으로 지시한 다음에 내려진 실천적 행동의 대표적인 현지지도 사례이다. 즉 청산리 정신은 사상·제도적 차원으로, 방법은 구체적인 실천에 초점을 맞추었다고 볼 수 있다. 보다 구체적으로는 정신 내용 면에서 나라의 살림과 인민 생활에 대해 완전한 책임을 지는 원칙에서 당적·국가적 지도를 실현하는 것, 또한 사회 모든 성원을 교양·개조하여 당의 두리에 묶어 공산주의 사회로 나가는 원칙에서 당적·국가적 지도를 실현하는 것 등을 말한다. 그리고 방법 내용 면에서는 상급 기관이 하급 기관을 도와주고, 윗사람이 아랫사람을 도와서 서로 합심하여 당의 노선과 정책을 관철해 나가는 것 등을 주문하고 있다.

'청산리 정신·청산리 방법'과 함께 대표적인 제도·실천적 경제관리 사례는 1961년 12월 남포시 대안 전기공장에서 공장의 최고지도기관으로서 공장 당 위원회의 집체적 지도체계를 제시한 '대안의 사업체계' 확립에서 발견할 수 있다. 또한 김일성이 직접 가르쳤다는 북한식 영농방법으로 자랑하는 '주체 농법'을 들 수 있다. 이 농법의 세 가지 원칙은 포기 농사의 원칙, 적지적작, 적기적작의 원칙, 과학적 영농방법의 실현 등을 제시했다. 특히 사회주의국가 기풍을 세워가는 로동당의 전통적 활동 방식의 총체적 표현으로 북한은 1930년대 항일투쟁에 나선 유격대의 생활 기풍과 학습 태도, 대중동원방식 등을 본받자며 1970년대부터 '항일유격대식'이라는 구호를 제시해 왔다. 여기서 '항일유격대식 정치사업 방법'이란 "모든 일꾼이 대중 속에 깊이 들어가 정치사업을 앞세워 그들

의 혁명적 열의와 창조적 적극성을 발양시키는 방법"이다. 이는 항일유
격대의 자력갱생, 간고분투의 혁명정신과 인민적인 군중사업방법, 혁명
적 생활 기풍과 학습 방법 등의 형태로 제도·실천적 측면에서 적용되었
다. 이는 격식과 틀을 배격하고 모든 문제를 창조적으로 실속있게 풀어
나가는 전투적 사업방식으로 정의하고, 모든 사업을 정치사업을 앞세워
대중을 당 정책 관철에 조직·동원하고, 학습과 전투, 학습과 생산, 학습
과 휴식을 결합해 인민대중을 모범적인 행동으로 이끌어 가는 것을 요
체로 했다.

다. 조직적 측면

당 중앙위원회 정치국(朝鮮勞動黨中央委員會政治局)은 1946년 8월
북조선 로동당 창립대회 직후 개최된 당 중앙위원회 제1차 전원회의에
서 정치위원회로 처음 조직되었다. 정치국의 기능은 전원회의와 전원회
의 사이에 조선노동당의 모든 사업을 결정하고 지도하는 사실상의 최고
핵심 부서로, 1956년 제3차 당 대회에서 폐지되었다가 김일성의 유일지
배체계 확립을 위해 1961년 제4차 당 대회에서 부활하였다. 이후 1972
년 12월 27일 최고인민회의 제5기 1차 회의에서 채택된 사회주의 헌법
에 따라 김일성의 유일지배체계의 제도적 장치를 마련하고 중앙일체적
통치체계 확립을 위해 국가주석제를 신설되었다. 국가주석을 정점으로
부주석, 서기장, 위원들로 구성되어 헌법에서 부여된 국가의 대내외 정
책 수립, 헌법을 비롯한 각종 명령·지시·결정 등 집행 상황 감독 및 그
에 위반된 국가기관의 결정·지시 폐지·행정구역 개편 등 효율적 통제

조직을 강화시켰다. 1980년 10월, 제6차 당 대회에서는 정치위원회를 정치국으로 개칭하고 정치국 내에 상무위원회를 다시 설치하였다. 김일성은 국가주석제와 정치국 상무위원회가 가지는 절대적 권위는 사실 항일혁명 경험자들이 중심이 된 견결한 결사옹위 세력이 받드는 전통적(강압적) 카리스마로 작동되었다.

이러한 카리스마의 분출은 그의 동만 항일무장투쟁으로부터 형성되었음을 간과해서는 안 된다. 김일성이 동만 항일무장 투쟁사에서 중요한 위치를 자리매김하는 것은 '반(反) 민생단' 투쟁이 혹독하게 조선인 압살로 이어지는 과정에서 통일적인 지휘계통이 있는 인민 무장 부대로서 동북인민혁명군 제2군의 주요 지휘관으로 성장했다는 점이다. 특히 '반민투'라는 무장 부대 내에서 조선인들에 대한 숙청과 학살이 가혹하게 진행되는 가운데 동북인민혁명군 건립과 김일성의 급부상은 역설적으로 그를 중심으로 해방을 위한 투쟁과 열정이 동북 지역에서 어느 민족보다 적극적이고 주도적이었음을 반증해 주는 의미가 있는 생존 여부의 경험적 사건이었다. 이러한 증거는 중공동만특위가 조선인유격대 간부들을 '민생단'으로 몰아 약 500명을 총살하였다는 중공당에 보고에서 "1931년 3월 말 동만특위 공산당원 636명 중 조선인이 96.5%에 달했으며, 1933년 9월경 965명의 동만 공산당 중 97.9%가 조선인이었으며 중국인은 2.1%에 불과하다."라고 기록한 사실에서 입증되고 있다(황룡국, 1988: 282;「中共東滿特委書記馮康的報告」1935. 12. 20.).

그리고 1934년 4월부터 10월 사이 동북 항일 연합부대가 전투에 출격한 차수는 103차인데, 그중 김일성 중심의 제2군 독립사가 출전한 횟수는 53차였으며, 참전 인원수는 1,350명이었다. 그러나 참전 회수와 투입

인원이 많았던 만큼 우수한 지휘관과 대원들의 희생 또한 컸다(최성춘, 1999:211).[142] 1935년 5월 동북인민혁명군 제2군이 새로 성립·인준될 때, 군부(軍部)와 사부(師部)에는 중국인만으로 간부를 임명했으며, 산하 4개 퇀의 퇀장과 정치위원 8명 중 조선인은 안봉학과 김일성 두 사람 뿐이었다. 이중 안봉학은 민생단으로 의심받아 탈주하게 되고, 김일성만이 남게 되었다. 이러한 와중에도 동북인민혁명군 독립사의 전투 경험은 항일민족 통일전선 방침에 따라 많은 무장 대오와의 결속을 형성하였으며, 새로운 유격근거지 확보에 있어 인민대중과의 연계 또한 확보할 수 있었고, 군장으로까지 승승장구하면서 김일성은 동만의 조선인들 사이에 독보적인 지도자로 인정받게 되는 계기가 된다.

항일유격대의 혁명적 전통성은 이러한 그들만의 역사적 경험을 근간으로 한다. 따라서 북한정치에서 카리스마적 통치는 절대적 권위확보 및 유지하기 위해 강제된 개인 숭배를 구축할 수 있었다는 측면에서 김일성 중심의 중앙일체적 통치시스템 구축은 사상적으로는 의식체계로, 제도·실천적 면에서는 삶의 인식체계로, 조직적으로는 정치체계로 구조화시켜 나갈 수 있었으며, 이후 자발적인 충성으로 당연하게 표현될 수 있었다 할 것이다. 이렇게 볼 때 김일성 시대의 중앙일체적 통치 이데올로기는 집단이 스스로의 행위를 정당화시키기 위하여 정치적 현실을 사상, 행동, 생활 방법을 항일혁명이라는 정통성에 집중시키고, 이를 통해 관념이나 신조의 체계로 역사적 신화화·사회적 성역화시켜 나갔다고 볼 수 있다.

이와 관련하여 찰스 암스트롱은 그의 책 『북조선탄생』에서 "주체사상

---

142) 제2퇀 정위 차용덕, 제3퇀 정위 남창익, 제1퇀 퇀장 김순덕 등이 시기에 모두 전사했다.

을 핵심으로 하는 사상·이론·방법의 전일적 체계로 하는 김일성 주의는 민족주의를 내장한 북한식 사상체계의 일종으로서, 과거 일제 식민주의에 대한 저항으로 발현한 것이 한반도의 미 제국주의에 대한 증오와 적개심으로 이전한 것"으로 분석했다. 또한 '수령'에 대한 개인 숭배, 김일성에 대한 상징화와 우상화는 민족주의 주체성이 하나의 계급, 하나의 정당을 거쳐 종국에는 한 사람으로 집중되었음에 주목했다(찰스 암스트롱 2006, 347~352).

소결론적으로 북한의 수령론에 입각한 김일성 가계 중심의 원시형 북한 3대 세습체제의 항일무장투쟁과 북조선혁명의 연결 공간은 제국주의에 대항한 항일유격대 경험에 전통성을 부여하여 향후 북한 사회를 규정하는 모든 것으로 변형적으로 신화화시켜 나가는 진행형으로 볼 수 있다.

제Ⅲ부
김정일
통치체제의
유형과 변화

제1절
이론적 틀

정치 심리학자인 라스웰은 정치는 '사적 동기 또는 개인적 목적이 공공목표로 전환되고 이것이 공공복리라는 이름으로 합리화되는 과정'[143]이라고 했다. 다시 말해 정치란 권력을 가장 중요한 가치로 삼고 있는 사람이 자신의 개인적 동기를 공적인 활동 속에서 성취하고자 하며, 이것을 공적인 이익에 기여한다는 차원에서 자신의 동기와 행동을 정당화하는 과정이라 보았다. 이러한 정의 하에 개인이 가지고 태어나거나, 또는 후천적으로 획득한 '퍼스낼리티'는 장차 자신의 개인적 동기에 공적인 의미를 부여하는 정치과정에 매우 큰 영향을 미친다고 할 것이다. 이런 의미에서 라스웰은 정치에 영향을 주는 퍼스낼리티의 유형으로 강박형(compulsive type), 극화형(dramatizing type), 냉철형(detachment type)으로 표현하고 있다.[144] 그에 의하면 '강박형'은 긴장감을 늘 가지고 있으

---

143) Harold D. Laswell, 1958. *Power and Personality* (New York: W. W. Norton Co), 38쪽
144) Harold D. Laswell, 앞의 책, 67~69쪽

며, 주의에 엄격하고 강압적인 획일성을 중요시하는데 이런 유형은 세심하고 모든 상황을 객관적으로 처리하는 유형이다. '극화형'은 자기 과시욕과 선전에 관심이 많으며 교만하고 도발적이며 분위기에 따라 모습을 달리 연출하는 임기응변을 소지한 다양성을 가지고 있다. 그리고 '냉철형'은 고도의 지적 능력을 소유하며 앞의 두 가지 형을 다 내포하고 있다 했다. 즉 냉철형 퍼스낼리티가 극단적으로 나타나면 무자비한 테러를 저지르며, 또 한편으로는 애정과 온화함을 과시함으로써 후덕한 것처럼 위장하기도 한다. 특히 위기 상황에서 냉철형 정치적 인간은 애정과 분노를 동시에 표출하고, 냉정함과 잔인성을 드러내기도 한다고 했다.[145]

또한 조지 부처(Alexander L. George & Juliette L. George)는 통치 스타일 유형을 '형식주의적 모델'과 '경쟁적 모델'로 나누고 전자는 정책 결정의 절차가 명확하고 의사소통에 있어 위계질서가 엄격하여, 최고지도자는 참모와 관료들을 해당 분야의 전문가로 삼아 획일적인 보고를 받음으로써 최종정책 결정에 과부하를 갖게 되는 경우로 규정했고, 후자는 공식조직들을 명확하게 구분하지 않으며, 최고지도자에 이르는 채널을 다양화시켜 놓고는 공식조직을 뛰어넘어 일정한 과제를 중복적으로 하달하는 반면, 참모 및 관료들 사이에서는 의사소통이 거의 이루어지지 않는 상태에서 경쟁적으로 문제에 대한 파악과 해결책을 최고지도자에게 보고케 함으로써 과부하를 회피할 수 있다고 했다.

이상과 같은 두 가지 통치 스타일을 북한의 김정일에게 적용할 때 그는 라스웰의 '극화형'을 동경하는 '강박형 및 냉철형'과 조지 부처의 '형식

---

145) 김성철, 1999. 『김정일의 퍼스낼리티·카리스마·통치 스타일』 (서울: 통일연구원), 9~10쪽

주의 모델'을 기준으로 '경쟁적 모델'을 선택하기도 하는 혼합적인 정치적 인간 유형이라 할 수 있다.[146] 이것은 그의 통치 기간 현지지도를 통해 그 유형을 일면적으로 찾아볼 수가 있다.

---

146) 김성철, 앞의 책, 20쪽

김정일 통치체제의 사상·제도적 틀

1. 김정일 수령·후계의 형성론

1) 수령론

　김정일은 '수령'의 정의를 "혁명의 최고 영도자, 당의 최고 영도자이며 당의 영도는 곧 수령의 영도이다."라고 규정하며, 당의 영도가 수령의 영도가 되는 것은 수령이 근로 인민대중의 지도적, 향도적 역량인 당의 최고 영도자로서 혁명과 건설에서 최고의 지위를 차지하고 결정적인 역할을 하기 때문이라고 했다. 그러면서 수령의 의사는 전체 근로 인민대중의 의사를 집대성한 것으로 보았다. 이러한 수령은 비범한 예지와 고매한 공산주의적 덕성, 한없는 포용력, 탁월한 영도력을 품고 근로 인민대중의 자주성을 위한 혁명투쟁 전반을 지휘하는 최고의 영도자로 추앙했다. 그러므로 인민대중은 수령에 대한 충실성과 혁명적 신념과 의리를

다하여 자주적인 사상 의식으로 무장하고 계급적으로 각성하여 투쟁에 일떠서야 함을 주문하고 있다.[147]

이러한 수령론 논리의 출발은 북한이 1950년대 말 종파 사건 이후, 1961년 9월 제4차 당 대회를 통해 김일성 단일지배체제를 구축하면서 주체사상의 마무리 시점인 1967년을 전후하여 수령의 용어를 선전매체로 인민대중에게 각인시켰다. 그리고 1972년 개정된 사회주의 헌법에서, 통치체계를 당의 상위에 수령을 위치시키며 김일성을 '원시적 수령체계'로 모체화시켰다. 따라서 북한에서 '수령'의 개념은 당·국가라는 조직이나 제도의 틀에 귀속된 직위가 아니라 권력의 핵심 직위를 초월한 무소불위의 존재론이다. 이러한 원시 수령체계의 연속성을 '혁명 계승론', '혈통 계승론' 등을 통해 수령의 혁명 위업을 계승·완성해 나가는 '계속 혁명론'으로 이론체계를 형성했다.

2) 후계자론

일찍이 막스 베버(Max Weber, 1864~1920)는 정통성(正統性:Legitimacy)과 관련하여 카리스마적 권위(Charismatic authority), 전통적 권위(Traditional Authority), 합리적-법적 권위(Rational-legal authority)를 말했다. 그에 따르면 정통성(권위)은 '통치를 받는 사람에게 권력 지배를 승인하고 허용하게 하는 논리적·심리적인 근거'라고 했다. 따라서 체제 정당성 측면에서 김정일은 태생적으로 김일성처럼 항일혁명을 직접 경험한 카리스마 정통성-매우 뛰어난 지도자가 나타나 추종과 경외를 받으면서 형

---

147)　사회과학출판사 편, 1989, 『주체사상총서 9 영도체계』 (서울: 지평), 34~35쪽

성되는 것으로, 이런 추종과 경외가 자연스레 복종으로 이어지면서 통치체계의 정당성이 부여된 권위-에 취약하며, 오히려 세습되던 시대의 권위에 적용되는 전통적 정통성에 의존한다고 볼 수 있다. 김정일의 국가권력 장악은 수령중심체계 형성 속의 후계론에 입각한 전통성을 부여받았지만, 통치의 집중을 위해서는 자발적 · 자연발생적으로 형성된 정통성이 아니기 때문에 강제적인 통제가 필요하다.

요컨대 북한에서 후계문제는 정치적으로 수령의 지위와 역할을 계승하는 본질적인 성격을 함축하고 있으므로, 수령체계형성의 내구력은 장기적인 기반 조성과 조직적이고 주도면밀한 제왕학 학습의 산물이다. 따라서 후계자는 수령의 지위와 역할을 계승할 미래의 수령을 뜻한다. 이에 1980년 제6차 당 대회에서 개정된 조선로동당 규약 전문의 최종목적에 보면 '온 사회의 주체사상화와 공산주의 사회 건설'의 당위성을 내세우고 있다. 이 규약이 김일성 당대에 이루어진다는 보장이 없다는 측면에서 이면의 묵시적 합의는 최종목표가 완성될 때까지 원시적 당 규약 정신을 이어 갈 수령 · 후계체계 형성은 당연히 필요했다.

"조선로동당은 오직 위대한 수령 김일성 동지의 주체사상, 혁명사상에 의해 지도된다. 조선로동당은 항일혁명 투쟁 시기에 위대한 수령 김일성 동지에 의해 이룩된 영광스러운 혁명 전통을 계승 발전시킨다. ⋯ 조선로동당의 당면목적은 공화국 북반부에서 사회주의의 완전한 승리를 이룩하여 전국적 범위에서 민족해방과 인민민주주의의 혁명 과업을 완수하는 데 있으며, 최종목적은 온 사회의 주체사상화와 공산주의 사회를 건설하는 데 있다."

그에 따라 수령론에 입각한 후계자 학습이 오랜 시간에 걸쳐 권력 이양의 세습훈련을 해 왔음은 의문의 여지가 없다고 하겠다. 그도 그러한 것은 카리스마 정통성의 자발적 추앙이 아닌, 전통적 정통성이 갖는 한계극복을 위해서는 사회 전반에 걸친 이미지의 상징, 조작, 선전, 치적 등을 의식화시키는 제도적·이념적 각인이 필요하다는 데 기인한다. 실례로 1974년 2월 13일 당 중앙위 5기 8차 전원회의에서 김정일이 후계자로 결정된 뒤, 김일성 유일사상 10대 원칙을 발표하며 "전 사회의 김일성주의화" 작업을 통해 수령영도체계를 이론화시키면서 김일성에 대한 충성 서약을 했다. 이에 김일성은 1986년 5월 고급당 학교 연설에서 "당의 혁명 위업의 계승 문제가 만족스럽게 해결되었다."라고 하면서 김정일이 수령영도체계를 계승할 후계자임을 공식화하였다. 또한 1991년 12월 조선로동당략사에 의하면

"우리 당은 전체 당원들과 근로자들의 간절한 소망을 담아 친애하는 김정일 동지를 1973년 9월 당 중앙위원회 제5기 제7차 전원회의에서 당 중앙위원회 비서로 추대한 데 이어 1974년 2월에 열린 당 중앙위원회 제5기 제8차 전원회의에서는 당 중앙위원회 정치국원으로 추대하고 경애하는 수령 김일성 동지의 유일한 후계자, 주체 위업의 위대한 계승자로, 당과 혁명의 영원한 지도하로 높이 추대하였다."

김정일로 세습된 수령후계구도는 연대별로 후계 학습이 이루어졌다. 1961~1964년 김일성종합대학교 재학 중에 김일성의 해외순방 및 현지지도에 참여하였고, 1964~1967년 기간 동안 당 조직지도부와 선전 선동

부 당 사업 시작하면서 공식적인 김일성 현지지도 수행에 동행하면서 실무경험을 축적하게 된다. 이후 1967~1974년에는 당 사상사업을 장악하고 주체사상의 재해석을 통해 '김일성주의'를 선포하면서 후계자로서의 입지를 부각시켜 나갔다. 이후 1974~1980년에 이르러 군대와 당, 그리고 행정부 장악한 뒤 1980년 로동당 제6차 대회를 통하여 공식적인 후계자 반열에 서게 되었다. 1994년 김일성 사망 이후 유훈통치 기간 중 국방위원장, 최고사령관 등 김정일 체제의 완결기를 구축한 뒤 국가목표를 '강성대국 건설'(사상중시, 총대중시, 과학기술중시)에 두고 '선군정치'(정치강국, 사상강국, 경제강국)라는 정치지도 방식을 통해 주민들을 '선군사상'으로 무장시킴으로써 지도자에 대한 충성심을 고취시켜 나갔다. 그리고 유훈통치가 끝난 1998년 헌법개정 시 김일성 헌법 내용에서 김일성을 영원한 주석으로 명시함으로써 자신에게는 국방위원회 부상(浮上) 및 위원장이라는 독특한 직위를 만들었다.

2. 김정일 시대어를 통한 통치체계구축

북한의 원시형 3대 세습통치체제의 내구력은 김일성의 항일혁명 전통성이 담보된 연계 선상에서 측근 핵심 세력들의 묵시적인 충성으로 이루어졌다는 것이 정설이다. 특히 김일성-김정일로 이어지는 부자세습은 김일성의 종파주의 척결과 내부불충 세력의 완전한 제거를 토대로 이루어졌다는 점에서 현시적 인정에 이의가 없었다 할 것이다. 그와 함께 부자 권력세습의 공고화 및 공식화의 과정은 김정일 시대의 대표적인 '시대어'[148]를 통해 일정 부분 가늠할 수 있다.

1) 사회정치적 생명체론

'사회정치적 생명체론'은 1982년 3월에 발표한 김정일의 논문 「주체사상에 대하여」에서 제시된 뒤 1986년 7월 15일 당 중앙위 책임일꾼들에게 한 담화 〈주체사상 교양에 제기되는 몇 가지 문제에 대하여〉에서 "사람의 육체적 생명은 끝이 있지만, 사회정치적 생명체로 결속된 인민대중의 생명은 영원하다."라면서 "인민대중은 당의 령도 밑에 수령을 중심으로 하여 조직·사상적으로 결속됨으로써 영생하는 자주적인 생명력을 지닌 하나의 '사회정치적 생명체'를 이루게 된다."라고 말했다. 즉 '사회정치적 생명체'는 집단주의 생명관에 기초하여 개개인의 육체적 생명은 유한하나 사회정치적 생명은 수령-당-인민의 통일체를 이루므로 영생하는 생명을 얻을 수 있다는 것이다. 따라서 수령을 최고 뇌수로 하고 당을 중추로 하며 인민대중을 담당자로 한 통일체를 의미하며, '사회정치적 생명체론'은 수령을 최고 지위에 놓고 당을 중심으로 하여 일반대중을 이끌어 가기 위해 제시된 세습통치의 논리를 합법화시켰다.

내용상으로는 ① '혁명적 수령관'을 확립하여 인민의 수령에 대한 대를 이은 충성심을 유도하고, ② 수령과 당 중심 국가 체제로 일체적인 통일성 확보, ③ 수령체계를 바탕으로 후계론의 정당성을 구축하기 위한 목

---

148) '시대어'란 사전적 뜻풀이는 '과거의 일정한 시기에만 있었던 사물의 이름'을 뜻하는 말이다. 북한은 김정은 시대에 들어 『김정은 장군과 시대어 I 』 2017 (평양: 백과사전출판사)를 출판하였다. 본서에서는 저자가 임의로 김정일 시대에 나타났던 용어들을 '김정일 시대어'로 표현하여 요약정리하고자 했다. 시대어 자료는 연합뉴스 편, 1999. 『북한용어 400선집』 (연합뉴스)를 참조

적이다. 이는 수령론의 하위 체계로 내세운 후계자론을 논리적으로 뒷받침했다. 다시 말해 김정일만이 대를 이은 세습체계의 유일한 자질을 갖춘 전형으로 수령 김일성 동지의 사상과 이론, 그의 혁명업적과 투쟁경험, 수령식 사업 방법을 계승할 수 있는 자임을 이론화시켰다.

2) 3대 혁명 및 3대 혁명소조 활동

1973년부터 시작된 3대 혁명 및 3대 혁명소조 활동이 기반 조성과 함께 조직사업의 일환으로 큰 역할을 했다. 구체적으로 그 과정을 살펴보면 북한이 사회주의 완전한 승리를 이룰 때까지 과도단계에서 대내 혁명목표로 세운 물질적·정신적 요새 구축을 위한 전략적 과업으로 사상혁명·기술혁명·문화혁명이라는 3대 혁명은 1950년대~1960년대 중반까지 도·농간의 차이, 로동계급·농민 간의 계급적 차이를 해소하고 농촌문제를 해결하기 위해 간헐적으로 사용되었다. 그러다 1970년 11월 로동당 제5차 대회에서 "사회주의의 완전한 승리를 위한 물질적·사상적 요새를 점령하는 기본과업"으로 규정하고 1973년 개정된 사회주의 헌법 제11조, 제25조, 제36조에 각각 명문화한 뒤 1973년 9월에 개최된 로동당 제5기 7차 전원회의에서 3대 혁명을 고유명사로 사용하게 되었다. 1980년 로동당 제6차 대회에서 3대 혁명운동을 기존의 '천리마 운동'을 대체하여 북한 사회주의 건설의 총노선으로 공식 선포하였다.

먼저 '사상혁명'은 사회 전체를 혁명화·로동계급화 하는 인간개조사업으로 사람의 머릿속에 남아 있는 과거 사회제도의 사상 잔재와 생활습성 등을 청산하고 공산주의자로서 갖추어야 할 사상적·정신적 특질과 가치 의식, 풍모 등을 확립해 나가는 것으로 규정하고, 교양적으로 모든 사람들을 당과 수령에게 무한히 충성하도록 하는 데 중점을 둔 사람을 개조하는 혁명이다. '기술혁명'은 사회주의 경제를 발전시키는 기본 고리로 경제의 모든 부문에서 기계화·자동화를 실시하여 과학기술 발전과 인민 경제의 기술 개조를 다그치고 대중적 기술혁신 운동을 벌임으로써 근로자의 정신노동과 육체노동 차이를 줄이는 것을 당면목표로 삼았다. 이에 대해 김정일은 1992년 1월 3일 당 중앙위 책임 일군들에게 보내는 담화 〈사회주의 건설의 력사적 교훈과 우리 당의 총노선〉에서 "기술혁명을 수행하는 데에 자기의 힘을 믿지 않고 자본주의 나라의 발전된 기술에 대하여 환상을 가지는 것은 매우 유해로운 것"이라고 강조하였다. '문화혁명'에서는 모든 근로자가 생산에 필요한 지식을 가져서 사회주의적 생활양식, 사회주의적 생활문화, 사회주의적 생산문화를 수립하여 사회를 개조하는 혁명이다. 이 3가지 혁명은 공산주의 사회가 완전히 수립될 때까지 계속되어야 하는 계속 혁명의 과업으로 설정된 것이다.

그와 함께 1973년 2월 10일 3대 혁명소조가 3대 혁명을 추진하기 위한 전위대로 발기되었다. 이들 소조원은 국가, 경제기관, 대학생, 대학교원, 공장·기업소의 기술자 및 과학자 등 미혼 남녀로 단위 소조는 지도 대상에 따라 20~50명으로 구성되어 활동했다. 김정일이 직접 지도한 '3대 혁명소조운동'은 기능적으로 크게 두 가지의 특징을 지닌다. 첫째, 표면적으로는 김정일의 친위대의 역할을 하면서 내용상으로 당 정책 관철을 명분으로 간부들의 보수주의·요령주의·기관본위주의·관료주의 등을 개조하기 위한 사상투쟁을 전개하였다. 이를 통해 기존의 당·행정 관료들에 대한 정치·사상적 투쟁을 전개함으로써 김정일의 정치적 기반을 구축하는 수단으로 활용되었다는 것이다. 둘째는 3대 혁명소조의 당위성과 이론적 전개, 그리고 그 실제적 성과를 김정일의 지도력과 결부시킴으로써 김정일의 후계세습체계를 구축하는 데 실질적인 목적으로 활용되었다. '3대 혁명소조운동'은 정치·사상적 지도를 통한 '사상혁명'을 촉진하여 당 조직의 역할과 행정기관인 내각에 대한 당의 통제를 강화하는 데 이바지함으로써 수령체제의 유일지도체계 형성의 사회정치적 토대가 되었다.[149]

3) 조선민족제일주의와 우리식 사회주의

김일성이 생존하면서 김정일 후계체제로의 이양기 시점에서 제시된 '조선민족제일주의'는 인민들의 사상 무장을 강화하기 위해 민족적 우월감을 고취시키기 위한 논리로, 1986년 7월 김정일은 당 중앙위원회 책임일꾼들과 한 담화 〈주체사상 교양에서 제기되는 몇 가지 문제에 대하여〉에서 처음으로 사용되었고, 1989년 9월에 『우리민족제일주의론』이 단행본으로 발행되었다. 이 책자에서 이론의 원천은 ① 김일성·김정일

---

149) 참고로 김정은 시대에 들어서 1990년대 중반 이후 중단되었던 북한의 3대 혁명소조 운동'은 2011년을 기해 재개된 것으로 나타났으며, 북한은 2013년 2월 '전국 3대 혁명 소조원 열성자 회의'를 열고 김정은의 '현실발전의 요구에 맞게 3대 혁명소조사업에서 새로운 전환을 일으키자'라는 저작을 강조하며 3대 혁명소조운동'의 활성화를 도모하였다. 특히 김정은 시대 들어 과학기술과 그에 기초한 자력자강이 강조되는 가운데 3대 혁명 소조원들을 새 세기 산업혁명의 척후병으로 칭송하고 생산 현장에서 이들이 이룩한 창의와 혁신 활동들도 각종 매체를 통해 선전하고 있다. 이 또한 김정은 체제의 안정화와 공고화에도 활용되는 것으로 평가된다(출처: 『한국민족문화대백과사전(3대 혁명)』).

이라는 걸출한 통치자 ② 주체사상의 위대성 ③ 조선로동당의 혁명 전통성 ④ 북한식 사회주의 제도 ⑤ 민족의 유구한 투쟁의 역사를 언급하고 있다. 이처럼 김정일이 조선민족제일주의를 내세운 목적은 민족에 대한 긍지와 자부심으로 품게 하는 것과 함께 '자체의 힘으로 사회주의 건설을 더 잘해서 민족의 존엄과 영예를 더 높이 떨치도록 하는 데 있음을 밝힘으로써 수령론과 이어지는 후계자론의 체제 정당성을 도모하고 있음을 알 수 있다.

일찍이 김정일은 1983년 발표한 그의 논문 「주체사상에 대하여」에서 자급자족에 의한 경제 운용방식을 일컫는 '자력갱생'을 주체경제노선인 경제에서의 자립에 기반한 원칙으로 내세웠다. 여기서 김정일은 자력갱생을 "자기 힘으로 혁명을 끝까지 하려는 공산주의자들의 혁명정신이며 혁명과 건설에서 주인으로서의 책임을 다하는 투쟁원칙"임을 강조한 바 있다. 즉 모든 인민이 몸과 마음을 바쳐 세습된 수령체제의 정당성과 혁명과 사회주의 건설을 다그쳐 나가게 하려고 민족에 대한 자각을 일깨우려는 의도에서 제기되었으며, 본질에서는 북한 체제의 우월성을 강조하는 데 두었다 할 것이다. 이렇듯 주체사상을 사상적 원천으로 삼은 조선민족제일주의 정신은 "수령을 모시고 위대한 당의 영도를 받드는 긍지와 자부심이고 주체사상을 가지고 있는 자부심이며, 또한 가장 우월한 사회주의제도에 사는 민족의 긍지와 자부심"임을 강조한 1993년 3월 3일 자 평양방송 보도를 통해서 확인할 수 있다.

이와 함께 제시된 '우리식 사회주의' 역시 주체사상을 기초로 한 특유의 북한식 사회주의로 소련과 동유럽 사회주의가 붕괴되는 1990년대 사용되기 시작했다. 북한은 「근로자」 1990년 12월 호에 실린 〈위대한 주체사상은 우리식 사회주의의 사상적 기초〉라는 제하의 글에서 '우리식대로 살자'라는 구호를 '우리식 사회주의'로 표현하기 시작하였고, 1991년 5월 5일 행한 담화 〈인민대중 중심의 우리식 사회주의는 필승불패이다〉에서 이론적으로 정식화되었다. 이 담화에서 우리식 사회주의를 '수령·당·대중이 일심 단결된 사회주의'로 개념화하는 가운데 체제 유지를 위해 자신들이 지향하는 이데올로기를 '우리식'으로 포괄화하여 견고한 북한식 결속과 통치 방도를 종합적으로 제시하였다.

4) 강성대국과 선군정치 그리고 붉은기 사상

'강성대국'은 북한이 김정일 시대의 개막을 앞두고 제시한 국가전략목표로 군사적 강국(강)과 경제적 부국(성)을 지향한다는 의미를 담고 있다. 이는 1998년 8월 22일 노동신문에서 〈강성대국〉 제하의 정론을 발표함으로써 공식화되었다. 그리고 다음 해 9월 9일 〈위대한 당의 령도따라 사회주의 강성대국을 건설해 나가자〉 제하의 기념 사설을 발표하여 강성대국론을 사회 전반으로 확산하였으며 정치강국, 군사강국, 경제강국의 건설 논리로 구체화해 나갔다. 이는 주체 100년(김일성 출생일인 1912년으로부터 100년)에 해당하는 2012년을 목표로 김정일이 추진해 나갔던 시대어로 군사·안보적으로는 핵 개발 및 보유 차원에서, 정치·경제적으로는 국제적 봉쇄 및 제재로부터 자력갱생 차원에서, 그리고 사회적으로는 내부 결속 및 체제 유지의 당위성을 담보하는 선언적 성격을 담고 있다.

이와 함께 '선군정치'는 당적 지도를 통한 군(軍)의 선도적 역할을 주문한 것으로 1997년 12월에 처음으로 사용되었다. 다음 해인 1998년 신년 공동사설에서 사회가 군을 따라 배울 것을 독려하면서 '군민(軍民) 일치 모범 군 쟁취 운동' 등을 통해 군과 사회의 일체화를 꾀하였다. 그리고 2004년에 이르러 '선군사상 일색화'를 주창하며 혁명의 수뇌부 결사옹위 정신을 사회 전체에 확산시켜 나갔다. 2009년 4월 개정된 북한 헌법에서 선군사상이 핵심적 이념으로 채택되었다. 이후 '선군혁명역량', '선군혁명노선', 그리고 김정일의 유일적 영도체계구축의 연장선에서 군에 대해서도 '혁명적 영군체계' 확립 등의 단어를 부가시킴으로 선군정치를 국정운영의 기본원칙으로 삼았다.

'붉은기 사상'은 김일성 사후 김정일 중심으로 북한 인민들의 사상결속을 위해 제시한 사상으로 1996년 1월 1일 〈붉은기를 높이 들고 새해의 진군을 힘있게 다그쳐 나가자〉 제하의 공동사설 발표 이후 동월 9일 〈붉은기는 조선 혁명의 백전백승의 기치이다〉라는 제하의 노동신문 정론을 발표하면서 붉은기 사상을 공식화하였다. 붉은기 사상은 주체사상의 하위개념으로 "주체사상의 요구대로 오직 자기 힘을 믿고 자기식대로 살아나가며 자기 운명을 개척해 나가는 창조철학"이라고 밝히면서 "단결을 하여도 하나의 중심에 기초하여 가장 높은 수준의 단결을 실현하자는 것"으로 정의하고 김일성 사후에 발생할 수 있는 인민의 동요를 김정일 중심으로 사회적 결속을 사상적으로 구축하고자 했다. 이에 대한 실천적 지침으로 '혁명적 군인정신'과 '수령결사옹위 정신'을 제시했다. 김정일 정권이 유훈통치기에 이러한 붉은기 사상을 내세운 데는 절대 수령 김일성의 죽음이 가져온 인민의 상실감에 덮친 심화된 경제난을 난관 극복 정신의 자기희생을 담보하여 인민들을 체화시키려는 통치술로 여겨진다.

5) 광폭정치와 인덕정치

1992년 8월 10일 로동신문에 의해 처음 사용된 '광폭정치'는 〈인덕정치가 실현되는 사회주의 만세〉라는 제하의 논설에서 "인민을 위한 정치는 그릇이 커야 한다. … 로동계급의 당의 정치는 어디까지나 정치의 폭이 넓어야 한다."라고 표현하면서 김정일의 초기 통치체계를 구축해 나가는 과정에서 그의 지도역량을 선전하기 위한 통치 스타일을 각인시켜 나갔다. 그의 대표적인 치적물로 주체사상탑, 개선문, 5·1 광장, 류경호텔 등으로 선전하며 김정일의 광폭정치의 산물로 내세우고 통치자적 위상을 인덕정치와 함께 격상시켰다.

'인덕정치'는 또한 북한이 김정일의 지도자적 자질을 부각시키기 위하여 제시한 통치방식으로 1993년 1월 28일 로동신문에 게재한 〈인덕정치가 실현되는 사회주의 만세〉 제하의 사설에서 "김정일이 인민에 대한 숭고한 사랑을 지니시고 우리 인민을 위한 가장 훌륭한 '인덕정치'를 베풀고 있다."라고 주장하면서 이 논설에서 "인덕정치는 인민을 주인으로 여기고 인민에 대한 사랑과 믿음으로 모든 정치를 시행해 나가는 것을 의미한다."라고 설명하였다. 그러면서 "진정한 인덕정치는 인민이 나라의 주인으로 되는 사회주의에서 인민의 운명을 전적으로 책임지고 이끄는 당과 수령에 의해서만 실시되고 있다. … 사회주의 사회에서도 인덕정치는 저절로 실현되는 것이 아니라 인민을 끝없이 사랑하는 수령을 모셔야 실현될 수 있다."라고 주장하면서 인민의 운명을 전적으로 책임지는 '수령'이 인민에 대한 사랑과 믿음으로 모든 정치를 시행하는 통치방식을 공고화했다.

3. 현지지도로 본 통치체계 형성

1) 현지지도의 이중적 구조

김정일 시대의 현지지도 구조는 현지에서 인민대중과 함께하며 그들의 고민과 애로사항을 같이 풀어나가고, 또 국가 통치적 차원에서 문제해결을 함으로써 이상사회를 이룩하겠다는 가장 혁명적인 인민을 위한 대중지도 방법이라고 하는 본질에서 벗어나, 김정일의 우상화·절대화를 위한 정책지도 활동에 가까웠다. 정권 초기 부자세습통치의 당위성을 부각하려는 우상화의 사례는 현지지도를 행한 곳마다 세워지는 '사적비'가 그 구체적인 근거라 할 수 있다. 더욱이 1970년 중반 이후부터 침체하기 시작한 경제난은 오히려 일정 부문에 있어 김정일 체제구축 및 우상화의 효자 구실을 톡톡히 하는 기묘한 현상으로 연출되었다고 볼 수 있다. 황재준은 그의 논문에서 이러한 사실에 대해 현지지도의 이중성 중 부정적 측면으로 내재해 있다고 밝힌다. 예컨대 수령의 현지지도는 실질적으로는 그것을 우상화의 수단으로 활용하면서도 매 생산 단위의 인민대중들이 풀어야 할 과업을 수령이 직접 제시해 주고, 해당 생산단위에서 풀 수 없는 문제들은 현지에서 확실하게 풀어 줌으로써 인민들은 '수령의 은혜'로 문제 해결을 하였다고 느끼게 한다는 것이다.[150] 이러한 시혜적 행위는 그 누구도 현지 상황으로는 해결해 줄 수 없는 현실적 문제를 수령이 직접 현지에 가서 실질적으로 해결해 주는 연출은 그의 절대 권위를 확보하는 것이 됨으로써, 지도자로서는 엄청난 통치행위의 매력이 아닐 수 없다는 것이다.

그런데 김정일의 현지지도는 그의 절대 권위확보와 더불어 강제할 수 있는 조직이 동원된 체제 유지를 위한 감시와 통제기능의 확인을 '주체'로 하고, 인민의 현지 사정을 보살피는 총체적인 경제지도는 '객체'화함으로써 현지지도 본질의 성격을 벗어난 통치행위의 이중적 구조로 형성되어 있음을 볼 수 있다. 더욱이 1998년 이후 김정일의 현지지도는 군(軍) 현지 시찰이 128회로 전체의 52.7%를 차지하고 있는데, 이는 인민경제의 회복보다는 '선군정치' '총대중시사상' '수령결사옹위' 등의 구호를 앞세운 군 중심 체제결속의 현지지도 성격이 강함을 확인시켜 주고 있다. 또한 그의 현지지도는 당(黨)에서는 김국태(간부), 장성택(조직), 리용철(조직), 김용순(대남), 김기남(선전), 정하철(선전), 최춘황(선전) 등과 군(軍)에서는 조명록(총정치국장), 김영춘(총참모장), 김일철(인민무력부장), 현철해(총정치국 조직담당), 박재경(총정치국 선전담당) 등과 연형묵(중공업, 군수전문)과 보위사령관 원응희가 어김없이 수행됨으로, 이들의 직위와 담당 기능만을 확인하고도 김정일 현지지도 성격이 어떤 것인가를 짐작케 한다. 이들은 김일성·김정일의 인사정책에 의해 철저히 검증되고 또 김정일 권력승계에 절대적 지지로 충성을 서약한 김정일의 측근이며 김정일 정권에서의 권력 실세들이었다. 이렇듯

---

150) 황재준, 앞의 논문, 12쪽

현지지도가 가장 혁명적이며 인민적인 대중 지도를 통해 인민의 삶의 질을 높이려 했던 국가건설의 목표 달성을 위한 통치행위에서 벗어나 오히려 김정일 자신에 대한 개인 숭배의 한 기제로 변질 활용되고 있음을 파악할 수 있다.

2) 현지지도의 성격과 특징

현지지도는 대중주의 군중노선의 일환으로서 정치지도자가 최말단의 생산 현장까지 내려가 군중으로부터 배우고 군중에게 가르치는 것을 말한다. 이 원칙은 관료기구의 팽창과 명령경제 자체에서 비롯되는 경제정책의 상의하달식 문제점을 극복하고 군중의 자발적인 참여를 유도하여 생산 현장의 실정에 맞는 생산과정과 방식을 조정하도록 하는 제도[151]라는 의미를 안고 있다. 그런 측면에서 현지지도는 김일성의 집권 초기와 전후 복구 시기에는 상당 정도의 목적에 부합하는 성과를 나타내기도 했다. 그 후 김일성 유일지배체계가 공고화되고 김정일 후계구도가 확립되면서 김정일의 김일성 수행 및 독자적인 현지 방문은 현지의 실정에 맞는 생산과정 및 방식의 조정보다는 자신의 절대적 권위를 과시하는 방편으로 변화되었다. 특히 김일성 사망 이후 김정일의 현지지도는 그러한 몇 가지의 특징을 안고 행해졌다.

첫 번째는 필자의 조사에 의해 추출된 1998년부터 2001년 6월 말까지 김정일의 왕성한 현지지도 횟수는 총 243회에 달한다. 이는 5일~6일에 한 번꼴로 이루어진 셈인데, 북한 전 지역을 이렇게 빈번하게 다닌다는

---

151)   김성철, 앞의 책, 61쪽

것은 그의 활동적인 열정을 확인함과 동시에 현장에 직접 가서 보고, 업무를 챙기겠다는 꼼꼼함과 아울러 현지의 문제를 직접 해결해 줌으로써 인민들이 '은혜'로 받아들이도록 하는 '자기 과시적 통치'를 연출해 낸 것으로 볼 수 있다. 무엇보다도 이에 관한 구체적인 사례는 '현지지도 사적비' 건립을 통해 극대화했다는 사실이다. 1999년도에 김정일이 방문한 곳에 현지 교시 말씀판, 현지지도 사적비는 47개, 2000년에는 상반기 중에 13개를 건립한 데서 이를 확인할 수 있다.[152]

두 번째로는 현지지도 설정 기간 내의 총 243회 방문 중 128회가 군부대 시찰을 중심으로 이루어졌다는 점이다. 이 경우 군부의 지지기반이 높은 군 수뇌부들을 동행시켜 자신의 카리스마를 확보해 나가는 고도의 지적 능력을 동적으로 표현하고 있다 할 수 있을 것이다.

세 번째로는 현지 방문지의 성격과 유형에 따라 실무형 참모들이 수행하여 현지에서 경쟁적 역할을 담당케 하였다. 예를 들면 조직 부문의 역할 수행에서 당(黨)의 장성택, 또는 리용철과 군(軍) 총정치국의 현철해와의 경쟁적 역할, 선전 부문에서는 당의 정하철 또는 최춘황과 군 총정치국의 박재경과의 경쟁적 업무수행을 통해 김정일이 현지지도에 관한 과업 제시 및 정책 결정을 쉽게 해 주었다는 것이다. 이러한 통치 스타일은 김정일 '통치의 이중구조'를 확인할 수 있는 부분으로 이는 당·정·군의 국가 기구체계를 통해서는 형식주의 모델형의 체계를 갖추고, 실질적인 당(黨) 중심의 통치라인 체계는 군(軍)과 정(政)의 세부적인 분야까지 당의 역할이 교차적으로 간섭됨으로써, 견제와 균형을 통한 경쟁적 모델형의 통치를 행사하였음을 확인할 수 있는 것이다.

---

152)   연합뉴스 편, 2000. 『2001 북한 연감』 (서울: 연합뉴스), 490쪽

예컨대 그의 통치 스타일은 한마디로 '선군정치'를 표방하고 '당과 군에 대한 전략적 선택'을 통해 견제와 균형을 고도로 유지해 간다는 것이다. 이에 대한 구체적 행보는 국가 기구의 외형적 큰 틀 속에는 정통성을 배경으로 그를 보호하고 있는 주석단의 상징적 권력 엘리트들인 빨치산 1세대를 중심으로 한 원로급들을 배치하고, 현지지도를 통한 권력 행위에서는 자기과시와 카리스마를 구축해 나갔으며, 실무형 권력 엘리트에게는 일정 부분의 권한과 역할을 주어 경쟁적 업무수행을 유도해 나가는 고도의 혼합적인 통치 스타일을 구사한 것에서 확인할 수 있다.

중앙집중적 통치체계

1. 국가 기구와 권력 엘리트의 연계된 교체

1992년 1월 7일 자 노동신문에는 그동안 김일성만이 소개되던 관례를 깨고 김정일이 등장하게 된다. 그 이후 공식적으로 김정일이 국가 기구인 당·정·군에 그의 이름과 부여받은 직책은 아버지 김일성 다음 서열로 자리매김하기 시작했다. 조선로동당 정치국 상무위원, 비서국 당 사업 전반 담당비서, 조선로동당 군사위원회와 국방위원회 제1부위원장 등을 통해 권력 장악과정을 전략적으로 인식시켜 나갔다. 그와 함께 1980년 6차 당 대회를 기점으로 1990년대에 이르면서 수령을 중심으로 포진한 권력 엘리트들의 변동도 동시에 이루어지게 된다. 예를 들면 1980년대까지 핵심 권력으로 활동하던 최현(1982), 오백룡(1984) 등이 사망을 하고, 전문섭(1998), 주도일(1994), 이두익, 오극렬, 김철만 등이 1990년대에 이르러 조선로동당의 군사 핵심기구인 당 중앙군사위원회

명단에서 탈락이 된다. 16명의 구성원 중 김일성과 같이 항일유격대 출신은 오진우, 백학림, 최광 4명이며, 나머지는 만경대혁명학원 출신들이 졸업 후 (구) 소련 및 동유럽에서 군사 교육훈련을 받고 신진권력 세력으로 등용된 것이다.

또한 당 정치국의 경우 6차 당 대회 시 상무위원으로는 김일성을 포함하여 김일(박덕산), 오진우, 김정일, 이종옥이었다. 그런데 1990년대에 이르러 김일이 사망하고 이종옥은 탈락했으며, 정치국 위원 중에서도 최현, 림춘추, 오백룡, 허담 등이 사망하면서 항일유격대 출신 1세대의 자연스러운 퇴장하게 된다. 아울러 김정일 시대의 권력승계 구도는 혁명 유자녀를 중심으로 양성된 3대 혁명소조출신, 만경대혁명학원과 김일성종합대학 출신들로 새로운 틀이 형성되어 나갔다. 다만 급격한 세대교체의 위험성을 방지하기 위한 당(정치국, 비서국, 군사위원회, 전문부서)·정(정무원, 국방위원회[153])·군의 연계적 역할은 김중린, 윤기복, 황장엽, 김영남, 김철만 한성룡, 계응태, 전병호 김국태, 최태복, 양형섭, 김기남 등과 같은 기술 및 행정 관료들이 수령체계의 공백 없는 충실한 참모 소임을 수행하였다.

이상의 김정일 권력승계에 따라 연동된 권력 엘리트들의 포진은 정

---

153) 조선민주주의 인민공화국 김정일 정권의 최고 군사기관이자 국가 최고기관으로 1948년 9월 2일 최고인민회의 제1기 대의원 선거 후 최고인민회의 내에 상임분과위원회 중 하나로 조직되었다. 1972년 10월에 사회주의 헌법이 등장한 후 중앙행정기관으로 승격되었고, 위원장은 국가주석 김일성이 겸임했다. 1990년 5월까지 조선민주주의 인민공화국 중앙인민위원회의 산하기관이었으나 이후 국가 직속 중앙행정기관이 되었다. 1993년 4월 김정일이 위원장을 맡아 세습을 완성했으며, 1994년 김일성의 사망 후 선군정치를 내세운 김정일의 대표적 기관이 되었다. 김정일 사후 그는 영원한 국방위원장으로 추대된 뒤 2016년 6월 말, 조선로동당 7차 당 대회와 최고인민회의 13기 6차 회의를 거쳐 헌법을 개정하여 국무위원회로 대체되었다.

치·군사적 신·구세대의 교체 사이에 기술·행정 관료들의 안정된 연계적 역할이 중앙과 지방에 포괄적으로 배치되었다. 그렇다면 항일혁명 경험으로 형성된 김일성의 카리스마 정통성에 취약한 김정일의 전통적 정통성의 승계가 가지는 제한성을 어떻게 김정일 중앙집중적 통치체계로 권위 구조화해 나갔는가를 당 비서국을 중심으로 조직별 기능과 권력 엘리트의 형성을 통해 살펴볼 필요가 있다.

1) 조직별 기능과 권력 엘리트 형성

가. 당(黨)

"조선로동당은 로동계급과 근로대중의 다른 모든 조직을 통일적으로 지도하는 최고 형태의 조직으로 규정지으면서 혁명 위업의 승리와 이를 수행하기 위해 여러 형태의 혁명조직을 창건하게 된다. 여기에는 각종 청년단체와 각계각층의 대중단체들과 그리고 군사 조직이 포함되고, 로동계급이 주권을 전취한 다음에는 국가조직이 또한 여기에 속한다."[154] 라고 함으로써 당의 지위와 역할을 분명하게 규정하고 있다. 이에 따라 당 활동의 기본원칙으로는 당의 유일사상체계를 세우는 것이며, 그 역할은 '민주주의 중앙집권제' 원칙하에서 모든 지역별, 부문별로 단계적 조직을 가지며 또 그 조직원리에 의해 사업을 계통적으로 지도·검열하는 임무를 띰으로써 최종목표를 "온 사회의 주체사상화와 공산주의 사

---

154) 사회과학출판사 편, 1989. 『주체사상총서 9: 영도체계』, 평양: 사회과학출판사, 1985 (서울: 지평 재발간), 111쪽

회의 건설"에 있음을 당 규약을 통해 분명하게 명시해 놓았다.[155] 나아가 조선로동당은 수령의 혁명사상에 기초하여 혁명 발전의 매 시기, 단계마다 올바른 노선과 정책을 작성하고 제시하며 그 관철을 위한 사업 전반을 설계하고 작정하며 그 집행에도 대중을 통일적으로 조직 동원하며 모든 부문, 모든 분야의 사업을 유일적으로 지휘해야 한다고 하면서 이에 따라 당은 모든 조직 가운데서 지도적 지위에 있는 최고의 조직이 되며 프롤레타리아 독재체계의 다른 모든 조직, 혁명과 건설의 모든 분야를 통일적으로 장악하고 지도하는 혁명의 참모부라 했다.[156] 이러한 로동당의 최고기관은 당 대회며 그 역할로는 ▲ 당 중앙위원회 및 당 중앙검사위원회의 사업총화 ▲ 당 강령과 규약의 채택 및 수정·보완 ▲ 당 노선과 정책 및 전략, 전술의 기본문제 결정 ▲ 당 중앙위원회 및 당 중앙검사위원회의 선거 등을 수행한다.

조선로동당 대회는 북한국가건설기부터 김정일 정권에 이르기까지 5~10년 간격으로 모두 6차례 개최되었다. 그리고 당 대표자회는 1966년 2차 당 대표자회 이후 44년 만인 2010년 9월 28일 제3차 당 대표자회를 열었다. 북한 노동당 규약에 당 대표자회는 5년마다 열리는 당 대회와 당 대회 사이에 '당의 노선과 정책 등 긴급한 문제를 토의, 결정하기 위해 소집할 수 있도록' 규정하고 있다. 그러나 1966년 2차 대회 이후 한 번도 열리지 않았다. 당 대회 역시 김정일 국방위원장이 후계자로 공식화된 80년 6차 대회 이후 30년째 개최되지 않았다. 대신 당 중앙위원회가 당 대회와 당 대회 사이에 당의 모든 사업을 지도 관장해 왔다. 그 역할

---

155) 「조선로동당규약」, 1980년 10월 13일.
156) 『영도체계』, 127쪽

로는 ◆ 전당에 유일사상체계 확립 ◆ 당노선과 정책 수립 및 수행, 조직 및 지도 ◆ 당과 혁명대열의 공고화 ◆ 행정 · 경제사업의 지도 및 조정 ◆ 혁명적 무력 조직과 전투력 제고 ◆ 당의 재정관리 ◆ 기타 정당 및 국내 · 외 기관 활동에서의 당을 대표하는 등의 권한과 임무를 가진다. 이러한 당 중앙위원회는 6개월에 1회 이상 전원회의를 소집할 수 있는 데 이때 ● 해당 시기 당이 직면한 중요문제 토의 및 결정 ● 정치국 상 무위원, 정치국원, 당 총비서, 비서 선거 ● 비서국과 당 군사위원회 조 직, 당 검열위원회 위원 선출 ● 당 중앙위원회 위원 또는 후보위원 등의 제명 및 결원에 대한 보선 등의 권한을 갖는다.

이러한 당 중앙위원회 산하에는 정치국, 비서국, 검열위원회, 중앙군 사위원회가 있다. 먼저 정치국은 김일성 정권 시기에는 비서국과 함께 북한 권력의 실질적인 핵심체이자 절대 권력기관으로서 당의 모든 정책 을 수립하였고, 정치국원 중 핵심 인물로 구성된 상무위원회를 두었다. 하지만 김정일 시대에 와서 당 권력 기구는 제도와 실제 현실에서 많은 차이를 보이게 된다. 특히 정치국의 기능과 역할은 현격히 떨어져 정치 국 상무위원회 같은 경우 김일성, 오진우 사망 이후 김정일 1인 위원회 가 되어 버려 그 위상과 역할이 유명무실해졌다 해도 과언이 아니다. 정 치국 위원 숫자도 1980년 10월에 정 위원 19명, 후보위원 15명으로 출발 했으나, 그동안 충원 없이 2001년 6월 현재 정 위원 7명 후보위원 8명만 남아 있다.[157]

---

157) 이종석, 2000. 『새로 쓴 현대북한의 이해』(서울: 역사비평사), 262쪽
 * 정치국 현황 ⅰ) 상무위원: 김정일, ⅱ) 정 위원: 박성철, 김영주, 강성산, 김영남, 계 웅태, 전병호, 한성룡, ⅲ) 후보위원: 김철만, 최태복, 양형섭, 홍성남, 최영림, 홍석형, 연형묵, 리선실.

[그림 3-1] 김정일 북한의 국가기관체계 (2000년 9월)

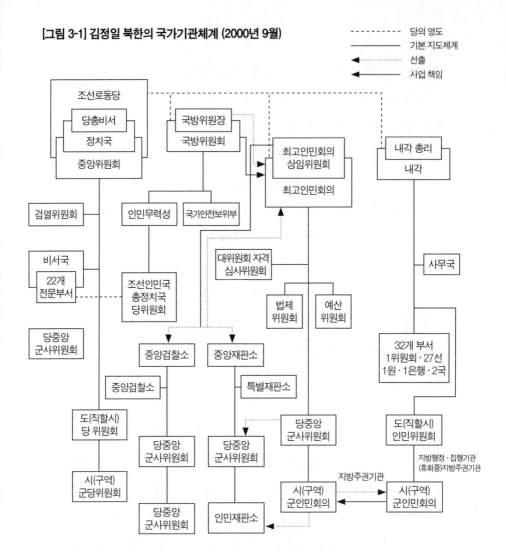

※ 조선로동당(총비서 김정일)은 모든 국가기관의 활동 영도(제11조).
※ 국방위원회는 국가주권의 최고 군사지도기관·전반적 국방 관리기관(제100조), 위원회(김정일)는 일체 무력 지휘통솔 국방사업 전반지도(제102조).
※ 최고인민회의 상임위원회 위원장(김영광)은 상임위원회 사업 조직지도, 국가를 대표(제111조), 최고인민회의 상임위원회는 최고인민회의 휴회 중 최고주권기관(106조).
※ 내각은 최고주권의 행정적 집행기관·전반적 국가관리기관(제117조), 내각총리(홍성남)는 내각사업 조직지도, 정부를 대표(제120조).
※ 사업 책임
  국방위원회→최고인민회의(제106조).
  내각→최고인민회의·최고인민회의 상임위원회(제125조).
  중앙검찰소→최고인민회의·최고인민회의 상임위원회(제152조).
  중앙재판소→최고인민회의·최고인민회의 상임위원회(제162조).

〈발췌: 2001 연합연감〉

또한 중앙군사위원회의 경우 1962년 12월 당 중앙위원회 제4기 5차 전원회의에서 김일성이 제시한 〈4대 군사노선〉 등 국방력 강화에 관한 결정을 채택한 후, 당 중앙위원회 하부조직으로 신설되었다가 1984년부터 현재 위치로 격상되었다. 그리고 김일성 사망 후 군사 국가화 경향 속에서 군사 부문의 최고 지도기관으로서 외형적으로는 상당한 위상을 차지했다. 그러나 1998년 9월 헌법개정과 함께 국방위원회가 격상된 후 주요 기본 군사정책이나 전략 수립업무만을 관장하고 세부적인 업무는 국방위원회로 이관됨으로써 그 역할과 기능이 대폭 축소되었다. 중앙군사위원회 숫자는 1980년 19명에서 2001년 6월 기준으로 14명으로 줄어든 것에서 이를 반영한다.

조선로동당 제5차 당 대회(1970년 11월 2일~11월 13일)에서 당규약 개정을 통해 처음으로 김일성 주체사상을 당의 지도 이념으로 표방하였다. 그리고 당 책임자 역시 당 중앙위원회 위원장에서 당 중앙위원회 총비서로 변경하였다. 이는 1966년 10월에 신설된 중앙위원회 비서국의 위상을 강화한 것으로 향후 김정일 시대에 들어 간부 문제, 대내 문제 및 그 밖의 당면문제를 정기적으로 토의 결정할 수 있도록 했다. 그로 인해 비서국은 당중앙위원회 기구 중 정치국을 대신하여 가장 활발히 그 기능과 역할을 하는 유일한 권력기관으로 부상하였다. 이러한 조치는 김정일이 비공식적 후계자로 확정된 후 1973년 9월 이래 비서국을 통해서 당을 장악할 수 있도록 하는 데 크게 이바지하였다고 볼 수 있다. 비서국에는 당과 국가 및 군대 그리고 사회조직을 관장하는 수많은 전문부서가 있으며, 이것을 비서들이 그 기능에 따라 몇 개씩 묶어서 관장하고 있다([그림 3-1] 참조). 조선로동당규약 3장 26조에 의하면 비서국은 "필요할 때 당 인사 및 당면문제 등 당내 문제를 토의·결정하며 그 결정의 집행을 조직 지도한다."라고 되어 있다.

김일성 당시에는 비서국이 당 인사뿐만 아니라 국가와 군대 행정 및 경제 등 모든 부문의 고위 간부들의 임명과 해임 등 중요 인사업무에 대한 결정과 모든 당적 조치를 채택하고 전당에 하달하는 사명을 수행했었다. 그런데 김정일이 당권을 장악한 이후부터는 당의 주요결정과 지시, 인사 문제에 이르기까지 담당 비서를 통해 개별적 보고체계 및 이에 대한 정책 결정과 조처를 하였다.[158] 해당 시기 기능상 비서들은 [표 3-1]에서 보는 바와 같이 조직, 공안(계응태), 선전(김기남), 간부(김국태), 군수(전병호), 공업(한성룡), 교육(최태복), 근로 단체(김중린), 대남(김용순), 국제(공석), 농업(공석) 등 김정일이 직접 장악하고 있는 조직지도부를 제외한 10부문에 비서를 두었다. 이중 국제부문은 황장엽의 망명으로, 농업 부문은 농업정책의 실패에 대한 책임으로 서관히가 숙청되어 담당부장이 업무를 보았다. 또한 이들 중 김국태, 전병호, 김용순, 한성룡, 최태복 등은 전문부서 부장직도 겸하였었다. 이 비서국은 김정일 주재로 월 1~2회 회의를 열고 이때 조직지도부 부부장들과 선전선동부 1부부장급이 참석하며 또 일의 성격에 따라 관련비서 및 부장, 제1부부장들이 모이는 회의가 수시로 개최되었다.[159]

---

158) 현성일, 1998. "북한 로동당의 조직구조와 사회통제체제에 관한 연구" 한국외국어대학교 정책과학대학원 석사학위논문, 40쪽
159) 이종석, 앞의 책, 263쪽

[표 3-1] 노동당 비서국 기구도

부서명		지도 범위	기 능	비 고
부장급	제1부부장			
조직지도부 (김정일)	본부당(리제강)	중앙당 전체	전반적 당 생활 장악	리제강(추측)
	전당(염기순)	전당 (본부당 軍 제외)	당 생활 내부업무 장악	
	군사(리용철)	조선인민군, 인민 무력 일체	군부담당 및 당 조직 운영 장악	
	행정(장성택)	권력기관(국가 보위부, 인민 보안성, 검찰소, 재판소, 검열위)	사법, 검찰, 공안 업무 장악	
선전선동부 (정하철)	선전(최춘황)	전당	선전·사상사업	김기남(비서)와 정하철(부장)
간부부(김국태)		軍 제외 전당	간부인사	軍 부분은 인민무력성 간부국 담당
군수공업부 (전병호)	군수(주규창)	제2경제위원회	군수공업분야 지도	주규창 등장 2001. 4. 11. 조선 중앙통신 보도
통일전선부 (김용순)	대남사업 (림동욱)	대남 사업	해외동포, 통일사업, 청우당, 사회민주당 지도	
근로단체부(원동구)		직업동맹, 청년동맹, 여성동맹, 농근맹	지도 및 통제	
군사부(리하일)		인민무력성, 노동적위대, 교도대 등	국방: 군 지도 통제 후방사업지도	
민방위부(김익현)				

대외연락부(강주일)		대외사업 및 대외정보조사	
작전부(오극렬)			
35호실(허명욱)			
재정경리부(노명근)	당 경제 부문	당 재정 경리 운용	
38호실(림상종)	외화벌이		상원시멘트 공장이 관할 기업체로 소속되어 있음
39호실(김동운)	초대소 관리		
총무부			
경제정책검열부(한성룡)	내각의 경제	정책적 지도	
국제부(김양건)			
신서실			
농업정책 검열부			
문서정리실(채희정)			
과학교육부(최태복)			

※ 자료 모음: 「2001년 6월까지 연합뉴스 및 연합연감 2001」 이찬행 『김정일』, 백산서당, 2001〉에 근거하여 2001년 6월 기준으로 필자가 수정 및 정리 작성함.

전문부서들은 국가 기구와 사회단체 그리고 군을 지도하며 일부는 당 내 사업을 담당한다.

비서국 전문부서는 대개 부장과 그 밑에 각 분야를 담당하는 부부장들, 다시 그 밑에 '과'로 구성이 된다. 그런데 비서국 전문 부서 중, 부장이 고령이거나 기능적으로 중요한 부서, 또 부서가 방대할 경우 제1부부장을 두었다. 예를 들면 군수공업부인 경우 담당부장 겸 비서인 전병호가 당시 고령(1926년생)인 데다가 군사 국가형 체제하의 군수 사업의 중요성을 고려하여 제1부부장으로 주규창[160]을 두었으며 선전선동부의 경우 업무가 방대하고 조직이 크기 때문에 비서인 김기남과 부장으로 정하철과 함께 제1부부장으로 최춘황을 두었다.

(1) 조직지도부

김정일 당권 및 권력 장악특징 중의 하나는 1980년 제6차 당 대회를 통하여 비서국의 위상을 강화하였다는 점이다. 이는 이전의 일상적인 당 사업을 조직하게 되어 있는 규정을 간부 문제, 대내외 및 그 밖의 당 면문제를 정기적으로 토의·결정하며, 그 결정의 집행을 조직지도를 할 수 있게 함으로써 비서국을 이용한 '중앙집중적 지도체계'를 확립한 것이다. 특히 비서국 내에서 조직지도부를 개편함으로써 김정일 중심으로 강제화된 중앙집권적 조직으로 유도해 나갔다. 김정일은 조직지도부가 "당 안에 당 중앙의 유일적 지도 밑에 모두가 한사람같이 움직이는 철통같은 규율과 질서를 세워나가야 당의 유일사상 체계, 유일적 지도체계를 튼튼히 세울 수 있다."[161]고 강조하면서 조직지도부의 가장 중요한 임무로 간부들과 당원들의 당 생활지도라고 제시하였다. 이를 통해 수요강연회, 토요학습, 금요노동, 2일 및 주당 생활총화, 매일 2시간 자체학

---

160) 박송봉 로동당 군수공업부 제1부부장이 2001년 2월 20일 급사한 뒤 동년 4월 13일 김정일의 함흥 현지지도 시에 주규창이 제1부부상의 직함을 가지고 수행했음이 보도됨. 주규창은 군수 분야 전문가로 제2자연과학원(전 국방과학원) 원장, 제2경제위원회 부위원장을 역임. 조선중앙통신, 2001년 4월 13일, 이후 고령인 전병호 군수공업 담당비서 후임으로 김정일 핵심 측근으로 자리 잡았다.

161) 김정일, 1987. 〈당 사업을 근본적으로 개선 강화하여 온 사회의 김일성주의화를 힘있게 다그치자〉(1974년 8월 2일), 『김정일 주체혁명 위업의 완성을 위하여 3』(평양: 조선로동당출판사), 173쪽

습을 정규화 · 습성화하며, 모든 당 조직 생활에 무조건 참여하는 혁명적 기풍을 세우는 일에 조직지도부가 나서야 함을 강조하였다. 이러한 역할과 임무[162]를 가지고 김정일이 직접 관장하는 조직지도부에는 본부당(本部黨), 전당(全黨), 군사, 행정 등 4개 부문으로 나뉘어 각 부문에 제1부부장을 두고 있으며, 이들 4명의 제1부부장은 실제로 다른 부서의 부장보다 더 막강한 권력을 소유하였던 것으로 알려졌다. 먼저 본부당은 중앙당 성원들의 전반적인 당 생활을 장악하고 있다. 이 부서는 김정일을 제외한 중앙당의 모든 간부의 학습을 조직하고 당 생활을 주관한다. 당시 담당 제1부부장은 리제강[163]으로 알려졌었다.

전당 부문에 있어서는 본부당과 군사 분야를 제외한 나머지에서 당의 조직 생활을 관장하였다. 대상은 지방 당이나 국가 기구 내 당 조직, 사회조직 내의 모든 당 조직은 이 부문의 지배를 받는다. 당시 담당 제1부부장은 염기순이 맡았다. 또한 조직지도부 군사 부문은 인민무력부와 조선인민군 총정치국이 관장하고 있는 군대 내의 당 조직망을 장악하고 있다. 여기서 총정치국은 조직지도부를 거치지 않고 김정일에 직보할 수 있는 위치에 있어 그 권한 이 막강함을 짐작할 수 있다. 그러나 군대 내 당 조직 문제는 군사 담당 제1부부장을 통하여 김정일에게 직접 보고가 되었다. 해당 시기 군사 담당 제1부부장은 리용철이었는데 그는 당

---

162) 위의 글, 194쪽
163) 연합뉴스 보도(2001년 9월 6일)는 2001년 민족통일 대 축전 남한 대표로 참석한 언론인의 말을 빌려 그동안 조선로동당 조직지도부 본부당 제1부부장직에 있던 문성술이 1999년 3월 10일 자로 애국열사릉에 묻혀 있음을 확인했다고 밝히면서 동년 8월 16일 김정일이 공군사령부 예술선전대 공연 참석 시 리제강 조직지도부 부부장이 제1부부장의 직함으로 수행한 점을 들어 문성술의 후임으로 승진 내정된 것으로 추측된다고 보도했다.

중앙군사위원회 위원이기도 했다. 그리고 조직지도부 행정 부문에 있어서는 김정일에게 독자적으로 제의를 올릴 수 있는 주요권력 기관들을 장악하고 있었다. 이 부서의 역할은 국가보위부, 사회안전성, 검찰소, 재판소, 국가검열위원회 등에 대한 감독 기능을 한다는 것이다. 이 부문을 담당하고 있었던 제1부부장은 김정일의 매제였던 장성택이었다. 이상에서 살펴본 바와 같이 김정일 통치 시기 북한 조선로동당을 실무적으로 움직인 것은 김정일을 정점으로 한 비서국 내의 담당 비서들과 전문 부서들임을 확인할 수 있다. 그중에서도 조직지도부 제1부부장들은 명실공히 김정일의 최대 신임과 배려를 받는 비공식적인 최고의 실세들이라 할 수 있다([표 3-1] 참조).[164]

(2) 선전선동부

조선로동당 중앙위원회 선전선동부는 북한체제유지를 위한 사상 교양과 세뇌 교육 그리고 우상화 선전과 주민들의 사상동원 등을 그 임무의 중요성으로 하며 당의 선전과 사상사업을 관장하고 있다. 특히 김정일 체제하에서 사상사업의 강조는 통치력의 핵심 요소 중의 하나라 할 수 있다. 김정일은 〈선전선동의 위력을 떨쳐 천리마 대고조의 불길을 높이자〉라는 제목의 2000년 3월 24일 자 로동신문 사설을 통해 "대중을 발동시키고 불러일으키는 데서 그들의 심금을 울리는 정치사업보다 더 위력적인 무기는 없다. 우리의 사회주의 건설역사는 사상의 위력, 선전선

---

164) 이종석, 『새로 쓴 현대북한의 이해』, 264~266쪽에서 재인용하여 2001년 6월 말 현재까지 보도 확인된 인적 사항을 수정하여 재구성했다.

동사업의 위력으로 고난을 뚫고 승리해 온 력사이다."라고 하면서 선전 선동부의 변함없는 역할을 주문했다.

사실 선전선동부의 역할과 임무에 대한 요구는 시대별로 당시의 환경에 맞추어 언어 기술적 측면으로 사상교양사업을 변화시켜 왔다고 볼 수 있다. 구체적으로 1950년~1960년대에서는 '온 나라에 천리마 대고조'를 불러일으켰고, 1970년~1980년대에는 '사상전을 통한 사회주의 건설'을 부르짖었다. 그리고 1990년대 이후에 와서는 '주체의 강성대국 건설'을 목표로 세우고 수령결사용위를 통한 사회주의 건설의 대고조를 제시하면서 선군혁명영도의 강성대국을 추동했다고 볼 수 있다. 북한에서 선전선동부의 지위와 역할은 다른 사회주의국가와는 본질적 차이를 둔다. (구) 소련과 동유럽 공산당 사상사업이 마르크스-레닌주의에 기초한 사회주의 및 공산주의 이론선전에 주력하였다면 북한의 사상선전사업은 철저히 김일성·김정일의 개인 숭배와 우상화, 주체사상의 대외적 선전과 교육에 집중하고 있다는 점이다.[165] 이는 실질적 측면에 있어 김일성에서 김정일의 대물림 과정에서 확실하게 수행된 선전선동부의 책무는 유일지배사상체계 확립을 통한 김일성·김정일 절대화 구축을 위한 사상·이념적 교양 사업의 충실한 역할이었다 할 수 있다.

김정일 정권이 들어서면서 당 선전선동부에는 김기남 당 비서와 정하철 부장, 최춘황 제1부부장과 부부장들인 길수암, 김택성, 박민수, 최익규, 허재옥 등과 군(軍)에서는 박재경 대장이 조선인민군 총정치국 선전담당 부국장을 맡아 김정일의 현지지도에 그림자처럼 수행하였다. 그리고 이러한 선전선동부의 기능으로는 ▲ 북한의 모든 간부 및 당원들과

---

165) 현성일, 앞의 논문, 53쪽

주민들에 대한 정치사상 학습의 계획과 조직 및 집행 ▲ 문화예술 부문에 대한 정책적 지도 ▲ 출판·보도 등 선전매체를 담당 또는 지도 ▲ 북한의 모든 부문에서 근로자들과 주민들의 노력 동원과 사기진작을 위한 정치 및 경제선동을 주관 ▲ 주요명절, 기타 절기 때마다 진행하는 정치행사의 조직담당 ▲김정일 로작들을 작성하는 216호실, 당력사 연구소, 주체사상연구소 등을 관장하고 있다.

(3) 기타(간부부와 군수공업부)

당 중앙위원회에서 위 두 부서 못지않게 중요한 역할을 하는 부서가 간부부이다. 이 부서는 조직지도부 간부과의 인사 대상(당 간부들과 국가 및 정부, 군부와 보안 기관의 고위 간부)을 제외한 정부의 모든 부상(차관급) 이하 행정 간부들과 지방행정, 및 경제기관, 공장과 기업소, 단체의 고위 간부들, 일반 국가공무원에 대한 인사업무와 대학생선발과 입학, 졸업 후 사회배치 등의 인사업무, 또 해외에 파견하는 참사관 이하의 외교관과 공식, 비공식대표단 성원들의 선발과 임명, 파견과 소환 등의 임무 수행을 주관하였다.[166] 간부부는 김국태(항일혁명 1세대 김책의 아들)가 당 비서와 부장직을 오랜 기간 겸임하였으며 그는 당 비서 중 김정일 현지지도에 가장 많이 수행했던 측근 실세였다.

군수공업부는 북한의 군수산업을 전반적으로 지도하는 기능을 하고 있다. 이 부서는 군사형 국가 체제에 걸맞게 형성되어 있는 북한경제 이원화 중 하나인 군수 경제라 불리는 제2경제위원회를 지도 장악하고 있

---

166)   현성일, 앞의 논문, 56쪽

다. 군수산업이 북한의 제2경제로 자리 잡은 것은 1966년 10월 제2차 당 대표자회의에서 부터라 할 수 있다. 이 회의에서 김일성은 국방력을 강화할 수 있도록 경제건설과 국방건설을 병진해야 한다고 주장하면서 군수공업의 발전 과업을 제시하게 된다.[167] 사실 경제건설과 국방건설 병진정책은 1962년도에 발생한 쿠바위기의 소용돌이 속에서 방위력 강화 문제를 놓고 1962년도 당 중앙위 제4기 5차 전원회의에서 심도 있게 논의한 뒤 '4대 군사노선'의 기본 내용을 규정화하고 '국방에서의 자위'라는 구호가 제창되었다. 이렇게 군수공업계획의 확장에 따라 1960년대 말에 내각에 군수공업만을 전담하는 제2기계공업부를 신설하고, 로동당 중앙위원회에 군수공업 담당비서를 두어 군수산업 전반을 총괄하게 하였다.

그 후 군수생산이 방대해짐에 따라 1970년 초 제2경제위원회로 발족이 되면서 내각과는 상관없이 인민 경제에 우선하여 계획, 재정, 생산, 공급 등을 독자적으로 추진하게 되었다. 심지어는 산하의 경제기관뿐만 아니라 내각의 일반생산기관까지 '일용분 공장' '일용직장' 등의 명칭 하에 군수생산 시설을 갖추어 놓고 군수생산을 확대하였다[168]. 이렇게 인민 경제에 우선하여 운영되는 제2경제위원회는 국방위원인 김철만이 맡았으며 이를 관장하고 지도하는 당 위원회 군수공업부는 전병호 당

---

167) 〈사회주의 건설을 촉진하며 우리의 혁명기지를 강화할데 대하여〉, "오늘 우리 혁명투쟁과 건설사업에서 가장 중요한 것은 조성된 정세에 맞게 사회주의 경제건설의 전반적 사업을 개편하여 국방력을 더욱 강화할 수 있도록 경제건설과 국방건설을 병진시키는 것입니다. …특히 군사 전략상 중요한 지대를 확고히 하여 군수공업을 발전시켜 필요한 물자의 예비를 만들어 내지 않으면 안 됩니다(1962년 당 중앙위 제4기 5차 전원회의 시 채택된 내용을 1966년 10월 5일 조선로동당 대표자 회의에서 김일성이 밝힘)." 1968.『김일성 저작집 4』(평양: 조선로동당 출판사), 317~403쪽

168) 더 구체적인 내용은 임강택, 2000.『북한의 군수산업정책이 경제에 미치는 효과분석』(서울: 통일연구원) 참조

비서와 주규창 제1부부장이 장악했다.

나. 군(軍)

'강성대국'이란 사상과 군사 강국의 위력으로 경제건설을 한다는 의미를 가진다. 이의 실현을 위해 대내적으로는 인민군대를 핵심으로 혁명대오를 튼튼히 꾸리고, 혁명적 군인정신을 무기로 사회주의 건설을 이루어 나가자는 군(軍) 중시 사상의 '선군정치'를 표방한 것이라 할 수 있다. 김정일 체제출범 이후 당과 국가 기구를 군 위주로 개편하고 공식·비공식 행사에 군부 인사를 대동하고 군부대 방문 횟수를 늘리는 등 '선군정치', '총대중시사상' 등을 통해 대외적으로는 미국, 한국 등의 대북정책에 맞선 견제로 대응하였다. 또 국내적으로는 외교적 고립과 경제적 위기 상황의 원인을 외부요인으로 역이용함으로써 이를 극복하기 위한 유일한 방법으로 군사중심체제 강화임을 내세워 내부 단속을 하였다고 보아야 할 것이다.

중앙집중적 통치의 권위를 구조화하기 위해 김정일은 1991년 12월 인민군 최고사령관, 1992년 4월 인민군 원수, 그리고 1994년 4월 국방위원장으로 추대 등의 과정을 통해 군(軍)을 장악한 뒤, 1996년 김일성종합대학 당 일꾼에 대한 연설에서 '선군정치'를 표면에 내세우기 시작했다. 특히 최고사령관 취임 이후 7차례에 걸쳐 900여 명의 군 장성급 진급 조치를 단행하여 광범위한 지지기반을 구축하는 한편 1995년 10월 군 수뇌개편 시에는 총정치국장, 인민무력부장, 총참모장 및 주요 지휘관들을 측근 실세들로 기용하여 군에 대한 친정체제를 강화하였다. 따라서 해

당 시기 북한에서 말하는 최고사령부는 실제로 존재하는 기구가 아닌 김정일 국방위원장을 중심으로 하는 핵심 당 인사와 조선인민군 상층부를 이루는 총정치국장, 총참모장, 인민무력부장 등을 일컫는 상징적 기구라 볼 수 있다. 비상적 국가통치체계로서의 국방위원회는 1998년 헌법개정을 통해 국가 주권의 최고 군사지도기관이며, 전반적 국방관리기관으로서 군사뿐 아니라 이와 관련된 다른 중앙기관들까지도 통제 가능토록 명시했다. 이에 따라 국방위원장을 일체의 무력을 지휘 통솔하며 국방사업 전반을 지도하는 실질적 최고 권력기관의 장으로 규정화해 놓았다. 이와 같은 중앙집중적 통치의 신속하고 원활한 보고체계는 김정일이 당 총비서 겸 국방위원장 및 인민군 최고사령관으로 인민군지휘계통을 총체적으로 관장하면서 직접 지시 또는 리용철 당 조직지도부 제1부부장이 그의 지시를 받아 하달하는 단순 보고체계로 구축했던 것이다.

(1) 총정치국

총정치국은 조선로동당의 군(軍) 통제를 위해 조직된 정치기관으로서 중앙당 군사위원회와 당 군사부 및 당 조직지도부로부터 당적 지도를 받아 군을 지도하는 정치지휘계통이다. 당 규약 제51조에 "조선인민군 총정치국과 그 소속 정치기관은 해당 당 위원회의 집행기구로서 당 정치사업을 조직하고 수행한다." 또 52조에서는 "조선인민군 총정치국과 중앙기관 내에 조직된 정치국(정치부)은 당 중앙위원회에 직속이며 그 지도하에 사업을 수행하고 당 사업에 관하여 당 중앙위원회에 정기적으로 보고한다."라고 명시되어 있다. 이렇듯 총정치국은 군에 대한 당적 감시와 통제기구로서 군(軍)을 당(黨)이 확고히 장악하기 위한 정치적 기구라 할 수 있다. 김일성 시대부터 총정치국은 군 간부들에 대한 정치·사상적 통제 및 종파주의 제거를 위한 핵심역량으로 역할을 해 왔다. 이러한 총정치국의 역할이 김정일 시대에서는 선군정치의 총대 임무를 부여받고 군대에서 정치교양사업을 강화하여 사회주의 사상으로 무장해 왔으며, 그 역할을 지속적으로 확대시켰다. 그 산하에는 조직부와 선전 및 교육부가 있으며, 총정치국은 군당(軍黨) 조직집행기관으로서 당 결정 심의기구인 인민군 당 위원회의 직접적인 운영기관이 된다. 편제는 인민무력부에 총정치국을 두고 집단군사령부, 군단, 사단, 연대, 대대까지 정치위원(정치부)을 두었으며, 중대급에는 정치지도원을 파견하여 군내 정치사업을 통한 군 통제를 효율적으로 수행하도록 했다.

총정치국장은 인민군 당 위원회 책임비서를 겸하며, 각급 부대의 정치부 책임자들은 해당 당 단체의 책임비서를 겸하였다. 총정치국의 업무는 전군의 주체사상 무장, 군대 내 당의 유일사상 확립, 군대 간부·당원들의 당 생활 조직·지도, 공산주의 교양실시, 군대 내 당 및 청년동맹 조직 사상 교양을 위한 선전선동사업, 3대 혁명 붉은기 쟁취 운동 등 각종 운동 및 군사기 대책 수립과 추진, 장교 보직·보충·이동·승급·제대 등이다. 김정일 시대의 대표적인 총정치국장은 조명록 차수였는데, 그의 국가서열은 김정일, 김영남 다음인 세 번째 서열로 편제상 상급기관인 인민무력부 김일철과 총참모부의 김영춘보다 높았다. 김정일 정권에서 총정치국의 위상과 조명록에 대한 신임도를 가늠할 수 있다. 조명록의 부상은 1996년 김일성 2주기 중앙추모대회에서 11위로 상승했으며, 1998년 9월 최고인민회의 10기 1차 회의 주석단 서열에서 7위, 1999

년 최고인민회의 10기 2차 회의에서 김정일과 김영남 최고인민회의 상임위원장의 뒤를 이은 공식서열 3위에 올랐으며, 죽을 때까지 제1부위원장 자리와 대의원 자리에 유임되었다.

〈총정치국 조직 및 기능〉

* 조직계획부: 총정치국의 일체의 사업 전반에 대한 조직계획을 작성 및 집행, 지도하는 기획기능 임무
* 당 조직부: 인민군 내 당 조직사업의 확대, 지도, 점검 등 일체의 조직업무 주관
* 청년동맹 지도부: 군 내 청년동맹 사업을 조직, 지도, 감독
* 선전 및 교육부: 군 내 정치사상 교육 및 선전사업조직 지도
* 문화 연락부: 전술, 심리전 담당. 군 내 심리전 담당
* 공보부: 군 내 보도, 홍보에 관련된 사업조직 진행
* 통계국: 군 내 정치사업에 관계된 일체의 통계자료, 수집, 보관, 자료작성 임무
* 인민군 출판사: 군보(軍報)인 '조선인민군'과 각종 단행본 발간 등
* 4·25 예술영화 촬영소: 군사 관계 영화 제작, 각 군 예하 부대에 배포 임무
* 인민군 협주단: 군 내 연예 단체로 위문공연 및 연예 활동 실시
* 감찰부: 군 내 당 사업 전반에 관한 검열 실시
* 적공부: 563 군부대라 칭하며 대남공작, 납치, 전시에 점령지역 대민사업을 통해 반동분자 색출 등

조명록은 김정일 통치 시기 북한국가 운영의 중핵인 국방위원회의 2인자로써 인민군대의 정치사업을 담당하는 총정치국의 수장 자리를 1995~2010까지 김정일 통치 기간과 거의 함께했다. 이 시기 군(軍) 정치사업을 강조한 김정일의 의도 덕분에 총정치국장이 처음으로 인민무력부장의 서열을 추월하였다. 부총국장은 조직담당인 현철해 대장, 선전선동 담당은 박재경 대장이 장악했었다. 이들은 김정일 현지지도에 군사, 경제, 기타를 막론하고 현지지도를 수행하는 실무급 측근들이었다.

(2) 총참모부

  '총참모부'는 북한의 무력 전반을 총지휘하는 최고 집행기관으로 남한의 합동참모본부에 해당한다. 육·해·공군의 종합군사 작전계획을 지휘, 통솔하는 통합지휘부라 할 수 있다. 해당 시기 편제는 12개 지상군군단, 4개 기계화군단, 1개 전차군단, 2개 포병군단, 평양방어사령부, 해군사령부, 공군 사령부, 및 기능참모조직들을 지휘한다. 군령권을 가지고 군사작전을 전부 담당하기 때문에 군 중심의 동원사회인 북한으로서는 평시에도 군권을 직접적으로 행사하는 기구이고, 전시에는 군사작전에 관한 실질적인 총사령부인 조직이다. 인민무력부 산하이면서도 군정권만 가진 인민무력부보다 더 실세로 인민무력부의 김일철보다 총참모부 김영춘의 군 서열이 더 높았다. 특히 김정일 시대에 국방위원회의 최고 군사기구화와 선군정치 최선봉에서 국방위원회가 직접 군대를 통제하기 위해 군정 기구인 인민무력부를 약화시키고, 총참모부가 대신 국방위원회의 직접적인 명령을 받게 되어 군령권을 넘어서서 선군정치의 핵심이 된 실질적인 북한군의 총사령부이다. 이 시기 대표적인 총참모장이었던 김영춘 차수(재임: 1995년 10월~2007년 4월, 원수 진급)와 작전국장인 리명수 대장은 김정일 현지지도에 가장 많이 동행하는 핵심 측근으로 활동하였다.

(3) 인민무력부

  '인민무력부'는 국방위원회 산하 군사집행기구로서 남한의 국방부에 해당한다. 총정치국, 총참모부, 보위사령부 등을 비롯한 기구들을 통하여 정규군의 군무(軍務)를 총괄 집행하며 이 중에서 총참모부가 실질적으로 군사작전을 지휘·통제한다. 인민무력부는 1948년 북한 정권 수립 시 민족 보위성으로 출범한 이후 1982년 4월 최고인민회의 제7기 제1차 회의 결정에 따라 정무원에서 분리되어 중앙인민위원회 직속 기관으로 개편되었다. 그러나 1992년 헌법개정으로 국방위원회가 중앙인민위원회와 동격으로 격상됨에 따라 인민무력부는 사실상 군사 부문의 집행기구로서 국방위원회의 산하기관이 되었다. 1998년 9월 헌법개정 시 국방위원회 명령으로 인민무력성으로 개칭되었다가 2000년 9월 인민무력부가 되었다. 그런데 김정일은 인민군 최고사령관으로서 인민무력부를 거치지 않고 총참모부를 통해 직접 군을 통제하고 있으며, 인민무력부장의 서열이 총정치국장이나 총참모장보다 뒤지고 있는 점에서 김정일 정권 시기 형식과 실질에 있어 군 편제가 반드시 군 서열과 일치하지 않고 있음을 확인할 수 있다. 김정일 통치 기간 국가서열 5~6위의 상위권에 위치에 있었던 인민무력부장은 김일철 차수였다. 북한에선 출세하기 힘든 해군 출신으로, 이례적으로 차수 계급을 받고 인민무력부장(1997. 3.~2009. 3.)을 역임한 대표적 인물이다. 김정일을 향한 충성도의 상호적 견제 역할을 했던 총정치국 조명록, 총참모부 김영춘과 함께 선군정치의 대표적인 군부 실세로 볼 수 있다.

(4) 기타 (보위사령부, 인민보안성, 국가안전보위부, 호위총국)

이 외에도 김정일 중앙집중적 통치체계구성은 체제 유지와 현지지도 수행 및 신변안전 유지를 위해 인민군을 대상으로 한 정치적 감시, 통제 기관인 '보위사령부'와 일반인을 대상으로 반당, 반체제주민들과 사상 이반자들을 색출·감시하는 사회통제기구인 '국가안전보위부'가 있다. 북한의 공안, 첩보기관으로는 '국가안전부위부'(김정은 정권: 국가보위성), '인민보안성'(현 사회안전성), '보위사령부'가 3대 기관으로 분류된다. 그리고 김정일의 신변안전을 밀착 호위하는 '호위총국'이 있다.

'보위사령부'는 군(軍)을 정치적으로 감시하는 기관이다. 선군정치 이후 '혁명적 군인정신'을 전 사회적으로 확산시키면서 보위사령부 권한이 강화돼 군뿐만 아니라 민간인 정보기관들까지 통제하는 등 실질적인 사회통제의 중심 기관으로 활동하였다. 보위사령부의 주 임무는 북한 군 내 각급 단위 부대에 조직돼 있는 보위기관들을 행정적으로 지휘·장악·통제하는 것으로 김정일은 자신의 권위 구조화를 보위사령부의 역할과 기능을 강화해 선군정치 통치에 적극 활용하였다. 원응희 대장이 오랫동안 신임을 얻어 보임되었다.

'인민보안성(부)'은 북한의 치안을 담당하는 기관으로 경찰과 치안 업무뿐만 아니라 초법적으로 가택수색, 숙박검열, 불심검문, 체포, 구금, 사형 집행을 할 권한이 있으며, 특히 표면적으로는 국가와 인민의 재산과 생명을 보호한다고 하지만 현실은 수령체계의 세습 권력을 유지에 반하는 북한 인민을 감시하는 정치경찰 조직이다. 국가안전보위부와 마찬가지로 별도의 정치범 수용소를 운영하고 외화벌이까지 자체로 하는 막강한 권한을 가진다. 그리고 '국가안전보위부'는 1993년에는 국가보위부에서 국가안전보위부로 변경되면서 김정일이 직접 지휘·지도했으며 실무는 국가안전보위부 제1부부장 우동측이 맡았다. 주요 임무는 북한

지도부를 위한 사상경찰 활동으로 북한 내의 정치 및 사상 동향 이상자를 감시·사찰하고 방첩 업무를 수행한다. 특히 김정일 체제하에서 엘리트들에 대한 견제와 충성도 장악에 핵심적인 역할을 수행했다.

'호위총국'은 항일유격대 김일성 전령 출신으로 알려진 리을설 원수가 오랫동안 책임자로 수령에 대한 충성도의 상징으로 보임되었다. 그도 그러한 것은 호위사령부(호위총국)는 평양직할시의 방어와 경비, 그리고 수령을 호위하는 목적으로 설립된 사령부이기 때문이다. 남한의 대통령경호실에 해당하는 국가기관으로서 인민무력성 예하에 편성되어 있으면서 형식상 국방위원회의 지휘를 받지만, 국방위원장의 직접적인 명령에 따라 움직였다. 사실 호위총국은 김일성이 종파 사건 이후 유일적 영도체계를 구축하면서 호위 사업을 강화하기 시작하였다고 볼 수있다. 이후 평양이라는 범위까지 호위 개념을 넓히면서 기존의 조선로동당 중앙위원회 산하 호위국과 평양방어사령부(평방사), 평양경비사령부를 합쳐 호위총국으로 규모가 확대되었다. 이들의 규모는 약 12만여명으로 호위국, 평양경비사령부, 평양방어사령부로 조직구성체계를 갖추고 있다. 특히 이들은 김정일 현지지도 시 위의 국가 기구들과 함께 4선 경비를 통해 철저히 김정일 신변 보호를 책임지고 있다.

다. 정(政)

1998년 최고인민회의 제10기 1차 회의 결과는 국가통치 권력의 기능적 업무 분담을 특징으로 하고 있다. 세부적으로는 사상 및 군사 부문은 국방위원장(헌법 제102조)이 맡고, 대외적 외교 및 국가대표의 역할(헌법 제111조)은 최고인민회의 상임위원회 위원장이, 그리고 대내적인 행정 및 경제 분야는 내각 총리(헌법 제120조)가 그 책임을 맡는 업무 분담 형태를 취하였다. 이 개정헌법은 주석과 중앙인민위원회를 폐지하고 정무원 총리를 내각 총리로 개편하였는데, 이러한 권력구조 개편은 권력 분산을 위한 것이라기보다는 김정일의 필요와 중앙집중적 통치구도를 반영한 역할 분담의 성격이 강하다고 볼 수 있다. 즉 북한의 현실적 문제에 있어 식량난, 에너지난, 외화난, 등 총체적이고 구조적인 경제 위기를 김정일이 다 떠맡아 책임을 안기에는 큰 부담이 될 수밖에 없다는 상황에서 이를 분산시키고, 자신의 입지확보 및 체제 유지의 일환으로 국방위원회의 권한 강화와 유훈통치의 효성심이라는 양면성을 극대화시켰다고 볼 수 있다.

(1) 최고인민회의

"조선민주주의 인민공화국의 주권은 로동자, 농민, 근로 인텔리와 모든 근로 인민에게 있다. 근로 인민은 자기의 대표기관인 최고인민회의와 지방 각급 인민회의를 통해 주권을 행사한다."(헌법 제4조). 이처럼 최고인민회의는 국가 기구체계에서 최고기관으로서의 지위와 인민대표의 성격을 가진다. 이에 따라 최고인민회의는 다른 국가기관을 조직하고 그 국가기관들은 최고인민회의에 책임을 지도록 하고 있다. 그리고 개정헌법에서는 주석제를 폐지하고 많은 기능들을 이 기관에 이양함으로써 상임위 위원장을 대외적 국가원수로 삼았다. 북한 헌법상 국가 기구배열 순서를 보면 최고인민회의가 첫 자리, 최고군사기관인 국방위원회가 두 번째, 그리고 최고인민회의 휴회 중 최고주권기관인 최고인민회의 상임위원회 순이며, 그다음이 행정적 집행기관이자 전반적인 국가 관리기관인 내각으로 구성되어 있다. 그러나 사실에 있어서는 북한의 최고인민회의는 실질적인 입법 권한을 행사하기보다는 로동당에서 결정한 국정의 전반적 사항을 사후적으로 추인하는 역할을 담당하고 있다는 점에서 명목상의 입법기관인 셈이다.

1998년 9월에 개정된 새 헌법에서 최고인민회의 주요권한은 ▲ 헌법 및 법령의 채택, 수정 ▲ 국가예산심의 ▲ 국방위원장, 최고인민회의 상임위원장, 내각 총리선거 또는 소환 ▲ 중앙검찰소 소장의 임명, 해임 ▲ 조약 비준 및 폐기 결정 등이다. 이 최고인민회의는 1년에 1~2회 열리는 정기 회의와 상임위원회가 필요하다고 인정할 때 소집되는 임시회의가 있다. 해당 시기 최고인민회의 의장은 최태복이 오랫동안 맡았으며, 최고인민회의 휴회 중의 최고 주권기관인 최고인민회의 상임위원회[169] 위원장은 김영남이 김정일-김정은 정권 초기까지 장기간 맡았다. 이는 정치 기반이 없는 오랜 행정 전문 관료를 앉힘으로써 권력구조 개편에 따른 정치적 경쟁자의 등장 가능성을 원천적으로 봉쇄하겠다는 의미도 함축되어 있다고 판단된다. 그리고 여기에는 혁명 1세대에 대한 예우 차원에서 명예 부위원장 제도를 두고 박성철, 김영주(김정일 작은 아버지)가 상징적으로 보직되어 있었다.

---

169) "최고인민회의 상임위원회는 중앙인민위원회가 확대 개편된 것"으로 조선중앙방송은 2001년 3월 8일 보도했다.

(2) 내각

　최고인민회의 제10기 1차 회의 시 수정·보충한 사회주의 헌법의 권력구조 개편에 있어 내각은 이전의 정무원 기능 이관과 함께 전반적인 국가관리기관이라는 역할을 추가함으로써 이전보다 역할과 권한을 강화시켰다. 특히 구조조정을 통해 세대교체가 가장 많이 이루어진 (34명 가운데 11명만 유임) 분야로서 부서 책임자인 위원장과 '상'(相)은 전문성과 실무능력을 고려해 내부 승진을 시키거나 관련 부문에서 발탁함으로써 업무의 연속성 확보에 노력을 기울인 흔적을 뚜렷이 나타냈다.[170] 특징적으로 내각의 부서는 위원회＊부→ 위원회＊성(省)으로 부서의 장은 위원장＊부장→ 위원장＊상(相)으로 개명하고, 종전 10명의 부총리를 2명으로 줄이고 40여 개에 이르던 부서도 기능적으로 통폐합하여 33개 정도 (2위원회, 27성, 2국, 1원, 1은행)로 축소시켰다. 이러한 내각의 권한은 ▲ 국가정책의 집행과 대책 수립 ▲ 국가관리 관련 규정의 제정 및 개정 ▲ 내각 위원회 성 직속 기관 및 지방인민위원회 지도 ▲ 인민 경제 발전계획 작성 및 실행대책 수립 ▲ 예산편성 및 집행대책 수립 ▲ 행정 및 경제 부문 사업조직집행 ▲ 화폐 및 은행제도 대책 수립 ▲ 국가관리 질서 수립을 위한 검열 및 통제사업 ▲ 사회질서 유지, 국가 및 사회협동단체의 교육과 이익 보호, 공민의 권리 보장과 대책 수립 ▲조약체결 및 대외사업 ▲ 내각결정 및 지시에 위배되는 행정기관의 결정 및 지시 폐지권 등이다. 이 시기 내각 총리는 홍성남이며 부총리는 "광업통"인 조창덕 (전) 채취공업위원장과 "공작 기계통"인 곽범기 (전) 기계공업부장이 맡았다.

---

170)　권경복, 1998. "북한 신내각의 경제관료들"『통일경제』 10월 호.

(3) 국방위원회

국방위원회는 1948년 9월 2일 최고인민회의 제1기 대의원 선거 후 최고인민회의 내에 상임분과위원회 중 하나로 조직되었다. 1972년 10월에 사회주의 헌법이 등장한 후 중앙행정기관으로 승격되어 중앙인민위원회의 산하기관이 되었다. 국방위원회 신설 당시 주석은 "전반적 무력의 최고사령관, 국방위원회 위원장이 되며 국가의 무력을 지휘통솔" 하도록 규정되어 김일성이 주석과 국방위원장을 겸직하였다. 그러다 1990년 5월 최고인민회의 제9기 제1차 회의에서 중앙인민회의와 분리되면서 국가 직속 중앙행정기관이 되었다. 그리고 1992년 헌법개정을 통해 국가주석의 국방위원장 겸직 조항이 삭제되었다. 따라서 그동안 국가주석이 행사하던 일체의 무력 지휘·통솔권을 국방위원장이 행사하게 되었고, 이후 1993년 4월에 김정일이 국방위원장으로 취임하였다. 1994년 김일성의 사망 후 선군정치를 내세운 김정일의 대표적 기관이 되었으며, 1998년 9월 5일 최고인민회의 제10기 제1차 회의를 통해 국방위원장의 권한을 강화시켜, 실질적인 국가의 최고직책으로 격상시켜 김정일을 국방위원장으로 재추대하였다.

북한은 2003년 9월 3일 최고인민회의 제11기 제1차 회의와 2009년 4월 9일 최고인민회의 제12기 제1차 회의를 통해 김정일을 국방위원장에 연이어 추대하였다. 2009년 북한 헌법에 '조선민주주의 인민공화국의 최고령도자'이며 '전반적 무력의 최고사령관'이다. 국방위원장의 중임은 "나라의 정치, 군사, 경제적 력량의 총체를 통솔 지휘하여 방위력을 비롯한 전반적 국력을 강화하는 사업을 조직 령도하는 국가의 최고직책"으로서 사실상의 국가원수라고 할 수 있다.[171] 또한 임무와 권한으로 ① 국가의 전반사업 지도 ② 국방위원회 사업 직접 지도 ③ 국방 부문의 중요 간부 임명 또는 해임 ④ 다른 나라와 맺은 중요조약의 비준 또는 폐기 ⑤ 특사권 행사 ⑥ 나라의 비상사태와 전시상태, 동원령 선포 등 6개항이며, 국방위원장 명의의 명령을 낼 수 있다. 국방위원장의 선출은 최고인민회의를 통해 이루어지게 되어 있으나 실질적으로는 추대형식을 통해 김정일이 계속적으로 지위를 유지하였고 사후에는 영원한 국방위원장으로 공포되었다.

2) 당·군·정 권력 엘리트 분석

김정일은 '당의 유일사상 체계확립 10대 원칙' 제9조 3항을 통해 모든 부문, 모든 단위에서 혁명투쟁과 건설사업에 대한 당의 영도를 확고히 보장하며 국가경제기관 및 근로 단체 일꾼들은 당에 철저히 의거하고 당의 지도 밑에 모든 사업을 조직 집행해 나가야 한다는 원칙을 명시해 놓고 있다. 이는 유일영도체계를 철저히 세워 나감에 있어 당성·로동계급성·인민성을 기본조건으로 원칙을 세웠다. 다시 말하면 북한에서 간부의 첫째가는 표징은 당 유일사상 10대 원칙에 준거한 무조건적이고 절대적인 당과 혁명에 대한 충실성이라는 것으로 표현된다. 이는 곧 수령에 대한 충성심의 표현이기도 한데, 이 기본원칙은 간부들이 지녀야 할 가장 고상한 공산주의적 풍모로 간주되고 있다. 더하여 북한 권력 중심부에 들어서기 위한 엘리트들의 검증은 이러한 바탕을 가진 간부들에

171) 「로동신문」 2009년 4월 11일 사설

대해 또 하나의 조건을 수반해야 한다. 그것은 유일사상 10대 원칙 9조 7항인데, 이 조항이 가지는 북한의 권력 엘리트 형성을 분석해 봄으로써 김정일 통치의 권위구조화정책이 갖는 전통적 승계 과정을 추리해 볼 수 있다.[172]

첫 번째는 김일성 간부 원칙에 의해 검증된 권력 엘리트들이다. 그런데 김일성과 김정일의 인사 등용 원칙은 다소 차이가 있다. 김일성의 인사정책은 기본계급 출신으로서 필요한 교육과정을 마친 대상 가운데서 혁명과 건설사업을 통해 오랜 경험과 교훈을 체득하고 현실 속에서 검증된 인물을 채용·충원했다고 한다면, 김정일은 계급적 논리보다는 충성심 우위의 원칙을 고수하면서 현실에서 검증된 사상과 실무를 겸비한 인물을 선택했다는 점이다. 이는 김일성이 갖는 '카리스마적 권위'와는 달리 김정일의 '전통적 권위'가 갖는 태생적 한계를 극복하기 위해 충성심을 담보한 것이라 볼 수 있다. 그런데 이들 대부분은 직·간접적으로 김일성과 함께 항일혁명을 했던 빨치산 1세대 중심의 원로후견 그룹과 혁명 2세대 중에서 김일성에 의해 선발된 제한적 연속성을 가진 일부 계층들이었다.

다음 [표 3-2]에서 나타난 빨치산 1세대를 보면 박성철, 김철만을 제외한 8명이 현직군인이다. 평균연령은 82세로 당·군·정 분야에서 혁명원로 예우의 상징성과 혁명의 정통성 계승의 인사배려원칙에 준하여 대우를 받았다고 할 수 있다. 이들의 존재는 무엇보다도 김일성 유일지배체계 확립과 김정일 후계체계 확립에 결정적 이바지를 했다는 점일 것이다. 이들은 당시 고령인 관계로 실무현장에 거의 나타나고 있지는 않

---

172)   권경복, 앞의 글, 12쪽

지만, 예외적으로 김정일 현지지도(기간: 1998년~2001년 6월) 수행에서 리을설(21회), 리용무(35회), 백학림(10회) 등은 왕성한 활동을 보였다. 그들 중 리을설, 최인덕의 경우는 김정일 유아기 시절부터 충직한 보호자 역할을 담당한 충복들이다. 이러한 인연은 리을설이 한 번도 혁명화 대상에 올라 비판이나 숙청 등을 당하지 않고 최상급의 예우를 받는다는 측면에서 김정일과의 관계적 특수성을 읽을 수 있다.

[표 3-2] 빨치산 출신 엘리트 현황 (2001년 기준)

소속	성 명	생년월일 (나이)	출신도	현 직책	출신 학교	특기사항
당	김익현	1916년 (85)	황북	당 민방위부장(차수)	김일성 고급당 학교	중앙위원, 중앙군사위원, 10기 대의원
	박성철	1913년 (88)	함북 길주	당 정치국원	만주용정 대성중학교	최고인민회의 상임위 명예부위원장
	이두익	1921년 (80)	만주	당 군사위원(차수)	만주안전군관 학교	
군	최인덕	1920년 (81)	함북 온성	김일성군사종합대학 총장(차수)		중앙위원, 10기 대의원
	리을설	1921년 (80)	함북 성진	호위총사령관(원수)	소련 군사아카데미	3-5, 7-10기 대의원, 중앙위원, 중앙 군사위원, 국방위원회위원
	리용무	1923년 (78)	평남	국방위부위원장 (차수)	평양학원 (군간부 양성기관)	
	이종산	1922년 (79)	중국	군수동원총국장 (차수)		10기 대의원
	김용연	1916년 (85)	만주	만경대혁명학원장 (차수)		당 중앙위후보위원, 10기 대의원
정	백학림	1918년 (83)	평남 평원	인민보안상(차수)	중앙당 정치학교 마르크스-레닌의 학원	4-10기 대의원, 중앙위원, 중앙군사위원, 최고인민회의 법제위원장
	김철만	1918년 (83)	평남	제2경제위원장	소련 군사아카데미	

두 번째로는 혁명 1세대들의 직계 후손들이다. 이들은 대를 이은 당과 수령에 대한 충성심의 검증과 김일성의 육친적 배려 하에 권력의 중심부에 일찍부터 진입한 경우이다. 김일성은 1948년에 혁명 유자녀들이 항일운동을 했던 부모들의 유업을 이어받아 반제투쟁에 매진할 수 있도록 '만경대혁명학원'을 설립하였는데, 이 출신들의 분포는 당에서는 부부장급 이상에서 8명, 군부에서는 대장급 이상 3명, 국가중앙기관 및 시·도 지방 책임관료 이상에서는 7명으로 총 18명이 권력 중심부에서 활동하고 있음이 확인되었다([표3-3] 참조).

이 만경대학원은 김정일을 비롯한 수많은 혁명 2세들이 졸업하여 핵심 엘리트로 성장하였으며, 김정일 정권의 절대적 지지기반을 형성하였다. 그중에서 군 계통에 관련을 두며 당에서 활동하고 있는 자가 3명(이하일, 오극렬, 전병호), 군부에서 3명(김영춘, 김일철, 현철해), 관료로는 연형묵 등 총 7명으로 전체의 41%를 차지하고 있다. 이들의 공통점은 혁명 2세대로서 김정일과의 출신배경에 대한 동질성과 함께 김정일 후계체계 구도에 적극적으로 지원이 되었다는 점이다. 특히 주목을 끄는 것은 시·도 당 책임비서 13명 중 주요 6개 시·도 당 책임비서는 만경대혁명학원과 김일성종합대학 출신들로 포진되어 있다는 것이다. 이는 김정일의 주도면밀한 중앙집중적 측근 통치체계가 지방의 핵심 조직까지 빈틈없이 구축되어 있음을 확인할 수 있는 부분이라 하겠다.

[표 3-3] 만경대혁명학원 출신 현황 (2001년 기준)

소속	성 명	생년월일 (나이)	출신도	현 직책	겸임 직책	기 타
당	김기남	1926년 (75)	강원 원산	당 선전 담당 비서	6-10기 대의원, 중앙위원 〈전사자 가족〉	
	전병호	1926년 (75)	함북 무산	당 군수 담당 비서	중앙위원, 7-10기 대의원, 정치국원, 국방위원회 위원	군수공업 전문
	한성룡	1923년 (78)	함북 명천	당 공업 담당 비서	5-10기 대의원, 정치국원, 중앙위원, 최고인민회의 예산위원장	경제전문
	최태복	1930년 (71)	함북 길주	당 교육 담당 비서	최고인민회의 의장, 7-10기 대의원 중앙위원, 정치국 후보의원	화학전문
	오극렬	1931년 (70)	중국 길림성	당 작전부장	9-10기 대의원	
	이하일	1935년 (66)	양강도	당 군사부장 (차수)	중앙위원, 중앙군사위원, 9-10기 대의원	작전통
	박용석	1928년 (73)	함경 북도	당 중앙위 검열위원장	중앙위원, 4, 6-10기 대의원, 〈김일 아들〉	철도운송 분야 전문
	염기순	1924년 (77)	양강도 갑산	당 조직지도부 1부부장	중앙위원, 8-10기 대의원	
군	김영춘	1936년 (65)	함북 회령	총참모장	9-10기 대의원, 당 중앙위원 국방위원회 위원	작전통
	김일철	1933년 (68)	평양	인민무력부장	중앙군사위원, 중앙위원 9-10기 대의원, 국방위원회 부위원장	
	현철해	1934년 (67)	중국 연길	총정치국조직 담당부국장	중앙위원, 10기 대의원 자격심사 위원회 위원	
정	연형묵	1931년 (70)	함북 경운	자강도 당 책임비서	4-5, 7-10기 대의원, 중앙위원, 정치국 후보위원, 국방위원회 위원	군수공업 분야 전문
	김시학	1932년 (69)	평양	개성시 당 책임비서	중앙위원, 5, 7-10기 대의원	
	이길송	1923년 (73)	함경 북도	평남도 당 책임비서	중앙위원, 5, 7-10기 대의원, 최고인민회의 상임위원회 위원	

김평해			평북도 당 책임비서	10기 대의원	
김운기		황해 남도	황해남도 당 책임비서	10기 대의원	지방당 관료 출신
이태남		함경 북도	함경남도 당 책임비서	9-10기 대의원, 최고인민회의 예산위원회 위원	지방당 관료 출신
이철봉	1936년 (65)	평양	최고인민회의 상임위원	중앙위원, 9-10기 대의원	철도분야 전문

세 번째로는 김일성이 민족간부 양성을 목적으로 세운 '김일성종합대학' 출신들의 권력 엘리트 진입을 들 수 있다([표 3-4, 5] 참조). 이들의 양성은 당의 정책적인 배려와 함께 성립되었다고 볼 수 있다. 출신배경의 검증을 받은 정치적 성향의 두뇌집단들이 김일성종합대학을 나와 현재의 권력 핵심부에서 그 전문성을 통해 업무를 장악하고 있다는 것인데, 이들 대부분이 당(黨)·정(政)에 배치되어 정책결정과정에 중요한 역할을 한다고 할 수 있다. 그런데 여기서 이들이 권력 중심부에 위치하게 되는 배경들을 다시 몇 가지로 분류해 볼 필요가 있다.

ⅰ) 김일성의 '중공업 우선중시정책'에 편승하여 (구) 소련 및 동구 유럽으로 유학을 통해 사회주의 전문 관료교육을 받은 사람(홍성남, 최태복, 박용석, 김시학, 이길송, 박남기) 등이 있다. 이들은 중공업을 통한 군수산업 분야의 중요성 및 '98년 김정일 체제 공식 출범 이후 '강성대국 건설' 목표하에서 경제 내각 개편 시 중용 또는 입각된 경우이다.

ⅱ) 또 한 부류로는 김정일이 처음 당 생활을 조직지도부와 선전선동

부에서 시작할 때 인연을 맺은 경우로 당 비서로는 전병호, 김기
남, 김국태와 조직지도부 제1부부장인 리제강 등을 들 수 있다.

iii) 그리고 도당 책임 비서인 김운기, 리태남 등은 김정일의 절친한 대
학 동창들로서 지방 조직지도부 간부 생활을 통해 김정일 체제구
축에 기여한 충성심과 조직력 장악을 바탕으로 성장할 수 있었던
경우이다.

iv) 이 외에도 내각의 경우 해당 전문분야에서 오랫동안 종사하면서
그 경험을 축적하여 내부 승진으로 발탁된 부총리 조창덕, 곽범기,
전자공업상 오수용, 체신상 이건범 등을 들 수 있다. 특히 무역상
리광근의 경우는 평양 외국어학원과 김일성종합대학을 나온 김정
일의 남산고교 후배로서 이러한 40대 신진 관료의 급부상은 당시
김정일 경제정책의 변화 가능성을 주목시키게 했다.

[표 3-4] 당(黨)에 배치된 김일성종합대학 출신 현황 (2001년 6월 기준)

소속	성 명	생년월일 (나이)	출신도	현 직책	겸임 직책	기 타
당	김국태	1924년 (77)	함북 청진	간부 담당 비서	4, 6-10기 대의원, 중앙위원 자격심사위원회 위원장	
	전병호	1926년 (75)	함북 무산	당 군수 담당 비서	중앙위원, 7-10기 대의원 정치국원, 국방위원회위원	군수 전문
	김기남	1926년 (75)	강원 원산	당 선전 담당 비서	6-10기 대의원, 중앙위원	
	최태복	1930년 (71)	함북 길주	당 교육 담당 비서	최고인민회의의장, 7-10기 대의원, 중앙위원, 정치국 후보의원	화학분야 전문
	김용순	1934년 (67)	평남 평원	대남 담당 비서	7-10기 대의원, 중앙위원, 조국평화통일 위원회 부위원장	

최영림	1929년 (72)	양강도	중앙검찰소 소장	5, 7-10기 대의원, 중앙위원, 정치국 후보위원, 최고인민회의 법제의원	
박용석	1928년 (73)	함경 남도	당 중앙위검열 위원장	4, 6-10기 대의원, 중앙위원	철도, 운송분야 전문
정하철	1933년 (68)	강원 문천	선전선동부장	9-10기 대의원 중앙위원	2001년 10월 당 비서
오극렬	1931년 (70)	중국 길림성	당 작전부장	9-10기 대의원	공군
강주일 (강관주)	1930년 (71)	평안 남도	대외연락부장	9-10기 대의원, 조국평화통일위원회 부위원장	
김양건	1938년 (63)	평남 안주	당 국제부장	9-10기 대의원, 조-일 우호 촉진 친선 협의회장	국제분야 전문
허명욱	1932년 (69)	함경 북도	35호실 실장		대남사업
송호경	1940년 (61)	평안 북도	아태평화위 부위원장		대남사업 담당
염기순	1924년 (77)	양강도 갑산	당 조직지도부 1부부장	중앙위원, 8-10기 대의원	
리제강	1930년 (71)		당 조직지도부 1부부장		문성술 후임(추측)
최춘황	60세 정도		당 선전선동부 1부부장		
장성택	1946년 (55)	강원도	당 조직지도부 1부부장	7-10기 대의원, 중앙위원	(전) 3대혁명 소조위원장
김영남	1928년 (73)	평양	최고인민위원회 상임위원장	5-10기 대의원 정치국원, 중앙위원	외교전문가
홍성남	1929년 (72)	평북 정주	내각총리	7-10기 대의원, 중앙위원, 정치국 후보위원	기술행정관료 중공업분야 전문
양형섭	1925년 (76)	함흥	최고인민 위원회 상임위 부위원장	2-10기 대의원, 정치국 후보위원, 조국통일 민주주의 전선의장	주체사상확립 공신

네 번째 군부의 경우 일부 혁명 1세대들을 제외한 총정치국, 총참모부, 인민무력부를 3축으로 하는 군부 실세들의 성장배경은 김일성 군사종합대학 및 병과 별 군사교육을 통해 그 전문성을 확보하였다고 볼 수 있다. 이들 중에는 군사 강국인 (구) 소련 군사 아카데미 등에서 수학하고 돌아와 북한군 전투력 향상에 이론적 틀과 실질적 성장을 주도한 엘리트 그룹이 포함되어 있다. 이들은 무엇보다도 혁명전통을 계승한 당의 충직한 전사로서 충성심을 앞세운 수령의 군대, 인민의 군대라는 자부심을 가진 강성대국 건설의 첨병 역할을 하는 무장력이라 할 수 있었다. 이들은 특히 2000년 10월 12일 조선로동당 창건 55돌을 기하여 최고사령관에 대한 절대적 숭배심을 바탕으로 김정일을 수반으로 하는 혁명 수뇌부를 결사옹위할 것이며, 나아가 김정일의 명령 지시와 당의 방침을 위해서라면 목숨을 기꺼이 바침으로써 김정일의 '선군혁명영도'를 충성으로 받들고 주체혁명 위업으로 끝까지 완성해 나가겠다는 '충성 서약'을 맹세함으로써 김정일 체제 유지에 절대적 역할을 하였다.

해당 시기 차수급 13명 중에서 빨치산 1세대가 8명(리을설, 이두익, 김익현, 최인덕, 이종산, 김용연, 백학림 리용무)으로 김정일 선군정치의 상징적 의미를 부여한다고 할 수 있겠으며, 또 당시 현직 군부실세들인 조명록, 김영춘, 김일철 등은 군사형 국가체제의 3대 축으로 "나의 힘은 군력(軍力)에서 나온다."라고 한 김정일을 충실하게 보필했다. 이중 조명록은 김정일을 대리해 국방업무를 총괄하고, 김일철은 국방행정, 리용무는 민군(民軍)관계를, 김영춘은 군 통솔 작전분야를 주관하였다.[173] 특히 총정치국의 조직담당인 현철해 대장, 선전선동 담당 박재경 대장

---

173) 정창현, 2000. 『곁에서 본 김정일』 (서울: 김영사), 244쪽

그리고 총참모부의 리명수 대장은 김정일 현지지도에 전천후로 수행하면서 실무형 참모로서 해야 할 역할을 했다.

[표 3-5] 정(政)에 배치된 김일성종합대학 출신 현황 (2001년 기준)

소속	성명	생년월일(나이)	출신도	현 직책	겸임 직책	기타
정	연형묵	1931년 (70)	함북 경원	자강도 당 책임비서	4-5, 7-10기 대의원, 중앙위원 정치국 후보위원, 국방위원회위원	중공업, 군수 공업분야전문
	백남순	1929년 (72)	양강도	외무상	9-10기 대의원	외교전문가
	강능수	1924년 (77)	평양	문화상		문학평론가
	이광근	1953년 (48)	평양	무역상		김정일 고교, 대학 후배
	이영복			남포시 당 책임비서	10기 대의원, 자격심사위원	당료 출신
	이길송	1923년 (73)	함경 북도	평안남도 당 책임비서	중앙위원, 5, 7-10기 대의원	
	김평해			평안북도 당 책임비서	10기 대의원	
	이수길			양강도 당 책임비서	10기 대의원	지방당 관료
	김운기		황해 남도	황해남도 당 책임비서	10기 대의원	지방당 관료
	이태남		함경 북도	함경남도 당 책임비서	9-10기 대의원, 최고인민회의 예산위원회 위원	지방당 관료 출신
	이근모	1926년 (75)	평안 남도	함경북도 당 책임비서	4-10기 대의원, 중앙위원	
	이일환	40대 후반		청년동맹 위원장	10기 대의원, 최고인민회의 상임위원회 위원	

그런 가운데서도 김정일은 인민무력부장 김일철과 총참모장 김영춘, 조직지도부 군사담당 리용철에게도 총정치국의 권한에 버금가는 권력을 실어 줌으로 조명록을 견제하였다. 김정일이 그의 후견인이었던 항일혁명 1세대인 오진우·최광 사망 이후 군의 3대 축인 인민무력부, 총정치국과 총참모부의 수장들로부터 핫라인을 구축시켜 중요 지시를 하달하거나 보고를 받는 등, 군에 대한 직접 통제를 강화한 제도적 장치는 체제출범 이후 총정치국, 총참모부, 인민무력부의 지휘관계를 실질적으로 상호 견제·수평적 관계를 형성시킴으로써 김정일 '중앙집중적 통치체계'를 구조화해 나가기 위한 이유에서였다. 이와 함께 김정일의 인·친척 현황으로는 박성철(사촌 고모부), 김영주(숙부), 양형섭(사촌 고모부), 리용무(사돈), 장성우(사돈) 등이 권력의 중심부에 위치했다.

이외에 김정일 간부 정책의 특이한 점을 하나 들 수 있다면, 80년대 이후 사회통합 차원에서 계급적 토대의 인사기준원칙에 유연성을 보였다는 점이다. 물론 김일성 정권 때도 이에 대한 예외는 있었지만, 김정일이 특별히 주문한 것은 "혁명은 성분이 아니라 사상을 갖추고 있어야 하며 계급적 토대가 수령에 대한 충실성과 반드시 일치하지는 않는다."라는 현실적 인식에 기준한 것이다. 지난날의 성분이 아니라 본인의 현재 계급적 각오 정도와 사상 상태 및 행동 등을 기본으로 봄으로써 사람 자체를 보고 또 실지 사업을 통하여 요해·검열하여 그의 사상을 파악함으로써 진실로 당에 충직한 일꾼을 간부로 등용해야 함을 강조하였다.[174] 그 대표적인 예로 계응태는 노동자 출신으로 당 중앙 공안 담당 비서에 오

---

174) 김정일, 1987, 〈당 사업을 근본적으로 개선 강화하여 온 사회의 김일성주의화를 힘 있게 다그치자〉(1974년 8월 2일), 『김정일 주체혁명위업의 완성을 위하여 3』 (평양: 조선로동당출판사), 86쪽

른 입지전적인 인물이다. 또 선전선동부 부장인 정하철의 경우는 가족적 배경이 전혀 없이 문필력과 비상한 머리로 출세한 경우다. 김중린 역시 교원 생활을 하다 발탁되어 오랫동안 대남사업에 관여하였는데, 근로 단체 담당 비서가 되었고, 보위사령관인 원응희도 노동자 출신으로 그 충성심을 바탕으로 현 위치에서 김정일의 현지지도 시 김정일의 신변 보호를 책임지며 수행했었다.

이상에서 고찰한 바에 의한다면 김정일의 인사정책을 통한 권력 엘리트의 형성은 유일지배체계에 대한 충성심을 '김정일 중앙집권적 체계'로 만들어 내면서 전통적 승계가 가지는 통치한계를 충성 서약이라는 권위 구조화를 통해 당·군·정의 각 요직에 배치하였음을 알 수 있다. 그러나 통치 카리스마를 향한 충성심이 자발적인 신앙화가 되지 않는 다음에야 통치체계의 효용성은 극히 제한적일 수밖에 없거나, 또는 강제되어질 수밖에 없다는 사실에서 김정일 체제하에 권력 엘리트 형성은 스스로 강화하여 규정화시킨 당 유일사상 확립의 10대 원칙 9조 7항을 온전히 지킬 수 없다 할 것이다. 오히려 수령과 권력 엘리트와의 관계는 필요에 따른 강제된 충분조건에 의해 형성될 수밖에 없는 태생적 한계를 가졌다고 볼 수 있겠다.

가. 엘리트들의 현지지도 수행 및 역할 분석

이 장에서는 1998년 1월부터 2001년 6월까지를 중심으로 김정일 체제 공식출범 이후의 현지지도 현황을 김정일과 권력 엘리트와의 역할 관계로 살펴보고자 한다. 쟁점은 사회주의국가에서 모든 정책결정과정이 최고 통치권자 1인에게 귀속되어 있다. 하지만 절대권력자에게 집중되어 있는 정책의 일정 부분이 권력 엘리트의 역할에서 출발하여 최고통치자의 집행 결정으로 나타날 수 있다는 논지를 피력하고자 한다. 이미 앞 절에서 북한 현지지도의 이중적 구조에 대해 언급한 바와 같이 북한에서의 현지지도가 3대에 걸친 수령체제에서 그 본래의 본질에서 벗어난 통치강화와 특히 김정일 정권에서는 개인 숭배의 기제로 활용되었다는 문제 제기는 원칙론에 대한 이론적 비판만이 가능할 것이다. 왜냐하면 권력 행위자가 현지지도를 통치행위의 도구로 어떻게 활용하는가 하는 것은 전적으로 그 자신의 고유권 행사이기 때문이다.

필자는 이러한 이중적 기능을 김정일과 권력 엘리트와의 관계로 연관시켜 분리해 내고자 한다. 또 권력 엘리트 내에서도 그 역할에 따라 김정일 통치강화와 개인 숭배의 보조기능의 역할을 하는 부류와 군사 및 경제·사회 전반에 관한 실질적인 정책설정, 입안, 현지지도 및 감독 기능의 역할을 담당하는 부류로 분리하는 작업도 시도했다. 따라서 이에 따른 준비작업의 일환으로 앞장에서 언급된 기구조직의 장들이 현지 수행에 어느 정도의 비중으로 동행하였는지를 몇 가지의 원칙에 기준하여 먼저 살펴보기로 한다.

(1) 권력 엘리트들의 현지지도 수행분포 분석

조선로동당 규약 제 51조와 52조에서 총정치국은 당 중앙위원회에 직속되어 당 정치사업을 조직하고 집행한 뒤 그 경과를 보고하도록 명시시켜 놓았다. 이는 총정치국의 임무가 군(軍)에 대한 당(黨)적 감시와 통제기구로서 당이 군을 확고히 장악하기 위한 정치적 기구인 셈이다. [표 3-6]에서 보는 바와 같이 현철해(144회), 박재경(137회) 조명록(109회) 등 총정치국 수뇌들이 설정된 기간 내에 현지지도 수행에 있어 1, 2, 4위를 차지하고 있다. 이들의 수행 성격이 군 시찰 부분에 우선을 둔 것은 당연하다. 그런데 이들은 경제 분야에도 20여회 이상을 각각 수행하고 있다. 그 이유는 인민군 병사들이 강원도, 평안북도, 황해남도 토지정리 사업이나 군부대 내에 설치 운영되고 있는 메기 공장, 염소목장 등과 자강도, 함경남북도 등 군수공업 관련 밀집 지역의 경제사업 부문에 투입되어 조직사업 및 혁명적 건설의 당위성을 추동시키는 역할을 비중 있게 수행하고 있기 때문으로 파악되었다. 또 총정치국 예속인 인민군 협주단 및 4·25 영화촬영소와 같은 선전선동의 임무를 목적으로 하는 군 관련 예술 분야의 참관을 통해 군부대의 사기를 고취시키는 분위기를 지속적으로 보장시키는 목적도 있다. 기타 김정일 중국방문 및 남북정상회담 등 접견에 따른 수행은 대외적으로 군부의 위용과 실무적 군사 관계 창구 역할기능을 수행하는 것으로 분석되었다.

이렇게 총정치국 수뇌들이 김정일 현지지도 수행에 군사, 경제, 기타 부문에 구별 없이 절대적 비중을 차지하는 가장 큰 이유는 이들이 '당 사업을 목적으로 행하는 군부 실세'들이라는 점이다. 사회 전역에 선군정치 기치하에 당적 모본의 총대정신으로 무장한 군병력들의 투입배치와 또 이들의 사업방식들은 만능불패의 군력, 혁명적 군인정신, 그리고 무엇보다도 영도자의 구상과 의도를 관철시키기 위해 투쟁하는 전사들로서 결사 실현의 정신인 '강계 정신'을 당적 목적에 부합되게 수행하는 조직집단들이기 때문이다. 따라서 이러한 군 병력의 현장 투입에 대해 이들 군 실세들의 현지 수행은 당 정치사업의 목적 달성과 군의 결속강화 그리고 김정일 '중앙집중적 통치체계'에 결사옹위의 충성심에 대한 점검과 선전을 추동시키는 다중목적을 동시에 확보할 수 있는 이상적 선택이었다고 할 것이다

다음으로 김정일 현지지도 수행에 또 하나의 비중을 차지하는 사람들이 있다. 간부부의 김국태와 조직지도부의 군부 담당 리용철, 행정 담당 장성택 등이 그들이다. 김국태는 설정 기간 내 수행 횟수가 총 118회로 전체의 세 번째에 해당한다. 이중 군 43회, 경제 49회, 기타 26회로 군, 경제 분야에 있어 대등한 수행을 한 것으로 나타났다. 그의 수행 성격은 방문지의 외형적 특성에 의한 것이기보다는, 사람과의 사업에 대한 그의 실무적 역할 때문이라 판단된다. 리용철의 경우 군 27회, 경제 28회로 먼저 군 방문의 특징으로는 예술 소조 및 공훈합창단공연에는 대부분 참석하고 있으며, 또한 경제 분야에서는 김정일이 설정 기간 내에 자강도 방문 총 7회 중 5회에 동행했으며 각 지방 군수공업과 군수식품 제조공장 방문 시에는 반드시 수행하고 있었다. 또 강원도와 평안북도 토지사업 현장과 군내의 경제사업(제염소, 메기공장, 발전소)에 집중적으로 수행하고 있는 것으로 밝혀졌다. 이러한 그의 현지 수행에서 특히 관심을 끄는 것은 군사학교 방문 시에는 반드시 동행했던 것으로 나타나고 있다는 것인데, 예컨대 각 군 엘리트 양성기관인 군사학교의 방문에 관련하여서는, 향후 이들에 대한 군 배치와 조직망 형성의 사전점검의 성격이 내포되어 있다는 점에서 그의 실무적 업무를 가늠해 볼 수 있다. 장성택의 경우 군 24회, 경제 44회, 기타 12회로 기간 내 총 80회 김정일을 수행해 왔는데, 당시 그의 업무는 북한의 각 기관을 감시 감찰하는 권

력기관들을 일체 관할했던 것으로 알려져 있다. 그러나 그의 현지지도 수행 분포도는 본연의 관할 업무와는 외형적으로는 상관없이 전천후적으로 김정일을 수행해 온 것으로 나타났다. 그러한 가운데서도 특징지을 수 있는 또 한 부문은 평안북도, 양강도, 자강도와 같이 2~6일 기간의 중, 장기 경제 현지지도에 반드시 동행했다는 점과 군수공업 지도 및 각 도의 토지정리사업 등 비중 있는 방문지에는 필히 참석했다는 것이다.

이러한 특징은 대남담당 비서인 김용순에게서도 비슷하게 나타났다. 그의 주관 담당업무인 대남관련사업에 관한 당시 정주영 현대 명예회장의 대북사업 관련 부문과 남북정상회담을 전후한 비중 있는 업무수행 관련 외에 현지지도 수행 73회에는 방문지의 다양함을 파악해 낼 수 있다. 그중에서도 김정일의 국가적인 접견이나 사회·문화 관련 부문의 방문 및 접견에서 그의 수행은 반드시 따르고 있으며, 특히 그는 장성택과 함께 평안북도와 양강도, 자강도 등의 현지지도 같은 중·장기일정과 그들의 실무와는 특별히 상관이 없다고 보여지는 방문지에도 김정일을 다양하게 수행한 것으로 볼 때, 실무적 현지지도 외의 인간관계의 특수성 또는 다른 특별한 역할을 부여받았음을 예측해 볼 수 있는 부분이라 하겠다. 그러나 그런 김용순도 2000년 12월 7일 평양시 국수공장과 타조목장 수행 이후 2001년 6월까지 공식적인 수행명단에서는 제외된 경우도 있었다.

군(軍) 분야에서 이들 다음으로 비중을 차지하는 실세들은 총참모부의 김영춘 참모장과 리명수 작전국장을 들 수 있다. 이들 두 사람은 김정일의 군 시찰을 중심으로 한 실무적인 현지지도 수행자들이다. 또한 이들은 경제 관련 부문에서도 제염소 공장과 메기 공장 등 군부대 내에서

부업으로 양식하고 있는 곳과 실 병력이 대대적으로 투입된 각 도의 토지정리사업 분야 등에 전투부대의 수장과 작전 참모로서의 실무적인 수행의 성격을 띠고 참여하고 있음이 조사분석을 통해 파악되었다.

행정 관료 부문에서는 연형묵이 25회에 걸쳐 김정일의 현지지도에 수행하였다. 도당 책임비서로서 연형묵이 김정일의 현지 수행에 일정 비중으로 꾸준히 참여했다는 것은 주목할 필요가 있다고 본다. 그는 북한 경제의 중공업 분야와 군수공업 전문가이다. 또한 자강도 책임비서로 부임하면서 자강도를 '강계정신'의 표본 도시로 변모시킨 노력 영웅이기도 했다. 그의 현지지도 수행의 특징은 의외로 김정일 해외 방문과 국가적 행사 그리고 군부대 시찰 등에 자주 수행되거나, 특히 2001년 1월 김정일의 중국 상해 방문 시 그의 동행은 북한의 경제개방에 대한 그의 전문적 역할을 기대하기도 했었다. 그다음으로 군부 세력에 있어 인민무력부장인 김일철은 조명록, 김영춘과 비교해 현지 수행 빈도가 많이 떨어져 있다. 그리고 수행 성격 또한 실무적 형태보다는 공훈합창단 공연과 국가적 행사에 대한 의전 차원의 수행이 많았다. 같은 국방위 부위원장인 리용무의 경우는 2000년까지만 활동이 나타나고 있다. 이는 고령으로 인한 건강의 문제에 기인하는 것으로 추측이 되었다.

[표 3-6] 1998년~2001년 6월까지 현지지도 수행 집계표

번호	성명	소속	1998 (1월~12월)				1999 (1월~12월)				2000 (1월~12월)				2001 (1월~6월)				합계			
			군	경	기	계	군	경	기	계	군	경	기	계	군	경	기	계	군	경	기	계
1	현철해	군	39	6	5	50	27	7	2	36	16	8	3	27	19	5	7	31	101	26	17	144
2	박재경	군	37	6	4	47	24	7	2	33	16	8	3	27	18	5	7	30	95	26	16	137
3	김국태	당	15	9	9	33	13	13	4	30	4	19	6	29	11	8	7	26	43	49	26	118
4	조명록	군	31	4	6	41	26	2	4	32	9	11	8	28	4	1	3	8	70	18	21	109
5	김영춘	군	28	4	5	37	26	2	3	31	10	9	9	28	4	0	3	7	68	15	20	103
6	장성택	당	9	9	5	23	10	14	2	26	2	15	3	20	3	6	2	11	24	44	12	80
7	김용순	당	7	5	9	21	8	9	5	22	3	13	13	29	0	0	1	1	18	27	28	73
8	김일철	군	8	2	5	15	16	1	4	21	10	8	8	26	3	0	3	6	37	11	20	68
9	리용철	당	11	6	4	21	11	9	0	20	2	5	2	9	4	7	2	13	28	27	8	63
10	리명수	군	15	0	0	15	10	4	0	14	9	2	1	12	14	4	1	19	48	10	4	62
11	박송봉	당	5	9	1	15	7	9	1	17	1	15	2	18	0	2	1	3	13	35	5	53
12	김기남	당	13	7	7	27	8	8	4	20	0	1	0	1	0	0	0	0	21	16	11	48
13	김하규	군	32	4	4	40	0	0	0	0	0	0	0	0	0	0	0	0	32	4	4	40
14	리용무	군	2	3	2	7	13	5	2	20	1	4	3	8	0	0	0	0	16	12	7	35
15	정하철	당	3	0	2	5	1	1	1	3	0	4	4	8	4	3	6	13	8	8	13	29
16	연형묵	정	1	4	0	5	5	3	1	9	0	6	0	6	0	1	4	5	6	14	5	25
17	최태복	당	4	2	2	8	2	0	2	4	1	4	1	6	0	0	4	4	7	6	9	22
18	리을설	군	3	0	3	6	7	0	2	9	0	2	2	4	1	0	1	2	11	2	8	21
19	최춘황	당	1	0	1	2	4	8	1	13	2	3	1	6	0	0	0	0	7	11	3	21
20	계응태	당	5	2	6	13	1	0	0	1	0	1	1	2	0	0	3	3	6	3	10	19
21	전재선	군	5	0	0	5	5	0	1	6	4	0	0	4	1	0	0	1	15	0	1	16
22	전병호	당	3	0	1	4	2	2	2	6	0	2	2	4	0	0	1	1	5	4	6	15
23	김영남	정	2	0	1	3	0	0	4	4	1	0	4	5	0	0	1	1	3	0	10	13
24	김중린	당	2	1	2	5	1	0	1	2	0	2	2	4	0	0	2	2	3	3	7	13
25	박기서	군	0	0	0	0	5	0	2	7	3	0	0	3	0	0	0	0	8	0	2	10
26	강석주	정	3	0	0	3	1	1	0	2	0	0	1	1	0	0	4	4	4	1	5	10
27	김윤심	군	3	0	0	3	0	0	3	3	0	0	3	3	0	0	1	1	10	0	0	10
예외	주규창	당	0	0	(박송봉·후임)	0	0	0	0	0	0	0	0	0	1	2	2	5	1	2	2	5

※ [표3-6]은 필자가 해당 기간 자체 조사한 〈부록Ⅰ〉을 집계한 것임.

※ 군: 군사, 경: 경제, 기: 기타(접견, 방문) 등.

당 비서국 소속 권력 실세들의 현지지도 수행의 동향은 선전담당 비서인 김기남[175]의 경우 1998~1999년도에 걸쳐 상당히 의욕적인 수행 활동을 해 왔으나 2000년 이후 수행 활동은 단 1회에 그치고 있는데, 이는 고령으로 인한 건강 이상으로 확인되었다. 이 기간 내에 선전선동부장인 정하철이 그를 대신하여 수행 활동이 증가추세로 나타났다. 정하철은 상당한 문필가로 한동안 선전선동부에서의 그의 입지와 역할 비중이 컸다.[176] 김정일의 현지지도에 있어 중요한 분야가 제2경제인 군수공업 부문이라 할 수 있다. 담당 비서인 전병호의 고령으로 인하여 그동안 박송봉이 실무적인 업무 전담을 사망하기 직전까지 현지 수행을 해오다 이후 주규창이 후임으로 2001년 4월부터 활동하였다.

　　그 외의 최태복(교육), 리을설(호위사령관), 계응태(공안), 전병호(군수), 김영남(최고인민회의 상임위 위원장), 김중린(근로단체)비서 등이 김정일의 현지지도 수행에 일정 부분 참여하고 있는데, 이들은 고령들로 금수산 기념궁전 방문, 국가적인 기념행사 및 공연, 외국빈 접견 행사 등을 위주로 수행됨으로써 실질적인 현지지도 수행 성격과는 의미가 다르다고 할 수 있다.

　　이상에서 살펴본 바와 같이 김정일의 현지지도에 수행되고 있는 권력

---

175)　김기남은 2000년 4월 이후 당뇨와 고혈압 등으로 공개 활동을 하지 못하다가 2001년 8월 26일 김정일의 강원도 법동군 룡포혁명사적지와 울림폭포 현지지도 시 다시 모습을 나타냈다. 조선중앙통신, 2001년 8월 26일 자 보도.

176)　정하철은 〈평양방송〉과 〈조선중앙방송〉이 2001년 9월 16일 오후 5시 뉴스에서 김정일 로동당 총비서 겸 국방위원장이 그해 '9월 27일 닭 공장'을 현지지도한 소식을 전하는 가운데 '당 중앙위원회 비서들인 김국태 동지, 김기남 동지, 정하철 동지…'가 동행했다. 또 같은 날 오후 8시 뉴스에서도 그의 직책을 '당 중앙위 비서'라고 전했으며 위성 중계된 조선 중앙 텔레비전도 그를 당 위원회 비서로 소개했다. 『연합뉴스』 2001년 9월 13일.

엘리트들은 어떤 의미로든 그 역할의 성격과 그에 따른 중요성을 함축하고 활동하였다고 보아야 할 것이다. 왜냐하면 이들은 김일성·김정일 정권 수립과 권력승계의 증인 및 지지동반자들이기 때문이다. 또 이와 같은 기득권 확보는 이들이 이 정권의 권력 중심부에 위치하여 일정 부문 국가정책의 결정 과정에 실질적인 권한 행사를 하는 것으로 추정해 볼 수 있는 부분이기도 하다.

(2) 권력 엘리트들의 역할 분석

(구) 소련이나 동구 사회주의 체제가 붕괴했음에도 불구하고 사회주의 정치체제와 경제 개방정책을 동시에 절묘하게 구사함으로써 일단의 성공적인 모델로 주목받고 있는 중국을 통한 북한의 변화 모색은 김정일의 중국방문을 통해서도 이미 확인된 바가 있다. 사실 중국의 변화는 실사구시를 추구했던 덩샤오핑 및 개혁 성향의 지도자들 등장과 이에 따른 권력 엘리트들의 인식 전환으로 가능했다. 북한 또한 외형적으로는 중국에서처럼 김정일 체제구축을 통해 구세대에서 신진세대로의 전환기 과정을 일정 부분 거쳤다고 볼 수 있다. 그런데도 문제는 김정일 정권의 정책집행 과정에 있어 최고결정권자의 인식 전환의 바탕에 의한 정책 성향과 정책결정구조 과정이 중국과 유사한 시각으로 반영이 되고 있는지며, 또 권력 엘리트들은 정책결정에서의 역할이 어느 정도의 힘으로 추동되느냐는 것이다.

지금껏 일반적 관점에 기준할 때, 북한은 중국처럼 오랜 혁명동지들로 이루어진 집단지도체제의 경쟁적인 노선이 발달할 수 있는 전통적인 토양이 아니라 숙청을 통하여 파벌주의를 배격하고 수령제에 입각한 유일 지배체계를 확립했다는 점이다. 그리고 김일성에서 김정일로의 권력 이양은 전통적 권위에 따른 세습 승계란 점에서 다른 정책 노선이나 갈등 집단이 전혀 없는 오로지 최상부로부터의 지시에 의한 무조건성 정책결정 시행만으로 가능했다. 하지만 그런 가운데서도 북한의 '민주주의 중앙집권제'라는 이론적 구조의 틀을 빌어 제한적으로나마 권력 엘리트의 의사 반영이 변형된 유형으로 적용 가능함을 추정해 볼 수 있다. 그 이유는 항일혁명 1세대들의 경험적 훈수가 김정일의 의사결정에 예측 가능한 통치로 길잡이가 될 수 있었기 때문이다. 물론 통치자가 수반하는 의지적 결정에 거부 의사를 표명할 수는 없겠지만, 인민을 토대로 한 정책 반영의 고민에는 수령의 절대적 권위에 위반되지 않는 한 절충과 제한적 수용은 열려 있다 할 것이다.

북한에서 '민주주의 중앙집권제'는 민주주의와 중앙집권제의 두 가지 측면을 가지고 있다 했다. 먼저 '당 안에서 민주주의'는 당원 대중의 직접적인 참가 밑에 당 조직을 구성하고 운영하며, 당원 대중의 의사에 따라 문제를 토의 결정하며 당원들의 창발성을 동원하여 모든 것을 풀어나가는 것을 말하며, 당의 '중앙집권제'는 당원은 당 조직에, 소수는 다수에, 하급 당 조직은 상급 당 조직에 복종하며 전 당은 수령과 당 중앙에 절대복종하는 구조(틀)와 기능(역할)을 그 내용으로 삼고 있다. 이에 따라 전자의 경우 혁명과 건설에서 당적 지도는 당 조직들의 해당 부문, 해당 단위에 대한 지도를 통하여 구체적으로 실현되어야 하며, 당 위원회는 해당 단위의 최고 지도기관으로서 당 정책에 근거하여 집체적으로 토의하고 사업 방향을 결정하며, 그 집행을 장악·지도하는 당적 지도의 기본 요구를 구현한다고 '당의 각 조직의 책무'를 통해 명시해 놓고 있다.[177] 이처럼 당 안에서 민주주의 원칙에 의한 당 안에서 각 조직의 책무가 일정 부문 권한과 자율성을 보장하고 있다는 것은 흔히 '중앙집권제'에 당의 기능과 역할을 귀결시켜 버리는 일반적 관념에서 그 기능적 독립성으로 분리할 수 있다는 가능성을 추정해 낼 수 있는 것이다.

이와 같은 추론은 권력 엘리트들의 역할과 기능이 당 안에서 일정 부문 작동되고 있음을 가능케 하는 것으로 이를 앨리슨의 Essence of Decision[178] 이라는 정책 결정 모형을 적용하여 좀 더 구체적으로 접근해 보기로 한다. 앨리슨은 정책 결정의 유형으로 합리성(rationality) 모델, 조직(organization) 모델, 그리고 관료정치 모델로 나누고 있다.

그에 의하면 '합리성 모델'은 정책결정과정에 있어 정책결정자는 정책의 목적을 정확히 알고 있으며, 또 목적 달성을 위한 선택안, 제일 나은 선택 방법 및 그 정책의 대응책까지도 충분히 소유하고 있다고 가정하는 것이다. 다시 말해 이는 그가 소유하고 있는 모든 정보의 허용범위 안에서 가장 합리적인 정책안을 선택한다는 모형이다. 그러면 이 유형을 북한에 적용했을 시 김정일이 모든 정책목표를 과연 북한의 국가이익을 위해 합리적 결정을 내리겠느냐 하는 것인데, 그 이유는 그의 개인 인격 (Personality) 형성과 이데올로기 등의 개인 이해관계가 정책 결정에 더 큰 영향을 미칠 수 있기 때문이다. 또한 김정일이 아무리 유일지배체제 하의 통치권자라고 하지만, 이 모델이 제시하는 충분한 정보를 총체적·실질적으로 확보하고 있느냐는 점이 권력 엘리트의 역할에 의존할 수밖에 없

---

177) "당의 각 조직의 책무" 『영도체계』, 140쪽

178) Graham T. Allison, Essence of Decision: *Explaining the Cuban Missile Crisis* (Boston: Little, Brown and Company, 1971), 256~257쪽

는 또 하나의 이유이다. 왜냐하면 모든 사회주의국가의 중앙집권제의 공통된 문제 중의 하나는 정책결정자와 하급 기관에서 정보를 획득하고 있는 사람 간의 간격이 크다는 점에서다. 이는 정보공유의 편차가 심한 상태에서 올바른 정보획득을 통한 합리적인 정책결정을 신속히 내릴 수 있느냐는 것과 아울러 그 많은 과중 정보(information overload)를 어떻게 합리적으로 완전히 소화할 수 있느냐는 것이다. 따라서 일정 부분 정책결정의 권한은 담당 권력 엘리트들에 의해 행사된다고 보아야 한다.

두 번째 '조직(organization)모델'로 정책결정과정은 국가의 다양한 기관들이 각기 자기의 특성이나 조직체계의 규정에 따라 행동하고 그 결과가 정책으로 나타난다. 이 모델의 주안점은 정책결정 이후 이를 집행하는 여러 조직의 행동규범이나 절차에 더 많은 역점을 두고 있다는 점이다. 다시 말해 담당 부서의 행동규범에 따라 절차가 진행되고 그 결과를 보고한다는 것이다. 그런데 이 유형을 북한에 적용할 때 어떤 면에서는 김정일의 절대권력이 이 시스템 체계를 무시할 수 있다는 문제가 발생한다. 왜냐하면 권력의 절대성 확보 차원과 최고통치자의 특별한 관심 분야에 편중된 정책결정 행위가 필요할 수도 있기 때문이다. 그런데도 이 모델이 유용한 것은 김정일의 측근 통치행위가 당 비서국을 중심으로 한 통치라인 체계를 활발하게 작동시키고 있다는 사실에서 상례화(routinized)된 업무이거나 부서 고유업무에 관해서는 각 기관의 활동으로 획득되는 정보에 의존한 정책결정이 이루어질 것이라는 가능성 때문이다. 특히 당비서국 내의 조직지도부와 선전선동부 그리고 간부부의 경우 김정일의 '중앙집권 통치체계'형성에 하부의 조직적 시스템의 작동이 상부의 절대권력에 초점을 맞추어 움직인다는 점이 이를 보증한다.

앨리슨의 세 번째 모델은 '관료정치 유형'인데 이 모형은 정책결정의 참여자들이 서로의 자기 이해관계 중심으로 이익과 편견을 대표함으로써 최종결정은 참가자들의 협상과 조절의 산물이라는 것이다. 이 과정에서 중요한 요소(factor)는 관료기관 간의 권력관계이다. 관료제도[179]는 분권과 조정을 통해 더 합리적이고 과학적인 문제 해결을 꾀하는 수단이라는 Max Weber의 주장과는 상반된, 다시 말해 각 이해관계의 이익들이 하나하나 결정된다는 의미라 하겠다. 이것은 관료제도를 부정적으로 보고 있는 post-Weberian의 관료 이론에 근거한 것이다. 이 모형이 북한의 정책결정에 일반적으로 적용하기에는 다소 타당성이 부족할 수도 있다. 왜냐하면 당(黨) 중심의 정책결정 집행이 군(軍)과 정(政)을 주도하기 때문이다.[180] 그러나 김정일의 통치행사에 있어 당과 군의 전략적 선택으로 인한 권력부서 간의 견제와 대 외교정책 등의 일련의 정책결정과정에 있어 군부를 중심으로 한 강경-보수와 외교·경제를 중심으로 한 실용-개방정책 노선 간 이해관계의 상충함이 존재할 수 있다는 예측이 이 이론을 적용할 수 있게 한다는 점이다.[181] 이러한 예는 앞의 [표

---

179) 이 모형은 관료집단뿐 아니라 파벌모형(faction model)에까지 적용되며 또 다른 측면으로는 정책 결정 과정에서 파벌을 대표하는 지도자들의 대립이 아니고 사회 각계 각층의 이익을 대표하는 세력들이 참여하여 각각의 지지기반 이익을 대변한다고 가정하면 이 관료정치의 모형은 민주주의 측면을 다분히 포함하고 있다.

180) "당 일꾼들은 행정, 경제일꾼들이 당의 노선과 정책에 따라 올바르게 사업해 나가도록 방향을 잡아 주며 조직정치사업을 짜고 들어, 모든 당원과 근로자들이 경제 과업을 수행하기 위하여 몸 바쳐 투쟁하도록 당 정책집행 정형을 늘 검열하고 총화하고 재포치하여 당 정책을 중도 반대함이 없이 철저히 관철하도록 끊임없이 이끌어 줘야 합니다. 이것이 행정, 경제사업에 대한 당적 지도의 기본욕구입니다." 김일성, 『김일성 저작집 7』, 89쪽

181) 이홍영, 1993. "북한의 정책 결정 과정 속의 지방과 중앙의 역할"『사회과학과 정책연구』, 제15권 제2호, (서울: 서울대학교 사회과학연구소) 192~194쪽에서 앨리슨의 Essence of Decision을 도입 인용했다.

3-6]에서 나타났듯이 당 비서국 조직지도부 및 선전선동부의 부부장급들과 총정치국 조직담당 및 선전 담당이 김정일의 현지지도에 함께 수행한다는 점에서 확인할 수 있다.

이상과 같은 세 모델은 어떤 체제를 막론하고 변형된 유형으로 적용할 수 있다고 가정할 때, 북한의 정책결정과정은 김정일이 모든 정보를 광범위하게 확보하여 합리적으로 단독결정하기에는 무리가 있다 할 것이다. 따라서 검증된 측근 실세들을 통한 정보의존은 곧 상례화된 업무가 해당 고유의 조직규범에 따라 정책결정으로 집행될 수밖에 없을 것이다. 이런 점에서 권력 엘리트의 역할론에 일정 부분 힘을 부여할 수 있다는 가능성을 도출해 낼 수 있다. 그리고 그러한 공간을 당 안의 '민주주의 원칙'에서 열어 놓고 있다고 보는 것이다. 현지지도 또한 이러한 관점하에 김정일과 권력 엘리트 간의 관계를 설정해 볼 수 있을 것이며, 또 권력 엘리트별로도 그 기능적 역할을 추정해 낼 수 있다. 그런 가운데 김정일 현지지도 통치의 이중적 구조는 권력 엘리트들의 기능과 역할을 통해 김정일 중앙집권적 통치의 절묘한 전략적 성과를 생산해 내었다고 할 것이다.

가) 상징적 차원

김정일의 현지지도의 이중적 구조의 작동은 김정일 체제의 공고화 및 개인 우상화 기능과 맞물려 진행되었다고 볼 수 있다. 과거 김일성은 현지지도를 그의 특유한 언변으로 적절한 정치적 호소를 통해 대중발동을 일으키는 통치 기제로 삼았다. 이러한 노력은 그가 내각 수반으로 경제

지도 활동을 하던 사회주의 집단화 초기 단계에서 경제성장을 통해 검증되기도 한 부분이다. 또한 김일성은 혁명 1세대들과 항일무장 혁명의 실전적 경험을 바탕으로 정권을 수립하여 통치 구조의 정당성을 확보했고 중국, 소련의 사회주의 노선을 북한 실정에 맞게 적용해 시기별 정치 이론과 당의 노선 입장을 인민대중들에게 설득력 있게 제시하였다. 또 이를 직접 꼼꼼히 챙김으로써 수령의 유일지배체제를 공고화시킬 수 있었다.

반면 김정일은 그러한 통치 기반이 취약할 수밖에 없다는 측면에서 김일성과 같은 입지확보는 단시일에 구축하기는 어려웠다. 이에 따라 당 권장악과정에서 살펴본 많은 외적 기제들이 그의 통치체제구축에 어떠한 형태로든 동원될 수밖에 없었다 하겠다. 이를 위해 유훈통치, 인덕정치, 광폭정치 등이 그의 효성심과 수령후계자로서 인민의 어버이 역할을 대물림하고 나아가 통이 큰 정치를 대내외적으로 각인시켜 냄으로써 김일성 못지않은 지도자로서의 기품을 보여 주어야 했다. 그리고 무엇보다도 그의 체제 공고화와 우상숭배 구축의 기능적 역할을 한 것은 혁명 1세대와 군부 그리고 원로 행정관료들의 지원이라 할 수 있다. 이들의 공통점은 우선 '혁명승계론'의 보증인들이라는 점이다. 이들은 김일성 시대부터 담당 기능의 역할을 통해 해당 분야의 지지기반을 확보해 온 원로들로서 이들의 현지지도 수행은 김정일에게는 더 없는 절대 권위확보의 훌륭한 보증과 힘이 될 수 있었다.

두 번째는 '강성대국' 목표의 최일선에서 '결사옹위 정신', '강계정신' 등의 무장력을 통해 '충성 서약'을 한 군 수뇌부의 역할론이 김정일 현지지도에 상징적 의미를 보장해 주었다. 예컨대 김정일 현지지도에 있어 절대화, 우상화는 군부 중심의 혁명 1세대와 원로 행정관료들이 보호인 역할을 수반하였다는 점이다. 그 대표적인 수행 엘리트 실세로는 군부의 조명록 총정치국장으로 71세의 나이에도 불구하고, 그는 설정 기간 내에 김정일 현지지도 243회 중 109회를 수행함으로써 수행률 44.8%의 높은 참여를 나타내었고, 특히 군부대 수행은 128회 중 78회로 55%로의 높은 참여를 보인다. 그 외에도 군부에서 리을설 호위 총국장 21회, 리용무 국방위 부위원장 35회와 당에서는 김국태(간부 담당) 118회, 김기남(선전 담당) 48회, 최태복(교육 담당) 22회, 계응태(공안 담당) 19회, 전병호(군수 담당) 15회, 김중린(근로 단체) 13회 비서와 전문 관료인 김영남(최고인민회의 상임위 위원장) 13회 등이 적절히 방문 성격에 맞게 현지 수행에 동참함으로써 김정일 현지지도의 상징적 의미와 함께 통치확보의 충실한 보호기능 역할을 담당하였다.

나) 실무적 차원

북한경제는 김정일의 등장과 비슷한 시기인 1970년 초반부터 쇠락하기 시작했다. 이에 따라 김정일은 3대 혁명소조운동, 3대 붉은기쟁취운동, 속도전, 대건축사업 등을 시도했으나 경제회복에는 실패했다. 그 실패 원인의 내적 요인으로는 선군정치를 표방한 군사 중시 정책, 계획경제의 고수, 중공업 편중, 소비재생산 경시, 기념비적 건조물 건축 등을 들 수 있다. 김정일은 이러한 경제정책의 잘못 적용으로 인한 경제침체가 그의 전통적 권위로 승계한 혁명 정통성을 약화하는 결과를 초래했다고 인식하고, 그의 공식적 출범을 계기로 주민들의 심리적 전환을 통한 주민통합과 동원이 필요하게 되었다. 따라서 새로운 주민동원정책의 하나로 1998년 8월 22일 「로동신문」을 통해 '강성대국론'을 발표했다. 그의 강성대국 건설은 군사, 사상, 정치와 경제 분야로 구분하여 제시되었는데, 이 중 1998년 1월 16일~21일까지 자강도 내 인민 경제사업지도는 경제 강성대국 건설의 출발신호로 볼 수 있다. 김정일의 경제 분야 현지지도는 크게, 대자연 개조사업의 하나인 토지정리사업 부문, 군수공업 경제 부문, 인민 경제 부문, 군부대 자급자족경제 부문으로 나눌 수 있다. 먼저 토지정리사업에 있어서는 1999년 2월 강원도 토지정리사업, 2000년 5월 평안북도 토지사업,[182] 2000년 12월 황해남도 토지정리사업을 들 수 있고, 여기서 김정일은 조직정치사업을 통해 사업 기간을 짧게 할 수 있다고 독려했었다.

군수공업 경제 부문은 현재까지도 북한경제의 '필요악'이라 할 정도로 인민 경제와 상충하고 있는 부문이다. 그런데도 김일성은 1990년대 와서 핵무기 개발 문제로 미국과 마찰을 일으킨 상황에서 심각한 경제난에도 불구하고 국방력 강화에 집중해야 하는 이유를 밝히면서 군수산업에 대한 투자가 인민들의 생활 향상과 상충관계에 있음을 다음에서처럼 솔직히 밝히고 있다.

"국방공업을 발전시키는 데도 계속 큰 힘을 넣어야 하겠습니다. 크지 않은 우리나라가 자체 힘으로 국방공업을 발전시키다 보니 부담이 크지 않을 수 없습니다. 우리가 지금 있는 군수 공장들을 다 경공업 공장으로

---

182) 사업 기간은 1999년 가을~2000년 가을까지로 계획되어 있었는데 2000년 5월 15일자로 5만 정보가 규격 포전화됨. 조선중앙통신, 2000년 5월 16일.

전환하고 국방건설에 돌리는 자금과 자재를 인민 생활을 높이는데 돌린다면 우리 인민은 지금보다 훨씬 더 잘 살 수 있을 겁니다. 그러나 우리가 더 잘 살겠다고 국방공업을 소홀히 하면 제국주의자들에게 먹히울 수 있습니다. 우리는 곤난을 좀 겪고 화려한 옷을 입지 못한다고 하더라도 국방공업을 계속 발전시켜야 합니다."[183]

이만큼 북한은 인민 경제 중요성을 인식하면서도 체제 유지를 위한 선택의 우위로 군수경제 중요성을 역설하였다. 군수공업의 주요 지역으로는 자강도 희천시와 강계시가 대표적이다. 김정일은 설정 기간 총 7회에 걸쳐 이곳을 방문했는데, 자강도 현지지도 부문은 북한이 1997년 '고난의 행군'에 이어 1998년 '사회주의 강행군'을 시작하면서 자강도 인민들의 '일 본새'와 '강계정신'이라는 새로운 대중운동 구호를 제창한 중요한 의미를 지니는 곳이다. 또한 이곳은 50년대 김일성의 강선제강소 현지지도와 비견되면서 '제2 천리마 대진군'의 발단을 연 의미 있는 지도 활동이었다고 주장했었다. 이와 함께 성진제강 현지지도의 경우 '성강봉화'를 통해 강성대국 건설을 위한 새로운 기치로 삼았는데, 이처럼 김정일의 군수공업 경제 부문 현지지도는 설정 기간 자강도를 중심으로 각 지역별로 배치된 기업소, 공장분포 비중과 거리에 따라 대개 2~3일 동안 집중적으로 방문 지도를 했던 것으로 나타났다([표 3-7] 참조).

---

183) 김일성, 1996. 〈당면한 사회주의 경제건설 방향에 대하여〉 (1993년 12월 8일), 『김일성 저작집 44』 (평양: 조선로동당출판사), 284쪽

[표 3-7] 군수공업 지역 현지지도 현황 (1998년 1월~2001년 6월)

년도	1998년	1999년	2000년	2001년 6월
총 19회	· 자강도 일대 (1. 16.~21.) · 성진 제강 (3. 14.) 보도 · 자강 희천 (6. 1.) · 청천강 지역 (6. 8.) · 자강 희천 (10. 20.) · 자강 만포 (10. 22.) · 함북 일대 (11. 18.) 보도	· 함남·북도 일대(3. 30.) · 자강도 일대 (6. 17.) · 자강도 일대 (9. 12.~14.) · 함남 일대 (9. 22.~24.)	· 평북 일대 (1. 25.~28.) · 평북 일대 (5. 16.) · 함북 일대 (8. 1.~2.) · 함남 일대 (8. 26.~27.) · 자강도 일대 (8. 28.~31.)	· 평북 일대 (1. 21.~23.) · 평안북도 (2. 14.) · 함흥 시내 (4. 11.)

※ 필자가 자체적으로 조사한 〈부록 I 〉을 기준으로 함.

군(軍)부대 시찰 부문에 있어서는 105만여 명에 이르는 대군 앞에 현지지도는 가장 효과적인 이미지 구축과 권위확보를 동시에 획득할 수 있는 확실한 수단이 된다. 그에 따라 김정일은 현지 방문을 통해 이들에게 '군의 사기', '훈련의 추동력', '군에 대한 신뢰' 등을 확인시켜 주고 군(軍)은 김정일에게 '체제에 대한 보위심', '충성심', '임전무퇴와 살신성인의 정신'을 바친다 할 수 있다. 그러나 식량 및 에너지난과 자연재해 등으로 인한 북한경제의 피폐한 현실은 이러한 상호관계를 무너뜨릴 요소를 충분히 내포하고 있다는 측면에서 김정일의 현지지도는 군을 중심으로 한 경제극복 방안[184]을 독려했던 것으로 확인되었다. 따라서 실무형 권력 엘리트들의 인민 경제회복 방안과 군부 조직의 결속과 충성심 확보에 대한 정책제시와 활동 기능은 더욱 가중된 것으로 분석할 수 있다.

이상에서 살펴본 경제 부문(군수 경제, 인민 경제) 현지지도에서의 군부대 시찰의 성격은 인민대중의 삶의 질과 혁명 전사들에 대한 사기 진작을 작동시키는 실무적 차원의 지도 방문이 될 수밖에 없었다고 하겠다. 이러한 사실은 현지지도를 통한 김정일 바라기의 체제 정통성 확보가 군과 인민 삶의 보증을 담보한 이중적 구조의 의미를 내포한 경제지도사업이라는 점에서였다. 이러한 현지지도를 실무적 관점에서 추적해 보면 권력 엘리트와 해당 부서의 기능별, 직능별 역할은 당 중앙위원회와 지방도·시 인민위원회 간에 민첩하게 진행되었다. 그리고 현지지도 결산은 해당 지역 도당, 시당 확대 회의를 열어 지도 결과에 대해 총화를 통하여 현지에서 문제 해결에 대한 결론을 내린다.

또한 보다 중요한 사항들은 중앙당에서 전체적인 성과와 문제점을 다시 한번 총화하고 이를 다른 도·시 지역으로 확산시키는 후속 조치가 이루어진다.[185] 현지 총화 때는 도당 기업소 책임급 간부들과 중앙당 수행 간부들이 함께 참석한 가운데 김정일의 과업 제시가 이루어졌다. 그 뒤 중앙당 전원회의에서는 실질적인 후속 조치 사항에 대한 세부 방침을 결론지어 전문부서의 구체적인 시행방안이 작성되고 최종비준을 얻

---

184) 대자연 개조사업인 '태천발전소 건설', '강원도, 평안북도, 황해남도 토지정리사업' 등과 군부대용 '정제 소금공장'(서해 광양만), '송암명기 소목장', '메기양어장'(메기 양어 양식 관리는 인민무력부 소관), '가금 목장'(평양시), '6월 20일 발전소', '타조 목장'(약 40여만㎡) 등 그 외 많은 부문의 인민 경제회복을 위한 독려를 인민군 전투 병력을 동원해 진행하였음이 자료 분석을 통해 확인됨. 더 자세한 내용은 〈부록Ⅰ〉참조.

185) 정창현, "현지지도" 『통일경제』, 1997년 12월 호, 95쪽

은 뒤 해당 지역 또는 각 도·군으로 교시화되어 전달, 집행하는 일련의 실무수행과정이 이루어졌다고 볼 수 있다. 이에 대한 시행 여부의 확인과 결과는 기간 내에 김정일의 '재방문'[자강도 희천시('98년), 강원도 토지정리사업('99년), 량강도 대홍단군('00년)], '기념 보고회'[자강도('98년) 김정일 56돌 보고회에 채택됨], '김정일 온정 전달모임 보고회'[함흥시 청년 염소목장('01년)] 등으로 나타난다. 이와 같은 과정에서 실무형 권력 엘리트들은 현지의 현황들을 파악하고 문제점을 발견하여 김정일이 총화 시 결론을 쉽게 내릴 수 있도록 정책결정방향을 제시하거나 또 김정일의 과업 제시에 대한 정책 입안의 총체적 역할을 담당했다.

이 역할의 실무형 권력 엘리트 유형으로 당에서는 간부부의 김국태 118회, 조직지도부의 장성택(행정) 80회, 리용철(군사) 63회, 선전선동부의 정하철 29회, 최춘황 21회, 군수공업부의 주규창 58회(전임 박송봉 53회 포함) 등이며, 군부에서는 총정치국의 현철해(조직) 144회, 박재경(선전) 137회와 총 참모부의 리명수(작전) 62회를 들 수 있다. 그리고 관료로는 연형묵 25회를 들 수 있는데 그가 군수공업 메카라 할 수 있는 자강도 당 책임비서를 장기간 책임지고 있었다는 것은 김정일이 군수공업 부문에 얼마나 큰 비중을 두고 있는가를 확인할 수 있는 중요한 대목일 것이다.

김국태의 경우 당 비서로는 가장 많이 현지 수행한 인물로 그는 혁명 2세대라는 입지와 오랜 경륜으로 상징성 부여와 함께 현지 실무 수행도 가장 왕성히 활동하는 것으로 확인되었다. 보수성향의 그는 충직한 원칙주의자로 당적 사업에서 가장 중요한 사람과의 사업을 실질적으로 주관하는 자로서 현지의 지방행정 및 경제기관, 공장 및 기업소 단체들에 대한 간부들의 제 문제들을 파악한다. 이는 감시와 통제체제의 대상이 사람이라는 관점에서 그의 현지 수행의 성격이 분명해지는 부분이라 할 것이다.

리용철은 군내의 당 조직망에 관한 일체의 현황들을 김정일에게 직보하는데, 그는 인민무력부 소관의 모든 대상을 상대로 김정일의 지시대로 일하는가를 당적으로 지도, 감시, 통제하며 군 수뇌 및 주요 핵심을 제외한 군 관련 인사들을 관장하기 위해 현지지도 수행에 적극적으로 참여하였다. 그의 현지 수행은 군 28회, 경제 27회로 대등한 횟수를 보이는데, 이는 북한 경제회복 추동의 힘이 군력(軍力)에 의존하고 있다는 측면에서 군 병력투입 현지에 참여했던 것으로 확인되었다.

장성택의 경우는 조직지도부의 기본사명인 북한의 전체 간부들과 당원들, 주민들의 당 생활을 장악 통제하는 부문[186] 중에 사회안전성, 정치국, 중앙검찰소와 중앙재판소 등의 당 위원회를 통해 전국의 모든 사회안전, 사법, 검찰 부문 간부들과 당원들의 당 생활을 지도 통제하며 동향을 장악하였다. 그 활동 영역 범위와 권한은 막강하여 모든 사업을 철저히 '당의 유일사상 확립의 10대 원칙'에 기초하여 진행하는 실세 역할을 하였던 것으로 파악되었다.[187] 그러나 현지지도를 통해서 나타난 그의 동행 성격은 이상의 업무에 국한되지 않은 광범위한 수행으로 나타났음은 당시 장성택의 실세 역할을 가늠할 수 있게 한다. 선전선동부 정하철의 경우 김기남 선전 담당 비서의 활동이 중단된 2000년 4월 이후 본격적으로 수행에 참여하기 시작했다. 특이한 것은 이 부서의 제1부부장인

---

186) 김일성, 〈조선로동당 건설의 력사적 경험〉, 『김일성 저작집 40』, 51쪽
187) 현성일, 앞의 논문, 64~65쪽

최춘황이 김기남 비서의 활동 시기에는 그의 참여 비중도 높다가 정하철 등장 이후 급격히 감소했다는 점이다. 이들의 수행은 군, 경제, 기타 구분 없이 참여하는 것으로 나타났는데[188] 이는 사회 전반에 걸쳐 당 사상 생활에 대한 지도의 중요성을 일깨워 주는 부분이라 하겠다. 앞에서 언급한 바와 같이 이들의 사상선전은 김일성·김정일 수령체계로 이어지는 개인 숭배와 우상화, 주체사상의 대내외적 선전과 교육 등을 실무 차원에서 지도 확인하는 것으로 알려졌다.

군 총참모부의 김영춘 참모장과 리명수 작전국장은 김정일의 신임이 두터운 군사 실무급 작전통이라 할 수 있다. 이들의 현지 수행분포는 군 시찰 수행이 압도적이다. 이것은 이들이 실질적인 전투 병력의 수뇌들로 군의 전투력 유지와 향상을 위한 전략·전술 등의 작전을 현지에서 점검하고 지도하는 실무형 직업군인임을 확인케 한다. 그 외 군수공업의 주규창과 군부의 총정치국의 현철해(조직), 박재경(선전)은 그 역할과 기능에 관해 이미 언급이 되었으므로 생략한다.

이외에도 김정일 측근 권력 엘리트의 현지 수행기능으로 '안보적 차원'을 들 수 있다. 지금까지 전술해 온 내용에서 나타난 바에 의한다면 김정일 통치 스타일은 한마디로 '소수의 측근 정치'로 표현될 수 있다. 그런데 이 부분에서 좀 더 주의 깊게 살펴보면 김정일의 현지지도에는 '작은 정부'가 함께 움직이고 있음을 포착하게 된다. 1994년 김일성이 사망한 이후 체제 위기에 봉착하자 김정일은 즉각 비상 체제에 들어갔다. 그리고 영원할 것으로 믿었던 수령 김일성의 사망이 북한 지도부와 인

---

188)   김기남, 정하철, 최춘황 등 3인의 현지 수행을 합산하면 군: 32회, 경제: 34회 기타: 24회로 나타났다. 정하철은 2000년 4월 이전까지는 조선중앙방송위원회 위원장 자격으로 참여하였으므로 그 기간은 수행 횟수에서 제외함).

민에게 주는 충격적 영향은 예측할 수 있는 변수가 다양할 수밖에 없었을 것이다.

　장기간 1인 지배 통치자의 공백이 갖는 긴장감은 아무리 제왕학 학습을 받고 승계 준비가 갖춰졌다 할지라도 고도의 긴장감은 예견될 수밖에 없는 현실 경험이다. 그러한 상황에서 김정일의 통치적 행보는 내부적으로는 인민에게 견고한 신뢰감을, 외적으로는 수령체계의 공고화된 국가체제의 안정감을 과시할 필요가 있었다. 따라서 현지지도를 통한 자신의 절대성 확보와 인민에 대한 인덕정치를 계속하되 급박하게 돌아가는 국내외 정세를 현지에서 신속하게 보고 받고 결정 사항을 주도면밀하게 집행하기 위해서는 해당 분야에 최고 담당자들을 항상 동행할 수밖에 없는 상황이 중첩적으로 주도면밀하게 진행되었다고 볼 수 있다. 그리고 급작스러운 정권교체기가 갖는 김정일 개인 신변 보호 부문에 있어서는 공식적인 기록에는 전혀 언급되지 않은 채, 김정일의 신변을 책임지는 호위총국, 국가안전보위부(치안), 보위사령부(군)가 그 기능과 역할을 실무적으로 장악 · 집행하였다. 특히 보위사령관인 원응희는 로동신문을 통해 김정일 현지지도에 동행하고 있음이 확인됨에도 기록에는 나타나지 않는 점은 그의 직책상 보안성을 띠기 때문으로 추측할 수 있는 부분이다.

중앙집중적 통치와 권력 엘리트 서열 관계

1. 김정일과 권력 엘리트와의 관계 형성 배경

'당 유일사상 10대 원칙' 9조 7항에는 "위대한 수령 김일성 동지에 대한 충실성을 기본척도로 하여 간부들을 평가하고 선발 배치하여야 하며 친척, 친우, 동향, 동창, 사제관계 같은 정실, 안면 관계에 따라 간부 문제를 처리하거나 개별적 간부들이 제멋대로 간부를 떼고, 등용하는 행동에 대해서는 묵과하지 말고 강하게 투쟁하며 간부 사업에서 제정된 질서와 당 규율을 철저히 지켜야 한다."[189] 이는 북한에서 간부인사 정책사업은 김일성·김정일에 대한 충성심 확보라는 대 원칙하에서 진행되고 있음을 볼 수 있는 대목이다.

여기서 먼저 북한에서 간부의 정의는 무엇인가를 살펴볼 필요가 있

---

189) 김정일, 〈전당과 온 사회에 유일사상을 더욱 튼튼히 세우자〉 (1974년 4월 14일), 『김정일 주체혁명 위업의 완성을 위하여 3』 (평양: 조선로동당출판사, 1987), 116쪽

다.『조선말 대사전』에 의하면 간부란 '협의'와 '광의'의 두 가지 의미로 사용한다고 기술해 놓고 있다. '협의의 간부'는 "당 및 국가기관, 사회단체 등의 일정한 책임적 지위에서 사업하는 핵심 일꾼, 당의 골간 역량이며, 당 정책을 조직·집행하는 혁명의 지휘 성원이며 대중의 교양자"로서 일정한 집단이나 조직을 책임지는 고위층을 말한다. 또 '광의의 간부'는 "국가에서 정한 기준자격을 가지고 일정한 조직체나 기관, 집단 등에서 일하는 일꾼"으로서 노동자, 농민 등 하층 주민을 제외한 일반사무원과 지식인층을 말한다. 이들 광의의 간부는 '민족간부'라고 불리는데 민족간부란 "자기 민족의 번영과 발전을 위하여 복무할 수 있게 교육 교양하고 준비된 민족 출신의 간부"를 말한다.[190]

본 장에서는 '협의의 간부'를 기준으로 기술하고자 한다. 북한에서는 간부인사 정책사업은 체제 유지와 발전의 근본 문제로 인식하면서 당위원회의 가장 중요한 사업으로 간주하고 있다. 김일성은 "간부가 모든 문제를 해결하는 만큼 간부들을 옳게 선발 배치하며 간부대열을 튼튼히 꾸리는 것은 혁명 투쟁과 건설사업의 성과를 좌우하는 매우 중요한 문제"[191]라고 말한 데서 간부 정책의 비중을 확인할 수 있다. 이러한 기본적인 당간부정책을 바탕으로 조선로동당 제6차 당 대회를 통해 공식 석상에 나타난 김정일은 본격적으로 당 중앙위원회를 통하여 당 지도층을 김일성의 혁명 세대에서 자신의 젊은 세대로 바꾸어 나가기 시작했다. 그리고 이러한 그의 간부 정책에는 다음 몇 가지 특징적인 성격을 내포

---

190) 『조선말 대사전』, 122쪽

191) 김일성, 〈당원들에 대한 당 생활지도를 강화하며 우리 당 간부 정책을 옳게 관철할 데 대하여〉 (1968년 5월 27일), 『김일성 저작집 22』 (평양: 조선로동당출판사, 1982), 303쪽

하고 있다. 그는 권력의 세대교체를 당 중앙위원회부터 시작했는데, 그 첫 번째 성격은 당 지도층의 세대교체에 있어 사망한 혁명 1세대 원로들의 자리를 메우는 방식으로 자연스럽게 시작되었다는 점이다.[192]

두 번째 특징적 성격은 자신의 측근 세력으로 점진적 세대교체를 하기 위해 원로예우와 함께 정족수를 늘려나갔다. 우선 종래의 당 중앙위원회 정치위원회를 '정치국'으로 바꾸고 그 안에 '상무위원회'를 신설하여 핵심적인 기능을 할 수 있도록 한 뒤 정치국의 구성원을 1970년 11월 2일부터 11월 13일까지 개최된 제5차 당 대회(1970년 11월) 때의 16명(정 위원 11명, 후보위원 5명)에서 10년 뒤인 1980년 10월 10일부터 10월 14일까지 진행된 제6차 당 대회 때는 34명(정 위원 19명, 후보위원 15명)으로 대폭 늘였다. 여기서 주목할 점은 5차 당 대회에서 혁명 1세대가 정 위원 11명 중 9명이었으나, 6차 당 대회에서는 19명 가운데 10명으로 그 비율이 90%에서 53%로 현저히 낮아졌다는 점이다. 이때 김정일 후계 추대에 주도적 역할을 한 오진우가 급부상되었으며, 혁명 1세대 중 소장그룹 일부와 혁명 2세대 그룹인 친 김정일 측근 다수가 부상하게 되었다. 비서국 비서에 있어서는 총 비서인 김일성과 김중린만 위임되었고, 나머지는 신진 인물들이 대거 등장하면서 세대교체를 이루어나갔다. 또 당 중앙위원회 대의원 수에서도 5차 당 대회 때의 172명에서 76명이 늘어난 248명(정 위원: 145명, 후보위원: 103명)이 6차 당 대회를 통해 확대 충원되었다. 이 중 70.6%에 해당하는 176명(정 위원 93명, 후

---

192) "1982년 4월 최현이 사망하자 그해 8월에 제6기 제6차 당 중앙위원회를 열어 최영림과 서윤석을 정치국 후보에서 정 위원으로 승진시키고 전병호와 김두남을 후보위원으로 새로 충원했다. "서대숙, 2000.『현대 북한의 지도자 김일성과 김정일』(서울: 을유문화사), 203쪽

보위원 82명)이 신진 인물로 물갈이됨으로써 김정일의 등장과 함께 대폭적인 지도부 세대교체가 단행되었음을 알 수 있다.[193]

세 번째 특징은 규모의 광범위함과 불규칙한 인사이동을 단행했다는 점이다. 그 예로 1985년과 1987년에는 당 중앙위원회를 한 차례도 열지 않은 대신 1988년에는 세 차례나 소집하여 52명의 엘리트를 기용했다. 그리고 1989년에 8명, 1990년에 21명, 1991년에 17명, 1992년에 23명, 1993년에는 19명을 등용한 결과 1980년 초부터 1990년 초까지 약 10년 동안 6차 당 대회 중앙위원 248명을 능가하는 261명의 간부를 교체하였다.[194] 네 번째 특징으로는 간부배합을 인사정책의 기본 틀로 삼았다는 점이다.

이와 같은 김정일의 간부배합정책은 당권장악 처음부터 일관되게 시행되지는 않았다. 김정일이 3대 혁명소조운동을 지도하며 급속히 당내 기반을 확대하여 나가자 기존의 당 지도부에게서도 저항이 생겨났다. 1976년 6월 개최된 정치위원 회의에서 부주석 김동규는 김정일의 간부 정책, 계급정책, 후계체제 확립과정 등을 집중적으로 비난하였다. 이유는 김정일이 후계자로 지명받은 후, 초기에는 노동계급, 전사자, 피살자 가족들과 같은 핵심 군중들을 잘 키우는 것뿐만 아니라 복잡 군중까지도 교양 개조하여 혁명의 대열에 서게 해야 한다고[195] 강조하였으나,

---

193) 이찬행, 2001. 『김정일』 (서울: 백산 서당), 476~477쪽

194) 서대숙, 앞의 책, 203~204쪽

195) "혁명은 성분을 가지고 하는 것이 아니라 사상을 가지고 합니다. 혁명을 위하여 얼마나 헌신적으로 투쟁하는가 하는 것은 성분이 아니라 사상에 의하여 규정됩니다. 물론 성분은 사람들이 세계관 형성과 사상 의식 발전에 영향을 주지만 그것이 곧 사상은 아닌 것입니다." 김정일, 1987. 〈현 시기 당 사업에서 제기되는 몇 가지 문제에 대하여〉(1975년 6월 13일), 『김정일 주체혁명 위업의 완성을 위하여 3』 (평양: 조선로동당출판사), 352쪽

1970년대 중반 이후 다시 계급정책을 강화하였다. 이에 김동규는 이 과정에서 월남자 가족이나 남한 출신들이 소외당하였음을 지적하고 당의 단결을 위하여 계급정책을 개선해야 한다고 주장하였다. 또한 김동규는 빨치산 혁명 2세대에 대한 지나친 배려와 '간부청년화' 정책을 비판하면서 노간부들의 소외감을 문제점으로 지적하였다. 그리고 김정일이 '간부사업지도서'를 만들어 독단적으로 행동하고 당의 규율을 위반하였음을 지적하면서 김정일의 후계자 부각이 너무 성급했다는 주장을 한 뒤 숙청을 당하고 만 사건이 있었다.

　이 사건은 김동규와 추종 세력들의 숙청으로 일단락되었지만, 김정일의 당권장악 방법과 속도에 변화를 가져오게 하였다. 이에 대해 김일성 또한 이러한 간부 사업의 문제점을 인정[196]함으로써 80년대 들어서 사회통합 차원에서 계급적 토대를 인사기준으로 하는데 유연성을 보이기도 했다. 관련하여 김일성이 "사람들을 가정 주위환경과 경력만 보고 평가하지 않고 현재의 사상 상태를 기본적으로 하여 평가하며 복잡 군중도 대담하게 믿고 포섭하여 적극적으로 교양하여야 한다."라고 말함으로써 김정일은 이후 간부배합정책을 중시해 노년, 중년, 청년의 배합, 빨치산 출신, 유자녀 출신, 비 유자녀 출신 등으로 간부배합정책을 기본 틀로 삼게 되었다.[197]

---

196)　스즈키 마사유끼, 앞의 책, 134쪽
197)　최진욱, 1996. 『김정일의 당권장악과정 연구』 (서울: 민족통일연구원), 63~64쪽

2. 김정일 체제의 출범과 당·군 엘리트의 전략적 선택

대외적으로 절대적 존재의 김일성 사망은 곧 북한의 붕괴라는 등식으로 상황이 전개된 적이 있다. 당시 이 논리에 대한 반론은 상대적 빈곤과 소수의 약자론으로 한때 명맥만 유지되었었다. 그러나 김정일 체제는 그러한 자본주의국가의 기능주의적 논리를 일순간 각성케 하며 출범하였다. 1998년 9월 6일 로동신문은 전날 개최된 제10기 최고인민회의 제1차 전원회의에서 김영남 최고인민회의 상임위원장의 보고를 인용하여 김정일을 조선민주주의 인민공화국 국방위원회 위원장으로 변함없이 높이 추대한다고 보도했다. 그러나 사실 김정일의 공식적인 수령영도권 승계작업은 1991년 12월 조선인민군 최고사령관에 이어 1993년 4월 국방위원회 위원장직을 이양받으면서 시작되었다고 볼 수 있다. 그리고 4년 2개월의 과도기적 유훈통치 기간에 여러 가지 담화를 통해 후계자로서의 그의 위상 구축의 계속성과 '선군통치'를 통한 "전 사회의 군사화"를 촉구했다. 그리고 수령체계를 확대 재개편, 김정일을 중심으로 하는 '중앙집중적 통치체계'를 강화하는 작업을 구체화하였다. 최고인민회의 제10기 제1차 회의를 통한 헌법개정은 수령영도권의 공식절차를 마무리함으로써 최소한의 법적·제도적 절차의 합법성을 마련했다고 볼 수 있다.[198] 이러한 사실에 대해 황장엽은 김정일이 총비서, 또는 국가주석 같은 공식적인 법적 지위보다는 절대적으로 신격화된 수령의 초법적인 지

---

198) 이찬행, 2001.『김정일』(서울: 백산 서당), 841~842쪽

위를 계승하는 것을 더 중요시했기 때문이라고 주장하였다.[199]

　필자는 여기서 김정일의 간부 정책이 그의 통치력의 핵심 부분 하나로 설명하기에 앞서 김정일 체제출범의 통치 메커니즘에 대한 더욱 분명한 근거들을 먼저 살펴보고자 한다. 예컨대 북한 사회주의 체제 권력의 역사는 당권장악을 위한 계급투쟁의 역사라 할 수 있다. 김일성은 통치의 정당성 확보를 위해 초헌법적 권력 이론화로써 「조선로동당 규약」을 만들어 행사하였다. 또 김정일은 그의 권력승계 당연성과 계속성 그리고 유일사상의 절대성 확보를 위해 '당 유일사상 10대 원칙'을 보완하여 김일성을 향한 '충성 서약'을 발표했다. 그리고 이것을 통해 자신이 당의 이름 아래서 유일한 수령의 계승론자임을 스스로 자리매김하기에 이른다.

　먼저 1998년 9월 5일 개정된 「사회주의 헌법」 제1장 11조에는 "조선민주주의 인민공화국은 조선로동당의 령도 밑에 모든 활동을 진행한다." 그리고 「조선로동당 규약」을 통해서는 "조선로동당은 오직 위대한 수령 김일성 동지의 주체사상과 혁명사상에 의해 지도되며 당의 유일 사상체계를 세우는 것을 당 건설과 당 활동의 기본원칙으로 삼으며 영광스러운 혁명 전통을 계승발전 시킨다."라고 명시함으로써 국가지배와 지도를 로동당이 하며 그 로동당의 절대적 해석권과 행사권의 지배력을 수령체계형성이라는 틀 속에서 김일성·김정일이 유일적으로 계승한다고 이론적 틀로 합법화시켰다. 나아가 이를 더욱 확고히 하기 위한 지도적 지침으로 '당 유일사상 체계확립 10대 원칙'[200]을 구체화해 '충성심'(2

199)　정성장, 2000"북한의 변화요인, 유형과 전망" 함택영·김정·이종석·정성장·김영환, 『김정일 체제의 역량과 생존전략』(경남대학교 극동문제연구소) 202쪽; 「한겨레신문」 1997년 10월 21일.
200)　「조선로동당 규약」 1980년 10월 13일.

조) '권위의 절대화'(3조) '교시의 신조화'(4조) '교시 집행의 무조건성'(5조) 등 김일성의 절대 권위에 관한 조항과 함께 '혁명 위업의 대를 계승화'(10조) 시켜 완성해야 한다는 당위성에 대한 김정일의 정통성 확보를 구축하였다.

여기서 중요한 것은 1조에서 9조까지 김일성에 대한 절대권이 김정일 체제의 출범과 동시에 제10조 항에 포괄적으로 수용됨으로써, 김정일 권력승계의 정통성과 합법성을 사실화시켰다는 점이다. 동시에 흐트러짐 없는 통치의 집중을 '당 중앙'으로 불린 김정일로 강제화된 권위구조를 형성해 나갔다. 이처럼 1974년 김정일이 후계자로 지명된 뒤 김일성에 대한 '충성 서약'으로 만들어진 이면에는 김정일의 권력승계에 대한 철저한 준비와 주변 엘리트들의 묵시적 수용이 그동안 얼마나 구체적이고 주도면밀하게 체계화되어졌었는가를 확인할 수 있는 대목이다. 이러한 근거를 바탕으로 당 중심의 당권장악을 한 김정일이 대내외적으로는 1998년 국방위원장에 공식적인 재추대가 되었지만 앞선 글을 통해서 본 김정일의 권력장악과정은 김일성 사망 직후 그의 실질적 권력행사가 자연스럽게 바로 진행되었음을 짐작할 수 있게 한다.

그런데 김정일 권력승계 당시의 북한 내외적 정세는 극심한 경제침체, 자연재해, 외교적 고립 등의 심각한 위기의 상황이었음은 부인할 수 없는 현실이었다. 북한 김정일 정권은 이 위기 상황의 극복 수단으로 먼저 체제 정비를 통한 법적인 합법성을 구축하고, 이를 바탕으로 '강성대국'이라는 국가적 비전을 제시하였다.

"우리 당의 선군정치는 또한 사회주의 건설에서 새로운 비약을 일으켜 나가는 원동력입니다. 오늘 사회주의 강성대국에서 중요한 것은 우리 경제를 추켜세우고 가까운 앞날에 우리나라를 경제 강국의 지위에 올려 세우는 것입니다. 이 거창한 과업은 '선군정치'를 통해서 실행할 수 있습니다. … 군대가 강해야 경제건설의 평화적 조건이 보장됩니다."[201]

라고 하면서 김정일이 조선인민군 최고사령관, 국방위원회 위원장의 두 가지 중책을 지니고 인민군대를 당과 혁명을 위해 한목숨 바쳐 싸울 수 있는 무적 강군으로 키워나갈 것임을 1999년 9월 23일 자로 조선중앙방송은 선전했다. 또한 김정일은 「로동신문」 1998년 8월 22일 자 〈정론〉을 통해 "사상과 군대를 틀어쥐면 주체의 강성대국에서 근본을 틀어쥔 것"[202]이라고 주장하면서 강성대국의 근본이 당(사상)과 군대(총대)를 두 축으로 국가를 운영해 나갈 것이라고 통치력의 원칙을 밝히고 있다.[203]

그리고 이 '사회주의 강성대국 건설론'은 1999년 「당보」, 「군보」, 「청년보」 신년 공동사설에서 더욱 구체적인 양태로 나타나게 되는데, "인민군대는 사회주의 군사강국의 제일 기둥이며 수령 결사옹위의 제일 결사대"라고 하면서 '군사중시사상'을 강조하였다. 현지지도 역시 군 중심으로 지도력 행사를 강화하였다. 그의 최고사령관직 보유와 헌법개정과 체제 정비를 통한 국방위원회 역할 강화 및 국방위원장 중심체제의 공식화가 이를 뒷받침하였다. 이러한 김정일의 군(軍) 중시 행위에 대한 인식으로 인해 그의 통치력의 근간을 당과 군의 이원화 현상 또는 당

201) 「조선중앙통신」, 1999년 7월 13일.
202) "강성대국" 「로동신문」, 1998년 8월 22일.
203) 이찬행, 2001. 『김정일』 (서울: 백산 서당), 879쪽

(黨) 기능의 약화로 평가하는 학자[204]도 일부 있다. 그러나 결론부터 말하면 전혀 그렇지 않다. 「조선로동당 규약」 제7장 46조에는 "조선인민군은 조선로동당의 혁명적 무장력"이며 47조에서는 "조선인민군 당 위원회는 조선로동당 중앙위원회에 직속하며 그 지도 밑에 사업하고 자기 사업에 대해 당 중앙위원회에 정기적으로 보고한다." 그리고 「당 규약」 제3장 26조에서는 "당 중앙위 비서국은 필요할 때 당 인사 및 당면문제 등 당내 문제를 토의·결정하며 그 결정의 집행을 조직 지도한다."[205]라고 규정함으로써 모든 행사에 있어 당이 절대 인사권을 독점하고 있음을 보장하고 있다. 이에 대한 구체적인 사실로는 레닌주의 정당이나 중국공산당의 인사관리 독점권을 통해서도 사회주의국가의 당 우위 지배이데올로기의 인사권에 대한 기득권 확보가 정책의 기본방침으로 되어 있음에서 확인할 수 있다. 사실 김정일이 '강성대국 건설'을 국가목표로 내세우고 행사하는 자신의 통치 권력 행위로 '선군정치'를 표방하는 데 있어 군 관련 인사들의 위상변화와 김정일의 최고사령관과 국방위원장이라는 두 가지 직책을 가지고 행하는 현지지도 및 공식활동은 군 중심 통치 권력 행사로 볼 수 있다는 측면에서 '군'이 '당'보다 우위에 서게 되었다는 해석을 내어놓을 만하다고 본다.

---

204) "김일성 사망 후 김정일은 인민군 최고사령관이란 직책을 중심으로 군사적 지휘권을 통해 과도적 권위구조를 운용해 왔다. … 주목할 것은 김정일의 군사적 지휘권에 대한 의존이 필연적으로 당과 군부 사이의 관계 변화를 고무할 수밖에 없다는 점이다. 북한에서 말하는 '당적 지도'는 인민군대의 권위를 말하는 용어로 그것이 조선로동당과 인민군 관계를 설정하는 개념으로 보긴 힘들다. 즉 북한의 군부는 당으로부터 독자성을 가지게 됨에 따라 … 군부가 당으로부터 독자성을 지니게 된 것은 김정일이 당과 군을 분리 지배하려는 의도 … 더 자세한 내용은 김성철, 1997. 『북한간부정책의 지속과 변화』 (서울: 민족통일연구원) 58~62쪽 참조.

205) 「조선로동당 규약」, 1980년 10월 13일.

그러나 앞에서 이미 밝혔듯이 "북한에서 군대는 당과 수령의 혁명 전사들[206]이며 또한 조선인민군 총정치국은 당 중앙위원회 직속이며 그 지도하에 사업을 수행한다."[207]라고 명시함으로써 군이 당의 우위에 서거나 당·군이 이원화 차원의 대등한 관계에서 독립적 행사를 한다는 것은 현실적으로나 제도적으로 어렵다고 보아야 할 것이다. 이에 따라 김정일이 군대 내의 정치사업에 대한 높은 평가[208]를 한 의미는 어디까지나 정치사업이 조선로동당에 의해 행하여지는 것으로써 당 사업에 있어 사회당 일꾼들의 안일한 당 사업 형태를 독려하기 위해 사회당 일꾼들이 군대당 일꾼들의 투철한 당 사업방식을 각성하고 배우라는 것이지, 당이 군을 따라야 한다는 뜻은 아니라는 해석이다.

또한 총정치국 조명록 등 군부 세력들의 위상변화와 그들이 김정일 현지 수행의 중심부에 위치하며 당내서열이 높은 것은 군대 내 당 사업이 곧 로동당의 국가적 비전인 '강성대국'의 중추적인 역할을 할 수밖에 없는 현실적 배려차원이며, 또 군사국가체제로 유지될 수밖에 없는 태생적 성격이 내포되어 있었다 할 것이다. 그리고 군 위상의 강화와 당·군 일체의 강조는 군 인사의 당료화가 확산됨으로써 당 조직과 군 조직을 적절하게 상호경쟁, 균형을 유도하며 지배체계를 유지하고자 하는 뜻으로 해석해야 한다. 아울러 이들이 또 조선인민군을 통솔하는 군부 세력이라는 차원보다는 조선로동당 중앙군사위원회 위원과 나라의 방위력과 전반적

---

206) 「조선로동당 규약」, 제7장 48조.
207) 「조선로동당 규약」, 제7장 52조.
208) "지금 군대에는 당 정치사업을 활발히 벌이고 있지만, 사회의 당 정치사업은 맥이 없습니다." 김정일, 〈우리는 지금 식량 때문에 무정부상태가 되고 있다〉(1996년 12월, 김일성 종합대학교 창립 50돌 기념 김정일 연설)"『월간조선』, 1997년 4월 호, 307쪽

국력을 조직하고 령도하는 국가의 최고군사기관인 국방위원회 위원으로서, 그리고 무엇보다도 당 정치국원급 상당의 예우 차원에서의 그 역할과 위치를 고려한 김정일 인사정책의 '전략적 선택'이라고 보는 것이 타당하다. 그러나 분명한 것은 김정일이 당과 군 관계에 대하여 다음과 같이 명확히 규명함으로써 군대에 대한 당의 장악을 분명히 하고 있다는 것이다.

"당이 군대를 장악하지 못하면 정권을 유지할 수 없으며 혁명을 령도해 나갈 수 없습니다. 군대를 틀어쥔 당만이 불패의 위력을 지니고 혁명과 건설을 승리에로 이끌어 나갈 수가 있습니다. 혁명을 령도하는 당은 군대와 절대로 분리될 수 없으며 하나의 통일체를 이루어야 합니다. 혁명하는 당에 있어서는 당권이자 군권이라고 말할 수 있습니다. 나는 앞으로도 당과 군대를 틀어쥐고 혁명을 끝까지 하려고 합니다. 당과 군대는 인민의 운명이며 생명입니다."[209]

3. 현지지도 수행과 주석단 서열분석

북한 체제의 안정화를 위해 김정일이 내세운 '선군정치'는 군부에 의존할 수밖에 없는 김정일 체제의 태생적 한계에 편승한 군부의 위상 강화 작용을 했다고 볼 수 있다. 이러한 현상은 1998년 헌법개정을 통해 강화된 국방위원회의 역할과 그의 국방위원장 추대 및 인민군 최고사령관이

---

209) 김정일, 〈당 사업을 더욱 강화하며 사회주의 건설을 힘있게 다그치자〉 (1991년 1월 5일 조선로동당 중앙위원회 정무원 책임일꾼들 앞에서 한 연설), 『김정일 선집 11』 (평양: 조선로동당출판사, 1997), 24쪽

라는 직책에 의해 더욱더 추동될 수 있었다는 점이다. 이것은 곧바로 주석단 서열에도 그 영향을 미쳤다. 1996년 북한에서 군사 국가화가 본격적으로 시도되면서 군 지도자에 대한 당내 위상이 격상되기 시작했는데, 1998년부터 2001년 사이 행사 별 주석단 서열에서 총정치국장 조명록이 1999년 최고인민회의 10기 2차 회의 때부터 내각 총리 홍성남 앞에 호명되기 시작했다. 또한 총참모장 김영춘과 김일철 인민무력부장 및 리을설 호위 총사령관은 1999년 김정일 최고사령관 추대대회 이후 주석단 서열 10위권 안에 호명됨과 아울러 국방위원들의 급부상은 김정일 체제하의 군의 위상이 얼마나 강화되었는지를 단적으로 보여 주는 사례라 할 것이다. 이와 함께 그동안 당 정치국의 우선 서열과 원로예우 서열도 1999년 김일성 5주기 행사에서부터 깨어지고 그의 최측근 실세들로 교체되기 시작했는데, 비서국 비서 일부와 조직지도부 및 전문부서 제1부부장들 그리고 군 실무요직에 있는 인물들이 그들이다. 이것은 공식기구를 통한 제도적 통치보다는 인적·측근 통치에 더 익숙한 김정일의 통치 스타일을 확인할 수 있는 대목이다.[210)]

그러면 이러한 주석단 서열과 김정일 현지지도 수행에 참여하는 권력 엘리트와의 함수 관계는 어떤 형태로 나타나는가를 살펴봄으로써 김정일의 통치 스타일을 일정 부분 도출해 낼 수 있을 것으로 본다.

1) 김정일 현지지도 수행에 참여하는 권력 엘리트와의 함수 관계

[표 3-8]에서 해당 시기 현지지도 수행자 총 23명을 대상으로 한 분포

---

210)　이종석, 앞의 책, 277쪽

는 당 11명, 군 10명, 정 2명으로 나타났다. 이중 주석단 서열과 연관 지어진 분포를 살펴보면 총 12명 대상 중 당 5명, 군 5명, 정 2명으로 포진해 있음을 알 수 있다. 여기서 현지지도 수행자 전체 가운데 당(黨)과 군(軍)의 경우 주석단 서열에 호명되는 비율이 45.5%와 50%이며 정(政)의 경우 100%임을 알 수 있다. 이를 좀 더 구체화해 보면 다음과 같은 몇 가지의 특징적인 분석이 가능하다.

첫째, 당 조직지도부와 선전선동부의 1부부장급 수행자와 군의 총정치국, 총참모부 실무형 측근 실세들은 주석단 서열에서 외형적으로는 완전히 배제되어 있음을 확인할 수 있다. 현지지도가 김정일 통치의 중요한 기제로 작동되고 이에 대한 비중이 크다 할 때, 최측근에서 가장 밀도 있게 수행하는 권력 엘리트의 역할 또한 주석단 서열을 통해 가시화되어야 맞다. 하지만 그렇지 않은 것은 전술한 바와 같이 김정일 통치의 이중적 구조를 재확인할 수 있는 좋은 단서가 된다고 할 것이다. 예컨대 현지지도를 통한 통치행위의 극대화는 해당 시기 북한의 실상으로 표면화시킨다는 측면에서 이들 실무적 수행 권력 엘리트들의 위상은 국가 주석단과는 무관하게 작동되는 현실 북한의 권력 실세들이었음을 감지할 수 있다고 본다.

둘째, 당의 경우 당 비서들에 대한 예우 차원의 주석단 서열 포진을 들 수 있다. 대표적으로 계응태, 최태복, 전병호, 김기남, 김국태 등은 빨치산 1세대 소장파들과 나이, 경력 면에서 별로 차이가 나지 않는 원로급 권력 엘리트들로서 김정일 권력승계 과정과 정권 유지의 충직한 지지자이면서 보호자들이라 할 수 있다. 이들은 그들의 직책과 관련된 방문지에 부분적으로 현지지도 수행을 하면서 또한 의전적 행사에 일정 부분

배석하는 것으로 분석되었다. 따라서 김정일 권력 중심부에서 상징성에 의한 예우 차원의 서열로 호명된 것으로 볼 수 있다. 이중 김국태의 경우 김일성과는 항일혁명의 선배면서 절친했던 김책 부수상의 아들로 김정 일이 대학을 졸업하고 정치학습을 받을 시 당 조직지도부와 선전선동부 에서 김국태와 깊은 인연을 맺은 관계이기도 하다. 김정일 정권에서는 간부 담당 비서로 오랫동안 자리를 지키며 현지지도 수행에 가장 많이 참여한 대를 이은 충성 관계를 대표했었다.

[표 3-8] 주요 현지지도 수행자와 주석단 서열분석표

수행 빈도 (횟수)*	수행자	소속	최고인민회의 제10기 1차 (1998. 9. 15.)	최고인민회의 제10기 2차 (1999. 4. 7.)	최고인민회의 제10기 3차 (2000. 4. 4.)	최고인민회의 제10기 4차 (2001. 4. 5.)	68주년 창군일 (2000. 4. 25.)
144	현철해	군	·	·	·	·	·
137	박재경	군	·	·	·	·	·
118	김국태	당	·	·	·	·	14
109	조명록	군	7	3	3	3	2
103	김영춘	군	14	8	7	5	3
80	장성택	당	·	·	·	·	·
73	김용순	당	·	·	·	·	·
68	김일철	군	9	10	8	6	4
63	리용철	당	·	·	·	·	·
62	리명수	군	·	·	·	·	·
53	박송봉	당	·	·	·	·	·
48	김기남	당	·	·	·	·	15
40	김하규	군	·	·	·	·	·
35	리용무	군	10	9	13	12	9

29	정하철	당	·	·	·	·	·
25	연형묵	정	18	11	12	8	·
22	최태복	당	16	17	17	·	11
21	리을설	군	8	·	9	9	5
21	최춘황	당	·	·	·	·	·
19	계응태	당	11	·	15	14	7
16	전재선	군	·	·	·	·	·
15	전병호	당	12	12	10	7	·
13	김영남	정	2	2	2	2	1

※ 최고인민회의 제10기 1차~4차(1998~2001년)를 현지지도 수행을 기준으로 주석단 서열을 비교함. 또한 68주년 창군기념일 주석단 서열은 객관적 참고자료로 선택한 것임. 이 중 김국태, 김기남, 최태복, 김용순은 98년 이후 주석단 서열에서 11위~20위에 불규칙하게 호명됨.

셋째, 군부세력 위상 강화는 현지지도 수행과 주석단 서열에서 동반 상승으로 나타났다는 점이다. 이는 '강성대국'을 표방하고 출범한 김정일 체제가 당적사업구호인 '선군정치'를 통한 체제 유지와 우상화 작업, 경제회복과 건설 등을 최일선에 선군 전투 병력의 충성스러운 역할에 의해 가능하다는 인식에서 비롯된 것이라 할 수 있다.

또한 이것은 '강계정신'과 접목하여 당 사업의 성과를 극대화하는 김정일 통치행위의 버팀목이 되기 때문이기도 했다. 따라서 군부세력의 위상강화는 김정일이 "나의 힘은 군력(軍力)에서 나온다."라는 말을 확인시키듯 이들을 주석단 서열과 현지지도 수행에 밀도 있게 배려함으로써 나타났다고 볼 수 있는 것이다. 조명록, 김영춘의 경우 최고인민회의 제 10기 2차 대회 이후 권력 상층부에 안정적으로 진입해 있음과 동시에 현지지도 수행 또한 전반적인 방문지에 고르게 동참하고 있음을 볼 수 있다. 다만 2001년 상반기 중에 조명록이 건강 이상으로 현지지도 수행에 한동안 제외되었지만, 그에 대한 김정일의 신임은 변함이 없었던 것으로 보인다.

넷째, 김정일 간부배합정책의 결과가 주석단 서열과 현지지도 수행자를 통해 구분돼 있다는 것이다. 혁명 1세대를 중심으로 한 주석단 서열 우선 배치와 현지지도를 통한 김정일 통치 구조의 측근 실세에 혁명 2세대를 포진시켰다는 점이다. 그리고 이 사이에 당과 군을 중심으로 혁명 1.5세대들이 김정일 통치 메커니즘에 매개 역할을 충실히 수행하였다. 이상에서 살펴본 바와 같이 김정일의 통치 메커니즘은 공식 국가 기구의 틀을 통해서는 당·군·정 그리고 노·장·청 등으로 간부배합정책을 기본 틀로 하고 있음을 알 수 있다. 김일성의 카리스마 권위통치에서 김정일의 전통적 권위승계를 담보할 수 있는 매개고리 역할이 필요하다는 점에서 육친적 수혜로 형성된 최측근 계층의 간부배합정책은 통치기구의 중앙집중성을 나타낸다. 더하여 실질적인 통치행위는 핵심 측근 권력 엘리트들로 소수 정예화시켜 '작은 정부'를 가동함으로써 상호견제와 균형의 권력 이중구조를 계층적으로 유지하였다고 볼 수 있다.

2) 김정일 통치술의 변화와 제한적 다변성

그렇다면 김정일은 그의 생전의 통치술에 있어 어떤 변화와 제약성을 용병법으로 구사하였을까? 또한 이를 어떻게 권력 엘리트에 대한 간부정책에 적용하였을까? 이것을 한마디로 결론을 내리기는 어렵다. 하지만 김근식의 몇 가지의 논거를 빌려 적용의 가능성과 제약성을 분석해 볼 수는 있을 것이다. 먼저 가능성으로 ⅰ) 위기 상황의 역동성, ⅱ) 근대화론적 결론, ⅲ) 사회주의 시민사회론, ⅳ) 수동적 적응의 역동성 등 4 가지를 제시하고, 다음 제약성으로는 ⅰ) 수령제, ⅱ) 자립경제 노선, ⅲ) 주체사상 등 3가지를 들고 있다.[211] 일반적으로 북한을 정의 내릴 때 수령과 주체사상, 혁명과 건설, 당·군과 인민, 우리식 사회주의의 수령제 일주의적 사고와 형태들은 곧 '북한식 생존 양식'이요, '존립의 틀'로서 불가양(不可讓)의 성역이며 가장 '북한적인 가치'라 규정하고 있다. 이를 다른 측면으로 본다면 전 세계 자본주의 세력에게서 오는 외압에 대한 포위 위기로부터 자기방어기제의 작동으로도 볼 수 있는 것이다.

김정일의 북한이 이러한 현실 속에서 대외적으로는 균형 전략(Balancing), 편승 전략(Bandwagonning), 돌파 전략(Breakthrough)[212] 등을 상황에 따라 교차적으로 사용하며 실익을 추구하였으며, 국내적으로는 체제 존속과 개방의 절묘한 대안 찾기에 고민하였음을 확인할 수 있다. 김정일이 생전 중국과 러시아의 몇 차례 교차 방문을 한 것은 이러한 고민의 해결점을 찾고자 했던 한 증거라 할 수 있을 것이다. 이는 다른 측면에서 북한 내부에 있어 김정일 체제의 안정성이 확실하게 보장이 되었기 때문에 가능한 일이기도 했다. 당시 중국방문 후 북한 외곽지역인 신의주를 현지지도 한 뒤 평양으로 들어간 점과 러시아 장기방문이 이러한 사실을 확인시키고 있다. 이러한 국내외적 상황 속에 북한의 정책 방향과

---

211) 김근식, 1999. "북한 체제변화론: 가능성과 제약성 논의를 중심으로" 『현대북한 연구』 제2권 제1호, (경남대학교 북한대학원).

212) 북한은 외교적 고립과 내부의 경제위기 탈피를 위해 한·미·일 공동방위에 맞서 대 중국, 러시아와의 관계 재정상화를 모색하는 '균형 전략'을 폈고, 그 후 상황이 여의치 않자 1993년도에 NPT 탈퇴라는 강경 '돌파 전략'을 사용했다. 또한 국내 경제위기의 심각성과 국제적 고립으로부터의 탈피할 수밖에 없는 현실 앞에서는 제네바협상이 라는 강대국에 '편승 전략'을 구사하여 체제 유지와 경제위기를 극복하고 국제적 고립에서 탈피를 시도했다.

독특한 통치 형태인 현지지도 그리고 권력 엘리트들의 역할과 김정일의 인사정책은 이후 용의 주도적으로 변화를 가질 수 있는 자신감을 갖게 했다.

그렇다면 이러한 통치 메커니즘의 변화를 가질 수 있게 한 '제한적 다변성'을 가능케 한 요인을 살펴볼 필요가 있다. 먼저 북한은 주체사상을 사상적 통치원리로 내세우며 수령의 교시-당의 유일사상 10대 원칙-당규약-헌법 등의 효력으로 통치가 이루어진다. 거슬러 올라가 1960년대 김일성의 3대 혁명역량방침과 1980년에 개정된 당규약 등은 골간적(骨幹的)으로 변하지 않는 전략들로 대내외적 상황변화를 겪는 가운데서도 그 이론과 실천 면에서 무소불위 권력 집중형성의 근간이 되어 있다. 이에 더하여 김정일 정권 시기 (구) 소련 및 동유럽 해체의 상황 전개는 대외적으로 '우리민족제일주의'와 '우리식 사회주의'라는 북한의 '이론적 궤변의 실천적 합리화'를 통한 주체사상을 확대화해 나감으로 실천 이데올로기로 출발했던 주체사상이 순수이데올로기로 격상시켜 이에 대한 해석의 절대권을 김정일이 장악했다. 이는 언제든지 수령통치권 행사는 시대어와 교시를 현실 합리화로 적용할 수 있는 문을 열어 놓고 있다는 뜻이기도 했다. 그런데 매 시기 별로 사회주의권 붕괴와 급작스러운 김일성의 사망, 시대 변화에 부응하지 못한 비효율적 계획경제 등이 초래한 북한경제의 위기는 3대 혁명역량달성을 통한 사회주의 승리가 아니라 우선적으로 체제 위기를 극복하기 위한 정당화 동원의 새로운 담론이 필요했다.

이러한 관점에서 김정일의 행보는 현지지도의 방문지 성격, 혁명적이고 전투적인 구호 등을 통해서 주도적인 동선 확보와 세뇌(洗腦)적인 구호가 요구되었다. 먼저 현지지도 방문 성격별로는 2001년 9월 23일 현재 82회 활동 중 군 관련 활동 41회, 경제 부문이 16회를 기록해 70%를 차지했었다.[213] 여전히 체제 유지를 위해 군(軍)을 우선시하는 '선군정치'의 기반을 강화하기 위한 것이었다. 이는 경제난과 부분적 개방에 따른 군 기강해이 차단과 사회주의 경제건설을 위한 노력 동원 독려 등에 초점을 맞추었음을 확인할 수 있는 대목이다. 두 번째로는 로동당 창건 55돌을 앞두고 당 중앙위원회 구호를 발표했다. 당시 당 중앙위원회 명의의 구호가 발표된 것은 이것이 아홉 번째로, 북한은 그동안 정치적 중요한 계기가 있을 때마다 혁명적이며 전투적인 내용이 담긴 구호를 내놓아 주민들을 선동해 왔다. 2000년 7월 말까지 발표된 구호는 모두 217개로 이중 경제 관련 구호가 78개(통일부 조사)로 분석되었다.

특히 전력 증산과 먹는 문제 해결은 '강성대국'을 위한 최우선과제로 설정하고 있는 만큼 경제재건과정에 가장 집중적 국가경영이 이루어질 것임을 표방했었다. 이러한 변화 가능성 모색은 1998년 9월 개정헌법을 통해 '경제관리개선조치' 차원에서 기업관리 합리화 및 독립채산제 강화, 협동농장의 분조 관리제 강화의 지속적인 시행과 연합기업소, 종합기업소, 연합총국 등 종합적인 생산조직을 일반공장, 기업소, 관리국 체제로 개편하였다. 그러다가 2000년 9월 김책제철소, 대안중기공장 등 20여 개의 대규모 산업시설을 연합기업소 체제로 다시 환원하는 등의 조치에서 산업조직의 채산성 및 생산성 제고에 얼마나 많은 고심을 했었는지를 보여 주었다. 당시 이러한 기업경영의 변화와 생산성 효율성 제고를 위한 번복(飜覆)적인 시도는 김정일의 실용주의 신사고 개념을 통

213) "폭넓어지는 김 총비서 활동" 2001.『연합뉴스』 10월 11일, D1.

해 현지지도에서 '우리식'의 해석권에 의해 진행된 것으로 볼 수 있다.

세 번째는 광폭적인 김정일 현지지도는 통치 메커니즘의 확보를 위한 훌륭한 수단으로 계속 활용해 나갔다는 점이다. 인민대중들은 김정일의 현지지도가 자신들의 지역 및 생산 단위에 실현되면 그 자체를 하나의 시혜적(施惠的) 혜택 내지 크나큰 선물로 받아들였다. 이것은 인민경제의 위기가 자연재해는 그렇다 치더라도 자본주의 세계의 외압과 봉쇄에 기인한다고 역설함으로써 '우리민족제일주의'를 발양시키고 '자립경제건설'을 더욱 추동시켰다. 그리고 이러한 문제의 해결을 김정일만이 해낼 수 있음을 각인시켜 그의 절대 권위를 보장시켜 통치 기제로 극대화시킨 것이다. 이상에서와 같이 김정일은 과거의 관료주의를 척결하고 노동력을 조직적으로 동원하는 기능에서 수령의 권위 강화 또는 유지에 그 기능을 집약하였다, 그리고 선군정치를 내세운 강성대국이라는 주어진 객관적 조건을 '우리식'과 '우리민족제일'이라는 표현으로 주체사상의 확대된 해석권'을 김정일의 통치 메커니즘 안에서 열어 놓았다.

그런데 앞서 김정일은 1995년 6월 노동신문에 발표한 글에서 "사회주의 경제관리에서 자본주의적 관리 방법을 끌어들이며 자본주의적 소유를 되살리게 되면 사회주의 사상의 경제적, 물질적 기초를 허물어 버리고 개인주의, 이기주의와 부르주아 사상이 자라날 수 있는 조건을 지어주게 된다."라며 개방을 거부했다. 그러나 그로부터 6년이 지난 2001년 4월 노동신문에 발표한 글에서는 다음과 같이 말했다.

"현시대는 과학과 기술의 시대이며 오늘 과학과 기술은 매우 빠른 속도로 발전하고 있습니다. 지난날 이룩한 성과에 자만하거나 제자리걸음을 하여서는 우리 앞에 부닥친 난관을 성과적으로 뚫고 나갈 수 없으며 나라의 경제를 추켜세울 수 없습니다. 이제는 2000년대에 들어선 만큼 모든 문제를 새로운 관점과 새로운 높이에서 보고 풀어 나가야 합니다."

상하이 방문 직전에 나온 김정일의 이 같은 언급은 곧바로 당 중앙위원회 '전원확대회의' 소집을 통해 21세기에 상응한 강력한 국가경쟁력을 다져 나가기 위해 경제 전반을 현대적 기술로 개건(改建)[214]하는 것을 경제건설의 중심과업으로 제시하기에 이르렀다. 이와 함께 '실용주의'와 '간부 실력화'를 지시했는데, 그 의도는 경제사업에서의 '실력'을 중시하고 간부들이 구태의연한 지도방식에서 벗어나 경제 현장에서 필요한 실력을 갖추라고 촉구한 것이다.[215] 이러한 관점에서 볼 때 당시 시대 흐름에 편승한 북한의 개건은 점진적이든 과감한 변혁이든 인적자원의 한계에 의한 김정일의 선택은 제한될 수밖에 없었다. 그런 가운데도 김정일은 여전히 다음의 몇 가지 조건으로 권력의 집중화를 위해 강제된 권위 행사를 진행해야만 했다.

첫째, 당과 수령에 대한 무조건적 원칙하의 충직성을 보이는 간부를 선택했는데, 그것은 체제보장과 직결되는 문제이기 때문이다. 둘째, 체제 반동의 영향을 주지 않는 국가 원로들에 대한 예우는 국내외적인 그의 입지가 확보되어서도 예우적 차원에서 상징적 자리보전을 보장해 주었다. 셋째, 군부 실세 엘리트들의 연령층은 비교적 양호함으로 군 조직

---

214) 북한은 스스로 중국과 같이 개혁 또는 개방을 추구하겠다는 명시적 언급이 없이 '개건·개선'이라는 용어를 사용하고 있다.

215) "일꾼들은 혁명성이 강해야 할 뿐 아니라 높은 실력을 가져야 한다." 「로동신문」, 2000년 1월 22일.

력 강화 차원의 차세대 군부 엘리트에 대한 실무적 입지를 당근과 채찍으로 확보시켜 나갔다. 이는 이후 그가 2010년 '중앙통합적 통치체계' 구축 시 일정 부문 주석단 서열에 반영됨으로 그 영향을 미쳤다. 넷째, 젊은 행정관료들의 입각을 통해 자본주의 시장경제를 능동적으로 확보해 나가는 시도를 했다. 무역상 리광근의 입각은 이런 의미에서 시사하는 바가 컸지만, 그 한계를 극복하지 못한 결과를 가져왔다. 다섯째, 점진적 개방 가능성은 사회주의 중앙집권제 국가의 한계점인 중앙과 지방간의 통치라인 체계의 이완을 재촉할 수 있다는 측면에서 안정성 확보를 위해 더욱 검증된 측근 엘리트를 기용할 것으로 보였지만 이 역시 결과적으로는 시도되지 못했다. 이상에서 김정일 통치 전반기 시대의 북한은 대내외적으로 위기 상황의 역동성과 그의 체제에 가해지는 하중과 이를 처리할 수 있는 시스템과 능력 간의 비 동시성 위기의 범주 안에서 전통적 권위 구조화를 위한 용병적 통치술을 긴장감 속에 진행해 왔다고 볼 수 있다.

3) 중앙집중적 통치체계가 갖는 함의

이상의 전술한 김정일의 전반기(前半期) 통치는 북한통치행위의 독특한 형태인 현지지도를 통해 나타난 김정일과 권력 엘리트 간의 관계를 재설정하여 그 속에서 서로의 역할과 기능적 행사는 과연 어떻게 이루어지고 있을까? 에 대한 답을 찾아보기 위한 것이었다. 그러기 위해서는 김정일의 권력승계 시점으로 거슬러 올라가 김일성과 혁명 1세대 간의 관계에서부터 출발이 필요했다. 그 결과 김정일의 권력 장악에는 혁명 1세대의 적극적인 개입과 이에 상응하는 김정일의 그들에 대한 예우가 필요충분조건으로 상관됐다는 사실이었다.

가. 사상적 측면

무엇보다도 김정일은 1967년을 기점으로 김일성 유일지배체계가 가시화되면서 1970년 5차 당 대회에서 "당을 강화하는 데서 무엇보다 중요한 것은 전당에 유일사상 체계를 세우며 그에 기초하여 당 대열의 통일과 단결을 계속 확고히 보장하는 것"이라고 언급하여 유일사상 체계를 거듭 강조하였다. 이 대회에서 김정일은 후계자로 지목된 뒤, 권력 전면에 등장하는 1974년 4월에 '당의 유일사상 체계확립의 10대 원칙'이라는 구체적인 방법론을 제시하게 된다. 그중 제10원칙의 "김일성이 개척한 혁명 위업을 대를 이어 끝까지 계승하여 완성해 나갈 것"은 김일성의 유일적 영도체계를 김정일로의 후계체계로 승계하여 완성해 나갈 것임을 규정한 것이다. 이어 1982년도에 발표한 김정일의 논문 「주체사상에 대하여」를 통해 북한의 주체사상 해석권을 김정일이 완전히 장악하는 사상의 핵심이 완성된다. 주체사상은 북한의 정치·경제·군사·사회문화 등 전반적인 정책과 노선을 확정하는 근본 지침으로 이에 대한 해석권을 장악하는 것은 영도의 정점에 서게 되었다는 의미이다.

이후 1985년 조선로동당 창건 40돌을 기념하여 출판된 『위대한 주체사상총서』 총 10권 중 제1권 '철학적 원리', 제2권 '사회역사 원리', 제3권 '지도적 원칙', 제4권 '혁명이론'은 주체사상 체계화 작업의 결실이라 할 수 있을 정도로 그 이론이 김정일의 지도를 거쳐 집대성되었다. 이는 통치체계적 측면에서 우선하여 사상의 무장을 완전히 장악했음을 알 수 있다.

나. 제도·실천적 측면

1994년 7월 김일성이 사망하자 김정일은 '조선인민군 최고사령관'의 직함을 가지고 유훈체제 과도기간 동안 군부를 중심축으로 후계 정권을 조기에 안정시켜 나갔다. 당·군·정의 혁명 1세대와 군부대를 지속적으로 방문하며 군의 저변을 장악해 나갔고, 군부 지도층의 권력 서열을 대폭 상승시켰다. 또한 김일성 '유훈통치'를 통한 체제승계의 정당성을 확보하기 위해 1997년 7월에 주체 연호와 태양절을 제정하였다. 그해 10월 8일 당 중앙위원회 및 당 중앙군사위원회 특별보도를 통해 노동당 총비서로 추대된 뒤, 이듬해 1998년 9월 5일 최고인민회의 제10기 1차 회의에서 헌법을 개정하고 실질적인 국가지도자 자리인 국방위원장에 재추대됨으로써 본격적인 김정일 체제가 출범하게 되었다. 먼저 개정된 헌법의 주요 내용은 첫째, 김일성을 칭송하는 「서문」을 신설하고 "조선민주주의 인민공화국 사회주의 헌법은 위대한 수령 김일성 동지의 주체적인 국가건설 사상과 국가건설 업적을 법화한 김일성 헌법이다."라고 규정하고 개정헌법을 「김일성 헌법」으로 명명하였다. 또한 김일성을 '영원한 국가주석', '사회주의 조선의 시조'로 추켜세움으로써 김정일 체제가 김일성의 혁명 유업을 계승하는 "원시형 후계 세습"의 출발을 분명히 하였다.

둘째, 김일성을 '영원한 국가주석'으로 세우고, 국가주석직과 당·정의 명목상 최고지도기관이었던 중앙인민위원회도 폐지하였다. 대신 군사 최고기관인 국방위원장이 실질적인 국가지도자의 역할을 수행토록 함으로써 김정일의 권력 기반을 강화하였다. 비록 개정헌법이 "국방위원장은 일체의 무력을 지휘·통솔하며 국방사업 전반을 지도한다."라고 규정(제102조)하고 있지만, 실질적으로는 국방위원장이 나라의 정치·군사·경제·사회역량의 총체를 통솔·지휘하는 국가 최고의 직책으로 격상되어 있다.

셋째, 국가권력을 형식적으로 분산시킴으로써 초기 김정일 체제출범에 따른 통치책임과 위험을 한시적으로 분산시키는 모양새를 갖추었다. 최고인민회의 상임위원회에 종전의 국가주석과 중앙인민위원회의 임무와 권한인 조약의 비준·폐기권, 외교사절의 임면권, 신임장 접수권을 부여하였으며, 상임위원장(김영남)이 대외적으로 국가를 대표토록 하였다. 또한 정무원을 내각(홍성남)으로 개편하여 종래의 행정적 집행기관 기능에 주석과 중앙인민위원회의 기능이었던 전반적 국가관리기관의 권한을 추가하였다. 결국 이번 헌법을 통해서 김정일은 자신이 응당 맡아야 할 국가주석직을 폐지하는 대신에 정치(당)와 군대(군)를 확고하게 장악하고, 대신에 행정·경제 분야는 전문 관료들에게 책임을 위임하여 형식적으로는 국정 책임 분산을 도모하면서도, 실질적으로는 자신의 유일 권력이 관철될 수 있는 구조를 마련하였다. 북한에서는 이러한 새로운 권력구조를 김일성의 '주체 위업'을 완성해 나가는 '계승성 있는 정치체제'이며 "김정일 동지의 사상과 정치를 빛나게 실현해 나갈 수 있는 혁명적 국가 기구체계"라고 규정하고 있다.[216] 이러한 헌법개정을 토대로

---

216)　이종석, 1999년 신년 공동사설.

김정일 체제출범과 동시에 정치·사상의 강국, 군사의 강국, 경제의 강국 등 '강성대국'을 표방하고 군대를 당적 지도의 선봉대로 내세운 '선군정치'로 제도화해 나갔다.

국방위원회 위원이 5명에서 10명으로 확대됨과 동시에 국방위원(조명록, 리을설, 김일철, 이용무)이 주석단 서열에 있어 당 비서(계응태, 전병호, 한성룡)보다 상위서열로 부상하였고, 국방위원 중 7명이 당 중앙군사위원, 도당 책임 비서, 정치국 후보위원을 겸직한 사실에서도 잘 나타나고 있다 하겠다. 이러한 '강성대국론'이라는 김정일 시대의 제도적 틀은 김일성 100주년이 되는 2012년에 완성을 목표로 하고 군대와 사상으로 체제를 관리하고, 전 사회의 군사화 노선을 더욱 강화하겠다는 전략으로 해석할 수 있다. 이는 단면적으로 1998년 9월 7일에 노동신문에 실린 "발전도상에 있는 나라라 할지라도 사상과 군대가 강하면 강대국이 될 수 있다."라는 기사를 통해서 확인된 바 있다. 강성대국론의 제도적 틀을 선군정치의 실천적 측면으로 행한 김정일의 현지지도는 주로 군에 치중되어 있으며, 군을 통한 사회통제와 군사문화의 파급 현상이 급격히 증대되었다. 예컨대 '총폭탄 정신', '무적 필승의 강군', 전인민의 무장화, 전국의 요새화를 통해 '난공불락의 사회주의 조선'을 건설해 나가자는 등의 구호 등이 선동·선전되었다. 그리고 권력 기구 또한 김정일 체제출범을 계기로 김정일 측근들이 중앙무대를 장악하게 되었다는 점이다. 혁명 1세대 원로들은 주석단 및 명예직으로 예우시키고, 실무내각의 31개 부서 중 21개 부서의 장이 새로운 인물로 교체되었으며, 특히 1998년 7월 26일 최고인민회의 제10기 대의원 687명 중 64%인 443명이 물갈이된 것이다.

다. 조직적 측면

김정일의 당권장악 이후의 권력 엘리트 형성은 충성심을 바탕으로 한 3대 혁명소조 출신들의 '청', 혁명 2세대 중심의 '장' 그리고 그의 권력 확보의 정통성을 보증하고 있는 소수 혁명 1세대의 '노'가 인사배합정책의 결과물에 의해 김정일 정권 출범을 공식화했다는 것이다. 이러한 바탕에 의한 그의 통치 구조는 외형적으로는 국가 기구의 법적 제도화 표방에 의한 군·정 중심의 국가원로급에 대한 예우 차원의 권력 안배와 청·장 중심으로 이루어진 당·군의 측근 통치체제로 이원화되어 나타났다. 그리고 그의 통치권위확보는 김일성과 똑같은 현지지도를 통해 행사되었는데, 김일성과의 차이점은 김일성이 항일혁명 정통성의 카리스마 권위에 의한 통치인 반면 김정일의 전통적 권위의 세습 승계는 군사적 국가구조의 1세대 항일전사들의 상징성을 배후로, 군부대 시찰 등 강제화된 권위구조에 의존한 개인 우상화 구축작업에 더 큰 비중을 두고 행해졌다는 점이다. 이러한 현지지도는 인민 경제생활을 보살피고 향상시켜 나가겠다는 본질적인 긍정적 요소는 왜곡된 채, 김정일 권력 강화와 수령 이미지를 구축해 나가는 통치기재의 한 수단으로 활용됨으로써 그 이중적 구조를 내포하고 있음을 확인할 수 있다.

그러나 이러한 현지지도의 특성을 인정할 수밖에 없는 현실은 오히려 그 속에서 작동되는 통치 메커니즘을 일정 부분 구분해 낼 수 있었다는 점에서 권력 엘리트들의 기능과 역할을 살펴볼 수 있겠다. 그것은 '상징적 차원'과 '실무적 차원'의 권력 행사로 구분함으로 현지지도 수행 권력 엘리트들의 권한 행사의 역할론에 비중이 주어지는 결과를 도출해 낼 수 있었다는 점이다. 일부 학자의 주장처럼 북한에서 권력 엘리트들의 기능과 역할은 전체적으로 통치 권력에 '순기능'으로 나타난다는 것이 정설이다. 그 가운데서도 김정일 정권의 태생적 한계 속에서 그들의 정치적 역할은 김일성 시대와는 다른 관료정치의 힘(Power)으로 행사되고 있음을 통치의 이중적 구조를 통해 확인할 수 있었다는 점 또한 배제할 수 없다 할 것이다. 또한 '선군정치'를 표방한 '강성대국'의 당적 사업의 최일선에서 역할을 담당한 소수의 군 수뇌부의 상징성과 실무를 고려한 위상 강화와 관련해서 김정일 통치가 군 중심으로의 변화를 의미할 것이라는 일부 주장은 그의 '통치술의 전략적 선택'이었음을 확인할 수 있다. 김정일의 북한은 일정 부문의 체제 안정성을 대내외적으로 공식화했지만, 그 기반 자체는 언제나 불안정성을 내포한 '체제 위기의 역동성'을 강제한 안정성이었다. 따라서 북한의 김정일과 권력 엘리트의 고민은 여기에 있었다. 그것은 또 향후 그들 권력 엘리트 집단이 대를 이어 세력을 형성해 가며 체제보장의 기득권 확보에 계속해서 편승할 수 있느냐는 고민이기도 했을 것이다.

제5절
중앙통합적 통치체계[217)

1. 제3차 당 대표자 회의가 가지는 함의

지난 2010년 9월 28일 개최된 제3차 조선로동당 당 대표자 회의는 김 정은으로의 원시형 3대 세습승계를 위해 김정일의 '통합관리형 통치체 계' 강화구축이 전제된 의미를 함축하고 있다. 1994년~2010년에 이르는 지난 시기의 김정일 전반기 통치체제는 김일성 빨치산 혁명 1세대 출신 에 대한 예우와 함께 1970년 초반 3대 혁명 소조원들의 정치적 성장과 당·정·군 진입을 통한 실무적인 국가경영을 해 왔었다. 그런데 제3차 당 대표자 회의에서 정치국의 부활과 비서국의 강화가 가지는 본질적 의미는 김정은 후계 내정 이면에 주체 100년인 강성대국 완결의 해에 김 정일의 후반기 통치체제의 공고화 구축을 위한 것이었다고 볼 수 있다.

---

217) 효율적인 효과를 만들어 내기 위해 모두 합쳐 하나로 만들어 내는 뜻으로 정치국과 비서국, 국방위, 당 중앙군사위 등을 김정일 중심으로 모두 합쳐 하나의 통치 형태를 만들어 냄. 통치의 인위적인 강제성을 가졌다.

그동안 북한 권력 엘리트 형성의 특징은 김일성 시대에는 주석단과 정치국(정치위원회)을 중심으로 중앙일체적 실무 통치를 했었다. 그러나 김정일 체제에 들어와서는 주석단 인물들의 예우와 함께 비서국을 중심으로 측근 통치를 해 왔다고 볼 수 있다. 김일성 시대 당시의 당·정·군 권력 엘리트들은 대부분 빨치산 동료 및 육성된 전문행정 관료로 모두 실무형 인물들이었다. 그리고 이들은 정치국을 통해 김일성의 카리스마 통치권위에 자발적인 순기능으로 충성하였다. 하지만 김정일 체제로 이양된 시기에 주석단과 정치국은 고령화의 시작으로 혁명 1세대로서의 정통성을 상징하는 역할로 한 발 뒤로 물러서 정치후견인 역할에 충실했다고 볼 수 있다. 이와 함께 김정일은 주석단을 혁명 정통성을 계승하는 증인으로서 상징성을 부여함과 동시에 실무적 통치체계를 정치국에서 비서국으로 전환했다. 이처럼 김정일의 권력 엘리트는 주석단의 상징적 인물과 비서국의 실무적 인물이 공존한 이중 인적 구조였다.

정리하면 김일성 시대의 통치는 주석단(실무형)-김일성-정치국(실무형)이라는 김일성과 '중앙일체적' 통치체계의 단일화였다고 한다면, 김정일 시대의 통치는 주석단(상징형)-김정일-비서국(실무형) 라인으로 형성된 '중앙집중적' 통치체계의 이중화로 볼 수 있는 것이다. '중앙일체적 통치'는 권력 엘리트들이 주석단, 정치국과 일체가 된 빨치산 혁명의 동지로서 김일성의 정통적 카리스마 통치권위에 '자발적인 순기능 역할'을 했다면, 반면 김정일의 '중앙집중적 통치'는 상징형 엘리트들의 정치후견인으로서 일정한 예우와 거리를 두면서 혁명 1.5세대와 3대 혁명소조 출신들로 구성된 비서국 실무적 엘리트를 중심으로 주체사상의 권위 구조화에 '강제된 순기능 역할'을 한 특징을 가지고 있다. 더불어 중앙일체적 통치체계가 중앙집중적 통치체계와 또 다른 점은 전자가 주체사상을 '통치 이데올로기' 차원에서 작동시켰다면 후자는 김정일을 중심으로 '순수이데올로기'로 권위 구조화시켜 인위적인 해석권으로 강제하였다는 점이다.

[표 3-9] 북한 로동당 규약 주요 내용 변화

당 최고지도기관 회의	당 지도이념	최종목표
북조선로동당 창립대회(1946년)	-	독립 국가건설
북조선로동당 2차 대회(1948년)	-	독립 국가건설
조선로동당 3차 대회(1956년)	마르크스-레닌주의	공산주의 사회 건설 등
조선로동당 4차 대회(1961년)	마르크스-레닌주의 항일무장투쟁의 혁명 전통	공산주의 사회 건설 등
조선로동당 5차 대회(1970년)	마르크스-레닌주의 김일성 주체사상	공산주의 사회건설 등
조선로동당 6차 대회(1980년)	김일성 주체사상	온 사회의 주체사상화와 공산주의 사회 건설
조선로동당 3차 대표자회의(2010년)	김일성 주체사상	온 사회의 주체사상화와 인민대중의 완전한 자주성 실현(공산주의 사회건설 삭제)
당 대회(회차 수)	1차: 1946년 8월, 2차: 1948년 3월, 3차: 1956년 4월 4차: 1961년 9월, 5차: 1970년 11월, 6차: 1980년 10월	
당 대표자회(회차 수)	1차: 1958년 3월, 2차: 1966년 10월, 3차: 2010년 9월	

결과적으로는 44년 만에 개최된 제3차 노동당 대표자회를 통해 김정일 체제의 건재가 확인되었다. 그것은 공산주의란 단어를 삭제한 당 규약 개정 등 중대한 국가전략을 수정했다는 점에서 이를 확인할 수 있다

([표 3-9] 참조). 또한 정치국의 부활은 당 기능의 정상화를 예고했다. 그동안 김일성 사망 이후 위기관리 차원에서 국방위원회 중심체제가 운영되었다. 하지만 정치국의 부활로 그동안 국방위원회와 비서국 중심으로 통치되던 장·청의 실무 구도에서 노·장·청이 섞이는 대대적인 기구 개편을 단행한 것이다. 이는 김정일 자신의 위상변화의 한 수순이기도 했다. 다르게는 자신이 정치국 원로 반열 편입을 통한 노·장·청의 통합체계로서의 기반을 실질적으로 구축하였다는 점이다. 그렇다고 이러한 변화가 김정일 통치의 강약을 구분하는 것은 아니다. 다만 기존의 군(軍) 중심의 영도에서 당(黨) 중심의 영도적 통치를 표방함으로써 '정상적인 사회주의국가 전형'(典型)을 나타내고자 한 것이다.

그런데 김정일의 전반기 통치 형태인 중앙집중적 체계와 달리 지난 3차 당 대표자 대회를 통해 발표된 중앙통합적 통치의 특징은 김정일이 정치국[218]의 위상을 회복시키고 이를 중심으로 당(黨)정치의 권위를 회복시켜 실질적인 가동이라는 점이다. 그와 함께 비서국을 포괄적으로 관장한다는 의미로 정치국을 중심으로 한 비서국의 통합통치체계를 기하였다([표 3-10] 참조). 이에 따라 이전보다 더 실질적인 김정일의 순기능적인 측근들을 비서국에 대거 포진시켰다. 또한 정치국 위원(후보 포함)에는 상징형 및 실무형 권력 엘리트들이 대부분 포함되었고, 그와 동시에 통치 승계를 대비한 세대교체 차원에서 지방당 간부들의 중앙당으로의 진출도 두드러졌다([표 3-11] 참조).

---

218) 정치국 상무위원: 김정일, 김영남, 최영림, 조명록(사망), 이영호, 정치국 위원: 김경희, 강석주, 김영춘, 주상성, 전병호, 김국태, 김기남, 최태복, 양형섭, 변영림, 이용무, 홍석형 이들 대부분이 김정일 초기정권 당시 실무형 엘리트들로 현지지도 수행에 가장 활발하게 수행하면서 역할을 담당한 간부들이다.

[표 3-10] 중앙통합적(정치국-비서국) 통치체계

주석단 서열
(뒷줄) 김영일 김기남 김국태 장성택 〈동상〉 홍석형 이용무 주규창 김정각
(앞줄) 양형섭 최태복 전병호 김영남 〈김정일〉 조명록 최영림 김영춘 이영호

〈정치국 상무위원〉 5명
김정일
김영남(82) 당 비서, 정무원 부총리겸 외교부장, 최고인민회의 상임위원장 (현)
조명록(82) 공군사령부 참모장, 총정치국장, 국방위 제1부위원장 (현)
최영림(79) 중앙검찰소장, 평양시 당 책임비서, 내각 총리 (현)
이영호(68) 총참모부 작전국 부국장, 부총참모장, 훈련소 소장, 인민군 총참모장 (현)

〈정치국 위원〉 12명 (김일성-김정일 시대 상징적 인물) 국가 예우 차원
김경희(64) 김정일 매, 경공업 부장, 장성택 처
강석주(71) 외교부 부부장, 외무성 제1부상, 내각부총리 (현)
김영춘(74) 군수동원총국장, 총참모장, 국방위 부위원장 겸 인민무력부장 (현)
주상성(77) 군단 사령관, 총참모부 검열관, 인민보안부장 (현)
전병호(84) 강계 뜨락또르공장 기사장, 제2경제위원장, 내각 정치국 국장 겸 당
        책임비서 (현)
김국태(86) 인민군 총정국 부국장, 당 비서(간부), 당 중앙위 검열 위원장 (현)
김기남(81) 노동신문사 책임 주필, 당 부장, 당 비서 겸 선전선동부장 (현)
최태복(79) 고등교육부장, 당 비서(교육)
양형섭(84) 사회과학원장, 최고인민회의 의장, 최고인민회의 상임위 부위원장 (현)
변영립(81) 국가과학원 부원장, 교육상, 최고인민회의 상임위 서기장 (현)
이용무(85) 총정치국장, 국가검열위원장, 국방위 부위원장 (현)
홍석형(74) 국가계획위원장, 함북도당 책임비서, 당 비서 겸 계획재정부장 (현)
* (현)은 김정일 당시 최종직책

이는 김정일이 그동안 전통적 정통성에서 스스로 원로급 지도자로서 김일성과 같은 상징적 인물반열에 올라 카리스마적 정통성의 지도자로 예우를 유지하려는 것과 함께, 비서국은 김정일 체제의 실질적인 측근 엘리트들을 확대 포진함으로써 차후 세대교체에 따른 통치의 공백을 메

우고, 세습통치의 자연스러운 승계를 유도하는 조치를 단행했다고 볼 수 있다. 또한 이러한 기구 개편은 김정일이 그동안 국방위원장으로서의 당·군 중심의 실무적 통치를 해 왔지만, 통치 후반기는 국가 원로로서 당 정치국을 통해 김일성의 카리스마에 의한 권위[219]통치와 같은 존재로서 역할을 하기 위한 포석으로 풀이된다.

2. 3차 당 대표자 회의에서 나타난 조직 및 인물 분석

김정일의 통치는 측근 권력 엘리트의 권력 분산을 통해 더욱 강화했다고 볼 수 있다. 자신은 총비서, 정치국 상무위원, 당 군사위원장, 국방위원장이라는 무소불위의 총괄 직함을 유지하면서 국방위원회에는 장성택(국방위 부위원장 겸 수도행정부장, 당 비서), 로동당은 최용해(최현의 차남, 당 비서), 군은 리영호 (군 총참모장 겸 중앙군사위 부위원장) 등에게 권력을 적절히 분산시켰다는 점이다. 또한 김경희(김정일 매) 당 경공업 부장을 정치국 위원과 군(軍)대장 칭호를 부여한 것은 백두혈통의 존재감을 통해 이들 권력을 적절히 견제하는 역할을 한 것으로 풀이된다. 그리고 김정일이 당 규약을 '공산주의'라는 단어를 삭제시키고 온 '사회의 주체화'를 삽입시킴으로 제12기 최고인민회의 제1차 회의 당시 헌법 조문에서 삭제시킨 '공산주의'라는 용어는 당 규약과 헌법에서 모

---

219) Max Weber는 카리스마를 두 가지 방식으로 정의하고 있다. 첫째는 전통적 카리스마로 기존의 제도, 관행, 합리성 등을 부정하는 매우 초인적이고, 혁명적인 강력한 힘으로 나타나고, 두 번째는 일상화된 카리스마로 전자의 열정이 가라앉은 다음에 나타나는 제도에 자리를 물려주는 것으로 구분하였다. H.H. Gerth and C. Wright Mills, eds., From Max Weber(New York: Oxford University Press, 1946), 53~54쪽

두 삭제되게 되었다. 대신 당 규약 서문에 '선군정치'(조선로동당은 선군
정치를 사회주의 기본 정치 방식으로 확립한다)를 추가시킴으로서 당시
이러한 명문화는 김정일 중심의 체제 견고화와 함께 선군정치를 지속화
해 나간다는 의미가 컸었다. 나아가 2012년 강성대국 선포의 해까지 이
선군 노선은 계속할 것으로 풀이되었다.

◆ 당 중앙군사위원회가 최고 실세기관으로 부상하면서 실질적인 실무권력
  엘리트들이 차세대를 위해 포진되었다.
  * 정명도 해군 사령관, 이병철 공군 사령관(대장)
  * 김영춘 인민무력부장(군사위 위원), 리영호 총참모장(군사위 부위원장)
    이는 후계자 승계를 대비한 군부의 후견인 배치 성격이 강함
◆ 당 정치국의 권력 엘리트의 배치는 김정일 유일지도체계에서 향후 김정은
  으로 이어지는 후계학습체계를 위한 사전포석으로 개편 암시한 포석이 강
  하다.
  * 정치국 위원들은 북한 권력 2세대로 김일성과 김정일 라인을 연계 역할을
    했던 원로급들로 배치하여 혁명 정통성의 승계에 대한 예우
  * 정치국 후보위원들은 김정일과 김정은 라인의 연계 역할을 할 수 있는 70
    년대 소조 활동을 통해 부상한 김정일의 충복들로 구성
  * 이들은 차세대 정치 주역들로서 현세대의 실무급 권력 엘리트로 부상
  * 특히 정치국 후보위원과 비서국 당 비서로 임명된 장성택, 김양건, 김영
    일, 최용해, 김평해, 우동측 등은 1970년대 3대 소조 운동 당시 김정일을
    중심으로 정치 훈련을 받아 온 인물들로 김정일 체제에서 실질적인 권력
    엘리트로 행사

*특징적인 것은 그동안 지방에서 도당 책임 비서를 수행하던 인물들이 대거 로동당 비서로 중앙정치로 진입하였다는 점이다. 최용해(황해북도→ 당 비서), 박도춘(자강도→ 당 비서), 김평해(평안북도→ 당 간부부), 태종수(함경남도→ 당 총무부), 홍석형(함경북도→ 당 계획경제부), 문경덕(평양시)

[표 3-11] 김정은 시대 작동 시 추정되는 핵심 인물 (2010년 기준)

〈정치국 후보위원〉
태종수(74) 대안중기계연합기업소 당 책임비서, 내각부총리, 함경남도 당 책임비서, 당 비서 겸 총무부장 (현)
김평해(69) 평안북도 당 조직비서, 책임 비서, 당 비서 겸 간부부장 (현)
김양건(68) 문학 전문가, 사로청 중앙위 지도위원, 당 부장, 당 비서 겸 통일전선부장 (현)
최용해(60) 사로청 부위원장, 김일성 사회주의 청년동맹 1 비서, 황해북도 당 책임비서, 당 비서 (현)
장성택(66) 당 부부장, 당 부장, 국방위 부위원장 겸 당 행정부장 (현)
우동측(68) 철학 전문가, 당 중앙위 지도원, 국가 안전보위부 부부장, 보위부 제1부부장 (현)
김정각(69) 훈련소장, 인민무력부 부부장, 총정치국 제1부국장 (현)
김창섭(64) 국가 안전보위부 정치국 부국장, 보위부 정치국장(현)
문경덕(53) 정치경제학 전문가, 사로청 부위원장, 평양시 당 책임비서, 당 비서 (현)
김영일(63) 외무성 부상, 당 부장, 당 비서 겸 국제부장 (현)
박도춘(66) 당 과장, 자강도 당 책임비서, 당 비서 (현)
* (현)은 김정일 당시 최종직책

◆ 로동당 비서국의 권력 엘리트

주석단 서열의 인물들이 정치국 위원으로 대부분 형성되었지만, 비서국 권력 엘리트들은 정치국 후보위원들과 대부분 중첩되어 구성하였다. 특히 평양시 당 책임비서인 문경덕이 정치국 후보위원, 당 비서, 평양시 도당 책임비서를 겸임한 것에 주목하였다. 3차 당 대표자 회의를 통해 비서국 실무형 권력 엘리트의 확대는 김정일 전반기 통치 기간 내 검증된 전문 관료(김양건, 우동측, 태종수, 주규창) 및 지방관리(최용해, 김평해, 박도춘, 홍석형, 김영일) 그리고 신진 엘리트(문경덕) 등을 재신임 및 중앙무대로 발탁했다는 점이다. 이는 북한이 2012년 주체 100년을 통해 강성대국의 완성을 촉진한다는 측면에서 경제 분야의 회복을 위한 사전포석과 함께 이를 구실로 자연스러운 권력 재편과 세대교체를 가져온다는 계산이 담겨 있다. 권력 재편을 통한 세대교체는 향후 실질적으로 가동될 후계체제와 맞물리면서 김정일 후계자에 대한 통치의 명분을 확보하기 위한 투입이었다고 볼 수 있다. 김일성에서 김정일로 세습은 빨치산 원로들의 정치·군사적 보증으로 항일혁명 정통성의 상징성을 바탕으로 한 명분을 확보하였다. 하지만 김정일과 그 후계자 김정은으로 이양될 정치적 명분 확보는 우선적으로 인민들의 묵시적 동의와 공감대가 필요하다 할 때, 그런 측면에서 경제회복은 북한 통치의 세습을 합리화시킬 수 있는 중요한 조건이 된다. 이에 따라 김정일의 주체 100년을 통해 강성대국의 완성이라는 상징성 작업은 김일성의 향수를 가져오게 하고, 반면 강화된 비서국을 중심으로 경제회복을 위한 실무적 가동은 김일성-김정일-김정은으로 이어지는 원시형 세습통치승계의 절대적인 필요조건이었다라고 할 수 있다([표 3-11] 참조).

3. 김정일 사망과 미완의 중앙통합적 통치체계

1) 정치국 부활과 비서국 강화가 가지는 의미

그동안 북한 권력 엘리트 형성의 특징은 김일성 시대에는 주석단과 정치국을 중심으로 통치를 했었다. 즉 김일성 시대의 주석단은 곧 실무형 인물들이었다. 그리고 이들은 정치국을 통해 김일성의 통치에 충성하였다. 그러나 김정일 체제에 들어와서는 주석단과 비서국을 중심으로 이원적 통치를 해 왔다고 할 수 있다. 하지만 김정일 체제로 이양된 시기의 주석단과 정치국은 고령으로 혁명 1세대로서의 정통성을 상징하는 역할 이상을 할 수 없었다. 따라서 김정일은 주석단을 혁명 정통성을 계승하는 증인으로서 상징성을 부여함과 동시에 실무적 통치 시스템을 정치국에서 비서국으로 전환했다. 그동안 김정일의 권력 엘리트 배치는 주석단의 상징적 인물과 비서국의 실무적 권력 엘리트가 공존한 인적 구조였다. 다시 말해 김일성 시대의 권력 엘리트는 실무형주석단과 정치국이라는 '중앙일체적' 통치체계의 극대화였다고 할 수 있다면 김정일의 중앙이원적 통치체계는 상징형 주석단을 예우하며 김정일 통치가 비서국을 중심으로 진행된 특징을 가지고 있다.

그런데 제3차 당 대표자 회의 이후 조직개편을 통해 정치국의 부활과 함께 김정일이 자신을 상무위원회의 원로 반열에 일치시키면서 정치국과 비서국의 '중앙통합적 통치체계'로 강화했다. 이번 당 대표자 대회를 통해 형성된 중앙통합적 통치형태는 김정일이 당 정치국을 축으로 주석단의 실질적인 가동과 함께 비서국을 포괄적으로 관장한다는 의미로 그동안의 상징적 정치국과 실무적 비서국의 이원화를 통합통치체계로 구축하였다는 점이다. 이에 따라 이전보다 더 실질적인 김정일의 측근들을 정치국과 비서국에 중복하여 포진시켰다. 또한 이러한 기구 개편은 김정일이 그동안 비상적 국방위원장으로서의 당적 실무 통치를 군 중심의 선군정치로 추진해 왔지만, 향후 국가 원로로서 당 중심의 수령 반열

의 통치를 통해 명실상부한 상징적 존재로서 정상적인 사회주의국가로
서의 '선당정치'를 하기 위했던 것으로 분석할 수 있다.

일부에서는 지난 3차 당 대표자 대회를 통해 그가 '김일성-김정일 공동
정권'을 경험한 것처럼 '김정일-김정은 공동정권'의 길로 들어섰다고 주
장하는 학자들도 있었다. 그러나 김일성 시대와 김정일은 통치의 전·후
반기 성격에 차이가 있다. 김일성은 49년 통치 전·후반기 중 항일혁
명의 정통성(正統性) 입지(立地) 조건을 토대로 중앙협력적 연합(1945
~1958)체계, 일시적인 단일(1959~1967) 체계, 중앙일체적 유일(1968
~1994) 체계로, 외적으로는 냉전 이데올로기의 소용돌이와 내적으로는
한국전쟁과 권력투쟁의 치열한 과정을 통해 체제의 공고화를 구축했다.

반면, 김정일은 내부 분열적 권력 이반이 거의 제거된 상태에서 공식
적으로 18년의 통치 기간 중 항일혁명의 전통성(傳統性) 승계라는 인적
인프라, 사상적 토대, 제도적 틀 및 배경을 후견받아 전반기(1994~2010)
를 강제된 권위 구조화를 중앙집중적 통치체계로 기반을 다졌다면, 후
반기(2010~2012)는 카리스마 권위의 상징성을 중앙통합적 통치체계로
실험하고자 했던 것으로 풀이된다. 이러한 구상은 아마 자신의 건강징
후와 관련하여 자신의 입지를 상징화시켜 나가면서 막후적으로는 권력
누수가 생기지 않도록 후계 구도를 최측근 권력 엘리트들과 일찍이 고
민해 왔을 것이다. 그런 면에서 전통적 승계가 가지는 카리스마 확보의
한계와 이를 극복하기 위한 강제된 권위 구조화의 체계 형성은, 자신이
그랬던 것처럼 당장 누구를 후계자로 지목하기보다 카리스마적 리더십
의 부족 등 후계군이 가진 한계와 후대에 직면할 여러 장애 요소들을 고
려해 다음 시대에 맞는 권력구조의 기초를 다지는데, 막후(幕後)제왕학

학습에 더 많은 관심을 기울여 왔을 것으로 추정된다.

2) 통치 승계에 권력 엘리트들의 기능성

그런데 김정일의 급작스러운 사망은 그의 후반기 통치구상이었던 중앙통합적 체계 유형이 김정은 유훈통치 유형으로 급속하게 전개됨으로써 다시금 김정일의 전기통치 형태인 중앙집중적 유형으로 환원될 수밖에 없는 환경이 되었다. 하지만 북한의 권력 엘리트들은 김정일 사망 이후에 발생할 권력 누수의 가능성을 일시에 불식시키는 어느 때보다도 신속한 결속력을 통해 김정은 체제의 안정화를 구축해 나가는 모습을 보였다. 이는 김정일이 그의 생존 시 그동안 자신의 입지를 상징화시켜 나가면서 권력 누수가 생기지 않도록 그의 지난날 후계 선정과정에서 경험했던 세습 승계의 정통성 부여 문제를 본격적으로 고민해 왔을 것으로 판단할 수 있으며, 동시에 통치 승계에 대한 권력 엘리트들의 순기능적인 충성심의 불변을 일사불란하게 보여 준 현시적 움직임으로 볼 수 있다.

생존 당시 건강상의 문제를 안고 있었던 김정일의 고민은 제3차 당 대표자 회의 후 구성된 권력 엘리트들의 배치를 보면서 통치 승계의 불완전성은 기후에 불과한 것임을 확인하게 한다. 전술한 바와 같이 김정일은 당장 김정은이 가지고 있는 카리스마적 통솔력 부족 등과 지난날의 자신의 제왕학 학습 기간보다는 무경험적인 통치 능력의 한계와 후대에 직면할 여러 장애 요소들을 고려해, 다음 시대에 맞는 권력구조의 기초를 다지는 데 더 큰 노력을 기울여 왔음을 3차 당 대회 조직개편을 통해 확인할 수 있다. 따라서 김일성 시대의 전통적 카리스마에 의존했던 수령의 지위를 헌법상 나라의 최고직책으로 명문화한 북한으로서는 지난 당 대표자 회의를 통해 김정일 역시 그와 동일한 반열에 위치시키면서 실질적인 정책은 당·정·군의 충성스러운 핵심 엘리트 집단에 맡기는 방식의 변화를 모색한 것으로 볼 수 있다. 이는 갑작스러운 김정일 사망으로 김정은 체제가 등장했음에도 그를 후견한 권력 엘리트들의 신속하고도 안정된 국가업무수행을 유지해 나가고 있는 것에서 알 수 있다.[220)]

실례로 2012년 4월 북한은 제4차 당 대표자 회의를 다시 개최하여 김정일을 영원한 총비서로 추대하고, 연이어 개최된 최고인민회의에서는 영원한 국방위원장으로 추대하였다. 동시에 4차 당 대표자 대회를 전후해서 과도기적인 시기를 정리하는 당·정·군의 점진적인 세대교체[221)]와 이후 김정은의 현지지도 수행 동향을 통해 체제의 안정화를 기하는 모습에서 확인할 수 있다([표 4-2] 참조). 이와 같은 중앙통합형 통치체계의 모색은 결과적으로 순기능적인 엘리트들을 세습형 통치 승계에 참여시켜 기존 수령제 유일지도체계의 영속적인 안정화를 가져올 때까지 일정 기간 '집체적인(상징형과 실무형) 후견인'의 교사(教師)형 자문 통치

---

220) 2012년 6월 말 북한은 농민과 기업이 '사회주의의 틀'내에서 일정 정도 영리를 취할 수 있도록 해 주는 내용 등을 담은 '신(新)경제 개선 조치'를 발표했다. 이에 따라 북한의 경제개선조치 일환으로 동년 8월 14일부터 방중(訪中)했던 장성택은 외자(外資) 유치 담당인 리광근 합영 투자위원회 위원장과 리수용 전 스위스 대사 등 북한에서 '돈 관리'하는 핵심 인사들을 대거 동행한 것과 함께 최고인민회의 상임위원장인 김영남의 베트남 방문 역시 이와 같은 맥락에서 엘리트들의 직접적인 정치참여가 확대되어 감을 보여 주는 실례가 될 수 있다 하겠다.

221) 2013년 4월 당시 정치국 상무위원 김정은, 김영남, 최영림, 최용해이며, 위원으로는 박봉주, 장성택, 김경희, 김기남, 최태복, 박도춘, 김국태, 김영춘, 양형섭, 리용무, 강석주, 현철해, 김원홍, 리명수, 김정각 등과 후보위원 12명으로 구성되었다. 이들 대부분은 비서국과 당 중앙군사위원회, 국방위원회의 주요 보직을 동시에 겸임하고 있었으며 대부분이 김일성 가계 3대에 걸쳐 순기능으로 충성하고 있는 인물들이라 할 수 있다.

를 수행케 했다. 그리고 이를 통해 일정 부분 그들의 의견을 통치자가 수렴하는 역할의 비중을 열어 둔 셈이 되었다. 당시 김정일의 사망으로 통치 형태의 원상 복귀는 이전의 '중앙집중식 통치' 형태와 유사하다고 할 수는 있지만, 주목했던 것은 김정은의 통치역량이 김정일의 그것과는 달리 어떻게 발휘되느냐에 따라 권력 엘리트[222]들의 기능적인 위상과 영향력이 예전과는 달리 김정일의 통치 후반기의 모델이었던 '중앙통합적 통치체계'로 국가경영이 진행될 것으로 추측되기도 했었다. 그리고 이는 현재 김정은식 '중앙통합적 통치체계'로 작동 실험 중이다.

생전의 김정일은 국방위원장의 직함으로 대내외적인 이미지를 강하게 남겼다. 그의 직함은 국방위원장, 조선로동당 비서국 총비서, 당 중앙군사위원회 위원장, 조선인민군 원수 등으로 그의 활동에 따라 다양하게 호칭하였다. 그런데 선군정치 및 강성대국이라는 호전적 구호 속에서 나타난 김정일의 강한 이미지는 국방위원장으로 대표가 된다. 물론 이는 김일성이 영원한 주석의 호칭을 고유 명칭으로 가진 이상, 새롭게 이미지화된 직함이기도 했다. 그러나 집권 후반기 원로의 반열에 이른 70세 나이에 이르러 국방위원장이라는 이미지는 대내외적으로 걸맞지 않은 호칭으로 여겨질 수가 있었기에 당 정치국 부활을 통해 자연스럽게 그에 어울리는 국가수반의 호칭을 가져올 수도 있었을 것이다. 하지만 그의 사망은 이러한 예측을 불허했다.

---

222) 이영호의 갑작스러운 경질과 로동당 38호실 폐쇄, 최근에는 김정일의 측근이었던 체육상 박명철과 로동당 39호실장 전일출 등이 해임된 것은 이런 상황을 예견한다고 볼 수 있다.

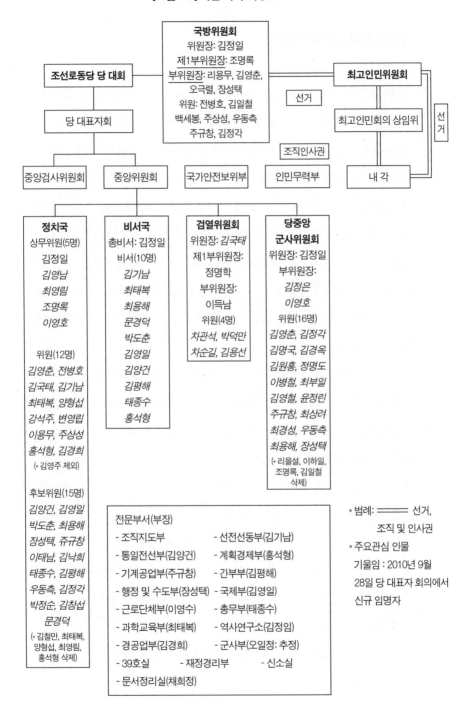

[그림 3-2] 북한 국가 기구도

국방위원회
위원장: 김정일
제1부위원장: 조명록
부위원장: 리용무, 김영춘,
오극렬, 장성택
위원: 전병호, 김일철
백세봉, 주상성, 우동측
주규창, 김정각

조선로동당 당 대회

당 대표자회

선거

최고인민위원회

최고인민회의 상임위

선거

중앙검사위원회 | 중앙위원회 | 국가안전보위부 | 인민무력부 | 내 각

조직인사권

정치국
상무위원(5명)
김정일
김영남
최영림
조명록
이영호

위원(12명)
김영춘, 전병호
김국태, 김기남
최태복, 양형섭
강석주, 변영립
이용무, 주상성
홍석형, 김경희
(* 김영주 제외)

후보위원(15명)
김양건, 김영일
박도춘, 최용해
장성택, 쥬규창
이태남, 김낙희
태종수, 김평해
우동측, 김정각
박정순, 김창섭
문경덕
(* 김철만, 최태복,
양형섭, 최영림,
홍석형 삭제)

비서국
총비서: 김정일
비서(10명)
김기남
최태복
최용해
문경덕
박도춘
김영일
김양건
김평해
태종수
홍석형

검열위원회
위원장: *김국태*
제1부위원장:
정명학
부위원장:
이득남
위원(4명)
차관석, 박덕만
차순길, 김용선

**당중앙
군사위원회**
위원장: 김정일
부위원장:
김정은
이영호
위원(16명)
김영춘, 김정각
김명국, 김경옥
김원홍, 정명도
이병철, 최부일
김영철, 윤정린
주규창, 최상려
최경성, 우동측
최용해, 장성택
(* 리을설, 이하일,
조명록, 김일철
삭제)

전문부서(부장)
- 조직지도부   - 선전선동부(김기남)
- 통일전선부(김양건)   - 계획경제부(홍석형)
- 기계공업부(주규창)   - 간부부(김평해)
- 행정 및 수도부(장성택)   - 국제부(김영일)
- 근로단체부(이영수)   - 총무부(태종수)
- 과학교육부(최태복)   - 역사연구소(김정임)
- 경공업부(김경희)   - 군사부(오일정: 추정)
- 39호실   - 재정경리부   - 신소실
- 문서정리실(채희정)

* 범례: ═══ 선거,
　　　　조직 및 인사권
* 주요관심 인물
기울임 : 2010년 9월
28일 당 대표자 회의에서
신규 임명자

3) 세습통치체제의 안정성

일반적인 의미로 세습이란 후계자에게 신분, 재산, 권력(직업) 등을 세대에 걸쳐서 물려주는 행위를 뜻한다. 근대 이후 군주국이 아님에도 3대 세습에 성공한 대표적(처음)인 국가가 북한이다. 남미의 쿠바나 아프리카의 토고, 가봉 등이 2대에 걸친 40여 년의 통치를 하지만 북한은 1세대 김일성 통치 시기(46년)의 종파 사건을 통한 정적 제거와 주체사상의 틀을 세우고, 2세대인 김정일(16년)은 당의 유일적 영도체계 확립의 10대 원칙과 사회정치적 생명체론과 후계자론 등으로 주체사상의 확장 및 해석권을 통해 백두혈통에 의한 세습계승을 정당화하였다. 그리고 현재 (2012년 이후) 김정은 통치라는 3대 권력 계승은 과히 원시형 유일적인 세습계승일 것이다.

그렇다면 세습통치체제의 안정성을 담보하는 요인은 무엇일까?

세습의 영속성 보장은 우선하여 유일적 절대성의 존재가치를 근간으로 출발한다고 볼 수 있다. 김일성의 유일체계는 항일혁명의 전통성이라는 실전적 경험과 주체사상이라는 이론적 틀이 대내외적 정치환경이라는 조건형성으로 귀결된 결과물이다. 다음으로는 걸림돌과 디딤돌의 양면성을 가지고 있는 주변 권력 엘리트들의 골간적인 충성 여부라 할 것이다. 이는 다르게 표현하면 엘리트들의 충성심을 유도할 만큼의 존재적 가치, 예를 들면 전통적 카리스마의 절대성이 주변 세력들을 흡입할 수 있는 특질적인 용병술로 자발적인 일편단심을 가지게 하느냐, 아니면 엘리트의 반발을 이겨 낼 만큼 권력을 강하게 장악할 수 있는 리더십을 확보할 수 있을 때 후계 세습 진행이 가능할 것이다. 그와 더불어

후계자 군들의 자질과 어느 정도 자신의 기반을 만드는 태생적인 조건
이 충족해야 가능하다 할 때 북한의 세습은 이 조건들을 충족한다.

2대 김정일의 정치학습은 병영에서부터 이루어져 18세에 이미 김일성
의 국내외 현지지도 및 방문 시 동행을 하며 제왕학 학습을 익힌 경험이
있다. 1964년 대학 졸업 후 노동당 조직부와 선전선동부에서 정치학습
을 한 후 1973년 김정일은 노동당 비서국 조직 및 선전 선동 담당 비서로
선출되며 후계자로 부상했다. 그리고 김정일이 후계자가 되는 과정에는
김일, 오진우, 리을설, 이용무, 최인덕, 백학림 등 항일 1세대의 후견인
역할이 컸다.

3대 김정은은 스위스 유학을 통해 국제사회의 통찰력을 감각적 경험
으로 학습시키고, 귀국 후 김일성 군사대학에서 수학하게 했다. 김정은
이 아버지 김정일의 현지지도에 동행하기 시작한 것은 2008년 10월 즈
음으로 전해진다. 이때부터 본격적인 후계자 수업을 받기 시작했다고
볼 수 있다. 이러한 정황들은 후계자에 대한 제왕학 학습이 어린 시절부
터 권력자와 주변의 조력자들 간의 골간적인 유대감에 의해 주도면밀하
게 진행해 왔음을 반영한다. 김정은으로 후계자가 결정되는 과정에는
김영남 최고인민회의 상임위원장, 최태복 최고인민회의 의장, 김국태
당 검열위원장, 김기남 당 책임비서, 전병호 당 책임비서, 조명록 총정치
국장, 김영춘 인민무력부장, 현철해 원수 등 혁명 2세대의 지지가 결정
적 역할을 했다.

그와 함께 북한세습의 순기능 역할은 권력 엘리트에 대한 정치세습과
연동되어 엘리트층의 사회 기득권 형성 보장과 순환적으로 맞물려 작동
하고 있으므로 가능하다고 볼 수 있다. 북한 사회의 중상류층인 이들은

전체 인구의 30% 정도로 최고위층과 더불어 당원, 관료, 군 장교 등이 북한 사회의 핵심 계층을 형성하고 있다. 그중 북한은 현재 약 200여 명의 2대, 3대 세습 엘리트들이 당·정·군의 각 기관에서 활동하고 있는 것으로 알려져 있다.

대표적인 혁명 3세대로는 김국태의 딸인 김문경 당 국제부 부부장, 최룡해의 아들 최준, 김영남의 손자 김성현, 강석주 내각부총리의 장남 강태성 등이 있으며, 이들은 당·정·군 요직에 진출해 있다. 특히 주목할 점은 김정은 집권 이후 40~50대들이 주요 요직을 꿰차고 있다는 것이다. 이들은 대부분 혁명 3세대 또는 고위 전직 당·정·군 간부들의 자녀들이다. 이들 세습 엘리트로선 3대 세습이 자신들이 그동안 유지해 온 지위와 권력을 그대로 행사할 수 있는 가장 적합하고 안정적인 방법이 될 수 있다. 이들에게 김일성 가계의 수령체계가 와해하는 중앙권력의 변화는 권력투쟁이나 새로운 충성경쟁 등으로 자신들의 대를 이은 가계 구도가 해체될 가능성이 크다고 판단할 것이다. 따라서 김정은의 3대 세습에 순기능적 역할은 일편단심의 계속 충성을 바침으로써 안정적으로 자신들의 가계 보존과 지위 권력을 유지할 수 있다는 기대심리로 작용할 것이다. 나아가 최고지도자의 3대 세습처럼 자녀들에게 자신의 지위와 권력을 여과 없이 물려줄 수 있다는 계산까지 한 것으로 추측할 수 있다[223].

---

223) 출처: 주간조선(http://weekly.chosun.com)

[표 3-12] 대표적인 항일그룹 세습 엘리트

항일혁명 1세대	2세대	3세대
김 책: 항일빨치산 원로, 전선사령관, 부수상	김국태: 간부부 부장, 검열위원장	김문경(딸): 당국제부 부부장 이흥식(사위): 외무성국장
김 일(박덕산): 항일빨치산 원로, 부수상	박용성: 철도상	
최 현: 항일빨치산 원로 국방상	최용해: 조직지도부장, 최고인민회의 상임위원장	최현철: 대외 무역업 종사
김영남: (전) 최고인민회의 상임위원장	김동호(아들): 외무성 과장 김호정(딸): 대외문화연락위원회 책임부원	김성현
오극렬: (전) 국방위 부위원장	오세욱(아들): 인민무력부산하 무역업, 군 상장 오혜옥(맏딸): 노동신문사 기자 오혜영(딸): 4 · 25 영화문학 창작사 작가 오혜선(딸): 조선인민군 신문사 기자 오영혜(딸): 평양외국문 출판사 기자 오영희(딸): 조선인민군 기록 영화촬영소 기자 서호원(사위): 대외문화 연락위원회 부위원장)	
강석주: (전) 외무상	강태승(아들)	
김원홍: (전) 보위부 사령관	김철(아들): 청봉무역회사 사장	
김충일: (전) 비서국 서기실	김철운(아들)	
최영림: (전) 내각총리	최선희(양딸): 북한 외무상 최승호(양아들): 중앙검사위원장	
리명제: (전) 조직지도부부부장	리용호(아들): (전) 외무상	
오진우: (전) 인민무력부장	오일정(아들): 당 군사부장	
오백룡: (전) 당 군사부장	오금철(아들): 공군사령관, 당중앙위원 오철산(아들): 해군사령부 정치위원	
백남순: (전) 외무상	백룡천(아들): 조선중앙은행총재	
서 철: 항일 빨치산 원로, 당 비서, 검열위원장	서동명(아들): 대외보험총국장	
허 담: (전) 외무상, 당 원로	허철(아들): 외무성 당 비서	
리용철: (전) 조직지도부 군사담당1부부장	이영란(딸): 조선인민군총정치국 54 부장(석탄광물취급)	

리제강: (전) 조직지도부 1부부장	차철마(사위): 최고인민회의 상임위원회 소속	
전문섭: (전) 국가검열위원장	김영일(사위): 당 국제비서	
정일룡: (전) 부수상	태종수(사위): 당 총무(행정)비서 김계관(사위): 외무성 제1부상	
리명수: (전) 인민보안부장	리용남(조카): 무역상	
최재하: (전) 건설상	최휘(아들): 조직지도부 생활지도담당 부부장 최연(아들): 무역상 부상	
리영구: (전) 김정일 주치의	리광근(아들): 무역상, 통일전선부 부부장)	
김철만: (전) 제2경제위원장	김태히(아들): 김일성대 당 책임비서	
오재원: (전) 만경대혁명학원장	오철용(아들): 무역성 부상	
김영주: (전) 부수석, 김일성 동생	리명산(사위): 무역성 부상	
김영춘: (전) 인민무력부장	리성호(사위): 상업성 부상 차동섭(사위): 무역업 종사	
태병렬: 항일빨치산 원로	태형철(아들): 사회과학원장	
심창완: (전) 사회안전부 정치국장	심철호(아들): 체신성 부상	
박성철: 항일빨치산 원로, (전) 부주석	문재철(사위): 외교단사업총국장	
리용무: (전) 국방위 부위원장	리철호(아들): 무역업 종사	
홍원길: (전) 부총리	홍선옥(딸): 최고인민회의부의장	
이화선: (전) 당 조직지도부 부부장	리용철(아들): 청년동맹 1비서	
김 옥: 김정일 위원장 넷째 부인	김 효(동생): 노동당 재정경리부 부부장	김 균(아들): 김일성종합대 1부총장
강석주: (전) 내각 부총리	자녀: 해외공관 파견	
김영일: (전) 당 비서	자녀: 해외공관 파견	

혁명 2세대 선두그룹인 최룡해, 오일정, 백룡천 등은 김정은의 최측근에서 3대 세습의 안정화에 앞장섬으로써 엘리트 2세대가 3대 수령승계 작업에 충성심이 검증됐다고 볼 수 있다. 이러한 점은 김정일 위원장의 사회정치적 생명체론에 입각한 일편단심 대를 이은 충성의 표상으로 나타났다[표 3-12].

김정은 역시 고위층 자녀들을 대를 이어 요직에 기용함으로써 운명공동체를 만들어 절대권력과 권력 엘리트 간의 골간적 유대 형성을 '백두혈통의 계승'과 '혁명전통의 계승'이라는 수사로 포장하여 고위층의 권력 세습 공조를 유지해 나가고 있다. 이런 측면에서 김정은으로의 3대 세습 승계는 2세대의 권력 엘리트의 보증과 3세대의 실무 투입 등을 통한 권력 안정화에 무리가 없음을 예측할 수 있다[그림 3-3]. 김정은 정권에서 권력 2~3세대는 현재 당 중앙위 전문부서 부부장급과 내각 부상(차관)급에 다수 포진되어 있다. 특히 당의 핵심인 조직지도부, 선전선동부, 38호실, 대남공작부서들을 비롯한 당이나, 호위사령부, 인민무력부, 국가보위부와 같은 권력기관 소속 무역회사들에서 활약하고 있으며 향후 지도층 발탁이 유력한 실무책임자로 보직을 쌓고 있다고 예측된다.

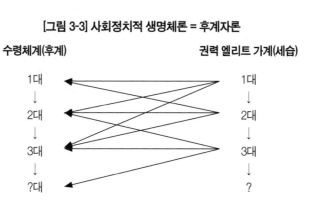

[그림 3-3] 사회정치적 생명체론 = 후계자론

제 IV 부
김정은 통치
체제 유형과
전망

준비된 통치 승계

1. 후계과정 및 유훈통치

1) 예정된 후계자 김정은

김정은은 1996~2000년까지 스위스 베른 국제학교에서 IT와 스포츠 그리고 독일어, 프랑스어, 영어 등을 수학했다. 북한으로 들어와서는 2002~2007년까지 김일성종합대학과 김일성 군사종합대학에서 보병학과 포병학을 수학했다. 그리고 전문분야 가정교사들로부터 정치, 경제학, IT 등 제왕학 엘리트 학습을 받았다. 다만 실전·실무적 미 경험은 항시적으로 준비된 선대의 충복 엘리트 교사(敎師) 형 후견인들이 배치되어 있었다.

김정은 후계의 구축은 2009년부터 가시화되었다. 그 시기 김정은 찬가(讚歌) '발걸음'을 대대적으로 보급하면서 2010년 9월 27일에는 김정은에게 군사 계급인 대장 칭호를 부여했다. 이어 김정일 생전에 마지막으로 참석한 2010년 9월 28일 제3차 당 대표자회에서 김정은을 당 중앙군사위원회 부위원장에 임명시키며 그의 후계 구도를 공식화하였다. 앞에서 살펴본 바와 같이 2010년 9월 28일 제3차 당 대표자회를 통한 당 지도체제 개편은 우선적으로는 김정일의 '중앙통합적 통치체계' 구축이었고, 후차적으로 당 규약을 개정함으로써 후계체계 기반을 다진 대회였다. 특히 김정은이 당 중앙군사위원회 부위원장에 임명된 이후 그해 10월 10일 노동당 창건 65주년을 맞아 개최한 군 열병식에 참석하여 군사 지도자로서의 이미지를 부각시켰다. 이는 군부의 충성을 유도한 것인데, 결과적으로 김정일 사후 체제의 안정적 유지에 중점을 두고 김정일 유훈, 체제 정통성, 군부 통제, 내부 결속 유도 등을 통해 김정은 체제로 이행을 추진한 예견된 포석이 되었다. 2011년 12월 29일 개최된 김정일 사망 추도 대회에서 김정은은 '당과 군대와 인민의 최고 령도자'로 선언되었고, 다음 날 30일에 열린 당 중앙위원회 정치국 회의에서는 김정일의 유훈(2011. 10. 8.)에 따라 김정은을 인민군 최고사령관으로 공식 추대하였다. 그리고 2012년 신년 공동사설에서 "김정은은 곧 김정일"이라는 유훈통치가 강조되었다.

2012년 4월 제4차 당 대표자회와 최고인민회의 제12기 제5차 회의는 북한 정권의 권력구조가 김정은 체제 중심으로 공식출범을 알린 대회였다. 특히 이 회의에서 김정은을 당 제1비서에 추대하고, 김정일을 '조선로동당의 영원한 총비서'로 추앙하였다. 그리고 당 규약과 헌법개정을 통해 '김일성-김정일 주의를 유일지도 사상'으로 하고 '온 사회의 김일성-김정일주의화'를 당의 최고 강령으로 내세우는 등 김정은 체제의 제도적 · 이념적 기반을 갖추게 되었다. 형식적으로는 김정은이 당 · 국가 최고 직위에 추대됨으로써 원시형 3대 권력세습이 완료되었음을 선언하는 대회이기도 했다. 이후 2012년 7월 17일 '공화국 원수'에 추대됨으로써 '김정은 시대'의 개막을 알렸다. 그리고 2013년 6월에는 헌법이나 당 규약보다 실질적으로 우선 작동하는 '당의 유일사상 체계 확립의 10대 원칙'을 39년 만에 '당의 유일적 영도체계 확립의 10대 원칙'으로 개정했다. 이를 통해 핵심 권력 엘리트들의 권력 위협 요인을 원천적으로 차단하는 동시에 김정은의 권위를 절대화하고 3대 세습통치 승계체제를 공식화한 것이다.[224]

2) 김정은식 사회주의 길 제시

김정은은 제4차 당 대표자회 직후 김일성 주석 100돌 생일 경축 열병식에서 '김일성 자주의 길', '김정일 선군의 길'을 강조하면서 '자신의 사회주의 길'을 제시하였다. 보다 구체적으로는 "일심단결과 불패의 군력(軍力)에 새 세기 산업혁명을 더한 것이 곧 사회주의 강성국가"라고 강조하였다. 이는 김정은 시대가 출범과 함께 2010년 9월 3차 당 대표자회의를 통해 개정된 당 규약 전문에서 규정한 선군정치를 사회주의 기본 정치 방식으로 확립하고 선군의 기치 밑에 혁명과 인민 경제건설을 병행해 나갈 것을 분명히 한데서 확인할 수 있다. 이러한 실천적인 행보는 초기 그의 활발한 현지지도의 동향을 통해서 잘 나타나기도 했다. 실제로 류경호텔 리모델링을 이집트 오라스콤 통신회사에 승인하고 그 대가

---

224) 통일부 국립 통일교육원 편, 2022, 『북한의 이해』, 75~81쪽

로 150만 대 휴대전화를 보급하기로 한 것과 독일 켐핀스킨 회사에 호텔 운영을 위탁한 것, 아울러 만수대 고기 상점과 창전거리에 세워진 살림집 3,000세대, 해맞이 식당과 타일 공장, 릉라인민유원지, 아동백화점 시찰 등에 주요 당·정·군 주요 요직들을 대동하여 시찰한 것이 대표적 사례이다. 이는 또 다른 측면에서 인민 종합편의시설[225]들을 자주 방문함으로써 할아버지 김일성의 군중노선에 입각한 인민과의 친화적인 현지지도 행보를 재생시킴으로써 인민들에게 김일성의 향수를 일으키게 하여 인민의 삶을 회복시킬 것이라는 기대감을 부여하고자 한 것이다. 이러한 빠른 행보들은 외형적으로는 선군정치의 유훈을 군사적으로 시위하면서, 내부적으로는 북한 인민 경제혁신의 구체적인 가동을 가시화해 나가고 있음을 짐작하게 했다.[226]

[표4-1]에서 확인하다시피 김정은 초기 현지지도의 분포는 기타 분야인 금수산 참배, 김일성, 김정일 기념식, 공연 및 관람, 사진 촬영 및 준공식 등에 참여 횟수가 더 많은 것으로 나타나 정치, 군사, 경제 분야에 직접적인 관여보다는 전문후견인을 대동한 통치학습 차원의 현지 시찰이 이루어진 것으로 파악되었다. 이러한 행보는 세습체제에 대한 불만을 반감시키면서 정통성을 합리화시켜 나갈 수 있는 기제(機制)가 될 수 있었을 것이다. 반면 김정은의 현지지도와는 별도로 최고인민회의 상임위원회 김영남과 내각 총리인 최영림과 당 행정부장인 장성택, 총정치국

---

225) 김정은은 군복 대신 인민복을 착용한 권력 엘리트들과 주민편의시설 '해당화관'을 방문했다고 조선중앙통신이 28일 보도했다. 「노동신문」 2013년 4월 28일 자.

226) 북한 내 경제통으로 알려진 박봉주는 2013년 3월 31일 당 중앙위 전원회의에서 정치국 위원에 선임된 후 다음 날 4월 1일에 개최된 최고인민회의 제12기 7차 회의에서 신임 내각 총리로 임명하기로 했다.

장인 최용해 및 내각 그리고 당 비서들이 국내외 외교 분야 및 국내적으로 당·정·군 분야별로 사전 및 별도로 현지 요해하는 모습도 많은 부분 보도되었던 점에서도 이와 같은 사실을 확인할 수 있었다.

[표 4-1] 초기 현지지도 분야별 분포

2012. 1.~3.				2012. 4.~6.				2012. 7.~9.				2012. 10.~12.				2013. 1.~3.				합 계			
군	경	기	계	군	경	기	계	군	경	기	계	군	경	기	계	군	경	기	계	군	경	기	계
16	3	17	36	7	8	19	34	7	11	15	33	4	2	13	19	14	7	11	32	48	31	75	154

※ 군: 군사, 경: 경제, 기타: 공연 관람, 사진 촬영 및 접견 등 일반으로 구분.

3) 교사(教師)형 후견인

지난 2010년 9월 3차 당 대표자회의에서 김정일은 김정은으로 하여금 당 군사위원회 부위원장에 선임시킴으로써 선군정치 지속성을 기치로 사회주의 기본통치방침을 규정한 북한의 군 통수권을 확보할 수 있는 명분과 토대를 구축하였다. 이후 김정일 사망 후 체제승계를 이어받은 김정은은 2011년 12월 30일 당 정치국 회의를 통해 최고사령관으로 추대되었고, 2012년 4월 11일 제4차 당 대회와 13일에 개최된 최고인민회의에서 당 중앙군사위원회 위원장과 국방위원회 제1위원장으로 추대되었다. 이는 군부에 대한 지배를 강화하고 권력을 굳히려는 사전포석이었다. 또 다른 측면에서는 북한이 당 중앙군사위원회를 최고 실세 기관으로 부상시키는 의도였다고 할 수 있다. 그 타당성은 당 대표자 대회에서 개정된 당 규약에 따르면 중앙군사위가 "군사 분야에서 나서는 모든 사업을 당적으로 조직 지도한다."라고 명문화되어 있는 데서 확인된다. 이는 군 지휘권뿐 아니라 국방정책 및 군수산업에 관련한 결정권까지 확보했다는 의미이다. 1962년 창설 이래 비상설 협의기구의 성격이 강했던 당 중앙군사위는 지난해 당 규약 개정으로 상설기구로 격상됐다. 당시 이 사실이 주목되었던 이유는 김정일 사망 발표 직전 김정은이 전 군에 내린 '대장명령' 1호도 중앙군사위원회 명의였기 때문이다. 이러한 지배구도의 변화는 당 정치국을 통한 김일성의 주석으로의 상징성, 김정일은 국방위원회를 통한 최고통치자로서의 이미지를 확보했다는 점에서 김정은의 당 중앙군사위를 통한 통수권 확보는 차기 정권의 성격을 가늠할 수 있는 점에서 시사하는 바가 컸다.

우선 당 중앙군사위원회 위원[227]에는 김정은 시대의 실질적인 실무권력 엘리트들이 차세대를 위해 포진된 점을 확인할 수 있었다. 이는 어떤 측면에서든 김정일이 생존 당시부터 후계 구도에 대한 준비를 철저하게 진행하였음을 확인시키는 것이기도 하다. 이들 중 김영춘은 국방위원회 부위원장이면서 정치국 위원이기도 하며 군부 원로급으로 김정은 체제의 출발점에서 좌장 임무를 수행했다고 할 수 있다. 리용무가 정치국 위원과 국방위 부위원장에 있는 것이 특이한데, 이는 빨치산 1세대급으로 김정은 체제의 상징적인 정치·군사적 배경 역할을 의미하는 포석이라 할 수 있을 것이다. 주목할 것은 최용해, 김영춘, 장성택, 김원홍, 주규창이 정치국(후보) 위원, 당 중앙군사위원, 국방위원이라는 최고의 실세 측근으로 활동한 것인데, 이들에 대한 신뢰성은 현지지도 수행을 통해서도 확연히 나타났다. 또한 김정은의 현지지도 수행에는 당 비서이면서 정치국 위원인 김기남, 최태복이 여전히 측근에서 수행하였다. 이들

---

227) 최용해, 현영철을 부위원장으로 하고 위원으로 장성택, 김영춘, 현철해, 김원홍, 리명수, 김정각, 주규창, 김명국, 김경옥, 정명도, 리병철, 최부일, 김영철, 윤정린, 최경성, 김락겸.

은 김정일 정권에서 실무형 엘리트로 최측근에서 활동하다가 김정은 체제에 들어서면서 원로급으로 상징형 엘리트로서 신진체제의 교사형 후견인이라는 정치적 배경 역할을 하였다고 볼 수 있다. 그 외 현철해, 강석주, 황병서, 이재일, 박재경 등 당과 군의 부부장급들은 김정일 시대에 실질적인 실무적 권한을 행사했던 권력 엘리트로서 김정은 체제에서도 그 신임과 역할의 비중을 확인할 수 있다. 특히 현철해(2022년 5월 사망)는 김일성의 충직한 항일혁명의 총대 전사로, 김정일 체제에서 군부 핵심 인물로 활동하였고, 김정은 후계자 교육을 담당함으로써 3대에 걸친 충직한 혁명 전사로 알려진 인물이다.

2. 김정은 유훈통치와 교사(敎師)형 엘리트

1) 초기 김정은 체제에서 현지지도의 특징

첫째 1·2·3 세대 권력 엘리트들이 교사형 현지지도 수행을 통해 김정은을 보증해 주었다는 점이다. 김영남(최고인민회의 상임위원장)과 최영림(내각 총리), 빨치산 1세대급인 리을설, 김철만, 김영대, 리용무 등이 적절하게 동행해 주고 있다. 둘째, 김정은의 현지지도가 군사·경제 분야보다는 공연 관람, 사진 촬영 등 문화면에서 두드러지게 나타나고 있다([표4-1] 참고). 이는 통치 실습과 함께 인민들에게 가까이 가기 위한 위상정립 차원에서 할아버지 김일성의 향수를 느끼게끔 복고적인 현지지도 성격을 가진다는 점을 유추할 수 있는 대목이다. 김일성에서 김정일로 상속은 빨치산 원로들의 정치·군사적 보증으로 항일혁명 정통성과 상징성을 바탕으로 한 명분을 확보하였다. 하지만 김정일에서 그 후계자 김정은으로 이양된 통치명분 확보는 우선하여 인민들의 묵시적 동의와 공감대가 필요했다. 그런 측면에서 인민의 척박한 삶을 극복하기 위한 현실 기대에 부응하는 경제회복은 통치상속을 가장 직접적인 정당성 확보의 중요 요건이 된다고 할 것이다. 이에 따라 김정은 통치 승계의 보장에 있어 혁명 정통성의 약한 고리를 혈통적 상징화 작업을 통해 김일성의 향수를 가져오게 하고, 반면 당·정·군에 포진된 비서국 당비서를 중심으로 경제회복을 위한 실무적 가동은 김정은으로 통치 승계를 담보하는 절대적인 필요조건이라 할 수 있다. 이러한 측면에서 김정은의 현지지도 성격은 김정일의 그것과는 달리 많은 부분 인민의 삶속으로 직접 들어가 마치 할아버지 김일성의 향수를 인민들이 재생할 수 있도록 그들과의 친화적인 모습을 자주 연출해야 했다.

셋째는 현지지도 성격에 맞게 전문 엘리트들의 수행이 이전보다 명확하게 반영되었다는 점이다. 이는 김정은의 통치 식견을 확장해 주는 교사(教師)형 수행역할이다. 비록 초기 현지지도가 도시 중심으로 진행되었지만, 대형 고기상점, 민속공원, 살림집 방문, 유원지 시찰 등과 군부대 시찰에 비서국의 노련한 전문 엘리트들과 함께 김정일 때와는 달리 신진 군부 엘리트들도 현지 학습 차원에서 공개적으로 수행되고 있음이 그 예이다. 이러한 일련의 현상들은 선대의 경험 충분한 원로들이 현지에서 설명과 보고를 통하여 김정은과 신진 엘리트들에게 전문적인 식견을 넓혀 나가게 함으로써 통치체제의 신속한 안정을 구축해 나가고자 한 것으로 분석할 수 있다.

김정일 정권 후반기를 통해 주목받아 김정은 체제에서 발탁된 대표적 인물들은 당 비서로 임명된 박도춘과 국가안전보위부장 김원홍, 정치국 후보위원 신진 엘리트의 김영일, 김양건, 김평해, 문경덕, 태종수, 김평해를 들 수 있다. 이들은 김정은 체제의 실무형 핵심층으로서 당시 그 역할이 주목되었다. 군부에서는 김정각 총정치국 1부국장,[228] 김영철 정찰총국장, 윤정린 호위사령관과 정명도 해군 사령관, 이병철 공군 사령관 등 군의 핵심이 포진되어 있으며, 최경성 상장은 후방 침투 작전을 벌이는 특수부대인 11군단장이고, 미사일 지도국장으로 알려져 있던 최상려 상장, 최부일 상장은 총참모부 부총참모장을 거쳐 9군단장을 맡고 있었다.[229] 최부일, 윤정린, 정명도, 이병철, 최상려와 김원홍 보위사령관이 당 중앙군사위원으로 임명되어 김정은 체제를 결사옹위했다.

또한 김정일 생존 당시 당 중앙군사위원회 부위원장 제도를 신설하고 김정은과 이용호를 선임하였고, 당 군사위원회 명단에는 들지 않았지만 총 6명의 대장 임명자 중 김정은, 김경희(당 경공업부장), 최용해(당 비서), 김경옥(당 조직지도부 제1부부장: 군사 담당), 장성택 등 5명의 민간인이 군사칭호를 받은 것은 김정일이 후계 구도를 계산한 군사 중심 통치 속에 당의 통치강화를 확고히 하기 위한 사전 조치로 분석된다. 하지만 김정일 사후 1년이 지난 후 김정은 체제의 안정화를 구축해 나가는 데 있어 엘리트들의 주요 보직에 변화가 있었다. 그리고 그것은 김정은의 현지지도 수행을 통해 사실 확인되었다([표 4-3] 참조). 그중 김정일 후계 구도의 실세로 부상했던 이영호 총참모장의 실각과 현영철의 부상

---

228) 2013년 4월 1일부로 인민보안부장이었던 리명수와 함께 국방위원에게서 해임되었다.
229) 2013년 4월 1일부로 인민보안부장에 내정되었다.

은 현지지도 수행의 승계 차원에서도 분명하게 나타났다.[230] 이와 함께 김정은의 군부대 현지지도 수행에는 주특기별로 두드러지게 부상되는 군부 소장급 엘리트들이 주목된 바 있다.[231] 이들 중 2013년 태양절에 금수산태양궁전에 김정은과 함께 참석한 이영길, 김영철, 손철주, 염철성, 조경철, 윤동현, 강표형, 박정천, 이병철, 김명식, 김낙겸, 윤정린 등이 신군부 엘리트로 부상하고 있음을 예의 주시했던 인물들이다[표 4-2].

[표 4-2] 2013년 기준 주요 장령 명단

공화국 원수	김정은
인민군 원수	리을설
인민군 차수	김영춘, 김정각, 리용무, 최용해, 현철해
인민군 대장	김격식, 김경옥, 김경희, 김기선, 김명국, 김원홍, 김윤심, 리명수, 리병철, 박도춘, 박재경, 김창섭, 려춘석, 오극렬, 우동측, 윤정린, 장성택, 정명도, 정창렬, 정호균, 현영철

---

230) 북한은 김정은 체제출범 후 이영호 숙청을 계기로 북한군 수뇌부 대규모 강등과 물같이, 충성 서약 강요 등 군부에 대한 대규모 숙청을 벌여 왔다. 이영호의 후임으로 올라왔던 현영철 총참모장이 차수 승진 3개월 만에 다시 대장으로 강등된 경험이 있고, 김영철 군 정찰총국장도 대장에서 중장으로 2단계 계급이 강등되었었다. 이 시기 군단장도 9명 중 6명이 교체됐다.

231) 김명식 중장(해군), 김춘산 상장, 노흥세 중장, 이두성 중장, 이종무 중장, 윤동현 상장(해군 관련), 조경철 상장(해군), 손철주 중장(총정치국 부국장), 손청남 중장(항공 관련), 박정천 중장, 전창복 상장, 이경하 소장, 안지용 소장, 김형용 상장, 장정남 중장, 최경성 상장, 김락겸 중장, 염철성 중장, 이영길 중장(총참모부 작전국장), 박동학 소장, 방관복 중장, 윤동희 소장, 이영래 중장, 임광일 소장, 정현일 장령.

2) 김정은과 신권력 엘리트 역할의 이중구조

가. 당 정치국의 권력 엘리트(상징형)와 비서국의 신진권력 엘리트[232](실무형)

김정일은 지난 3차 당 대표자 대회를 통해 자신과 함께 당 정치국 위원들의 구성을 북한 권력 1세대와 김일성과 김정일 라인 연계 역할을 했던 혁명 1.5세대 권력 엘리트를 대거 원로급들로 배치하여 혁명 정통성의 승계에 대한 예우를 보장했다. 김정일 통치 전반기 중앙집중적 체계는 당 중앙위 산하 정치국이 상무위원과 위원들의 공석을 충원하지 않은 채 잠정적 기능으로 묶어 두고 비서국 실무형들을 중심으로 국정운영을 해 왔다고 해도 과언이 아니다. 그런데 이번 대표자 회의를 통해 정치국의 위상 부활과 함께 기능 정상화 복구는 김정일 전반기 통치 시기 대부분 당·정·군에 실무형으로 투입되어 김정일 측근에서 정권 안정화에 이바지했던 인물들로 충원되었다는 점에 주목한다. 이러한 점은 김일성 시대의 당 정치국 중심의 측근 정치 라인을 복원시키는 것과 같은 의미가 있다 할 것이다. 하지만 이러한 정치국 중심의 통합형 통치구조로의 구상은 그의 사망과 함께 실질적인 실현을 해보지도 못한 채 김정은 유훈 기간의 통치가 교사형 후견인으로 진행되었다.

그런 가운데서도 김정은 체제에서 주석단 서열의 인물들은 김정일 사망 이후 정치국과 비서국이 혼합형이 더욱 두드러지게 중첩되어 나타남

---

232) 북한에서의 신진권력 엘리트의 개념은 나이의 구분이 아니다. 신진 엘리트 등용과 부상의 의미는 해당 분야에 오랜 경험을 축적한 전문성을 갖춘 인물의 부각을 의미한다. 이는 다른 말로 주체 통치 이데올로기의 학습을 충분히 경험한 자로서 상속 승계의 정당성을 추동할 수 있는 당성, 충성심, 전문성에서 검증된 인물들을 일컫는다.

으로 김정일의 '중앙통합적 통치체계' 골격을 유지하고 있음을 확인할 수 있다. 지난 3차 당 대표자 회의를 통해 비서국 실무형 핵심층의 확대는 김정일 통치 기간 내 검증된 전문 관료(김양건, 우동측, 태종수, 주규창) 및 지방관리(최용해, 김평해, 박도춘, 홍석형, 김영일) 그리고 신진 엘리트(문경덕) 등을 재신임 및 중앙무대로 발탁했다는 것이다. 특히 정치국 후보위원들은 김정일과 김정은 라인의 연계 역할을 할 수 있는 70년대 소조 활동을 통해 부상한 김정일의 충복들로, 이들은 차세대 정치 주역으로서 현세대의 실무급 권력 엘리트라 할 수 있다. 그중 정치국 위원(후보위원 포함)과 비서국 당 비서로 임명된 장성택, 최용해, 김양건, 김영일, 김평해, 문경덕, 박도춘 등은 김정일 체제 중심으로 정치 훈련을 받아 온 인물들로 실질적인 권력 엘리트인데 김정은 체제에 들어와서 이들의 자문 역할론의 가능성을 시사했다. 특징적인 것은 그동안 지방에서 도당 책임비서를 수행하던 인물들이 대거 로동당 비서로 중앙정치에 진입하였다는 점이다. 최용해(황해북도→ 당 비서), 박도춘(자강도→ 당 비서), 김평해(평안북도→ 당 간부부), 태종수(함경남도→ 당 총무부), 홍석형(함경북도→ 당 계획경제부), 문경덕(평양시)이 그에 속한다.

[표 4-3] 김정은 초기정권 현지지도에 수행한 권력 엘리트 집계표

번호	성명	소속	2012년 01	02	03	04	05	06	07	08	09	10	11	12	2013년 01	02	03	계
01	최용해	당	3	2	3	19	8	3	7	8	11	8	3	5	5	12	12	109
02	장성택	당	9	5	5	20	9	2	8	3	11	8	7	7	3	5	2	104
03	김기남	당	5	5	4	14	2	2	5	1	8	2	7	5	3	3	2	68
04	박도춘	당	6	2	4	12	3		3	1	5	3	1	7	5	4	1	57
05	김영춘	군	6	4	4	15			4			3			6	3	9	54
05	현철해	군	3			18	4		3	5	4	7		5	2	2	1	54
06	김경희	당	1	4	3	11	1		2	5	2	2	5	2	1	5	2	51
07	김원홍	군	8	1	3	15			2	1	4	6	1	5	3	1		50
07	김정각	군	4	4	3	16	1		3	3	6	4		2		4		50
08	김양건	당	2	2	3	8	1		4	1	8	2	6	5	3	3		48
08	문경덕	당	2	1	3	7	2	2	3	1	8	3	3	5	3	3	2	48
09	최태복	당	4	4	2	9		2	3	1	5	1	3	5	3	3		45
10	최영림	정	2	1	2	12	1	3	2		3	3		4	4	5		42
11	김영남	정	3	4	1	12		3	2		3	1		5	3	4		41
11	김평해	당	2	2	2	7	2		4		5	3	3	5	3	3		41
11	현영철	군							2	3	5	6	2	4	3	7	9	41
12	이영호	군	5	7	5	16	1	3	1									38
13	김영일	정	2		2	5			2	1	8	1	1	5	4	3		34
14	조연준	당				5					2	2	1	5	8	8		31
15	황병서	군	1	1	3		4			6	3		1		1	4	2	29
16	주규창	당	2	1	2	6	1		1		2	3		6	2	2		28
17	강석주	정	3	2	3	7			2	1	1	1		4	2	1		27
28	오극렬	당	1	1	2	6			1	1	3	5		1	1	3		25
19	양형섭	정	2	2	1	9			2		3	1		2	2	2		24
19	이병삼	군				6			4		2	2	1	4	3	2		24
20	김격식	군											1	5	2	6	9	23
20	김영철	군			3	5	1		2	1		1	1	1		3	5	23
20	곽범기	정				7	1					1	1	5	3	3		23
21	이명수	군				7	1	1	2	1	1	2	1	5	2			23
22	박재경	군	7	3	4	4	2		1				1					22
22	김창섭	군	2	1	2	8				1	2	2	1	1	2			22
23	김경옥	당				2	3				5	1	1	1	1	3	3	20
24	노두철	정				5	1		1		2	1	1	4	2		2	19
25	김명국	군	8	2	1	3	2		1	1								18
26	이용무	정	1	1	1	4			1		3	3		1		2		17
26	이재일	당	1		1	5	4				3	1			1	1		17
26	박정천	군								2	1	1		1		4	7	17
27	김국태	당	1	1	2	8			1			2		1				16
27	손철주	군				2	3		1							6	4	16
28	태종수	당	2	2	2	2			1		1	1		2	1		1	15
29	최부일	군				4			2		1	1	1	1	4			14
30	조경철	군			2	3	2		2					1	3			13
31	김병호	당								4	6		2					12
32	마원춘	당					3		1		5				1		1	11
33	윤동현	군			1	3	1									5		10
33	박춘홍	당				3			4		1			2				10
34	우동측	군	3	4	2													9
34	이두성	군	5	2		2												9
35	한광상	당				1	1				4		2					8
35	이병철	군				1	1		1	1		1		1		1	1	8

(2012년 1월~2013년 3월까지)

※ 위의 [표 4-2]는 2012년 1월부터 2013년 3월까지 통일부 북한 동향자료를 토대로 집계한 것임.

※ 위의 [표 4-2]의 '현지지도 수행현황'은 본 책 〈부록Ⅱ〉을 참조함.

그런데 북한에서 신진권력 엘리트의 개념이 세대를 분리한 새로운 인물들로의 교체를 의미하지는 않는다는 점에 유의할 필요가 있다. 문경덕을 제외하면 대부분의 인물 연령대는 60중후반을 넘고 있다. 다시 말하면 이들은 주체사상이 김일성 시대의 통치 이데올로기 정책 노선에서 김정일 시대의 순수이데올로기로 공고화되는 시기에 정치학습을 3대 혁명소조운동을 통해 철저하게 학습 경험한 사람들이다. 이들의 이력을 보면 대부분이 당성, 충성성, 전문성을 갖춘 실무형 경험을 현장 중심으로 오랫동안 수행한 사람들이다. 김정일은 검증된 이들을 당 대표자 대회를 통해 대거 당·정·군 중앙 중심으로 포진 재배치하여 중앙 정치무대를 실무적으로 경험케 함으로써 후계승계를 무리 없이 진행하려 한 준비된 계산이었음을 주목해야 한다. 이는 김정일의 급작스러운 사망에도 불구하고 초기 김정은 체제가 기우와는 달리 안정적으로 작동하였다는 점에서 확인할 수 있다.

이들을 통해 북한은 2012년 주체 100년을 통해 강성대국의 완성을 촉진한다는 측면에서 경제 분야의 회복을 위한 사전포석을 둔 셈이다. 구체적으로는 당적 결속, 군내의 당적 강화, 내각의 전문성을 갖춘 관료의 전진 배치 및 현장경험을 가진 지방 당 책임비서의 중앙무대로의 흡입을 통해 중앙과 지방 간의 결속을 강화하였다. 이는 권력 재편의 정당성 홍보와 함께 자연스러운 세대교체를 가져온다는 계산이 담겨 있었다. 여하튼 권력 재편을 통한 세대교체는 김정일의 중앙통합형 통치구축 속에서 사전에 신진권력 엘리트로 하여금 중앙정치학습을 담금질시킴으로써 향후 실질적으로 가동될 후계체제와 김정은 통치의 명분을 확보하기 위한 계산된 투입이었다고 볼 수 있다([그림 4-1, 2] 참조).

나. 김정은 체제 권력 엘리트들의 역할 비중이 갖는 함의

(구) 소련이나 동구 사회주의 체제가 붕괴했음에도 불구하고 사회주의 정치체제와 경제개방정책을 동시에 절묘하게 구사함으로써 일단의 성공적인 모델로 주목받고 있는 중국을 통한 북한의 변화 모색은 김정일의 여러 차례의 중국방문을 통해서도 이미 확인된 바 있다. 사실 중국의 변화는 실사구시를 추구하는 덩샤오핑을 중심으로 한 개혁 성향 지도자들의 등장과 이에 따른 권력 엘리트들의 인식 전환으로 가능했다. 김정일 국방위원장은 정권 말기였던 2009년 6월 25일 노동당과 군대, 국가경제기관 간부들을 모아 놓고 강성대국 건설을 위한 〈혁명적 대고조의 불길을 더욱 세차게 지펴 올리자〉라는 담화를 통해 특히 경제 부분에 있어 경제력은 나라와 민족의 흥망성쇠를 좌우하는 국력의 기본요소라고 강조했다.

[그림 4-1] 당(黨) 조직 기구

〈자료: 2013년 1월 기준 통일부〉
2012년 4월 12일 조선로동당 제4차 대표자회의 인선 결과 후 작성

* 1차 '46. 8.28~30 2차 '48. 3.27~30
3차 '56. 4.23~28 4차 '61. 9.11~18
5차 '70.11. 2~13 6차 '80.10.10~14
* 1차 '58. 3. 3~ 6 2차 '66.10. 5~12
3차 '10. 9.28 4차 '12. 4.11

❶ 당대회 (당대표자회) → 추대 → **조선노동당 제1비서 (김정은)**
* 추대일: '12.4.11

❹ 당중앙검사위원회

❷ 당중앙위원회

조직

❸ 당중앙군사위원회 위원장(김정은)
* 당 제1비서가 겸직

선거 → **정치국**

조직 선거 → **비서국**

선거 → **검열위원회**

정치국
■ 상무위원회
상무위원 (4명)
김정은 김영남 최영림
최룡해

■ 위원 (14명)
장성택 김경희 김기남
최태복 박도춘 김국태
김영춘 양형섭 리용무
강석주 현철해 김원홍
리명수 김정각

■ 후보위원 (12명)
오극렬 김양건 김영일
김평해 곽범기 곽범기
김창섭 문경덕 리병삼
로두철 조연준 태종수

비서국
■ 비서 (9명)
김경희 박도춘 김기남
최태복 김양건 김영일
김평해 문경덕 곽범기

검열위원회
■ 위원장
김국태

■ 제1부위원장
정명학

■ 부위원장
리득남

■ 위원 (4명)
차관석 박덕만 차순길
김용선

당중앙군사위원회
■ 부위원장 (2명)
최룡해 현영철

■ 위원 (16명)
장성택 김영춘 현철해
김원홍 리명수 김정각
주규창 김명국 김경옥
정명도 리병철 최부일
김영철 윤정린 최경성
김락겸

도(직할시·특별시) 당대표회

도(직할시·특별시) 당위원회

전문부서 / 임명

조직지도부	간부부 김평해	경공업부 박봉주	계획재정부 곽범기	과학교육부 한광복	평양시 문경덕	나선시 림경만	남포시 강양모
국제부 김영일	군사부 김영춘	근로단체부 리영수	기계공업부 주규창	당역사연구소 김정임	강원도 백계룡	양강도 김희택	자강도 류영섭
문서정리실 채희정	민방위부 오일정	선전선동부 김기남	신소실	재정경리부	평안남도 홍인범	평안북도 리만건	함경남도 태종수
총무부	통일전선부 김양건	행정부 장성택	38호실	39호실	함경북도 오수용	황해남도 박영호	황해북도 박태덕

① 당대회·당대표자회: 당 노선·정책 수립, 강령·규약 채택, 당 제1 비서 추대, 각종 당사업 토의
② 당중앙위원회: 당의 모든 사업을 조직·지도, 당의 재정 관리 (전원회의는 1년에 1회 이상 소집)
 - 정치국: 당의 모든 사업을 조직·지도
 - 비서국: 당 내부사업 등을 토의·결정, 집행을 조직·지도
 - 검열위원회: 당 규율·기강 감찰
③ 당중앙군사위원회: 군사분야의 모든 사업을 당적으로 조직·지도, 당의 군사노선·정책 수립 및 국방사업 지도
④ 당중앙검사위원회: 당의 재정관리 사업을 감사

그는 "세계 속에 조선이 있다."라며 "우리는 발은 조국 땅에 붙이고 눈은 세계를 내다보면서 배울 것은 배우고 받아들일 것은 받아들여야 한다."라고 했다. 그러면서 경제·과학기술 분야에선 "민족적 자존심은 다른 나라의 앞선 기술을 받아들이는 것과 모순되지 않는다."라며 선진과학 기술을 적극적으로 받아들일 것을 주문했었다. 이는 '강'의로서 핵 개발국가 존재감을 확인시켰다는 대내외적인 과시와 함께 '성'이라는 경제 분야의 과제를 제시함으로써 향후 국가의 주공 전선은 경제 전선이어야 함을 선언했다고 할 수 있다. 이후 이에 따라 3차 당 대표자회의를 통해 외형적으로는 구세대에서 신진세대로의 전환기 과정을 시도했음과 아울러 신·구세대를 통합하는 정치구현을 확인할 수 있다.

[그림 4-2] 정(政) 조직 기구

〈자료: 2013년 1월 기준 통일부〉

최고인민회의 제12기 제5차 회의(12. 4. 13.) 및 제6차 회의(12. 9. 25.) 인선 결과 후 작성

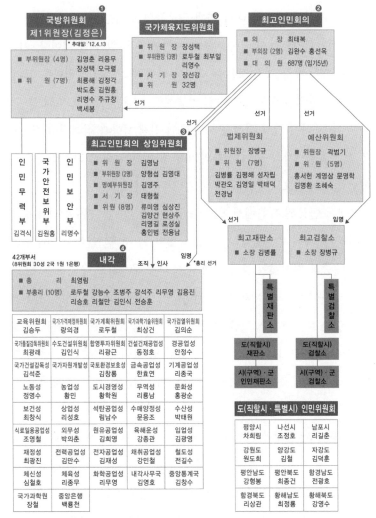

❶ 국방위원회
제1위원장(김정은)
* 추대일: '12.4.13

- 부위원장 (4명) 김영춘 리용무 장성택 오극렬
- 위 원 (7명) 최룡해 김정각 박도춘 김원홍 리명수 주규창 백세봉

❺ 국가체육지도위원회
- 위 원 장 장성택
- 부위원장 (3명) 로두철 최부일 리영수
- 서 기 장 장선강
- 위 원 32명

❷ 최고인민회의
- 의 장 최태복
- 부의장 (2명) 김완수 홍선옥
- 대 의 원 687명 (임기5년)

❸ 최고인민회의 상임위원회
- 위 원 장 김영남
- 부위원장 (2명) 양형섭 김영대
- 명예부위원장 김영주
- 서 기 장 태형철
- 위 원 (8명) 류미영 심상진 김양건 현상주 리명길 로성실 홍인범 전용남

법제위원회
- 위원장 장병규
- 위 원 (7명)
김병률 김평해 성자립 박관오 김영일 박태덕 전경남

예산위원회
- 위원장 곽범기
- 위 원 (5명)
홍서헌 계영삼 문명학 김명환 조혜숙

인민무력부 김격식
국가안전보위부 김원홍
인민보안부 리명수

❹ 내각
42개부서
(8위원회 30성 2국 1원 1은행)

- 총 리 최영림
- 부총리 (10명) 로두철 강능수 조병주 강석주 리무영 김용진 리승호 리철만 김인식 전승훈

교육위원회 김승두	국가가격제정위원회 량의경	국가계획위원회 로두철	국가과학기술위원회 최상건	국가검열위원회 김의순
국가품질감독위원회 최광래	수도건설위원회 김인식	합영투자위원회 리광근	건설건재공업성 동정호	경공업성 안정수
국가건설감독성 김석준	국가자원개발성	국토환경보호성 김창룡	금속공업성 한효연	기계공업성 리종국
노동성 정영수	농업성 황민	도시경영성 황학원	무역성 리룡남	문화성 홍광순
보건성 최창식	상업성 리성호	석탄공업성 림남수	수매양정성 문응조	수산성 박태원
식료일용공업성 조영철	외무성 박의춘	원유공업성 김희영	육해운성 강종관	임업성 김광영
재정성 최광진	전력공업성 김만수	전자공업성 김재성	채취공업성 강민철	철도성 전길수
체신성 심철호	체육성 리종무	화학공업성 리무영	내각사무국 김영호	중앙통계국 김창수
국가과학원 장철	중앙은행 백룡천			

최고재판소
- 소장 김병률

최고검찰소
- 소장 장병규

특별재판소
특별검찰소

도(직할시) 재판소
도(직할시) 검찰소

시(구역)·군 인민재판소
시(구역)·군 검찰소

도(직할시·특별시) 인민위원회

평양시 차희림	나선시 조정호	남포시 리길춘
강원도 원도희	양강도 김철	자강도 김덕훈
평안남도 강형봉	평안북도 최종건	함경남도 전광호
함경북도 리상관	황해남도 최정룡	황해북도 강영수

① 국방위원회 제1위원장: 국가전반사업지도, 국방분야 간부 임명·조약비준·폐기, 비상·전시·동원령 선포
② 최고인민회의: 헌법 및 각종 법률을 제정·수정·보충, 국가의 대내외 정책의 기본원칙 수립
③ 최고인민회의 상임위원회: 부문별 법안을 수정·보충, 각 기관들의 법 준수 여부에 대해 감독
④ 내각: 국가정책 시행, 예산편성 등 全 행정 업무 수행
⑤ 국가체육지도위원회: 국가의 체육사업 전반지도, 체육 대중화, 체육 과학기술 수준 향상, 체육선수 양성, 체육경기 활성화

이러한 국정운영의 전환 시도는 그의 유훈으로 받아들여져 2011년 1월에 발표한 '국가경제개발 10개년 전략계획'을 통해 김정은 체제 성공 여부의 실험과제로 부여되었다. 이어진 4월 1일 최고인민회의를 통해 일부 군 간부의 해임과 내각 경제 각료들의 교체는 이런 맥락에서 향후 북한 권력 엘리트들의 역할 비중을 가늠할 수 있었다 할 것이다. 이러한 관점을 염두에 두고 김정은 체제에서 권력 엘리트들의 역할은 그의 선대보다 실질적인 추동력을 가질 가능성이 있다는 점을 유추해 볼 수 있을 것이다. 다시 말해 김정은 시대 초기 정책 성향과 정책집행 결정과정은 최고결정권자의 인식 전환의 바탕에 의한 권력 엘리트들의 역할이 어느 정도의 힘으로 추동되느냐는 그것과 다름없다.

앞에서 언급된 북한에서 '민주주의 중앙집권제'는 민주주의와 중앙집권제의 두 가지 측면을 가지고 있다 했다. 먼저 '당 안에서 민주주의'는 당원 대중의 직접적인 참가 밑에 당 조직을 구성하고 운영하며, 당원 대중의 의사에 따라 문제를 토의 결정하며, 당원들의 창발성을 동원하여 모든 것을 풀어나가는 것을 말하며 당의 '중앙집권제'는 당원은 당 조직에, 소수는 다수에, 하급 당 조직은 상급 당 조직에 복종하며 전 당은 수령과 당 중앙에 절대복종하는 구조(틀)와 기능(역할)을 그 내용으로 삼고 있다. 이에 따라 전자의 경우 혁명과 건설에서 당적 지도는 당 조직들의 해당 부문, 해당 단위에 대한 지도를 통하여 구체적으로 실현되어야 하며, 당 위원회는 해당 단위의 최고 지도기관으로서 당 정책에 근거하여 집체적으로 토의하고 사업 방향을 결정하며 그 집행을 장악·지도하는 당적 지도의 기본 요구를 구현한다고 '당의 각 조직의 책무'를 통해 명시해 놓고 있다.[233] 이처럼 당 안에서 민주주의 원칙에 의한 당 안에서 각 조직의 책무가 일정 부문 권한과 자율성을 보장하고 있다는 것은 흔히 '중앙집권제'에 당의 기능과 역할을 귀결시켜 버리는 일반적 관념에서 그 기능적 독립성으로 분리할 수 있다는 가능성을 추정해 낼 수 있을 것이다.

특히 신생 김정은 정권에서 최고지도자의 정책 판단과 수립 그리고 결정 및 집행과정은 선문후답(先問後答)식으로 권력 엘리트들의 역할과 기능이 당 안에서 일정 부문 작동되고 있음을 가능케 한다. 무오류의 수령체계로 신화화한 북한이지만, 이 모든 정보를 광범위하게 확보하여 합리적으로 단독결정하기에는 무리가 있다는 점과 따라서 검증된 측근 실세들의 후견을 통한 정보의존은 해당 고유의 조직규범에 따라 정책결정으로 집행될 수밖에 없을 것이다. 비근한 실례로 2018년 4월 28일 남북한 정상회담에 판문점에서 이루어졌을 당시 김정은 위원장은 문재인 대통령과 회담 중 측근에서 배석한 김영철 당 중앙위 정무국 부위원장을 보면서 "당 간부들의 의견이 일치하지 않을 때가 많아서"라는 말을 꺼냈다. 권력 엘리트의 역할론에 일정 부문 힘이 부여되어 있음을 도출해 낼 수 있는 부분이다. 그리고 그러한 공간을 당 안의 '민주주의 원칙'에서 열어 놓고 있다는 측면에서 김정은 시대에 있어 이러한 기능은 이전보다 훨씬 구체적으로 나타날 가능성을 갖는다.

---

233) "당의 각 조직의 책무"『영도체계』, 140쪽

제2절
김정은 체제의 선당(先黨) 통치

1. 선군(先軍) 통치에서 선당(先黨) 통치로

1) 군부의 길들이기

김정은 체제출범 이후 2013년은 로동당 중심의 국정운영이 일정 부분 자리를 잡아가면서 당 정치국의 위상은 높아지기 시작했다. 반면 상층 군부의 잦은 인사교체와 신진 인물의 대거 등용으로 군부의 길들이기가 계속되었다. 비근한 예로 김정일 사후 군 서열 2위로 급부상하며 군 작전을 지휘하던 총참모장 리영호가 실각하고, 현영철로 교체된 뒤 다시 김격식→ 리영길까지 무려 4번이나 교체됐다. 이전 김정일 정권 말기 급부상하며 주목을 받았던 총참모장 리영호 차수는 2010년 9월, 조선로동당 제3차 당 대표자회에서 김영남, 조명록, 최영림과 함께 정치국 상무위원에 선출되면서 군부를 대표하여 김정은 체제를 보좌할 핵심 인물

중 한 사람으로 부상하게 되었다. 그런데 불과 2년 뒤인 2012년 7월 소집된 정치국 회의에서 신병관계를 이유로 총참모장을 비롯한 모든 공직에서 돌연 해임된 이후의 거취가 불명하다. 그는 김정은 체제의 군부 핵심으로 영향력을 행사하는 듯했으나 해임의 비운을 맛본 대표적인 군부 실세였다. 인민무력부장 역시 김영춘이 고령으로 인해 김정각→ 김격식→ 장정남으로 바뀌었다.

선군정치의 김정일 체제에서 막강한 힘을 자랑했던 군부 원로들이 사망하거나 점진적인 세대교체의 흐름에 순응해 나갔다. 그런가 하면 리영길과 장정남, 손철주 군 총정치국 부국장, 박정천 상장, 윤동현 인민무력부 부부장 등은 김정은 체제에서 부상한 군부 핵심들로 사실 김정일 체제에서는 권력의 주변부에서 준비된 인물들이다. 이들이 김정은 체제가 구축되는 과정에서 권력 핵심에 진입한 만큼 선당정치의 중심축이 된 노동당 영도인 수령과 당 체계에 절대적 충성을 맹세하며 권력의 중앙무대로 진출하게 된다. 이 시기 수령중심의 정점을 옹위하기 위해서 김정일 시대에 선군정치의 최일선에서 활동해 왔던 총정치국 수장을 정통 당 관료 출신인 최룡해를 세운 것은 군부의 힘을 빼고 당 중심체제의 전환을 함축한다.

2) 김정은 체제의 선당정치 실험

2015년 10월 30일, 조선로동당 중앙위원회 정치국은 조선중앙통신을 통해 〈조선로동당 중앙위원회 정치국 결정서: 조선로동당 제7차 대회를 소집할데 대하여〉라는 제목의 결정서를 발표하고 2016년 5월 초 제7차 당 대회를 개최한다고 예고하였다. 2016년은 김정은 체제의 권력구조에 커다란 변화를 꾀한 시기이다. 우선적으로 2016년 4월 27일 〈조선로동당 중앙위원회 정치국 결정서: 조선로동당 제7차 대회를 개회함에 대하여〉라는 제목의 결정서를 발표하고 당 대회 개회일을 5월 6일로 확정하였다. 결정서에서는 "우리 당을 위대한 김일성, 김정일 동지의 당으로 더욱 강화 발전시키고 그 령도적 역할을 높여 주체혁명 위업의 최후 승리를 앞당겨 나가야 할 무겁고도 성스러운 혁명 임무가 나서고 있다."라고 소집 사유를 밝혔다. 제7차 당 대회는 김정은 유훈통치의 전환점이라볼 수 있다. 우선 김정은 체제가 5년 정도 유지됨에 따라 자신의 체제가 확고해졌다는 것을 선언하는 동시에 자신감을 표하고, 아버지인 김정일 시대의 종결 및 김정은 시대의 개막을 알리기 위한 것으로 볼 수 있다. 먼저 6월 29일의 최고인민회의 제13기 제4차 회의에서는 헌법개정을 통해서 기존의 국방위원회를 대체하여 국무위원회를 신설하였고, '국무위원회 위원장'직에 선출하고, 동시에 조선로동당 위원장으로 추대되었다.

이는 김정일 시대의 정치체제인 '선군정치'를 김정은 시대의 '선당정치'로 복귀하는 선언이기도 했다. 2017년에 김정은은 10월 7일 당 중앙위원회 제7기 제2차 전원회의를 개최하여 당 중앙위원회와 당 중앙군사위원회에 대한 인사를 단행하면서 당의 통제력을 강화하였다. 2018년에 들어와 당회의 기구들을 통해 주요의사결정을 실행하였으며, 김정은을 중심으로 한 '당-국가체제'를 강화하였다. 4월 9일의 당 중앙위원회 정치국 회의를 소집하였고, 4월 20일 당 중앙위원회 전원회의를 통해 경제를 강조하는 '새로운 전략 노선'을 제시하였다. 5월 17일에는 당 중앙군사위원회 확대 회의를 소집하여 새로운 전략 노선에 대한 군의 역할을 강조하는 등 당-국가체제에 기반한 정책 실행을 강조하였다. 그리하여 2018 년 당을 중심으로 정·군 모든 부문에서 김정은 중심의 권력구조를 안착시켰다.

이것이 가능한 이유는 선군정치의 안정적인 토대구축 위에 선당정치로의 자신감이 김정일 후반기 '중앙통합적 통치체계' 구상이었다면, 이를 관철하기 위해서는 김정은이 유훈통치 및 지난 5년 동안 숙부였던 장성택과 이영호 등 당과 군부를 중심으로 정권에 반하는 잠재적인 적대세력(영향력, 권력 부상 등)을 철저히 제거할 긴박한 필요성이 제기되었을 것이다. 이와 같은 사실은 그 배후에서 김정일 시대 권력 엘리트들이 일정 부분 그 역할론이 주도면밀하게 있었음을 감지할 수 있다, 다시 말해 김정은 초기 후견통치의 요체는 당·정·군에 이미 균형적으로 배치된 선대의 충직한 권력 엘리트들의 교사(敎師)형 후견이 통치의 결정을 조언하고 있다는 점을 간과해서는 안 된다는 의미이기도 하다. 무엇보다도 조용원(2016년 5월, 7차 당 대회에서 중앙위원회 위원에 선출)[234] 등 당 조직지도부와 관련 부서에 대한 인사 배치를 새로이 단행하여 노동당 전체 조직을 통제하고 국가기관의 전 행정과정을 지도 감독할 수 있게 하는 등 당 권력구조를 안정화하였다. 총정치국장, 인민무력상(現 국방상) 등 군의 핵심 직위를 잦은 물갈이를 통해 주변의 권력 집중화를 약화했고, 그 조치 일환으로 전원회의에서 제시한 '새로운 전략노선'을 관철할 수 있는 경제분야 경력을 가진 인물로 내각 총리 역시 몇 차례 교

---

234) 김정일에 의해 발탁되어 조선로동당 조직지도부에서만 30년 넘게 일했으며, 김정은의 신임을 받아 2019년부터 2022년 현재, 조선로동당 정치국 후보위원을 거쳐 조선로동당 중앙위원회 조직비서, 조선로동당 정치국 상무위원, 조선로동당 중앙군사위원회 위원, 국무위원회 위원, 조선로동당 조직지도부장 등 당·정을 맡은 최측근 실세이다.

체(박봉주-김재룡-김덕훈)하였다. 2019년 4월에는 당과 국가 기구의 주요 인사교체를 확대해 세대교체를 단행하였고, 국무위원회의 제1부위원장 직제를 신설함으로써 국무위원회의 위상을 강화하였다. 12월에는 제7기 제5차 전원회의를 개최해 당의 영도력 강화를 강조하고 당과 국가 기구의 대대적인 인사 개편을 재차 단행하였다. 이러한 절차를 통해 2020년에 이르러 김정은 통치는 당·국가 체제의 권력구조뿐 아니라 국가발전전략의 실행 차원에서도 한층 공고화되었다.

이처럼 김정은의 '선당정치' 실험은 선대 김정일이 구상했던 '중앙통합적 통치체계' 정상화가 당 정치국과 정치국 상무위원회의 활동을 통해 확인된다. 2016년 제7차 당 대회를 통해 정치국 상무위원은 김정은, 김영남, 황병서, 박봉주, 최룡해 등 5명으로 새롭게 조직되었다. 그리고 2018년에는 남북정상회담 개최 및 북미대화에 대한 논의가 주제가 되었고, 2019년 4월 9일에 개최된 정치국 확대 회의에서는 예결산 토의 승인 및 4월 당 중앙위원회 제7기 제4차 전원회의 소집 결정 등에 대한 안건을 채택하였다. 김정은 시대 이후 가장 활발하게 진행된 정치국 회의는 2020년으로, 코로나 국가 비상 방역상황, 수해복구, 80일 전투 등 민생경제 부분에 할애하여 정치국 회의 등 각급 당 회의체를 20여 회 개최하는 등 당적 지도체계를 활성화한 시기이기도 했다. 2020년 7월 정치국 상무위원은 김정은을 포함해 최룡해, 박봉주 3인으로 구성되었으나, 2021년 1월 제8차 당 대회 이후 김정은, 최룡해, 리병철(9월 이후 박정천으로 교체), 김덕훈, 조용원 5인 체제로 변경되었다. 2021년 1월 제8차 당 대회에서 김정은은 '총비서'에 추대되었다.[235]

---

235) 통일부, 2022 『북한의 이해』 57쪽

정리하면 전술한 바와 같이 김정일 전반기 정권하에서 비서국 중심의 통치로 인해 정치국은 사실상 거의 운용되지 않았다. 그러나 정치국의 위상변화는 그의 후반기 중앙통합적(정치국-비서국) 통치체계 구상과 맞물려 나타났다. 김정일 시대의 권력 엘리트들의 당 중앙위원회 정치국과 비서국에 중복적인 포진과 당·정·군의 견제적 교차배치는 김정은 초기 통치에 유훈적 승계로 적용되었고, 이는 2016년 이후 김정은 통치방식에 체계적으로 안착되었다고 볼 수 있다. 이처럼 정치국을 중심으로 한 선당정치의 실험은 북한 사회주의국가의 정상적 시스템의 위상 복원이 작동함을 공고화하는 동시에 상징적으로는 김정은이 선대 김일성과 김정일과 같은 반열에 오른 것을 의미한다고 할 것이다.

※ 김정은 집권 이후 연도별 북한 권력 서열 10위까지의 인물 비교표

국가정보원이 파악한 김정은 집권 이후 북한 권력 서열 10위 이내 인사들을 당·정·군 출신별로 분석한 결과, 당(黨) 출신이 60.5%를 점유한 것으로 나타났다. 권력 서열 10위에 든 당·정·군 출신별 인원수를 누적 연인원으로 계산하면 △ 당 49명(60.5%) △ 정(관료) 13명(16.0%) △ 군 19명(23.5%)으로, 당 출신 인사의 권력 점유율이 60%를 상회하는 것으로 나타났으며, 이어 군(軍) 출신이 23.5%, 정(政, 관료) 출신은 16.0%로 나타났다.[236] 이는 당 중심 국가의 위상회복을 통한 선당 통치의 안정화 구축을 확인할 수 있게 한다[표 4-4].

---

236) 〈https://www.upinews.kr/newsView/upi202001220116〉 발췌

[표 4-4] 김정은 정권 권력 서열 10위(당·정·군) 점유율 (2012~2020년)

순위	2012	2013	2014	2015	2016	2017	2018	2019	2020
1	김정은	김정은	김정은	김정은	김정은	김정은	김정은	김정은	김정은
2	김영남●	김영남●	김영남●	김영남●	김영남●	김영남●	김영남●	최용해●	최용해●
3	최영림●	박봉주■	박봉주■	황병서▲	황병서▲	황병서▲	최용해●	박봉주■	박봉주■
4	최용해●	최용해●	최용해●	박봉주■	박봉주■	박봉주■	박봉주■	김재룡■	김재룡■
5	리영호▲	장성택●	리영길▲	최용해●	최용해●	최용해●	양형섭●	리만건●	리만건●
6	김경희●	리영길▲	장성남▲	현영철▲	김기남●	김기남●	리명수▲	박광호●	리일환●
7	김정각▲	장정남▲	김기남●	리영길▲	최태복●	최태복●	박광호●	리수용●	최 휘●
8	장성택●	김경희●	최태복●	양형섭●	리명수▲	리명수▲	리수용■	김평해●	리병철▲
9	박도춘●	김기남●	박도춘●	최영림●	박영식▲	박영식▲	김평해●	최 휘●	김덕훈■
10	김영춘▲	양형섭●	양형섭●	리용무▲	양형섭●	양형섭●	태종수●	태종수●	박태덕●

※ 범례: 당 ●, 정 ■, 군 ▲

김정일의 선군통치에서 김정은의 선당통치로의 전환은 집권 초기에는 김경희(당 비서), 장성택(당 행정부장 겸 국방위 부위원장), 리영호(군 총참모장), 리영길(군 총참모장), 현영철(인민무력부장) 등 친족·측근 중심의 후견그룹과 군 인사들이 중심이 되었다면, 막후에서는 김영남을 비롯한 김정일 시대의 당 비서국 중심 권력 엘리트들의 후견하에 당 대표자회와 당 중앙위 전원회의를 잇달아 개최해, 당 조직을 정비하고 선대의 유훈적 통치체계인 '당 우위 국가'로 복원시켰다고 할 수 있다. 그리고 정치국 회의나 확대 회의 결정으로 △ 리영호 군 총참모장 숙청(2012년) △ 장성택 당 행정부장 처형(2013년) △ 김경희 당 비서 해임(2014년) △ 현영철 인민무력부장 숙청(2015년) 등으로 정치국과 비서국을 역할 기능적 분리와 인사 중용적 통합시스템으로 김정은 체제의 선당정치 실현인 통합적 통치체계를 구축해 나가고 있음을 확인할 수 있다.

3) 김정은식 중앙통합적 통치체계(세대교체 중심으로)

김정은식 중앙통합적 통치체계는 김정일의 그것과는 다른 측면이 있다. 김정일은 중앙집중식 통치체계를 통해 사회 전반에 걸친 국가통치 경륜의 자신감을 토대로 통합적 통치 시스템으로 전환했다면, 김정은은 교사형 권력 엘리트들의 후견적 순기능으로 작동하는 중앙통합적 통치체계이다. 이는 앞의 김정은 정권 권력 서열에서 볼 수 있듯이 선대 김정일 시대부터 헌법상 국가수반이었던 김영남 전 최고인민회의 상임위원장은 2019년 4월 최룡해 신임 최고인민회의 상임위원장에게 자리를 내줄 때까지 줄곧 요지부동의 권력 서열 2위를 유지했다. 김영남은 통치승계의 변혁기에 3대 세습을 정치적으로 안정시킨 국가 원로로써 고령으로 인해 명예로운 세대교체의 대표적 사례로 볼 수 있다. 또한 자강도 위원장에서 내각 총리로 전격 발탁된 김재룡은 박봉주와 경제사령탑의 세대교체를 이루었고, 오랫동안 당 출신인 양형섭 최고인민회의 상임위원회 부위원장과 최태복 최고인민회의 의장, 김기남 당 선전비서, 리수용 외교담당 등도 김정은 집권 안정기까지 교사형 후견그룹으로 권력서열 10위권을 유지하다가 고령으로 인해 자연스레 세대교체가 되었다.

참고로 북한의 당 중앙위원회는 당 대회가 열리지 않는 기간 동안 최고 지도기관의 역할을 대행하며 모든 당 사업을 주관한다. 당 중앙위원회는 당 대회에서 선출된 위원과 후보위원으로 구성되며 중앙위원회 전원회의는 당 내외 문제들을 논의·의결한다. 당 규약에는 당 중앙위원회 전원회의를 1년에 1회 이상 소집하도록 규정하고 있다. 당 전원회의는 정치국과 정치국 상무위원회를 선거하며 당 중앙위원회 제1비서, 비서들을 선거하고 비서국을 조직하며 당 중앙군사위원회와 당 중앙검사위원회를 선거한다. 그리고 당 중앙위원회 정치국과 정치국 상무위원회는 당 대회나 당 중앙위원회 전원회의가 장기간 열리지 않는 상황에서 당내 의사결정을 담당하는 권력 기구로 김정일 통치 전반기에는 정치국이 사실상 거의 운용되지 않았으나, 3차 당 대표자회의에서 당(黨) 중심의 정치국과 비서국, 그리고 정(政)의 국방위원회를 중앙통합적 통치체계를 구축하고 난 뒤 2012년 김정은 집권 이후에는 주요 안건들이 당 정치국 회의 또는 정치국 확대 회의를 통해서 결정되고 있다.

이처럼 김정은의 선당정치는 당(黨)의 정치국, 비서국, 군사위원회와 정(政)의 국무위원회, 최고인민위원회 및 내각에 당·정·군 최측근 권력 엘리트들로 중복하여 포진시켰다는 점이다. 이는 김정일 후반기 통치 구도로 개편되었던 당·정·군 측근 엘리트들을 중앙통합적 체계 안에 중복으로 배치한 기본 틀을 유지하고 있다. 이러한 체계는 김정은이 2012~2022년 기간 핵심 권력층의 잦은 길들이기 교체로 인물들은 여러 차례 바뀌었지만, 당·정·군 기구의 수장들을 중심으로 한 기능적 통합 시스템이 변동 없이 작동되고 있음을 시사한다. 2022년 현재 당·정·군 기구에 복수적으로 배치된 대표적인 인물로 조용원, 박정천, 리병철과 최용해, 리영길, 전현철, 박태성을 들 수 있다([표 4-5] 참조).

2020년을 전후하여 당·정·군의 주요 인물은 ① 당(黨)의 군사위원회에 박정천, 리병철, 조용원, 리영길, 정경택, 리태섭, 오일정, 조경철, 강순남, 김조국, 박수일, 리창호가 배치되었고 ② 당 정치국에는 최룡해, 조용원, 김덕훈, 박정천, 리병철, 리일환, 김재룡, 김영철, 리영길, 정경택, 박정근, 전현철, 리태섭, 박태성으로 ③ 당 비서국 비서는 조용원, 박

정천, 리병철, 리일환, 김재룡, 전현철, 박태성으로 ④ 정(政)의 국무위원
으로는 최룡해, 김덕훈, 조용원, 박정천, 김영철, 전현철, 리선권, 리영길,
김성남, 김여정, 박수일, 리창대, 최선희, ⑤ 내각은 김덕훈 총리를 비롯
한 박정근, 양승호, 주철규, 김성룡, 리성학, 박훈, 전승국 등으로 주요 인
물들이 당·정·군 중복적인 직책을 맡아 중앙통합적 시스템을 구축하
고 있다. 군(軍)에서는 국방성 리영길, 국가보위성 리창대, 사회안전성
박수일 총정치국장, 인민무력부장, 안전보위부장, 호위총국장 등 그와
함께 김정일 시대의 원로급들의 자연적 후퇴와 그 시대의 실무적 인물
들과 신진 엘리트들이 요직에 배치됨으로써 원활한 세대교체의 흐름을
확인할 수 있게 한다([표 4-5] 참조).

**[표 4-5] 2020년 이후 김정은 중앙통합적 통치체계의 주요 권력 엘리트
(당, 정, 군 중복 포진)**

〈통일부 자료를 토대로 발췌〉

인물	주요 보직	비고
조용원	당 중앙위원회 위원, 정치국 상무위원, 비서국 비서, 조직지도부 부장, 당 중앙군사위원회 위원, 국무위원회 위원	당, 정
최용해	당 중앙위원회 위원, 최고인민회의 상임위원회 위원장, 정치국 상무위원, 국무위원회 제1부위원장, (전) 당 중앙군사위원회 위원, (전) 당 조직지도부 부장	당, 정
김덕훈	당 중앙위원회 위원, 정치국 상무위원, 내각 총리, 국무위원회 부위원장	당, 정
박정천	당 중앙위원회 위원, 당 정치국 상무위원, 인민군 총참모부 총참모장(원수), 국무위원회 위원	당, 정, 군
리병철	당 중앙위원회 위원, 정치국 상무위원, 비서국 비서, 인민군 원수, 당 중앙군사위원회 부위원장(원수), (전) 국무위원회 위원	당

리영길	당 중앙위원회 위원, 정치국 위원, 국무위원회 위원, 국방성 상(차수), (전) 사회안전성 상	당, 정, 군
전현철	당 중앙위원회 위원, 정치국 위원, 비서국 비서, 당 경제부 부장, 예산위원회 위원장, (전) 내각부총리	당, 정
박태성	당 중앙위원회 위원, 정치국 위원, 비서국 비서, (전) 최고인민회의 의장, (전) 당 선전선동부 부장	당, 정
정경택	당 중앙위원회 위원, 정치국 위원, 중앙군사위원회 위원, 인민군 총정치국 국장(대장), 국무위원회 위원, (전) 국가보위성 상	당, 정, 군
박수일	당 중앙위원회 위원, 사회안전성 상, 당 정치국 후보위원, 중앙군사위원회 위원, 법제위원회 위원장, (전) 1군단 군단장	당, 정, 군
김영철	당 중앙위원회 위원, 당 정치국 위원, 국무위원회 위원, 최고인민회의 상임위원회 위원, 인민군 대장, 조선아시아태평양평화위원회 위원장, (전) 당 통일전선부 부장	당, 정, 대외
김재룡	당 중앙위원회 위원, 정치국 위원, 비서국 비서, 당 중앙검사위원회 위원장, 국무위원회 위원, (전) 당 조직지도부 부장, (전) 내각 총리	당, 정
리태섭	당 중앙위원회 위원, 정치국 위원, 인민군 총참모부 총참모장, 당 중앙군사위원회 위원, (전) 사회안전성 상, (전) 법제위원회 위원장	당, 군
박정근	당 정치국 위원, 국가계획위원회 위원장	당, 정
리일환	당 중앙위원회 위원, 정치국 위원, 당 비서국 비서	당
오일정	당 중앙위원회 위원, 정치국 후보위원, 당 군정지도부 부장, 중앙군사위원회 위원(대장), (전) 당 정치국 위원	당, 군
리선권	당 정치국 후보위원, 당 통일전선부 부장, 국무위원회 위원, 최고인민회의 외교위원회 위원, (전) 외무성 상	당, 정
김성남	당 중앙위원회 위원, 정치국 후보위원, 국제부 부장, 국무위원회 위원, 최고인민회의 외교위원회 위원장	당, 정
리창대	당 중앙위원회 위원, 정치국 후보위원, 국가보위성 상	
최선희(여)	당 중앙위원회 위원, 정치국 후보위원, 외무성 상, 최고인민회의 외교위원회 위원, 국무위원회 위원	당, 정
조경철	당 중앙위원회 위원, 중앙군사위원회 위원, 인민군 보위국장(대장)	당, 군

김여정(여)	당 중앙위원회 위원, 국무위원회 위원, 당 선전선동부 부부장, (전) 조선노동당 제1부부장, (전) 당 선전선동부 제1부부장	당, 정
김조국	당 중앙위원회 위원, 조직지도부 제1부부장, 중앙군사위원회 위원	당
주창일	당 중앙위원회 위원, 당 선전선동부 부장	당
허철만	당 중앙위원회 위원, 정치국 후보위원, 당 간부부 부장	당
리창호	당 중앙군사위원회 위원	당

제3절

김정은 체제의 안정화 가능성

1. 중앙통합적 체계 공고화로의 이행기(移行期)

김정은 체제는 2009년 후계자로 내정되면서 당 조직 장악, 이데올로기 해석권 독점, 군부 장악 등을 통해 이행되었다. 신속한 후계승계의 위기관리는 먼저 2010년 9월 27일 김정일 생존 시 이미 김정은에게 대장 칭호를 부여하고, 2010년 9월 28일 제3차 당 대표자회에서는 당 중앙군사위원회 부위원장에 임명하여 김정은 후계 구도를 공식화하였다. 또한 제3차 당 대표자회를 통해 당 지도체제를 김정일 중앙통합식 통치체계로 개편하고 당 규약을 개정함으로써 후반기 통치구도와 후계체제기반을 구축하였다. 특히 북한은 김정일 사후 체제의 안정적 유지에 중점을 두고 김일성·김정일 유훈, 수령체제 정통성, 군부 통제, 사회 결속 등을 통해 김정은 체제로의 순기능적인 전환을 추진했다.

그리고 2011년 12월 29일 개최된 김정일 사망 추도 대회에서 김정은

이 '당과 군대와 인민의 최고 령도자'로 선언되었으며, 12월 30일에 열린 당 중앙위원회 정치국 회의에서는 김정일의 유훈에 따라 김정은을 인민군 최고사령관으로 공식 추대하였다. 2012년 4월 11일에 개최된 제4차 당 대표자회와 동년 4월 13일 최고인민회의 제12기 제5차 회의를 통해 당·국가 최고 직위에 추대됨으로써 권력세습을 완료하였다. 연이어 동년 7월 17일에 '공화국 원수'에 추대됨으로써 '김정은 시대'를 공식화했고, 최고인민회의 제12기 제5차 회의를 통해서 북한 정권의 권력구조를 김정은 중심으로 재편하였다. 당 규약과 헌법개정을 통해 '김일성-김정일 주의를 유일지도사상'으로 하고 '온 사회의 김일성-김정일주의화'를 당의 최고 강령으로 내세우는 등 김정은 체제의 제도적, 이념적 기반을 갖추어 나갔다. 이처럼 초기 김정은 북한의 권력 기반은 당 지도기구(당 중앙위원회, 당 중앙군사위원회, 정치국, 비서국 등)와 국가 지도기구인 국무위원회에 집중시켜 유훈에 따른 당 중앙통합적 통치체계로의 이행기에 속한다.

현재 북한 엘리트들을 세대별로 구분해 본다면 항일 빨치산 세대(혁명 1세대), 천리마 세대(1950~1960년대 혁명 1.5세대), 3대 혁명 세대(1970년대 중반 3대 혁명소조운동, 혁명 2세대), 고난의 행군 및 장마당 세대(1990년대, 혁명 3세대) 등으로 나눌 수 있다. 고령인 혁명 1세대뿐 아니라 혁명 1.5세대인 천리마 세대들까지 점차 권력의 요직에서 퇴진하는 추세이며, 김정일 체제 이후 고등교육을 받은 50~80대의 혁명 1.5~3대 세대들이 김정일 시대로부터 김정은 시대를 이끌어갈 연계된 핵심 권력 집단으로 부상하였다. 이들은 대체로 김정일 정권기에 당·정·군·외각 단체 등에서 핵심 권력층에서 오랫동안 전문성을 발휘해 왔으며, 김정은 후계체제구축을 위한 교사형 후견인으로 이미 검증된 50~80대의 전문가 집단들로 구성되었다고 볼 수 있다. 북한에서 권력승계 이후 당·정·군 내 간부들의 배치 및 신진등용의 특징은 첫째, 혁명 1세대부터 3세대까지 연계된 노·장·청이 안배되었다는 점, 둘째, 신진등용은 나이를 고려한 것이 아니라 외각에서 중앙으로 진입한 자라는 점, 셋째, 권력 엘리트 가계 중심의 대물림 충성이라는 점 등이다. 이러한 중첩적인 연계고리 인사원칙은 일정 부분 승계의 안전성을 담보한다고 할 수 있다.

1) 사상적 측면

사상적으로는 먼저 김정은 중심의 유일 지배체제 확립을 위해 북한은 2012년 개정된 당 규약 서문에서 '김일성-김정일주의 유일 지도 사상'을 명문화하였다. 그리고 2013년 6월에는 헌법이나 당 규약보다 실질적으로 우선 작동하는 '당의 유일사상 체계 확립의 10대 원칙'을 39년 만에 '당의 유일적 영도체계 확립의 10대 원칙'으로 개정했다. 이를 통해 핵심 권력 엘리트들의 권력 위협 요인을 원천적으로 차단하는 동시에 김정은의 권위를 절대화하고 1인 독재체제를 강화하였다.

2) 제도적 측면

또한 제도·실천적으로는 2013년 3월 31일 당 중앙위원회 전원회의와 동년 4월 1일에 열린 최고인민회의 제12기 제7차 회의를 통해 '경제건설 및 핵 무력 건설 병진 노선'을 제시함으로써 대내외적으로 체제출범의 정당성 및 체제유지의 정통성을 확인받고자 했다.

3) 조직적 측면

정책결정 사항의 통합적 이행을 위한 조직개편 및 법제화를 단행하였다. 선대의 선군정치에서 선당정치로 당의 위상을 강화했다. 이 과정에서 우선하여 2013년 12월 6일 자 노동신문에서 김정은을 '위대한 영도자'로 호칭하였고, 동년 12월 17일 김정일 사망 2주기 추모대회에서는 김정은에 대해 "수령영생위업의 빛나는 실현의 새 역사를 펼치시고 있다."라고 하면서 수령체계의 결사옹위를 다짐하였다. 2016년 5월 9일 제7차 당 대회에서 김정은은 '당 위원장'으로 추대되었고, 6월 29일의 최고인민회의 제13기 제4차 회의에서는 '국무위원회 위원장'직에 올랐다. 2017년에 김정은은 10월 7일 당 중앙위원회 제7기 제2차 전원회의를 개최하여 당 중앙위원회와 당 중앙군사위원회에 대한 인사를 단행하면서 당의 통제력을 강화하였다. 연이어 2018년에 들어와 당 정치국 및 확대 회의 기구들을 통해 주요의사결정을 실행하였으며, 김정은을 중심으로 한 당·국가체제를 강화하였다. 그리하여 당을 중심으로 정·군 모든 부문에서 김정은 중심의 권력구조로 안착시키고 있다. 2019년 4월에는 당과 국가 기구의 주요 인사교체를 단행하여 세대교체를 진행하였고 국무위원회의 제1부위원장 직제를 신설함으로써 국무위원회의 위상을 강화하였다.

2020년 김정은 정치체제는 당·국가체제의 권력구조뿐 아니라 국가발전전략의 실행 차원에서도 한층 공고화되었다. 특히 2020년 12월 말

기준 당 전원회의, 당 정치국 회의 등 각급 당 회의체를 20여 회 개최하는 등 당적 지도체계를 활성화하였고, '인민대중제일주의'를 내세우면서 체제결속을 강조하였다. 또한 제7기 제5차 당 전원회의 이후 리병철·박정천에 군 원수 칭호를 부여하는 등 측근들의 위상을 강화하였으며, 당 중앙군사위원회 부위원장과 내각총리를 정치국 상무위원에 선임하는 등 지도부 구성에도 변화를 주었다. 2021년 1월 제8차 당 대회에서 김정은은 '총비서'에 추대되었다. 이는 김정은이 선대 김일성과 김정일과 같은 반열에 오른 것을 의미한다.[237]

2. 김정은 체제와 핵심 엘리트와의 역학관계

1) 권력 엘리트의 순기능 역할

일반적으로 사회주의 체제 특성은 일원주의 원칙에 따라 다원적인 대안을 가지고 있지 않다. 체제변화에 대한 소극성은 최고 권력자와 동반 경험을 한 세대일수록 같은 기득권을 향유하려는 경향이 있다. 즉 엘리트들이 가지는 범주의 특성을 그 성원들의 특성으로 일반화시킬 때 이런 범주화는 최고 권력자를 중심으로 상호 공유하게 됨으로써 이들의 역할은 체제 존속을 가장 민감하게 위협하는 정보 유입에 의한 내부사회 반발을 억제시키는 것이다. 이런 측면에서 북한의 권력 엘리트들은 당면하고 있는 개혁 역시 권력체제의 안정적 유지와 승계를 순조롭게

---

237)　통일부, 2022 『북한의 이해』

하기 위한 조치의 한계선상에서, 핵심계층의 이익과 동반하며 진행되어 왔다 할 수 있겠다. 하지만 그것도 시대의 변화에 따른 전문 엘리트들이 등용될 경우, 다원주의적 사고의 자연스러운 유입은 체제의 점진적 변화를 추동해 나갈 가능성을 배제할 수는 없다 할 것이다. 따라서 대외적 고립을 해결하기 위한 주변 환경적 조건에 대한 신사고(新思考)는 최고 권력자의 전통적 카리스마 시대에는 거의 불가능해 보이지만, 일상적 카리스마의 단계에서는 엘리트들의 전문적인 영향력 행사에 따라 반영되어 갈 가능성을 내포한다. 이러한 측면에서 김정일의 일상적 카리스마의 통치체제 속에서 승계된 김정은 체제에서의 권력 엘리트들의 경험적 정책 훈수는 통치권자와 권력 엘리트 간의 느슨한 고리를 형성해 나감으로써 상대적으로 변화의 감지를 예고한다고 하겠다.

다시 말해 김정일 통치가 '강성대국 건설목표 달성'을 위해 '선군정치'를 표방한 그의 강제된 권위구조 속에서 진행된 반면, 김정은으로의 급속한 승계는 당과 군에 대한 김정은의 '전략적 선택'이라는 통치의 이중적 구조를 재생산해냈다는 확인과 함께 이는 또 다른 측면에서는 권력 엘리트 간의 Power Game의 가능성을 예측해 볼 수 있다. 즉 새로운 체제의 정책 방향을 수립함에 있어 그 기준은 전임자의 유훈을 기초로 엘리트 간의 내부적인 힘의 논쟁을 거친 뒤 확정될 것이라는 유추(類推)이다. 이영호의 갑작스러운 해임이 그 대표적인 예가 될 수 있을 것이다. 이러한 권력 엘리트들의 역할론은 국내외적으로 위기 상황의 역동성에 직면해 있는 북한이 향후 내적으로는 통치행위의 절대적 수단인 현지지도를 통해 김정은의 개인 우상화 작업의 승계와 체제 유지를 위한 보수성향의 과도한 집착으로 더욱 강제화될 것이라는 추론이다. 그와 함께 김일성 가계의 비호가 곧 권력 엘리트 가계의 승계 또한 보장된다는 점에서 원시상속승계의 보증인으로서 3대에 걸쳐 일정 부분 순기능적인 통치 배경으로 존재할 것으로 보인다. 그러면서도 외적으로는 변화를 받아들일 수밖에 없는 현실 앞에서 다원주의 논리를 자연스럽게 적용하기 위한 명분 축적 및 이를 합리화시키기 위한 이론적 틀과 해석을 무엇으로부터 도출해 내느냐 하는 고민을 안고 갈 것이다. 그리고 이를 정책적으로 실행시켜야 하는 권력 엘리트들의 제한적인 능력들이 향후 김정은 정권에 어떤 방향에서 실질적인 개입으로 나타날 것인가는 증폭되는 정치적인 딜레마이기도 한 것이다.

2) 권력 엘리트의 역기능 역할

먼저 내적인 요소로서 자력갱생과 청산리 정신 그리고 대안사업체계와 같은 김일성 교시의 불변은 역설적으로 우리식 사회주의의 체제 유지는 가능했지만, 1970년대 후반부터 인민 경제의 피폐를 가져왔다. 이는 1984년 합영법, 7·1 경제개선조치 등의 시도에도 불구하고 그들의 표현인 개건과 개선의 수준에 그쳤기 때문에, 결과적으로는 인민 삶의 질은 인간의 기본욕구를 채우지 못하는 결과를 낳았다. 사상과 이념을 담보한 체제의 불통이 인민의 삶을 질적 저하로 만들어 체제 불만의 화약고가 되어 있다. 이와 같은 사실 앞에서 김일성-김정일 통치하의 인민들에 관한 엘리트들의 통치자에 대한 순기능적 역할이, 특히 김정은 시대에 이르러 인민들에게 억제의 한계로 드러날 때, 정책 방향에 어떠한 경로로든 반영될 가능성을 내포하고 있다.

"새 세대들의 사상 정신 상태에서 심중한 변화가 일어나고 있는 현실은 당세포들이 청년 교양에 보다 큰 힘을 넣을 것을 요구하고 있습니다. ……(중략) 당세포들은 우리 사회에서 계급적으로 변질되지 않은 이상 교양 개조하지 못할 사람이 없다는 관점을 가지고 '인간개조 사업'에 목적 의식적으로 달라붙어야 합니다. 한두 번 하다가 포기하는 식으로 하지 말고 열 번 백번 꾸준히 설득하고 현실적으로 타일러 주면서 '인간개조 사업'을 착실하게 해 나가야 합니다."

최근 2021년 4월 6차 노동당 세포 비서대회에서 김정은이 당세포들에게 젊은 세대의 사상이완에 대해 '인간개조'라는 표현까지 써 가며 청년층들의 사상 무장을 담금질했다. '북한 정권이 MZ'라 할 수 있는 '새 세대들'을 향해 인간개조에 초점을 맞춘 것은 2012년 7월 26일에 발표한 김정은의 〈김정일 애국주의를 구현하여 부강조국건설을 다그치자〉 발표 8돌을 맞는 연장선상에서였다. 앞서 김정은은 2020년 7월 25일 〈우리 인민을 참된 애국자로 키우는 귀중한 사상·정신적 양식〉 제하로 노동신문을 통해 "인민들의 사상적 결속을 지속시키고, 다시 구체적으로 새 세대를 애국자로 키워야 한다."라는 메시지를 전달했었다. 그것도 북한의 전승일로 기념하는 정전협정 체결일에 노병들의 충성심을 배울 것을 주문하면서, 새 세대에게 열렬한 애국자가 될 것을 주입시키고자 한 것이다.

특히 청년 세대에게 김정은 결사옹위를 사상무장화시키는 단골 구호는 반미·반제, 자력갱생 등이다. 보다 구체적으로는 2022년 9월 1일 자 「노동신문」 사설을 통해 "우리 국가 제일주의를 전면적으로 구현해 나가자"라며 애국심을 요구했다. 그러면서 '국가제일주의'를 '수령제일주의'로 등식화하여 인민의 심장 속에 간직된 억척 불변의 신념을 강조하였다.

> "우리 인민에게 있어서 우리 국가제일주의는 곧 우리 수령제일주의이다. 경애하는 총비서동지께서 계시기에 우리나라는 굳건하며 우리의 앞길에 끝없이 양양한 전도가 기약되여 있다는 것이 간고하고도 영광 넘친 지난 10년간 투쟁의 역사적 총화이며 우리 인민의 심장 속에 간직된 억척 불변의 신념이다. ……(중략) 국기와 국장, 국가를 비롯한 국가 상징들을 신성하게 대하고 국가의 모든 법들을 절대 존중하는 기풍이 전사회적인 기강으로 수립되게 하여야 한다. 자라나는 새세대들이 어려서부터 국기를 사랑하고 국가를 즐겨 부르도록 교양하여 그들 모두를 열렬한 애국자로 키워야 한다."

이렇듯 '국가는 곧 수령'이라는 논리는 북한의 MZ 세대라고 할 수 있는 새 세대(장마당 세대)에게 주입하려는 '인간개조작업'이라 수 있다. 그 이유는 이들은 1990년대 고난의 행군과 2000년대 초 장마당을 중심으로 유년기를 보낸 세대와 특히 김정은의 통치 시기에 태어난 북한의 디지-로그(디지털과 아날로그 합성어) 세대로 선대가 그러했던 것처럼, 최고 지도자에 대한 충성을 강조함으로써 "수령 = 어버이" 이념을 재인식시키려는 의도로 분석된다.

하지만 문제는 고난의 행군과 장마당을 경험하면서 성장한 세대들은 국가의 도움 없이 시장의 논리에 자급자족하며 적응해 왔고, 조·중 경계 지대의 구상무역을 통한 한국과 중국 등 외부 물품 유입과 조선족 등

일명 보따리 장사들을 통한 한류 문화와 정보를 얻기도 해서 국가 배급 제하에서 국가의존도가 강한 이전 세대와는 삶의 사고가 다르다는 점이었다. 따라서 이들은 일정 부분 자본주의적 성향을 습득하게 되므로 국가에 의존적이기보다는 자기중심적 세계관을 형성하고 있다고 볼 수 있다. 이는 김정은 통치기에 새 세대의 사상이완을 가져올 수 있다는 전조가 될 수 있다는 점에서 위기의식을 갖게 한다. 이에 따라 김정은은 '인간개조' 사업 지시 이후 그해 9월에는 청년 가정교육까지 의무화한 '청년교양보장법'을 만들어 사상무장의 담금질을 구체화하고 있다.

김정은 체제의 통치가 향후 북한의 MZ 세대와 함께해야 하는 현실에서 선대의 세계관과 사뭇 다른 이들이 북한 정권의 중추 세력으로 유입되었을 때, 북한식 사회주의 국가관과 개인의 변형된 자본주의 시장관이 체제 내의 공존에서 갈등과 충돌로 연계될 수 있다는 점은 예측 가능한 전망이라 할 것이다.

인간의 자아가 외부세계와 교류하면서 사회에의 적응에 필요한 행동양식으로 나타나는 페르소나(personae)는 사회에서 그 기능을 하는데 필요한 가치관, 규범, 의무로 구성되며 남에게 보이는 가면을 쓴 자신으로 표현된다. 개인은 다양한 사회규범을 내재화하고 자신의 욕구를 가지고 있으며 그에 맞는 자기 이익의 역할을 수행한다.[238] 이것이 체제나 이념을 초월한 인간 내면의 본질적 성향이라면, 비록 북한 인민과 권력 엘리트가 전체 사회주의국가라는 범주 안에서 전통적 카리스마에 순응하며 그 역할에 충실은 하겠지만, 절대권력과 느슨한 관계가 진행되어 갈수록 점차 페르소나의 가면을 쓴 자신으로 자아를 인식하고 발견하게

---

238)　한규석, 『사회심리학의 이해』(서울: 학지사, 1998), 85쪽

될 것이다. 이러한 가능성은 주변 환경의 변화에 민감하게 작용을 하며, 이를 점진적으로 수용한 권력 엘리트의 영향력은 인민에 욕구를 정책에 반영하는 매개 역할론자로서 신사고의 전환을 예고한다. 그리고 극단적으로는 체제와 인민 사이의 이중적 메커니즘을 저울질할 수도 있을 것이라는 점이다. 또한 외적 경험을 하지 못한 통제사회에서 현저한 외적 정보의 영향력은 현저성의 효과로 그 사회에 변화의 물결을 일으킨다. 이러한 현상은 북한 사회 내 일상화된 긍정적인 정보보다는 다원주의와 같은 부정적 정보 유입의 효과가 더 빨리 자극적으로 나타난다 할 수 있을 것이다. 예를 들면 현재 북한 사회 내 대학교 기부금입학금제, 20대 간부층 자녀들의 남한 말씨 배우기와 음악 스타일 따라 하기와 같은 문화적 유입과 그에 따른 영향력은 다원주의적 사고의 현저성 효과로 그 파급효과를 배제할 수 없는 사회적 분위기로 조성되어 있다.

이상의 두 현상의 가능성은 내적으로는 원시 세습형 통치체제 지속과 외적으로는 국가 주변은 시장개방과 자본주의를 근간으로 하는 다원주의 정치문화 유입 간의 딜레마의 문제로 나타날 가능성을 충분히 내포한다. 이는 다시 말해 인민의 경제와 삶의 가치 회복이 보장된다면 세습통치체제는 지속 가능해도 상관이 없는 것인가? 아니면 어떤 상황에서건 김일성 가계의 상속 통치는 종식시켜야 하는가?에 대한 물음이기도 하다. 이에 대한 인민의 향후 동향(動向)은 권력 엘리트들이 인민들의 체제 불만의 욕구를 어떻게 수용할 것인가에 대한 동기를 부여할 것이다.

북한의 원시형 세습통치는 특성상 김일성의 정통적 카리스마와 그와 함께 한 빨치산 권력 엘리트들의 퍼스낼리티 형성이 일치됨으로써 신성화로 가능해졌다고 볼 수 있다. 이는 동시에 사회주의에서 공산주의 완성을 향한 과도기 체제에서 전 인민들에게 요구한 3대 혁명소조운동을 통해 시스템화시켜 나가면서, 정책 노선이었던 주체사상을 통치 이데올로기로 정형화시켜 나갔다. 그리고 이를 이념화시켜 김정일과 김정은에게 백두산 혁명 정통성을 부여함으로 무리한 승계의 누수를 사상으로 내부적 결속을 강화해 나가고 있음은 부인할 수 없는 사실이다. 하지만 북한에서 권력의 안정적 유지가 대내외적 정상국가로서 정권의 정당성과 경제의 안정으로부터 온다고 할 때 북한 사회주의에서 경제적 안정을 통한 인간의 존엄성을 강조하는 조건에 반해 온 김정은의 대를 이은 원시 세습형 유훈통치 체제는 김정일 때보다 더 심각한 태생적 한계를 지니고 있다 할 것이다.

향후 김정은 체제의 딜레마는 인민들을 자본주의 노예화의 공포성을 담보한 사상과 정치의 원시 세습형 통치체제 공고화냐, 아니면 체제 유지라는 보장 속에 제한적 다원성을 통해 인민들 삶의 질을 회복시키려는 점진적인 개혁과 개방 의지를 정책에 반영시켜 나갈 것인가 하는 권력 엘리트들의 순기능과 역기능의 선택이 김정은 체제 내에서 격렬한 힘의 논쟁을 통해 변화를 예고할 것이다. 그것은 아마도 한국과 중국을 비롯한 주변환경과 조건의 변화를 알면서도 김일성-김정일의 통치에 순기능을 해 왔던 권력 엘리트들의 세대교체에 따른 변화 불가피성에 대한 김정은 시대 갈등의 분기점이기도 할 것이다.

제 V 부
종장

그동안 학계에서는 북한의 국가 성격을 규정하는 다양한 논의들이 있었고, 그런 논의들은 나름의 타당성을 지닌다. 그러나 북한을 모두가 한결같아서 다름이 없는 획일적 국가통치 형태로 정의하는 것은 의문의 여지를 가진다. 현존하는 사회주의국가 중 북한과 같이 국가 수립 후 80여 년간 수령제 중심의 '원시적 3대 세습체제'를 수용하고 있는 국가는 존재하지 않는다. 그런데 이러한 특성은 북한의 통치체제가 시대별 측근 엘리트들과 세대적 요인들과의 역학관계 속에서 통치 구조의 변화와 맞물려 형성되어 왔다. 구체적으로 북한의 통치체제는 1세대인 김일성과 항일혁명세대의 전통적인 카리스마 통치 형태와 2세대 김정일과 항일혁명세대 및 3대 혁명소조세대와의 강제된 권위구조 통치 형태, 그리고 3세대 고난의 행군과 장마당 세대와 함께 현재 실험 중인 김정은은 선대 엘리트 세대들의 교사형 훈수와 신진세대를 융합하는 통치체제라는 특수성을 가진다.

본 연구는 이러한 북한의 원시형 3대 세습 통치체제의 변천을 1) 중앙협력적 통치체계, 2) 중앙일체적 통치체계, 3) 중앙집중적 통치체계, 4) 중앙통합적 통치체계 등 4가지 새로운 형태의 분석 틀을 통해, 그리고 이 4가지 형태를 정권(Government), 체제(Regime), 시스템(System), 국가(State)라는 4가지 기준에서 분석했다. 이를 위해 북한식 통치행위의 독특한 형태인 현지지도(on-the-spot guidance)와 당 중심 국가 기구에 포진된 권력 엘리트의 기능과 역할의 역학관계로 추적해 보았다. 어떤 국가든 최고통치자는 의도된 국가건설목표를 달성하기 위해 당면한 현실 상황과 조건에서 가장 합리적인 방식으로 역량을 극대화하고자 한다. 북한 역시 통치 역량의 집중화를 위해 현지지도라는 통치행태를 통해 정책실천 의지를 표출해 내고 있다.

이상의 논의 속에서, 북한은 김일성 가계를 중심으로 한 상층 엘리트들과의 가족주의적 코포라티즘(familistic corporatism)을 형성함으로써 정권, 체제, 국가를 결속시키고 있음을 확인할 수 있었다. 다시 말하면, 북한은 김일성 가계의 유일권력체계라는 통치체제를 표방하지만, 그 권력 체계의 가장자리에 포진된 핵심 세력인 권력 엘리트들의 역할과 기능에 의해 결속되고 있다고 볼 수 있다. 따라서 김일성·김정일의 사망이 곧 북한의 붕괴로 이어지지 않았고, 이와 더불어 김정은 정권은 김일성과 김정일 시대를 통괄하는 혁명 전통과의 연결 선상에서 출발했고, 이러한 전통을 내재화하고 있음을 확인할 수 있었다. 그 속에서 김정은을 둘러싼 권력 엘리트들의 순기능적이거나 역기능적인 역할론이 중요하게 대두되고 있음을 전망했다. 현재 김정은 체제 역시 여전히 국내외적인 사건들에 의해 정책 결정이 지대한 영향을 받고 있다. 이에 따라 북한의 정책결정자들은 자신들의 통제 밖에서 일어나고 있는 사건들뿐만 아니라 동시에 국내 상황에도 대처해야 하는 긴장감에 직면해 있다. 따라서 현 시기의 복합적 변수들을 안고 출범한 김정은 체제 속 권력 엘리트들의 역할과 기능 그리고 그것이 어떠한 통치 메커니즘을 형성하고 있는지에 주목했다.

이 연구서는 민족주의를 내장한 사회주의 국가건설과정 속에 김일성·김정일·김정은 정권으로 이어지는 '원시형 세습통치체제 형태의 변화과정과 특성'을 엘리트와의 역학관계를 통해 시대별로 네 가지 유형의 변화과정의 틀(frame)로 설정하여 살펴보았다. 먼저 김일성 통치체제모형 두 가지 형태 중 첫 번째인 '중앙협력적[239] 통치체계'는 1946년 2월 8일 발족한 북조선 임시인민위원회는 1945년 10월에 세워진 5도 행정국을 대체하는 단독정권의 성격을 가졌다. 이후 1947년 2월 21일 평양에서 제1차 북조선 인민회의에서 종전의 '임시'를 삭제한 북조선인민위원회를 공식적으로 출범시키며 북한 단독정권의 다양한 계파 안배에 의한 연합내각 구성을 발표했다. 이러한 현상은 1948년 9월 8일 조선민주주의인민공화국의 초대 내각 때까지 유지되었다. 그 이유는 당시 국외파들이 정권을 장악해 가는 초기과정에서 나타난 일시적인 것으로, 초기 북한국가건설에 김일성 중심의 만주파가 일거에 장악하여 통치하기에는 태생적인 한계를 안고 출발했기 때문이었다. 따라서 각 파벌 간의 협력과 갈등 그리고 투쟁의 여정을 담보한 '중앙협력적 통치체계'로 출범하였다 할 수 있다.

다음으로 '중앙일체적[240] 통치체계'로의 전환은 한국전쟁과 함께 본격적으로 제기되어 1960년대 말까지 권력 투쟁 과정을 거쳐 마무리한 뒤 주체 이데올로기를 통해 정리해 나가며 단일통치체제를 구축하였다. 이러한 통치 성격은 빨치산 1세대들의 자발적인 통치 참여와 타 파벌의 숙청과 하부조직의 전향과 회유를 통해 강제된 순기능적인 안정성을 항일혁명정통성을 바탕으로 이루어졌다. 1970년대 이후 김일성 유일체제가 정착화되면서 정치국 중심의 정책적 당·국가 체제를 기반하여 엘리트

---

239) '협력'은 둘 이상의 단체나 조직을 연합하여 하나의 조직을 만든다는 뜻으로 김일성 초기정권의 성격은 각 파벌의 전문성을 협력적으로 국가건립에 투영하였음을 의미한다.

240) 중앙일체적 통치 형태란 김일성의 권위에 정치국 중심의 빨치산 혁명 세대들과 친인척 그리고 혁명 유자녀 출신들의 신진 관료들이 자발적으로 한 몸, 한 덩어리가 되어 통치에 참여함을 표현했다.

들을 빨치산 혁명세대를 중심으로 당과 내각에 당성이 검증된 신진 관료들로 등용하기 시작했다. 이러한 통치 시스템은 김일성의 정통적 카리스마에 귀속되어 실무적인 엘리트 역할을 순기능적으로 행사했다는 점에서 엘리트들의 실질적인 역할은 정치적 영향력 행사보다는 행정 관료로서 직무를 충성스럽게 이행하였음을 보여 준다.

김정일 시대에서의 통치체제의 두 가지 모형은 '중앙집중적 통치체계'[241]와 '중앙통합적'[242] 통치체계로 구분하여 살펴보았다. 전자의 통치체계의 특징으로 김정일 통치체제의 이중적 구조 중 상징적 차원의 엘리트들의 역할은 먼저 김정일 체제 공고화 및 개인 우상화 기능과 맞물려 작동하였다고 볼 수 있다. 이는 김정일이 김일성과 같은 정통적 카리스마 입지확보를 단시일에 구축하기는 어려웠다는 측면에서 당권장악 과정에서 살펴본 많은 외적 기제들이 그의 통치체제구축에 어떠한 형태로든 동원될 수밖에 없었다. 즉 유훈통치, 인덕정치, 광폭정치 등, 통 큰 정치를 대내외적으로 각인시켜 냄으로써 김일성 못지않은 지도자로서의 기품을 보여 주어야 했다.

그리고 무엇보다도 그의 체제 공고화와 우상숭배 구축의 기능적 역할을 한 것은 혁명 1세대와 군부 및 원로행정 관료들의 지원이 도움이 되었다고 할 수 있다. 이들의 공통점은 우선 혁명 승계론의 보증인들이라는 점에서다. 이들의 현지지도 수행을 비롯한 국정 전반의 포진은 김정

---

241) 중앙집중형 통치란 통치 이데올로기인 주체사상의 해석권을 쥔 김정일을 중심으로 주석단 원로급을 상징형으로 예우하면서 비서국의 측근 엘리트들과 함께 강제된 순기능적인 역할을 중앙으로 집중시킴을 뜻한다.

242) 중앙통합적 통치란 효율적인 효과를 만들어 내기 위해 모두 합쳐 하나로 통합한다는 뜻으로 정치국과 비서국, 국방위, 당 중앙군사위 등을 김정일 중심으로 모두 합쳐 하나의 통치 형태를 만들어 냈다. 통치의 인위적인 강제성을 가졌다.

일에게는 더 없는 절대 권위확보의 훌륭한 힘이 될 수 있었다. 상징형 엘리트군 중 당 비서들의 역할은 혁명 1.5세대들이 포진하여서 실무형으로도 활동함으로써 김일성과 김정일 세대교체의 가교역할을 한 점은 김정일 체제 공고화 및 권력적 당·국가 체제 형성에 상당히 기여한 것으로 파악된다. 그리고 실무적 차원의 엘리트들의 역할과 활동 기능은 김정일이 당권을 장악한 이후 비서국은 당의 주요결정과 지시, 인사 문제에 이르기까지 담당 비서를 통해 개별적 보고체계 및 이에 대한 정책 결정과 조치를 취하였다. 비서국과 선군정치의 중심적 역할을 한 총정치국 중심으로 측근 실무형 엘리트에게 역할 비중을 두었던 김정일의 이러한 통치 형태는 비서국과 총정치국의 위상 강화를 통한 당·군 중심의 중앙집중적 통치를 가능하게 했다.

김정일의 후반기 통치 구도의 구상은 '중앙통합적 통치체계' 구축이었다. 지난 2010년 9월 28일 개최된 제3차 조선로동당 당 대표자 회의가 갖는 함의는 김정은으로의 세습 승계를 위한 전제된 김정일의 '통합관리형 통치체계' 강화구축으로 볼 수 있다. 지난 시기의 김정일 '중앙집중적 통치체계'는 김일성 빨치산 혁명 1세대 출신에 대한 예우와 함께 1970년 초반 3대 혁명 소조원들의 정치적 성장과 당·정·군 진입을 통한 실무적인 국가경영을 해 왔었다. 그런데 당 대표자 회의에서 정치국의 부활과 비서국의 강화가 가지는 의미는 김정은 후계 내정 이면에, 보다 본질적으로는 당·국가 원로 반열에서 김정일의 후반기 통합적 통치체계의 공고화를 구축하기 위한 것이었다고 볼 수 있다. 이는 수령적 권위 절대성을 입증하게 됨으로써 김정은 후계체제로의 안정적인 이양의 사전포석이기도 했다. 즉 김정일 통치 전반기는 주석단을 혁명 정통성을 계승하는 증인으로서 상징성을 부여함과 동시에 실무적 통치 구도를 정치국에서 비서국으로 전환했다. 이 시기 김정일의 권력 엘리트는 주석단의 상징적 인물과 비서국의 실무적 인물이 공존한 인적 구조였다. 그런데 지난 3차 당 대표자 대회를 통해 발표된 중앙통합적 통치체계로의 전환은 김정일이 정치국으로 편입함으로써 정치국의 위상을 회복시키고 이를 중심으로 한 당정치의 권위를 격상시켜 실질적인 가동과 함께 비서국을 포괄적으로 관장한다는 의미로 정치국을 중심으로 한 비서국의 통합통치체계를 기하였다는 점이다. 이는 김정일 체제의 실질적인 측근 엘리트들이 정치국과 비서국에 중복-확대 포진함으로써 세대교체에 따른 통치의 공백을 메우고, 세습통치의 자연스러운 승계를 유도하기 위한 것으로 분석된다. 또한 이러한 기구 개편은 김정일이 그동안 국방위원장으로서의 당·군 중심의 실무적 통치를 해 왔지만 향후 국가 원로로서 당 정치국을 통해 김일성의 전통적 카리스마 통치와 같은 존재로서의 위상을 공고화하기 위한 것이었다 할 것이다.

김정은으로의 세습통치체제는 김정일의 중앙통합적 체계의 권력 엘리트 인적 구조와 맞물려 작동한다고 볼 때 일단 안정성을 확보했다고 볼 수 있을 것이다. 김정일의 갑작스러운 사망은 그의 후반기 통치구상이었던 중앙통합적 유형이 김정은 유훈통치 체제로 급속하게 전개됨으로써 일시적으로 김정일의 초·중기 통치 형태인 중앙집중적 유형으로 환원될 수밖에 없는 환경이 되었다. 이는 북한의 권력 엘리트들이 김정일 사망 이후에 발생할 권력 누수의 가능성을 일시에 불식시키는 어느 때보다도 신속한 결속력을 통해 김정은 체제의 안정화를 구축해 나가는 교사형 후견 역할의 모습에서 나타났다. 이러한 상황은 실제로 김정일

은 그가 김일성으로부터 세습승계과정의 중심에 서 있었던 학습 경험자
로서 세습 승계의 정통성 부여 문제를 본격적으로 고민해 왔을 것으로
판단할 수 있으며, 동시에 통치승계에 권력 엘리트들의 순기능적인 충
성심의 불변을 보여 주고 있다 하겠다. 김정은 역시 연속적인 당 대표자
회의 및 당 대회를 통해 발 빠르게 선대와 유사한 반열에 위치시키면서
실질적인 정책은 당·정·군의 충성스러운 핵심 엘리트 집단 합의에 맡
기는 방식의 변화를 모색한 것으로 추정해 볼 수 있다. 이는 갑작스러운
김정일 사망으로 김정은 체제가 등장했음에도 그를 후견한 권력 엘리트
들의 신속하고도 안정된 국가업무수행을 유지해 나가고 있는 것에서 확
인할 수 있다.[243]

그렇다면 김정은 체제 권력 엘리트들의 역할 비중이 갖는 함의는 무엇
인가에 대해 김정은과 핵심 엘리트와의 역학관계는 선대 김정일의 3차
당 대표자 대회를 통해 확인해 보아야 한다. 김정일은 자신과 함께 당 정
치국 위원들의 구성을 북한 권력 1세대와 김일성과 김정일 라인 연계 역
할을 했던 혁명 1.5세대 권력 엘리트를 대거 원로급들로 배치하여 혁명
정통성의 승계에 대한 예우를 보장했는데, 하지만 이러한 정치국 중심
의 통합형 통치구조로의 구상은 그의 사망과 함께 실질적인 실현을 해

---

243) 2012년 6월 말 북한은 농민과 기업이 '사회주의의 틀' 내에서 일정 정도 영리를 취할
수 있도록 해 주는 내용 등을 담은 '신(新)경제 개선 조치'를 발표했다. 이에 따라 외
자(外資) 유치 담당인 리광근 합영 투자위원회 위원장과 리수용 외무상 등 북한에서
'돈 관리'하는 핵심 인사들의 잦은 방중과 최고인민회의 상임위원장인 김영남의 베트
남 방문 역시 엘리트들의 직접적인 정치참여가 확대되어 감을 보여 주는 실례가 될
수 있다 하겠다. 박봉주는 2013년 3월 31일 당 중앙위 전원회의에서 정치국 위원에
선임된 후 다음 날 4월 1일에 개최된 최고인민회의 제12기 7차 회의에서 신임 내각
총리로 임명하기로 결정했다. 또한 이번 최고인민회의 회의에서 김정은은 각도별로
특성화할 수 있는 경제계획을 세우라고 지시했다고 한다(2013년 4월 27일 중국대련
에서 북한 관련 중국경제전문가 김○○와의 인터뷰).

보지도 못한 채 김정은 통치의 교사형 후견인으로 자리 잡게 했다. 김정은 체제에서 주석단 서열의 인물들은 김정일 사망 이후 정치국과 비서국 혼합형이 더욱 두드러지게 중첩되어 나타났다. 그리고 이들 중에는 국방위원회와 당 군사중앙위원회 요직도 겸직하고 있다. 그리고 당을 중심으로 잦은 군·정의 권력 재편은 실질적인 김정은 통치의 명분을 확보하기 위한 계산된 세대교체라 볼 수 있다.

이러한 통치체계 구도는 지난 제7차 당 대회를 통해 신설된 정무국(비서국-정무국-비서국)과 포진된 엘리트 구성을 통해 가시화되었다고 볼 수 있을 것이다. 제7차 당 대회를 통해 외형적으로는 구세대에서 신진세대로의 전환기 과정을 시도한 국정운영의 전환은 김정일 유훈통치에서 벗어난 김정은 체제 5년 차에 지난 2011년 1월에 발표한 '국가경제개발 10개년 전략계획' 연장선상에서 핵·경제 병진 노선 재확인, 경제개발 5개년계획을 발표했다. 이를 작동하기 위해 노·장·청, 경제·군사 관료를 안배한 당 정무국을 신설함으로써 김정은 체제 성공 여부가 실험과제로 부여되었다. 이러한 관점은 향후 김정은 체제에 있어 권력 엘리트들의 역할은 그의 선대보다 실질적인 추동력을 가질 가능성을 배제할 수 없다는 점을 유추해 볼 수 있다. 이는 다른 말로 현재 북한 정권의 정책집행 과정에 있어 최고결정권자의 인식 전환의 바탕에 의한 정책 성향과 정책결정 구조과정에 있어 권력 엘리트들은 그 역할이 어느 정도의 힘으로 추동되느냐는 그것과 다름없다.

2020년대 현재 김정은 북한은 '김일성-김정일 주의를 유일지도사상'으로 하고 '온 사회의 김일성-김정일주의화'를 당의 최고 강령으로 내세우는 등 김정은 체제의 제도적, 이념적 기반을 갖추어 나가고 있다. 김정은 북한의 권력 기반은 당 지도기구(당 중앙위원회, 당 중앙군사위원회, 정치국, 비서국 등)와 국가 지도기구인 국무위원회에 집중시켜 나가는 '유훈적 중앙통합적 통치체계' 공고화를 향한 이행기에 속한다고 볼 수 있다.

마지막으로 향후 김정은 정권의 권력 엘리트의 순기능과 역기능 역할 부분에 있어서 엘리트들이 갖는 범주의 특성을 그 성원들의 특성으로 일반화시킬 때 이런 범주화는 최고 권력자를 중심으로 상호공유하게 됨으로써 이들의 역할은 체제위협을 가장 민감하게 위협하는 정보 유입에 의한 내부사회로부터의 반발을 억제한다. 이런 측면에서 북한의 권력 엘리트들은 당면하고 있는 개혁 역시 그동안 권력체제의 안정적 유지와 승계를 순조롭게 하려는 조치의 한계 선상에서 자신의 가계 구도의 이익과 동반하며 진행되어왔듯이 앞으로도 사회정치 생명체론에 입각한 순기능적인 결사용위 및 일편단심을 보일 것으로 예상된다. 하지만 동시에 사상과 이념을 담보한 체제의 불통이 인민의 삶을 질적인 저하의 결과를 만들어 내어 체제 불만의 화약고가 될 수 있다는 사실이다. 이는 인민들에 관한 엘리트들의 통치자에 대한 순기능적 역할이 오히려 인민들에게 억제의 한계로 표출될 때 정책 방향에 어떠한 경로로든 반영될 역기능의 가능성 또한 내재하고 있음을 뜻한다.

이러한 현상은 전술한 바와 같이 인간의 자아가 외부세계와 교류하면서 사회에의 적응에 필요한 행동양식으로 나타나는 페르소나(personae)는 북한 사회에서 그동안 인민과 북한 권력 엘리트의 변화가 개별 인민이 전체라는 수령체계의 범주 안에서 전통적 카리스마에 순응하며 그 역할에 충실해 왔다. 하지만 절대권력과의 느슨한 관계가 진행되어갈수록 페르소나의 가면 쓴 자신을 자아로 인식하게 되면서 그것은 주변 환경의 변화에 민감하게 작용하게 되고 이를 점진적으로 수용한 권력 엘리트의 영향력은 인민에 대한 역할론으로행사할 수 있는 가능성을 예고한다. 이 과정은 내면화로부터 표현되는 인간의 공적 심리구조와 사적 심리구조의 갈등 접점을 향하고 있음을 뜻한다.

무엇보다도 외적 경험을 하지 못한 통제사회에서 현저한 다원주의의 외적 정보 유입의 영향력은 현저성의 효과로 그 사회에 변화의 물결을 일으킨다. 이러한 현상은 북한 사회 내 일상화된 긍정적인 정보보다는 부정적 정보 유입의 효과로 더 빨리 자극적으로 나타날 수 있을 것이라는 점에서, 원시 세습형 통치체제 지속과 자본주의를 근간으로 하는 다원주의 정치문화 유입 간의 딜레마 문제로 나타날 가능성을 충분히 내포한다. 향후 김정은 체제의 딜레마는 인민들을 자본주의 노예화의 공포성을 담보한 사상과 정치의 원시 세습형 통치체제의 공고화이냐 아니면 체제 유지라는 보장 속에 제한적 다원성을 통해 인민들 삶의 질로 회복시키려는 점진적인 개혁과 개방 의지를 정책에 반영시켜 나갈 것인가 하는 권력 엘리트들의 순기능과 역기능의 선택이 김정은 체제 내에서 격렬한 힘의 논쟁을 통해 변화를 예고할 것이다.

향후 최소한 북한에서 최고 권력자의 전통적 카리스마의 역사적 의존성은 점점 사라질 것이다. 따라서 현재 김정은의 일상적 카리스마의 단계에서는 조직에 의존한 엘리트들의 전문적인 영향력 행사가 대외적 고립을 해결하기 위한 주변 환경적 조건에 대한 신사고를 추동할 가능성이 있다. 그에 따라 김정은의 전략적 통치력의 고도한 적정성에 따라 권력 엘리트들의 순기능과 역기능의 순환은 기회적으로 반영되어 갈 가능성을 내포하고 있다 할 것이다.

끝으로 이 연구가 가지는 기대효과는 기존 연구에서 다루지 않았던 통치형태 변화과정의 새로운 분류 작업을 기한다는 점이며, 이는 문제 제기의 타당성과 기존 연구와 비교분석을 할 수 있는 충분한 학문적 가치를 지니고 있다고 본다. 원시형 세습 권력 통치체제의 변화과정을 1) 중앙협력적 통치체계, 2) 중앙일체적 통치체계, 3) 중앙집중적 통치체계, 4) 중앙통합적 통치체계라는 네 가지의 새로운 형태로 한 연구 제시의 독창성 및 학문적 기여도는 접근 자체가 기존 연구의 분류 틀과는 다른 시도가 될 것이라는 점에서 연구의 의미가 있다 할 것이다.

▌참고문헌

1. 국내 문헌

가. 단행본

강만길·성대경, 1996. 『한국 사회주의 운동 인명사전』 (창작과 비평사)

공산권 문제연구소 편, 1968. 『북한 총감: 45~68』 (서울: 공산권 문제연구소)

구갑우, 2003. "북한 연구와 비교사회주의 방법론", 경남대학교 북한대학원 편, 『북한연구방법론』 (서울: 한울아카데미)

국가안전기획부, 1995. 『북한의 민족주의 선전자료집』 (국가안전기획부)

국사편찬위원회 편, 1982. "김일성 동지의 '토지개혁사업의 총결과 금후 과업'의 보고에 대한 결정서", 『북한관계사료집 1』

김광운, 2003. 『북한 정치사 연구 Ⅰ』 (서울: 선인)

김남식 엮, 1988. 『남로당 연구 2』 (서울: 돌베개)

김성철, 1997. 『북한 간부 정책의 지속과 변화』 (서울: 민족통일연구원)

_____, 1999. 『김정일의 퍼스낼리티·카리스마·통치 스타일』 (서울: 통일연구원)

김종철, 1999. 『북한용어 400 선집』 (서울: 연합뉴스)

김용복, 1989. "해방 직후 북한인민위원회의 조직과 활동", 『해방 전후사의 인식 5』 (서울: 한길사)

김중생, 2001. 『조선의용군의 밀입북과 6·25 전쟁』 (서울: 명지출판사)

돌베개 편집부 편, 1988. 『북한"조선로동당"대회 주요문헌집』 (서울: 돌베개)

민주주의민족전선, 1946. 『조선해방년보』 (서울: 문우인서관)

류종훈, 2018. 『누가 북한을 움직이는가』 (경기: 가나문화콘텐츠)

박길룡, 1967. 『조선로동당 형성 1945~1950』 (소련과학 아카데미 아세아인민연구소)

박명희, 1999. "중국농업정책의 발전과정", 단국대학교 중국연구소 편, 『중국농업정책의 집단화와 비집단화에 관한 효과성 비교연구』 (서울: 단국대학교 중국 연구)

박영자, 2007. "북한의 지방정권기관: 지방주권과 행정의 특성 및 운영", 세종연구북한센터 엮음.『북한의 당·국가 기구·군대』(파주: 한울아카데미)

북한법연구회 편, 1999.『북한법 연구』(서울: 근사출판)

북한연구학회 엮, 1999.『분단 반세기 북한연구사』(서울: 한울 아카데미)

박호성, 1997.『남북한민족주의 비교연구: '한반도 민족주의를 위하여'』(서울: 당대)

_____, 2004.『민족주의론』(서강대학교 공공정책대학원)

백남운, 1946.『조선민족의 진로』(서울: 신건사)

사회과학출판사 편, 1989.『주체사상총서 9 영도체계』(서울: 지평)

서대숙, 2000.『현대북한의 지도자: 김일성과 김정일』(서울: 을유문화사)

서동만, 2005.『북조선 사회주의 체제성립사』(서울: 선인)

심지연, 1988.『조선신민당 연구』(서울: 동녘)

송두율, 1998.『통일의 논리를 찾아서』(서울: 한겨레신문사)

_____, 2000.『민족은 사라지지 않는다』(서울: 한겨레신문사)

연합뉴스 편, 1999.『북한용어 400선집』(서울: 연합뉴스)

_____, 1999.『2000 북한 연감』(서울: 연합뉴스)

_____, 2000.『2001 북한연감』(서울: 연합뉴스)

_____, 2000.『2001 북한 연감. 북한자료·인명편』(서울: 연합뉴스)

오일환 외, 2000.『현대 북한 체제론』(서울: 을유문화사)

육군본부 편, 2006.『전략정보 자료집』

이교덕, 1996.『북한 체제의 변화주도 세력 연구』(서울: 민족통일연구원)

이동찬, 2020.『북한 軍 권력기관과 엘리트』(서울: 선인)

이종석, 1995.『조선노동당 연구』(서울: 역사비평사)

_____, 2000.『새로 쓴 현대북한의 이해』(서울: 역사비평사)

이주철. 2008.『조선로동당 당원조직 연구』(서울: 선인)

이찬행, 2001.『김정일』(백산서당)

이화여대 북한연구회 엮,『김정은 체제: 변한 것과 변하지 않은 것』(경기: 한울엠플러스)

이희승 편, 1986.『국어대사전』(서울: 민중서림)

임강택, 2000.『북한의 군수산업정책이 경제에 미치는 효과분석』(서울: 통일연구원)

전상인, 1994.『북한 민족주의 연구』(서울: 민족통일연구원)

전현준, 1995. 『김정일 정권의 권력 엘리트 연구』 (서울: 민족통일연구원)

정성장, 2011. 『현대북한의 정치』 (서울: 도서출판한울)

정병일, 2012. 『북조선 체제 성립과 연안파 역할』 (서울: 선인)

정성임, 2007. "조선인민군: 위상·편제·역할", 세종연구소 북한연구센터, 『북한의 당·국가 기구·군대』 (서울: 한울아카데미)

정영태, 1999. 『김정일체제하의 군부 역할:지속과 변화 (서울: 민족통일연구원)

_____, 2000. 『북한의 국방위원장 통치체제 특성과 정책 전망』 (서울: 민족통일연구원)

정창현, 2000. 『곁에서 본 김정일』 (서울: 김영사)

정현수 외, 2006. 『중국 조선족 증언으로 본 한국전쟁』 (서울: 선인)

조선로동당 중앙위원회, 1989. 『조선로동당 략사1』 (서울: 돌베개)

조영환, 1996. 『매우 특별한 인물, 김정일』 (서울: 지식공작소)

중앙일보 특별취재반, 1992. 『비록: 조선민주주의인민공화국』 (서울: 중앙일보)

쥘리에트 모리요 외, 2018. 『100가지 질문으로 본 북한』 (서울: 세종서적)

찰스 암스트롱, 김연철 엮, 2006. 『북조선탄생』 (경기: 서해문집)

최주활, 2000. 『북조선 입구Ⅰ』 (서울: 지식공작소)

최진욱, 1996. 『김정일의 당권장악과정 연구』 (서울: 민족통일연구원)

_____, 1997. 『북한의 지방행정 체계』 (서울: 민족통일연구원)

칼리딘 외, 새물결 편집부 역, 1989. 『선전선동론』 (서울: 물결)

통일부 국립통일교육원 편, 2010~22. 『북한의 이해』

함택영 외, 2000. 『김정일 체제의 역량과 생존전략』 (경남대학교 극동문제연구소)

황장엽, 1999. 『개인의 생명보다 귀중한 민족의 생명』 (서울: 시대정신)

해방 3년사 연구회, 1988. 『해방정국과 조선 혁명론』 (서울: 대야출판사)

한규석, 1998. 『사회심리학의 이해』 (서울: 학지사)

기토비차·볼소프 저, 최학송 역, 2006. 『1946년 북조선의 가을』 (서울: 글누림)

브루스 커밍스, 김동노·이교선·이진준·한기욱 옮김, 2001. 『브루스 커밍스의 한국현대사』 (서울: 창작과 비평사)

Ronaldo Munck, 이원태 옮김, 1993. 『사회주의혁명과 민족주의』 (서울: 민.글)

和田春樹, 이종석 옮김, 1992. 『김일성과 만주항일전쟁』 (서울: 창작과 비평사)

나. 연구 논문

권경복, 1998. "북한 신내각의 경제관료들" 『통일경제』 10월 호

김근식, 1999. "북한 체제변화론: 가능성과 제약성 논의를 중심으로" 『현대북한 연구』 제 2권 제1호, (경남대학교 북한대학원)

김성보, 1995. "북한의 토지개혁(1946)과 농촌계층구성변화: 결정 과정과 지역사례", 『동방학지』 Vol. 87

김옥자. 2014. "만경대혁명학원 창립과 핵심인재양성에 관한 연구" 『북한연구학회보』 제 18권 제1호

박동삼, 1991. "북한의 토지개혁정책에 관한 연구", 국민대학교 정치외교학과 박사학위 논문

서재진, 1993. "북한의 민족주의: 주체사상의 이론적 변용을 중심으로" 『통일연구논총』 제2호 1권

안찬일, 1997. "김정일 승계" 『통일경제』 12월 호

양성철, 1992. "북한의 권력구조와 김일성 이후 정책 방향 전망" (민족통일연구원)

이계만, 2000. "남북한 지방의결기관의 비교연구", 『지역발전연구』 (조선대학교)

이종석, 1993. "조선로동당 지도 사상과 구조변화에 관한 연구: 주체사상과 유일지도 체계를 중심으로" 성균관대학교 정치외교학과 박사학위 논문

_____, 1994. "주체사상과 민족주의: 그 연관성에 관한 연구" 『통일문제연구』 제6권 1호 (여름)

이주철, 1995. "토지개혁 이후 북한농촌사회의 변화: 1946~48년을 중심으로", 『역사와 현실』 Vol. 16

_____, 1996. "북한토지개혁의 추진주체: 소련주도설에 대한 비판", 『한국사학보』 Vol. 1

이홍영, 1993. "북한의 정책결정과정 속의 지방과 중앙의 역할" 『사회과학과 정책연구』 제15권 제2호 (서울대학교 사회과학연구소)

장준익, 1990. "한국전쟁전 중공군삼개사단의 북한인민군편입에 관한 연구: 조선의용군 과 인민군 제5. 6. 12사단을 중심으로", 한양대학교 행정대학원 석사학위논문

전원근, 2000. "북한 공산주의 체제에 있어서 파벌의 형성과 소멸에 관한 연구", 경희대 학교 대학원 정치학 박사학위논문

정병일, 2008. "반 민생단 투쟁"의 정치사적 의의: 김일성의 부상과 조국광복회 성립과
　　　동인『사회과학연구』제16호, (서강대학교 사회과학연구소)

_____, 2008b. "남북한 지방행정체제의 통합방안 모색",『한국지방자치연구』제10권 제1
　　　호, (대한지방자치학회)

정성장, 1999. "주체사상의 기원과 형성 및 발전과정"『한국정치외교사논총』제21집 2호,
　　　(서울: 한국정치외교사학회)

정창현, 1997. "현지지도"『통일경제』12월 호

_____, 1998. "세대교체와 당, 정, 군의 관계 변화"『통일경제』10월 호

_____, 2000. "신 남북시대"『중앙일보』9월 5일

황재준, 1998. "북한의 '현지지도' 연구" (서강대학교 공공정책대학원 석사학위논문)

현성일, 1998. "북한 로동당의 조직구조와 사회통제체제에 관한 연구" 한국외국어대학교
　　　정책과학대학원 석사학위논문

다. 신문 및 기타 자료

『북한인물록』(서울: 국회도서관, 1979)

『브래테니카 백과사전』'토지개혁'

슈티코프, "북조선정치상황에 대하여", 국방성문서관, 문서군, 172, 목록614631, 문서철 38

국사편찬위원회 편, "조선신민당(전조선독립동맹)강령",『북한관계사료집』제26권

국사편찬위원회 편, "조선신민당 중앙 집행위원 명단",『북한관계사료집』제26권

한국민족문화대백과사전 (김일성 고급당학교)

http://nk.chosun.com

http://weekly.chosun.com

https://www.upinews.kr/newsView/upi202001220116

『연합뉴스』www.yonhapnews.co.kr.

『중앙일보』nk.jons.com.

『조선일보』nk.chosun.com.

『한겨레신문』한반도 문제

『통일부』《주간 북한동향》(제 364호~ 546호) 1998. 01. 03.~2001. 6. 30.

『국정원』 www.nis.go.kr.

『북한자료센타』 unibook.unikorea.go.kr.

『통일학 연구소』 www.onekorea.org.

2. 북한 문헌

가. 단행본 및 논문

김원봉, 1948. "조선민주주의인민공화국의 정치 강령은 조선인민의 투쟁 강령이다", 『인민』 3, 5호, 1948년 10월

김일성, 1969. 『김일성 동지의 혁명활동약력』 (평양: 조선로동당출판사)

_____, 1992. 『세기와 더불어(Ⅰ)』 (평양: 조선로동당출판사)

_____, 1992. 『세기와 더불어(Ⅱ)』 (평양: 조선로동당출판사)

_____, 1992. 『세기와 더불어(Ⅲ)』 (평양: 조선로동당출판사)

_____, 1993. 『세기와 더불어(Ⅳ)』 (평양: 조선로동당출판사)

_____, 1994. 『세기와 더불어(Ⅴ)』 (평양: 조선로동당출판사)

_____, 1995. 『세기와 더불어(Ⅵ)』 (평양: 조선로동당출판사)

_____, 1996. 『세기와 더불어(Ⅶ)』 (평양: 조선로동당출판사)

_____, 1998. 『세기와 더불어(계승본)』 (8), (평양: 조선로동당출판사)

_____, 1971. 『김일성 저작집 1』 "해방된 조국에서의 당, 국가 및 무력건설에 대하여", (1945. 8. 20.)

_____, 1971. 『김일성 저작집 1』 "새 민주주의 국가건설을 위한 우리의 과업" (평안남도 인민정치위원회에서 베푼 환영연에서 한 연설, 1945. 10. 18.),

_____, 1971. 『김일성 저작집 1』 "공산주의자들이야말로 나라와 민족을 열렬히 사랑하는 참다운 애국자이다." 민족 운동가들과 한 담화(1945. 11. 5.)

_____, 『김일성 저작집 2』 "친일파, 민족반역자에 대한 규정" (1946. 3. 7.)

_____, 1968. 『김일성 저작집 4』 (평양: 조선로동당출판사)

_____, 1982. 『김일성 저작집 20』 "현 정세와 우리 당의 과업(조선로동당대표자회의에서 한 보고, 1966. 10. 5.)" (평양: 조선로동당출판사)

_____, 1982. 『김일성 저작집 22』 "당원들에 대한 당 생활지도를 강화하며 우리 당 간부
　　　　정책을 옳게 관철할데 대하여(1968. 5. 27.)" (평양: 조선로동당출판사)

_____, 1996. 『김일성 저작집 40』 "조선로동당 건설의 력사적 경험" (평양: 조선로동당출
　　　　판사)

_____, 1996. 『김일성 저작집 43』 (평양: 조선로동당출판사)

_____, 1996. 『김일성 저작집 44』 "당면한 사회주의 경제건설 방향에 대하여(1993. 12. 8.)"
　　　　(평양: 조선로동당출판사)

_____, 1968. 『김일성 저작선집 2』 "우리당 사업정책을 관철하기 위하여(1958년 4월)", (평
　　　　양: 조선로동당출판사)

_____, 1946. 『당문헌집(1)』 "당의 정치노선 및 당 사업 총결과 결정", (평양: 정로출판사)

_____, 1946. 『북조선로동당 창립대회, 제재료』 "근로대중의 통일적 당의 창건을 위하여", (평
　　　　양: 북조선로동당 출판부)

"金日成 將軍略歷", 1946. 『우리의 태양』 (평양: 북조선예술총연맹)

김일성, 1947. 『자주독립국가건설을 위하여』 "조선정치형세에 대한보고", 선전선동부,
　　　　(평양: 로동출판사)

_____, 1947. 『창립1주년을 맞이하는 북조선로동당』 (평양: 로동당출판사)

_____, 1948. 『조선민주주의인민공화국 수립의 길』 (평양: 로동당출판사)

김일성종합대학 편, 1951. 『조선민족해방투쟁사』 (평양: 동방서사출판사)

김일성, "창립 1주년을 맞이하는 북조선 로동당", 「근로자」 1947. 8.

_____, "국가 활동의 모든 분야에서 자주, 자립, 자위의 혁명정신을 더욱 철저히 구현하자"
　　　　(조선민주주의인민공화국 최고인민회의 제4기 제1차 회의에서 발표한 조선민주
　　　　주의인민공화국 정부정강, 1967. 12. 16.)

_____, 1991. "우리 민족의 대단결을 이룩하자" (조국평화통일위원회 책임일꾼들과 범민
　　　　족연합 북측 대표 성원들과의 담화, 1991. 8. 1.) 「로동신문」 8. 5.

김정일, 1982. "주체사상에 대하여" (위대한 수령 김일성 동지 탄생 70돐 기념 전국주체
　　　　사상토론회에 보낸 논문, 3. 31.)

_____, 1986. "주체사상 교양에서 제기되는 몇 가지 문제에 대하여" (조선로동당 중앙회
　　　　의책임간부들과 한 담화문, 7. 15.)

_____, 1989. "조선민족제일주의정신을 높이 발양하자" (조선로동당중앙위원회 책임일

군들 앞에서 한 연설, 12. 28.)『친애하는 지도자 김정일 문헌집』

_____, 『친애하는 지도자 김정일 동지의 문헌집』 "인민대중중심의 우리식 사회주의는 필
승불패이다"

_____, 1987.『김정일 주체혁명위업의 완성을 위하여 3권』 "올해 당 사업에서 틀어쥐고
나가야 할 몇 가지 중심적 과업에 대하여" (평양: 조선로동당출판사).

_____, 1987.『김정일 주체혁명 위업의 완성을 위하여 3』 "전당과 온 사회에 유일사상을
더욱 튼튼히 세우자(1974년 4월 14일)" (평양: 조선로동당출판사)

_____, 1987.『김정일 주체혁명위업의 완성을 위하여 3』 "당 사업을 근본적으로 개선 강
화하여 온 사회의 김일성주의화를 힘있게 다그치자(1974년 8월 2일)" (평양: 조
선로동당출판사)

_____, 1987.『김정일 주체혁명위업의 완성을 위하여 3권』 "온 사회를 김일성주의화하기
위한 당 사업의 몇 가지 과업에 대하여" (평양: 조선로동당출판사)

_____, 1997.『김정일 선집 11』 "당 사업을 더욱 강화하며 사회주의 건설을 힘있게 다그
치자. (1991. 1. 5. 조선로동당 중앙위원회 정무원 책임일꾼들 앞에서 한 연설)"
(평양: 조선로동당출판사)

김정은, 2012. 〈혁명유자녀들은 만경대의 혈통, 백두의 혈통을 굳건히 이어나가는 선군
혁명의 믿음직한 골간이 되어야 한다 10. 12.〉 "만경대 혁명학원과 강반석 혁명
학원 창립 65돌에 즈음하여 학원 교직원, 학생들에게 보내는 서한" (평양: 조선
로동당출판사)

_____, 2012. 〈우리의 사회과학은 온 사회의 김일성-김정일주의화 위업수행에 적극 이
바지하여야 한다. 12. 1.〉 "창립 60돌을 맞은 사회과학원 과학자들과 일군들에
게 보내는 서한" (평양: 조선로동당출판사)

_____, 2013.「신년사」 "전당과 온 사회를 김일성-김정일주의화 하자" (평양: 조선로동당
출판사)

김창만, 1948. "당사업 영도방법에 있어서 몇 가지 문제",「근로자」1월 호

_____, 1949. "북조선민주개혁의 력사적 근거와 그 사회적 경제적 의의",『인민』11월 호

김한길, 1983. "조국광복회 강령전문",『현대조선력사』(평양: 사회과학출판사)

김혜연, 2002.『민족, 민족주의론의 주체적 전개』(평양: 평양출판사)

리규린, 1986. "친애하는 지도자 김정일 동지께서 독창적으로 밝히신 민족의 개념에 대

한 리해", 『사회과학』(평양: 과학백과사전출판사)

민주주의민족전선 편, 1946. 『조선해방연보』(문우인 서관)

백능기, 1972. "조선로동당은 위대한 수령 김일성동지의 당" 『근로자』 제2호

북조선로동당 선전부, 1948. 『조선인민군』(평양: 선전선동부)

사회과학출판사 편, 1971. 『법학사전』(평양: 사회과학출판사)

사회과학원 철학연구소, 1985. 『철학 사전』(평양: 사회과학출판사)

선전선동부 편, 1947. 『자주독립국가건설을 위하여』(평양: 조선로동당출판사)

손전후, 1983. 『우리나라 토지개혁사』(평양: 과학백과사전출판사))

윤공흠, 1956. 『당의 공고화를 위한 투쟁』(평양: 조선로동당출판사)

전성근, 1959. 『사회주의적 애국주의』(평양: 조선로동당출판사)

조선로동당출판사 편, 1979. 『조선로동당약사』(평양: 조선로동당출판사)

채희원·원충국, 2017. 『김정은 장군과 시대어 I 』(평양: 백과사전출판사)

최창익, 1946. 『8·15 이전 조선민주운동의 사적 고찰』(평양: 혁명출판사)

_____, 1946. "봉건적 인습에 관하야" 『인민평론』Vol. 2

_____, 1949. "조선독립동맹과 조선의용군" 『조선민족해방투쟁사』(평양: 김일성종합대학
        출판부)

한임혁, 1961. 『김일성동지에 의한 조선공산당 창건』(평양: 조선로동당출판사)

허정숙, 1946. "북조선 토지개혁법령에 대한 해역(解繹)" 조선공산당 북조선분국 선전부
        편 『北朝鮮 土地改革事業에 대한 解繹』(북조선분국 선전부)

_____, 1950. 『조국 보위를 위하여』 3권 1호

나. 신문 및 기타

1) 신문

김명시, "해외투쟁의 혈극사" 『해방일보』 1945. 12. 28.

曾克林, "回憶少奇同志爭取東北的戰略結果" 『人民日報』 1980. 5. 28.

『매주평론』 1919. 3. 16, 23.

백남운, "조선 민족의 진로" 『독립신보』 1946. 4. 15.

백남운, "오인의 주장과 사명(상)" 『독립신보』 1946. 5. 1.

「당보」, 「군보」, 「청년보」 2004. 1. 1.

「로동신문」 1947. 2. 23.

「로동신문」 "강성대국" 1998. 8. 22.

「로동신문」 2000. 1. 22.

「로동신문」 2004. 1. 3.

「로동신문」 2004. 1. 5.

「로동신문」 2004. 1. 6.

「로동신문」 2009. 4. 11. 사설

「로동신문」 2013. 4. 28.

"민족운동과 사회혁명" 「독립신문」 1925. 11. 1. 4면

"무정 장군회견기" 「조선인민보」 1946. 1. 14.

최창익, "민주적 민족통일 전선의 역사성에 대하여" 「독립신보」 1946. 6. 19. ~23.

_____, "민주적 민족통일전선의 역사성에 대하여" 「독립신보」 1946. 8. 15.

_____, "민주적 민족통일전선의 역사성애 대하야" 「독립신보」 1946. 6. 19~23.

_____, "토지개혁의 역사적 의의" 「현대일보」 1946. 4. 26, 27, 29.

「해방일보」 1946. 2. 1.

「해방일보」 1946. 3. 12, 13, 23.

「해방일보」 1946. 2. 6에 실린 내용으로 『민주주의 민족전선대회 회의록』 (조선정판사, 1946)

「해방일보」 "조선신민당 선언" (1946. 3. 12. ~13.)

『조선중앙연감』 1950년 판, 조선중앙통신사

『조선로동당규약』 1980. 10. 13.

『철학연구』 (평양: 사회과학출판사, 1990. 4호)

『현대조선력사』 조국광복회 강령 전문, 1983. (저자 미상)

「조선로동당규약」 1980. 10. 13. 전문

「지방주권기관구성법」의 기본 제 5조

「조선중앙통신」 1999. 7. 13.

「조선중앙통신」 2000. 5. 16.

3. 외국 문헌

Allison Graham T, Essence of Decision: Explaining the Cuban Missile Crisis (Boston: Little, Brown and Company, 1971)

Antonio Gramsci, Selections from the Prison Notebooks (New York: Ienternational Publishers, 1971)

Cummings, Bruce, "Kim's Korean Communism" Problems of Communism, Vol. 23, March -April, 1974.

Graham T. Allison, Essence of Decision: Explaining the Cuban Missile Crisis(Boston: Little, Brown and Company, 1971)

Hannah Arendt, The Origins of Totalitarianism: (New York: World Publishing, 1958)

Harold D. Laswell, 1958, 'Power and Personality' (New York: W. W. Norton Co)

Horace Davis, Toward a Marxist Theory of Nationalism (New York: Monthly Review Press, 1978)

H. H. Gerth and C. Wright Mills, eds, 1946, 'From Max Weber' (New York: Oxford University Press)

J. Stalin, 1913, 'Marxism and National Question' (oreign Language Publishing House, Moscow)

Mills C. W, 1956 『Power Elite』New York: Oxford University Press.

P. Vilar, 1979, 'Nationalism', Marxist Perspectives, No. 5)

마오쩌둥, 1992a. 『모택동선집 I』(북경: 민족출판사)

_____, 1992b. 『모택동선집 II』(북경: 민족출판사)

_____, 1992c. 『모택동선집 III』(북경: 민족출판사)

_____, 1954. 『중국혁명과 중국공산당』(연길: 연변교육출판사)

_____, 1992. 『신민주주의론』

_____, 2008. "인민민주주의 독재에 대하여; 1949. 6. 30." 『모택동 선집 4』(서울: 범우사)

스즈키 마사유키, 1984. "잊혀진 공산주의자들" 『법학연구』, 제57권 4호, (慶應義塾大學 法學研究所)

최강, 2006. 『조선의용군사』(연길: 연변인민출판사)

홍학지, 1998. 『항미원조전쟁을 회억하여』(연길: 동북조선민족교육출판사)

부록 I 김정일 현지지도 현황 〈1998년 1월~2001년 6월〉

〈1998년 1월~12월〉

일시	방문지	수행인원명단	특기사항
1월 1일	금수산 기념궁전 방문	리종옥, 박성철, 김영남, 계응태, 전병호, 한성룡, 리을설, 조명록, 양형섭, 최태복, 김철만, 홍성남, 최영림, 홍석형, 김국태, 김기남, 김중린, 김용순, 전문섭, 백학림, 리하일, 김일철, 김익현, 김복신, 김윤혁, 장 철, 공진태, 윤기복	
1월 1일	조선인민군 815기계화군단예하 337군부대 축하 방문	조명록, 김하규, 현철해, 박재경, 리명수, 김국태, 김기남, 김용순	- 군부대(현지)부대장 - 김형룡중장, 백복영소장
1월 1일	조선인민군 협주단 공훈합창단의 경축 공연 관람	조명록, 김일철, 김하규, 현철해, 박재경, 리명수, 김윤심, 오금철, 계응태, 최태복, 김국태, 김기남, 김용순, 리용철, 정하철	
1월 2일	만경대 혁명학원 방문	조명록, 김하규, 현철해, 박재경, 계응태, 김국태, 김기남, 김용순	- 현지영접 김용연대장, 허문남소장 - 김일성현지교시판 - 김정숙현지말씀판
1월 16~21일	자강도 내 인민 경제사업 현지지도 〈1월 24일 자연형묵 노력영웅칭호 및 국기훈장 1급 수여〉 ▲ 나라의 전기화를 앞당겨 실현할데 대하여 ▲ 공업의 잠재력을 최대한 동원하여 생산의 정상화 ▲ 농업 생산을 늘리는 데 대하여 ▲ 근로자에 대한 후방 공급 사업을 개선, 강화하는 것에 대하여 ▲ 국토관리사업을 잘하는 것에 대하여 지시	연형묵, 김국태, 김기남, 김용순, 박송봉, 리용철, 장성택 ※ 중소형 발전소 건설을 전 군중적으로 진행 제시 ※ 자강도 현지지도 시 제시된 과업은 김정일 56돌 보고회에 채택됨	- 중소형 발전소 - 강계트랙터연합기업소 - 2. 8. 기계연합기업소 - 강계시, 장강읍, 성간읍, 전철읍 시찰 - 2월제강련합기업소 - 강계정밀련합기업소

1월 26일 보도	조선인민군 제380군부대 시찰	조명록, 현철해, 정창렬	- 군부대 관하 녀성중대 군인들 예술소조공연 참관
1월 28일 보도	조선인민군 제567대련합 부대 전방지휘소 방문	조명록, 현철해, 박재경	- 대련합부대 관하 중대 시찰
1월 30일 보도	조선인민군 제488대련합 부대 예술선전대공연 관람	조명록, 현철해, 박재경, 리명수, 전기련, 장성길	- 수령의 군대, 당의 군대, 인민의 군대로 혁명과업 완수과업 제시
2월 2일 보도	조선인민군 제443군부대 시찰	전재선, 김하규, 현철해, 박재경	- 김일성 현지지도사적비
2월 4일 보도	조선인민군 제757대련합 부대 관하 장갑 보병중대 시찰	김하규, 현철해, 박재경	
2월 8일	전국 컴퓨터프로그램 경연 대회 출품작 전시장 참관	계응태, 최태복, 김국태, 김용순, 리용철, 장성택, 최희정, 리광호	
4월 25일	조선인민군 협주단 공훈합창단 경축 공연 관람	조명록, 김영춘, 김국태, 김기남, 현철해, 김하규, 박재경, 리용철, 박송봉, 장성택	- 총련 중앙상임위 허종만 책임 부의장 및 서만술부의장 참관
4월 25일	총연 중앙상임위 허종만, 서만술부의장 접견		
5월 2일 보도	군인가족 예술소조공연 관람(조선인민군 해군사령부, 공군사령부, 제549군부대, 제337군부대)	조명록, 김영춘, 리하일, 김국태, 김기남, 최태복, 김중린, 계응태, 강석주, 주성일(직총위원장), 승상섭(농근맹위원장), 천연옥(여맹위원장)	- "예술의 대중화는 로동당의 문예 방침임을 밝힘"

5월 3일	조선인민군 제757군부대
	지휘부 시찰
	▲ 청년군인에 대한
	  혁명교양, 계급교양 강화
	▲ 문화교양시설의 철저한
	  관리 운영
	▲ 모든 후방시설의 조속한
	  전기화 완료
	▲ 국토관리사업에서의
	  모범 등을 제시
		조명록, 김영춘, 김하규,
		현철해, 박재경	

5월 4일	조선인민군 제937군부대 시찰 및 313대련합부대 군인가족 예술소조원 공연 관람 ▲ 만반의 전투준비 태세 확립 ▲ 부대의 전투력 강화 ▲ 확고한 방어 전역 구축	조명록, 김영춘, 전재선, 김하규, 현철해, 박재경	
5월 4일	조선인민군 제681군부대 관하 포병중대 시찰	조명록, 김영춘, 전재선, 김하규, 현철해, 박재경	- 군수산업 모범부대
5월 10일	김철주 포병종합군관학교 시찰	조명록, 김영춘, 김하규, 현철해, 박재경, 계응태, 김국태, 김기남, 최태복, 김중린, 이용무, 이용철, 박송봉, 장성택	- 김일성 현지교시판 및 혁명 사적 교양관
5월 12일 보도	군부대용 정제소금공장방문 (서해광양만 소재)	조명록, 김영춘, 오룡방, 김하규, 현철해, 박재경, 계응태, 김국태, 김기남, 최태복, 김중린, 이용무, 이용철, 박송봉, 장성택	- 바다를 끼고 있는 "도"를 자체 정제소금공장을 만들어야 한다고 지시
5월 13일 보도	조선인민군 제860비행군부대 시찰	조명록, 김영춘, 현철해, 박재경	
5월 22일	조선인민군 근위 제171 부대 및 예하 김광철 영웅 중대와 해안포중대 시찰	전재선, 현철해, 박재경	- 제313대련합부대 예술선전 대공연 관람
5월 31일	조선인민군 금성친위 제845군부대 시찰	김하규, 현철해, 박재경	- 김일성 현지지도 사적비 - 후방공급사업강화 촉구
6월 2일 보도	국제 친선전람관 시찰	계응태, 김국태, 김용순, 리용철, 장성택	- 국제친선전람관 확장
6월 1일	자강도 희천시내공장, 기업소들 현지지도 (청년전기연합소, 희천공작기계 종합공장, 2. 26. 공장) ▲ 제품생산을 늘리기 위한 기술혁명 강화 ▲ 노동자들의 생활환경 개선 ▲ 자동차, 뜨락또르 등 운전 기재 부속품 증산	연형묵, 조명록, 김영춘, 계응태, 김국태, 김기남, 김용순, 박송봉, 이용철, 장성택	- 98년도에 이어 2번째 자강도 방문 - 군 협주단, 공훈합주단과 군 313대연합부대 예술 선전대 공연

6월 7일	조선인민군 제622군부대 전방 지휘소 시찰	조명록, 김영춘, 김하규, 이명수	- 제233대 연합부대 예술선전대 공연 관람
6월 9일 보도	인민군 표준병영 시찰	조명록, 김영춘, 김하규, 이명수, 이용철	- 새로 건설된 인민군 표준병영
6월 8일	1월 18일 기계종합공장, 청천강 기계공장 현지지도 (평안남도)	서윤석, 조명록, 김영춘, 김국태, 김기남, 김용순, 이용무, 박송봉, 이용철, 장성택	- 인민 경제, 주체화, 현대화, 과학화를 통한 생산성 향상 제시
6월 11일 보도	4 · 25 예술영화촬영소 예술인들의 귀환공연 관람	조명록, 김영춘, 김국태, 김기남, 김용순, 김하규, 현철해, 박재경, 리용무, 정하철, 강석주, 채문덕	- 경희극 〈편지〉를 가지고 함흥시 청천시, 송림시 등 지방순회공연
6월 22일 보도	조선인민군 제324군부대 관하 포중대 방문	김하규, 현철해, 박재경, 김국태, 김기남, 리용철	- 포병절(6. 20.) - 김일성 현지지도 사적비 - 조선로동당의 군사전략 사상과 주체전법으로 포병무력을 더욱 강화 지침 제시 - 군부대 예술선전대공연 관람
7월 8일	금수산 기념궁전 방문	리을설, 조명록, 김영춘, 김일철, 현철해, 리명수	- 김일성 사망 4주기
7월 26일	조선인민군 제671부대 시찰	김하규, 현철해, 박재경, 리용철, 김영남, 계응태, 리을설, 양협섭, 김철만, 홍성남, 최영림, 홍석형, 연형묵, 전병호, 한성룡, 최태복	- 최고인민회의 대 의원선거 - 제662호 선거구에서 투표 - 김일성 현지교시판, 혁명 사적 교양관 - 예하 여성중대 시찰
7월 28일 보도	인민군 협주단 공훈합창단의 경축 관람	김하규, 현철해, 박재경, 김국태, 이용철, 장성택	- 휴전협정 45주년
8월 3일	조선인민군 제549대련합부대 시찰	조명록, 김영춘, 김하규, 현철해, 박재경	- 김일성 현지교시판, 혁명사적 교양실
9월 9일	금수산 기념 궁전 방문	김영남, 리종옥, 박성철, 김영주, 전문섭, 조명록, 김일철, 김영춘, 리을설, 홍성남, 백학림	- 조선민주주의인민공화국 창건 50돌
9월 9일	조선민주주의 인민공화국 창건 50돌 열병식 참석	김영남, 이종옥, 박성철, 김영주, 전문섭, 조명록, 김일철, 김영춘, 이을설, 홍성남	

9월 12일 보도	조선인민군 공훈합창단 경축 공연 관람	조명록, 김영춘, 김일철, 이용무, 김하규, 현철해, 박재경, 리명수(상장), 김국태, 김기남, 김용순, 장성택, 박명철(체육상)	
9월 19일	새롭게 꾸며진 애국열사 등 방문	김영춘, 김일철, 김국태, 김기남, 장성택, 김하규, 현철해, 박재경, 리명수	
10월 1일	량강도 대홍단군 현지지도 (농업과학연구원감자연구소, 대홍단2호 발전소, 대홍단5호 발전소) 등	리수길, 김국태, 김기남, 김용순, 장성택, 현철해, 김하규, 박재경	- 기계화 농장 - 감자 사료에 맞는 집짐승 키우기 · 전 지역의 전기화
10월 4일	인민군 협주단 화술소품 공연 관람	현철해, 박재경, 김하규, 김국태, 김기남, 김용순, 장성택	
10월 6일	4 · 25 려관 시찰	조명록, 김영춘, 김일철, 현철해, 김하규, 박재경	- 김일성 사적비
10월 11일	당 창건 53돌 경축 공연 관람	김영남, 조명록, 김영춘, 김일철, 홍성남, 리용무, 계응태, 김국태, 김기남, 김중린, 김용순, 양형섭, 김윤혁, 조창덕	
10월 20일	자강도 희천시내공장, 기업소 재방문 현지지도 (희천공작기계종합공장, 청년 전기련합기업소) 2월 26일 공장, 희천제사공장, 2중3대 혁명붉은기 려관	연형묵, 김국태, 박송봉, 리용철, 장성택, 김일철, 현철해, 박재경	- 6월 1일 방문 시 제시한 과업에 대한 조기 달성에 관하여 확인 및 격려 방문 성격 - 공장기동예술선전대, 공장예술소품공연 관람
10월 22일	자강도 만포시 여러 부문 현지지도 〈고산진혁명 사적지, 압록강다이야 공장, 운화공장〉	연형묵, 김국태, 김용순, 박송봉, 장성택, 현철해, 박재경	- 김일성혁명사적비 - 고산진혁명사적관
10월 25일	조선인민군 제465군부대 시찰 〈오중흡7련대 칭호수여부대〉, 강원도 평강 소재	조명록, 김영춘, 김일철, 현철해, 김하규, 박재경	- 혁명사적교양실 - 모든 군부대 〈오중흡7련대 쟁취운동〉 독려
10월 30일	정주영 현대 명예회장 가족 일행 접견	김용순, 송호경(조선아세아 태평양평화위원회 부위원장)	

11월 2일	조선인민군 제593대련합부대 지휘부와 여성중대 시찰(평북 염주군)	조명록, 김영춘, 현철해, 김하규, 박재경	- 예술선전 대공연 관람
11월 9일	조선인민군 제1202군부대 섬방어대 시찰	조명록, 김영춘, 김하규, 현철해, 박재경, 리명수(상장)	- 1976년 11월 김일성도 이곳 현지지도
11월 10일	조선인민군 제549대련합부대 시찰 (강원도 평강 소재)	조명록, 김영춘, 김하규, 현철해, 박재경, 리명수	
11월 12일 보도	공군사령부 예술선전대, 526부대 관하 포병중대의 공연 관람	조명록, 김영춘, 현철해, 장성우, 박재경, 리명수, 오금철(상장), 김국태, 김용순, 장성택, 김하규	- 조선인민군 제27차 군무자예술 축전에 참가한 단체
11월 17일 보도	김형권 통신병 군관학교 시찰(함흥 소재)	김하규, 현철해, 박재경	- 김일성 현지교시판 및 혁명사적 교양실
11월 18일 보도	함경북도 내 여러 부문 사업 현지지도 〈약전기계공장, 경성군 온포 3호발전소, 4호발전소, 경성군 상온포협동농장, 룡현협동농장, 칠보산 유원지 등〉 ▲ 흑색금속공업의 주체성, 자립성, 현대화와 이를 위한 련관된 원료, 자재들의 지원 독려 ▲ 전력 수요 충족을 위한 중소형 발전소 자체 건설 ▲ 농업생산의 극대화 ▲ 국토관리사업의 활성화 및 인민 생활의 고급화 장려	리근모, 박송봉, 장성택, 현철해, 김하규, 박재경	- 청진시 송평 구역에 모범체육구역 칭호 수여
11월 18일 보도	조선인민군 제3421녀성군부대 시찰(함북 청진 소재)	김하규, 현철해, 박재경	- 예술소품공연 관람
11월 22일	새로 건설된 신천박물관(황해남도)	리용철, 장성택(제1부부장), 현철해, 김하규, 박재경	
11월 22일	조선인민군 제567대련합부대 예술선전대와 제407군부대 관하 중대군인 예술공연 관람	김영춘, 김일철, 김격식(대장), 현철해, 김하규, 박재경, 리명수(상장), 리용철, 장성택	- 금년 들어 2번째 방문

12월 17일	평남 덕천승리자동차종합 공장, 덕성기계공장 현지지도	리길송(책임비서), 김국태, 김기남, 박송봉, 리용철(1부부장)	- 김일성현지교시판, 승리산 혁명 사적관

12월 18일
보도
	조선인민군 제570대련합
	부대 지휘부 시찰
		현철해, 리명수(상장)	- 김일성 현지지도 사적비
			  혁명사적 교양실
			- 예술선전대 예술공연
			  관람

12월 24일	평양 호위사령부 예하 조선인민군 제969군부대 녀성 고사포중대 시찰	조명록, 리을설, 김영춘, 이명수, 전병호(비서), 리용철, 박송봉(1부부장)	- 예술소품공연 관람 - 최고사령관 추대 7주년
12월 24일	군공훈합창단과 군악단 합동공연 관람	조명록, 김영춘, 김일철, 전병호, 김국태, 김기남, 김용순, 현철해, 김하규, 장성우, 박재경(대장), 김정각, 리명수, 김윤심, 오금철(상장), 정하철(중앙방송위원장), 강석주(외부성 제1부상)	

⟨1999년 1월~12월⟩

일시	방문지	수행인원명단	특기사항
1월 11일	평성소재 과학원에 새롭게 단장된 전자공학소와 수학연구소 현지지도 ▲ 94년 이후 공식활동을 금수산 기념궁전과 군부대 현지지도 관례를 깨고 과학원 현지지도를 시작은 매우 이례적 ▲ 1999년 신년공동사설에서 "과학기술은 강성대국건설의 힘 있는 추동력"이라 강조 ▲ 1998년 김정일의 또 다른 사상으로 "과학 중시사상" 용어 등장 ▲ 침체된 북한경제 회생을 위해서는 과학기술 발전이 선행되어야 한다고 김정일은 주장함	최태복, 김기남, 김용순, 박송봉, 장성택, 리광호, 김정섭	- 김일성 동상과 현지 교시판 - 공업의 주체성을 강화시키고 특히 전자공업을 발전시켜 즉시 생산에 도입할 것 등을 지시
1월 11일	조선인민군 공훈합창단 신년 경축 공연 관람	조명록, 리을설, 김영춘, 김일철, 현철해, 장성우, 박재경, 리명수, 김윤심, 오금철, 최태복, 김기남, 김중린, 김용순	
1월 19일	평북 태천수력발전 종합기업소(평북태천군 대령강 소재)	김평해(책임비서), 김국태, 박송봉, 리용철	
1월 20일 보도	최현군관학교 시찰	현철해, 박재경, 리명수, 김국태, 박송봉, 최용철	
2월 9일 보도	인민군 금성친위제 615군부대 및 관하 포항 16영웅중대 시찰	조명록, 김영춘, 리용무, 현철해, 박재경, 리명수	- 예술소품공연 관람
2월 10일 보도	강원도 토지정리사업 현지지도(철원군, 고산군, 평강군)	조명록, 김영춘, 리용무. 김국태, 리용철	- 인민군대 토지정리작업에 동원 - 토지정리사업 전군중적 운동으로 확대시키는 과업 제시

날짜	시찰/활동	수행자	비고
			- 감자농사혁명(적지적작, 적기적 작의 원칙에서 두벌 농사를 대대적으로 하여 종자혁명을 지속적으로 할 것을 지시)
2월 10일 보도	조선인민군 공군사령부 예술선전대공연 관람	조명록, 김영춘, 리용무, 김국태, 리용철	
2월 16일	조선인민군 제682부대 기동훈련 시찰	현철해, 박재경, 박승원	
2월 16일	조선인민군 제991군부대 관하 2중 3대 혁명 붉은기 녀성 고사총 중대 시찰	현철해, 박재경	- 예술소품공연 관람
3월 2일 보도	중대장대회 참가자 만남 및 공훈합창단 공연 관람	조명록, 리을설, 김영춘, 김일철, 리용무, 전재선, 박기서	
3월 2일	중대장대회 참가한 모범적 중대장 접견	조명록, 리을설, 김영춘, 김일철, 리용무	
3월 7일	과학원 함흥분원에서 지방 주권기관 대의원 선거에 참가	김국태, 김기남	- 과학성과 전시관 관람
3월 11일	강원도 토지정리사업 재현지지도	리용무,김국태, 김기남	- 강성대국건설의 천하지대본은 농업 생산 - 이는 조선로동당의 농사제일주의 방침일 - 농촌경리의 종합적 기계화실현 과업 제시
3월 13일 보도	전선 동부 지혜산 일대 군부대(강원도) 및 관하 녀성 고사포 중대 시찰	전재선, 현철해, 리명수(상장), 리용무, 김국태, 김기남, 박송봉, 리용철	- 불당골 혁명사적지 - 김일성 현지지도 사적비 - 313대련합부대 예술선전대 공연 관람
3월 13일 보도	조선인민군 제720군부대 시찰	현철해, 리명수, 리용무. 김국태, 김기남, 박송봉, 리용철	- 상하일치, 관병일치가 군대의 고유특성이며 힘의 원천이라고 강조
3월 29일 보도	조선인민군 제324군부대 지휘소 시찰	조명록, 김영춘, 현철해	- 김일성 현지지도 사적비 및 혁명사적 교양실 - 부대 군인가족 예술소조 경연 관람

3월 30일 보도	함경남도와 함경북도 공업부문 사업 현지지도 (신흥기계공장, 단천마그네샤 종합공장, 단천항건설장, 함북조선소련합기업소, 6월 5일 전기종합공장)	리근모(함북책임비서), 리태남(함남책임비서), 김국태, 김기남, 박송봉	- 모든 제품의 원료와 자재를 자체적으로 해결하여 주체성 확립 강조 - 현지, 공장, 기업소 일군들 협의회소집, 철강 재생산에 대한 강령적인 과업 제시
4월 5일	조선인민군 제567대연합부대 지휘부 시찰	조명록, 김영춘, 김일철, 현철해	- 김일성 현지교시판, 현지지도 사적비, 혁명사적교양실 - 군인가족 예술소조 관람
4월 7일	최고인민회의 제10기 2차 회의 참석		- 98년도 예산결산 및 99년도 예산 심의 - 인민 경제계획법 채택
4월 15일	인민군 금성 친위군부대 축하 방문(개성시 개풍군 소재)	조명록, 김영춘, 박재경, 이명수(상장)	- 태양절(김일성 87회 생일) - 예술소품공연 관람
4월 23일 보도	조총련 서만술 제1부의장 접견		- 87회 김일성 생일 행사 참석
4월 25일	금수산 기념궁전 방문	조명록, 리을설, 김영춘, 김일철, 리영무, 연형묵, 백학림, 김익현, 리하일, 전재선, 박기서, 김룡연	- 조선인민군 창건 67돌
4월 25일	조선인민군 제963군부대 관하 구분대 시찰	조명록, 리을설, 김영춘, 김일철, 리용무, 연형묵, 백학림, 김익현, 리하일, 전재선, 박기서, 김룡연, 리용철, 박송봉, 장성택, 최춘황(1부부장)	- 조선인민군 창건 67돌
4월 25일	조선인민군 제690군부대와 제946군부대 시찰	조명록, 리을설 김영춘, 김일철, 리용무, 연형묵, 백학림, 김익현, 리하일, 전재선, 박기서, 김용연	- 조선인민군 창건 제67돌 - 1997년 11월 녀성 해안포중대와 약속에 의한 재방문
4월 25일	조선인민군 공훈합창단 경축 공연 관람	조명록, 리을설, 김영춘, 김일철, 리용무, 연형묵, 백학림, 김익현, 리하일, 전재선, 박기서, 김용연	

날짜	활동	수행 인물	비고
4월 28일 보도	새로 확장된 송암명기소목장 방문	현철해, 박재경, 리명수, 리용철, 장성택, 최춘황 97년 10월 현지지도 시 생산능력 확대 지시에 대한 확인 방문	- 군인 건설자가 동원된 공사 - 우량품종육종을 위한 종자문제 해결 지시 - 사료 기지 및 사양관리, 수의 방역사업 과업 제시
5월 5일 보도	조선인민군 제287군부대 전방지휘소 시찰	리용무, 현철해, 박재경	
5월 6일 보도	조선인민경비대제1216부대 양어장현지지도	리용무, 현철해, 박재경, 장성택	- 양어 사업 전 군중적 운동으로 확대 과업 제시
5월 7일 보도	강원도 농촌기계화사업 현지지도	리용무, 김용순, 장성택	- 농촌경리의 종합적 기계화를 위한 과업 제시 - 토지정리사업 전 군중적 운동 확대 과업 제시
5월 8일 보도	4·25 예술영화촬영소의 경희극〈동지〉 관람	조명록, 김영춘, 김일철, 현철해, 박재경, 김국태, 김용순, 장성택, 최춘황	- 인민군 지휘관들의 고상한 혁명적 동지애를 기본 내용으로 함
5월 11일 보도	인민군 금성친위 제959 고사포포병 군부대 시찰	조명록, 김영춘, 김국태, 최칠남(노동신문책임주필), 박송봉, 장성택	- 김일성 현지지도 사적비 - 녀성고사총 중대 예술소품공연 관람
5월 18일 보도	탱크 자동차 병군관학교 시찰	조명록, 김영춘, 김일철, 김국태, 장성택	- 김일성 현지교시판 및 혁명사적교양실
5월 19일 보도	군인가족 예술소조 공연관람(2차 군인가족 예술조조 경연에 참가한 593부대와 337군부대)	조명록, 김영춘, 김일철, 현철해, 박재경, 이명수, 정호규(상장)	
5월 28일	조선인민군 근위 서울 김책 제4보병사단 시찰	조명록, 김영춘, 현철해, 박재경	- 예하 549대연합부대 부식물 공급을 위해 개간한(포전) 밭과 예술선전공연 관람
5월 31일	조선인민군 제833군부대 시찰		- 김일성 혁명사적지 - 526, 264군부대 가족 예술소조 관람
6월 17일	자강도 인민 경제 현지지도 (향하혁명사적지, 장자강 발전소, 강계청년발전소, 장강3호 군민청년발전소, 북천2호 발전소, 압록강타이어공장, 강계뜨락뜨르연합기업소, 만포시고산협동농장, 만포양잠협동농장)	연형묵, 전병호, 박송봉, 리용철, 최춘황	- 강계시 노동자 예술소조 종합 공연 관람 - 98년 1월 16~21일, 10월 20일(희천시), 10월 22일(만포시) 방문

날짜	내용	수행	비고
6월 28일 보도	강원도 안변군 협동농장들 현지지도 〈풍화협동농장, 천삼협동농장〉	리용무, 리용철, 장성택, 현철해, 박재경	- 김일성 현지지도 사적비
6월 29일 보도	조선인민군 제409군부대 시찰	조명록, 김영춘, 리용철, 장성택, 현철해, 박재경	
7월 8일	김일성 사망 5돌 중앙추모대회 및 금수산 기념궁전 방문	조명록, 홍성남, 김영남, 리을설, 전병호, 한성룡, 최태복, 김국태, 김기남, 김용순, 김철만(국방위원), 백학림(사회안전상), 김영춘, 김일철, 리용무(차수), 양형섭, 최영림, 김중린, 김익현, 리종선, 김룡연, 김하일, 박기서, 조창덕, 곽범기, 김윤혁, 김영대, 류미영	
7월 13일	평안북도 토지정리사업 현지지도	김평해(책임비서), 김국태, 리용철, 장성택	- 사업계획 기간: 1999년 가을~2000년 가을까지
7월 28일 보도	해군금성친위 제155군부대 시찰 (휴전 46돌 축하 방문)	김국태, 김용순, 리용철, 장성택, 현철해, 박재경	- 김일성 현지지도 사적비와 혁명사적 교양실 - 공훈합창단 경축 공연 관람
8월 12일 보도	량강도 대홍단군 종합농장과 무봉 로동자구를 현지지도	김국태, 김용순, 장성택	- 감자증산에 따른 저장가공, 운송수단 대책마련 지시
8월 19일 보도	양어사업소 양어장 현지지도 ▲ 양어사업소 경험을 　전국에 보급 ▲ 도·시·군에서 자체로 　양어장 건설 ▲ 물고기별로 어종을 　층층으로 배치 ▲ 앞선 자연관리 방법 도입	김국태, 김용순, 박용석(당중앙검열위원회위원장), 정하철(조선중앙방송위원회위원장), 최칠남(로동신문 책임주필), 강석주(외무성제1부상), 박송봉, 장성택, 최춘황	- 군 동원 건설사업
8월 23일 보도	새로 건설된 가금목장 시찰(평양시)	김국태, 김용순, 박용석, 장성택, 최춘황, 현철해, 박재경, 리명수	- 군 동원 목장 건설
8월 30일	조선인민군 제635군부대 시찰	현철해, 박재경, 김국태, 리용철, 장성택	- 〈오중흡7련대〉 칭호 - 김일성 사적물
9월 1일 보도	개건 확장된 양어사업소 양어장 현지지도	김국태, 김기남, 김용순, 박용석, 현철해, 박재경, 리명수	- 군 동원 건설

날짜	내용	참석자	비고
9월 3일	인민군 4·25 예술영화 촬영소 귀환 공연 관람 〈경희극: 동지〉	조명록, 김일철, 현철해, 박재경, 전병호, 김국태, 김기남, 김용순, 정하철, 최칠남, 김덕용	
9월 8일	조선인민군 제963군부대 시찰, 군부대 관하 녀성중대 시찰	조명록, 리을설, 연형묵, 김영춘, 김일철, 리용무, 전재선, 박기서, 전병호, 김국태, 김기남, 김용순, 박용석, 박송봉, 장성택, 최춘황, 윤정린, 김금선	- 공화국 창건 51돌 - 김일성 현지 교시판, 현지지도사적비
9월 9일 보도	인민군 공훈합창단의 경축 공연 관람	조명록, 김영춘, 연형묵, 전재선, 전병호, 김국태, 김용순, 현철해, 박재경, 정호균, 김윤심, 오금철	- 정권 수립 51주년
9월 12~14일	자강도 내 여러 부문 현지지도 〈낭림, 연풍혁명 사적지, 부남청년발전소, 도안전국발전소, 장자강 공작기계공장, 이월방직 공장, 강계포도술공장, 강계피복공장, 장강군 읍협동농장, 낭림군 읍협동농장, 강계시상업 관리소, 잠업원종장 등〉 ▲ 중소형발전소 건설을 통한 자체전력 문제 해결 ▲ 경공업 제품 질을 높이기 위한 전문화 및 생산장비 개선 ▲ 순환식 채벌로 통나무생산 확대 ▲ 복합미생물, 유기질비료 사용으로 지력을 높일 것 ▲ 감자농사 주력, 누에 고치기술 도입, 토끼 기르기 대중 운동 확산	연형묵, 김국태, 김기남, 김용순, 박송봉, 장성택	- 자강도 사람들의 투쟁 기풍 살림살이 기풍을 전국이 따라 배워야 하며 특히 3모작 농사로 채소와 감자를 많이 생산한 자강군읍 협동농장 경험을 배워야 한다고 지시

9월 22~24일	함경남도 공업부문 현지지도 (신흥기계공장, 6월 1일 청년전기기구종합공장, 함흥영예군인수지일용품공장, 성천강22호 발전소, 함흥성천강 피복공장 등)	이태남(책임비서). 김풍기(함남인민위원장), 전병호, 김국태, 박송봉, 장성택, 최춘황	- 98년 3월 현지지도 시 지시한 과업에 대한 성과 확인 방문 - 함경남도 자체 중소형 발전소 290여 개
10월 1일	현대그룹 정주영 명예회장 접견	김용순, 송호경	- 1998년 10월 30일에 이어 2번째 만남
10월 6일	조선인민군 제507군부대 시찰	조명록, 김영춘, 김일철, 현철해, 박재경	- 제549대련합부대 예술선전대 공연 관람
10월 7일 보도	여러 군부대들의 발전소건설사업 현지지도(제757군부대, 549대련합부대 발전소)	조명록, 김영춘, 김일철, 현철해, 박재경	- 757군부대 10월 5일 발전소 요해 - 549대련합부대 발전소 건설지도
10월 12일	조선인민군 제1130군부대 섬방어대 시찰	현철해, 박재경	
10월 14일 보도	조선인민군 136군부대와 인민군 공훈합창단 경축 공연 관람	김국태, 김기남, 김용순, 리용무, 현철해, 박재경, 리용철, 장성택, 최춘황	- 전선시찰 도중 당 창건 54돌 맞음
10월 14일 보도	새로 건설된 광명성 제염소 현지지도(함경남도)	김국태, 김기남, 김용순, 리용철, 장성택, 최춘황, 리태남, 김풍기	
10월 17일	조선인민군 제1224군부대 시찰	조명록, 김영춘, 김일철, 김국태, 김용순, 현철해, 박재경, 리명수, 김기남, 리용철, 장성택, 최춘황	- 예술소품공연
10월 28일	식료공장 현지지도	조명록, 김영춘, 김일철, 현철해, 박재경, 리명수, 김국태, 김기남, 김용순, 리용철, 박송봉, 장성택, 최춘황, 오룡방	- 군인물자공급공장(건평 9만여㎡) - 김일성 현지교시판
11월 18일 보도	조선인민군 제715군부대 시찰(군부대 관하 포병중대 시찰)	조명록, 김영춘, 김일철, 전재선, 현철해, 박재경	- 제313대련합부대 예술 선전공연 관람 및 지도
11월 19일 보도	조선인민군 청년기동선전대 공연 관람	조명록, 김영춘, 현철해, 박재경, 김기남, 김용순, 리용철, 장성택, 박송봉	- 전선시찰 중 관람

11월 29일	조선인민군 금성친위 제775군부대 시찰	조명록, 김영춘, 김일철, 현철해, 박재경, 리명수	- 김일성 현지지도 사적비와 사적 건물 - 민경중대 예술소조공연 관람
12월 5일	조선인민군 제583군부대 새건설 양어장 시찰	연형묵, 김기남, 현철해, 박재경, 박송봉, 장성택, 최춘황	- 서해 간석지 개간하여 양어장 건설 - 군부대 동원 양어장 건설 - 과학연구사업 강화과업 제시
12월 6일	조선인민군 금성친위 제776군부대 시찰	조명록, 김영춘, 현철해, 박재경	
12월 12일	황해남도 룡연군 종합농장 룡정분장을 현지지도	김기남, 김용순, 리용철, 박송봉, 장성택	
12월 23일	조선인민군 제488군부대 시찰	현철해, 박재경	- 김일성 현지교시판과 혁명사적 교양실
12월 24일	조선인민군 공훈합창단 공연 관람	조명록, 김영춘, 김일철, 리용무, 현철해, 박재경, 김윤심, 오금철, 계응태, 최태복, 김국태, 김기남, 김용순, 정하철, 최칠남, 김덕룡, 강석주, 채문덕	- 최고사령관 추대 8돌 기념

일시	방문지	수행인원명단	특기사항
1월 24일	평안북도 토지정리사업 현지지도(태천군, 영변군) 〈2000년 5월 15일 자로 5만여 정보가 규격포전화됨〉	김국태, 김기남, 김용순, 리용무, 박용석(검열위원장), 박송봉, 장성택, 최춘황, 김평해(책임비서), 리병삼(상장), 명수(상장), 최상벽(농업성부상)	- 각도에서 지원된 돌격대원 운영 - 군에서 동원된 인민군 투입 - 김일성 유훈교시에 의한 사업 - 전 군중적 운동으로 과업 제시 - 토지정리를 끝낸 강원도에 주체농법을 통한 성과에 대한 당 정책의 정당성 강조
1월 26일 보도	조선인민군 제1158군부대 시찰	현철해, 박재경	- 김일성 현지지도 사적비와 사적물
1월 25~28일	평안북도 내 공업부분사업 현지지도(락원 기계공장, 구성공작 기계공장, 12월 5일 청년광산 랑책베어링 공장, 신의주 신발공장, 신의주 방직공장 등)	김평해(책임비서), 김국태, 김용순, 박송봉, 장성택, 최춘황	- 김일성 현지 교시판 및 현지지도 사적비 - 12월 5일 청년 광산개발에 군 동원 - 자립적 민족경제건설 로선 강조
1월 30일	조선인민군 제667군부대 시찰		- 제576군부대가 발기한 〈병사들을 위한 날〉을 전군에 일반화시킬 것을 지시
2월 12일 보도	새로 개건된 무지개동굴 (터널) 및 제440군부대 소속 여성 해안포 중대 시찰		- 1995, 1997년에 이어 3번째 방문부대임
2월 17일	군관 엄복순 군인가족 접견	김국태, 김용순, 현철해, 박재경	
2월 18일	조선인민군 금성친위 제894군 부대 및 군부대 관하 김석주 영웅중대 시찰	전재선, 현철해, 박재경, 리명수	
2월 28일	중대정치 지도원대회 참가자들 접견	조명록, 김영춘, 김일철, 전재선, 박기서	중대정치지도원들은 조선 로동당의 군사노선을 높이 받들어 전사들을 교양하고 이끌어 주는 역할을 함으로써 인민군대를 당과수령과 조국을 위해 총폭탄대오를 구성하는 데 이바지해야 한다고 강조

2월 28일	중대정치 지도원 대회 참가자와 조선인민군 공훈합창단 공연 관람	조명록, 김영춘, 김일철, 전재선, 박기서	
3월 5일	조선주재 중국대사관 방문	조명록, 김영춘, 김일철, 김국태, 김용순, 현철해, 박재경, 리명수, 장성택, 최춘황, 지재룡(부부장)	
3월 12일	조선인민군 해군사령부와 공군사령부 예술선전대 공연 관람	조명록, 김영춘, 김일철, 현철해, 박재경, 김국태, 김용순, 최춘황, 리명수, 김윤심, 오금철	- 항일유격대식 예술선전 방침의 정당성과 생활력을 확인한다고 함으로써 이를 더욱 확고히 하는 강령적 지침을 제시
3월 27일 보도	량강도 대홍단군 종합농장 현지지도 (대홍단군1호발전소, 신흥분장, 제대군인 마을) ▲ 전기 낭비 없앨 것 ▲ 전력생산 극대화를 위해 선진기술 도입할 것 ▲ 효율성을 제고하여 기술 혁신운동 전개할 것 ▲ 감자 농사에 있어 알곡 생산 대책수립 강구 ▲ 영농방법 개선	계응태, 김용순, 장성택	- 감자 농사 혁명 현장 방문 - 예술소품공연 관람
3월 28일 보도	조선인민군 제380군부대 군인들이 건설한 발전소 방문		
3월 29일 보도 (여러 날에 걸쳐 현지 지도)	백두산지구 혁명전적지들의 사업 현지지도(백두산밀영, 사자봉밀영, 청봉숙영지, 사령부귀틀집 등)	김용순, 강석숭(당력사연구소), 리용철, 장성택	- 혁명전적지 관리 운영 및 교양사업정형에 대한 요해 - 백두산 밀영 강사, 관리원 들의 예술소품공연 관람
4월 2일	자동화 대학 시찰	조명록, 김일철, 최태복, 김국태, 현철해, 박재경, 리명수, 리용철, 장성택	
4월 9일	조선인민군 제1311군부대 및 군부대 관하 김순손 영웅중대와 제3995군부대 관하 중대 시찰	조명록, 김영춘, 김일철, 현철해, 박재경	- 김일성 현지지도 사적비

4월 15일	금수산 기념궁전 방문	조명록, 김영춘, 김일철, 전병호, 리을설, 김철만, 백학림, 리용무	- 태양절
4월 15일	해군사령부 방문	조명록, 김영춘, 김일철, 현철해, 박재경, 리명수, 김윤심(해군사령관)	
4월 25일	조선인민군 제1321군부대 방문	전재선, 최춘황, 현철해, 박재경, 김용순, 리용철, 장성택	- 인민군 창설 68돌 - 김일성 혁명사적비
5월 9일	신설된 열대메기공장 현지지도	조명록, 김영춘, 김일철, 리을설, 현철해, 박재경, 김국태, 김용순, 리명수, 리용철, 박송봉, 장성택	- 인민군인들이 건설함 - 열대메기 기르기 전 군중적 운동 벌리기 강조
5월 16일	평안북도 북중기계련합 기업소 (8월 8일 공장) 현지지도	김평해, 김국태, 김용순, 박송봉, 장성택	- 김일성 현지지도 사적비 - 선박 제작 기업소임
5월 19일 보도	평안북도 토지정리사업 현지지도(의주군, 곽산군, 정주시 협동농장)	조명록, 김영춘, 리용무, 김국태, 김용순	- 알곡생산과 영농작업의 종합적 기계화 실현시키기 위한 과업 제시
5월 29~31일	중화인민공화국 비공식 방문	조명록, 김영춘, 김국태, 김용순, 김양건(당 중앙위부장)	
6월 13~15일	남북정상회담	김영남, 조명록, 최태복, 김국태, 김용순, 김윤혁, 김영대, 양협섭, 류미영, 림동옥	
6월 21일	평안북도 녕변 견직공장과 박천 견직공장 현지지도	김평해, 김국태, 박송봉, 장성택, 최춘황	- 김일성 현지교시판 및 현지지도 사적비
6월 23일	조선인민군 제3차 군인가족 예술소조경연에 참가한 604군부대 군인가족 예술소조 관람	김국태, 현철해, 박재경	
6월 29일	현대그룹 정주영 회장 접견	김용순	
6월 30일	재미 여류기자 문명자 접견	김용순	
7월 4일	조선인민군 제3971군부대 시찰	현철해, 박재경	- 김일성 현지지도 표식비 - 낙관적인 혁명군인정신 강조

7월 5일	조선인민군 제324군부대 및 (군부대 자체적으로 건설한 6월 20일 발전소) 군부대직속포 병중대 시찰	현철해, 박재경	- 김일성 현지지도 표식비 및 사적물
7월 8일	금수산 기념궁전 방문	조명록, 김영춘, 김일철, 리을설, 리용무	- 김일성 사망 6돌
7월 19~20일	러시아 푸틴 대통령과 정상회담	김영남, 조명록, 김영춘, 김일철, 전병호, 김용순, 김양건, 백남순	
8월 1~2일	함경북도 공업 부문 사업 현지지도(김책제철소, 3월 17일 발전소, 건설 중인 제염소, 청진 양어장) 금강2호발전소, 금강5호발전소 등	리근모(책임비서), 김국태, 박남기(국가계획위원회 위원장), 박송봉, 리용철, 장성택	- 기동예술선전대 - 소금생산현대화, 과학화 과업 제시 - 중소형발전소 건설 전력 해결 - 수산물 생산 증대에 관한 과업 제시 - 로동자에게 맞는 조직 정치사업 강화
8월 9일	현대아산 정몽헌 회장 접견	김용순	
8월 12일	남한 언론사 대표단 접견	김용순, 최태복, 정하철, 김양건, 강능수, 최칠남, 김기룡(조선중앙통신사), 차승수(조선중앙방송위원회)	
8월 28일 보도	원산 갈마휴양소 방문	김국태, 박용석, 정하철, 리용철, 박송봉, 장성택, 현철해, 박재경	- 군 동원 건설한 갈마 휴양소는 3만여㎡ 대지에 19층으로 지은 선군시대 군인들에게 하사한 기념비적 창조물로 선전함
6월 30일	재미 여류기자 문명자 접견	김용순	
7월 4일	조선인민군 제3971군부대 시찰	현철해, 박재경	- 김일성 현지지도 표식비 - 낙관적인 혁명군인정신 강조
7월 5일	조선인민군 제324군부대 및 (군부대 자체적으로 건설한 6월 20일 발전소) 군부대직속포 병중대 시찰	현철해, 박재경	- 김일성 현지지도 표식비 및 사적물
7월 8일	금수산 기념궁전 방문	조명록, 김영춘, 김일철, 리을설, 리용무	- 김일성 사망 6돌

7월 19~20일	러시아 푸틴 대통령과 정상회담	김영남, 조명록, 김영춘, 김일철, 전병호, 김용순, 김양건, 백남순	
8월 1~2일	함경북도 공업 부문 사업 현지지도(김책제철소, 3월 17일 발전소, 건설 중인 제염소, 청진 양어장) 금강2호발전소, 금강5호발전소 등	리근모(책임비서), 김국태, 박남기(국가계획위원회 위원장), 박송봉, 리용철, 장성택	- 기동예술선전대 - 소금생산현대화, 과학화 과업 제시 - 중소형발전소 건설 전력 해결 - 수산물 생산 증대에 관한 과업 제시 - 로동자에게 맞는 조직 정치사업 강화
8월 9일	현대아산 정몽헌 회장 접견	김용순	
8월 12일	남한 언론사 대표단 접견	김용순, 최태복, 정하철, 김양건, 강능수, 최칠남, 김기룡(조선중앙통신사), 차승수(조선중앙방송위원회)	
8월 28일 보도	원산 갈마휴양소 방문	김국태, 박용석, 정하철, 리용철, 박송봉, 장성택, 현철해, 박재경	- 군 동원 건설한 갈마 휴양소는 3만여㎡ 대지에 19층으로 지은 선군시대 군인들에게 하사한 기념비적 창조물로 선전함
10월 23일	미 국무장관 올브라이트 접견	강석주(외무성1부상)	- 미국 클린턴 대통령 친서 전달
10월 23일	집단체조와 예술공연 관람	조명록, 김영춘, 김일철	
10월 25일	중국인민지원군 조선전선참전 50돌 기념군중대회 참석	김영남, 조명록, 김영춘, 김일철, 계응태, 김철만, 양형섭, 최영림, 김국태, 김중린, 김용순, 리용무, 김익현, 리하일	
10월 25일	중국 고위 군사대표단 접견	김영남, 조명록, 김영춘, 김일철, 김국태, 김중린, 김용순, 정하철, 김양건	
10월 31일	제30차 예술인 체육대회 참석	김국태, 김용순, 정하철, 박명철	
11월 2일	군인들이 새로 건설한 닭공장 방문	김국태, 박송봉, 현철해, 박재경	- 2만 5천여㎡ 규모의 현대식 공장

11월 7일	안변 청년발전 발전소 및 내평발전소, 조선인민군 549부대 부업농장 현지지도	조명록, 김영춘, 김일철, 현철해, 박재경, 김국태, 김용순, 박송봉, 장성택	- 안변 청년발전소는 김일성의 마지막 유훈교시 관철의미 및 사회주의 강성대국건설의 돌파구를 전력문제로부터 풀어 나가려는 당의 원대한 구상을 시현한 대기념비 라고 업적평가함
11월 13일	새로 건설된 청년 영웅도로 참관(46.3km)	조명록, 김영춘, 김일철, 연형묵, 한성룡, 김국태, 김중린, 김용순, 김윤혁, 현철해, 박재경, 박남기	- 조선로동당 창건 55돌에 드린 충성의 선물로 선전 - 조선로동당시대의 대 기념비적 창조물이라 칭송
11월 13일	황주 닭공장 현지지도	조명록, 김영춘, 김일철, 연형묵, 현철해, 박재경, 한성룡, 김국태, 김중린, 김용순, 김윤혁, 박남기	- 2만 7천여㎡ 규모 - 군인건설자 동원
11월 22일	조선인민군 제833군부대 시찰(조선인민군 제 324 대련합부대 예술선전 대공연과 조선인민군 제826군부대 관하 2중 3대 혁명 붉은기 중대 군인들 예술소조공연 관람)	리명수, 현철해, 박재경	- 〈오중흡7련대〉 칭호 수여
11월 26~27일	대홍단군 종합농장과 포태종합농장 현지지도 (감자전분공장, 돼지목장, 대홍단 4호 청년발전소, 중흥분장제대군인마을, 포태3호발전소)	김국태, 김용순, 박송봉, 장성택	- 군인 건설자 동원 - 사회주의 대집단 경리제도 우월성과 생활력 과업제시 - 산간지대 전기화 실현 촉구 및 감자농사 대풍에 대한 치하
11월 30일	금진강 발전소 언제건설장과 함흥시 원료 기지 농장 현지지도	김국태, 박송봉, 리태남(책임비서), 김풍기(인민위원회위원장)	- 금진강 유역 계단식 17개 발전소 건설
12월 5일	조선인민군 제350군부대 시찰	조명록, 김영춘, 김일철, 리명수, 박재경, 현철해	
12월 5일	황해남도 토지정리사업 현지지도	조명록, 김영춘, 김일철, 김국태, 김용순, 정하철, 박송봉, 장성택	- 10만여 정보계획 - 인민군, 돌격대원 현지 근로자 투입

12월 7일	평양시에 새로 건설된 공장 및 기업소 현지지도(즉석 국수공장, 위생자재공장, 수원지, 타조 목장)	조명록, 김영춘, 김일철, 연형묵, 최태복, 김국태, 김용순, 정하철, 장성택	- 타조목장 40만여㎡ 규모
12월 18일	황해남도 토지정리사업 현지지도	김국태, 정하철, 박송봉, 장성택, 현철해, 박재경, 리용무, 김운기(책임비서), 심명수(상장), 최상벽(농업성부상)	- 2모작 농사 과업 제시
12월 19일	약품 연구소와 주사기공장 현지지도	조명록, 김영춘, 김일철, 연형묵, 리용무, 최태복, 김국태, 박용석, 정하철, 박송봉, 장성택, 김수학(보건상)	- 인민군 건설자들이 새로 건설
12월 24일	조선인민군 제2752부대 시찰	조명록, 김영춘, 김일철, 리용철, 박송봉, 장성택, 박기서, 리명수, 현철해, 박재경	- 〈오중흡 7련대〉 칭호 수여 - 김일성 2차례 방문기록
12월 24일	조선인민군 공훈합창단 공연 관람	조며옥, 김영춘, 리용철, 박송봉, 최태복, 김국태, 리용무, 리명수, 현철해, 박재경, 김윤심, 오금철(공군사령관)	
12월 27일	조선인민군 제395부대 시찰 및 조선인민군 제415군부대 군인들이 건설한 발전소 시찰	조명록, 김영춘, 김일철, 리명수, 현철해, 박재경	

〈2001년 1월~6월〉

일 시	방문지	수행인원명단	특기사항
1월 1일	금수산 기념궁전 방문	김영남, 조명록, 김영춘, 김일철, 리을설, 백학림, 홍성남, 전병호, 한성룡, 계응태, 김철만, 최태복, 양형섭, 최영림, 김국태, 김중린, 리용무, 김용순, 조창덕, 곽범기, 김윤혁, 김영대, 류미영	
1월 1일	조선인민군 제932군부대 시찰	조명록, 김영춘, 김일철, 리을설, 리명수, 현철해, 박재경	
1월 15~20일	중화인민공화국 비공식 방문	김영춘, 연형묵, 김국태, 정하철, 강석주, 김양건(국제부장), 박송봉, 현철해, 박재경	
1월 21~23일	평안북도 신의주시내 경공업 공장들 현지지도 (신의주 화장품 공장(신규 건설) 비누 공장, 치약공장, 화장품 직장, 신의주법랑철기 공장, 신의주 기초식품 공장)	연형묵, 김국태, 박송봉, 김평해(책임비서), 장윤선(인민위원회위원장), 장성택, 김희택 ※ 중국방문 후 귀환길에 바로 현지지도	- 모든 생산공정을 현대적 기술로 과감하게 갱신 하고 최신과학기술을 적극 받아들여야 한다고 강조 - 공장 기동선전대 관람
1월 24일	조선인민군 공훈합창단 경축 공연 관람	김영남, 조명록, 홍성남, 김영춘, 김일철, 백학림	
2월 7일	조선인민군 제655군부대 시찰 및 군대 관하 녀성포중대 시찰	조병록, 김영춘, 리명수	- 김일성 현지지도 표식비 - 중대 군인 예술소품공연 관람
2월 9일	중국공산당 대외연락부 대표단 접견	김국태, 김양건(당 중앙위국제부장), 현철해, 박재경	
2월 14일	평안북도 구성공작기계공장 및 태천 발전소 현지지도	김국태, 박송봉, 리용철, 장성택	- 2000년 1월 방문 시 제시된 과업 성과에 대한 치하 방문 - 새로운 우리식 생산방식 제시 - 공장자동화 본보기공장 으로 만들 것을 지시 - 유훈 교시 관철에 대한 치하

3월 22일	중국공산당 대표단 접견 및 만찬회 참석	조명록, 지재룡(국제부 부부장), 김영춘, 김일철, 연형묵, 정하철(선전선동부장), 리명수, 현철해, 박재경	
3월 22일	중국대표단 새로 건설된 가금목장 참관 동행	조명록	
3월 23일	중국 상해 교향악단 접견	연형묵, 김국태, 한성룡, 계응태, 최태복, 박용석, 정하철, 강능수(문화상), 강석주, 현철해, 박재경	
4월 10일	조선인민군 제884 비행군부대 시찰 및 여성중대 시찰	현철해, 박재경	- 김일성, 김정일의 현지지도 - 혁명사적 교양실 - 예술소품공연 관람
4월 11일	남조선 가수 김연자 일행 함흥 현지지도 중에 접견 및 공연 관람	정하철, 현철해, 박재경, 리태남, 장성택, 주규창	- 김연자 일행 제19차 4월 봄 친선예술축전에 참가
4월 11일	함흥 시내 공장, 기업소들 현지지도(룡성기계련합 기업소, 성천강전기공장)		- 김일성 현지교시판 - 주체적인 자립 민족경제 토대를 축성하며 나라의 공업화를 실현하는 데 대하여 치하 - 선진기술 받아들이기 위한 투쟁 과업 제시 - 기업소 기동예술 선동대의 정치선동, 경제선동을 잘하는 것에 대해 치하 - 새로 전기화된 함흥-마전 사이 협궤열차 시찰
4월 16일	조선인민군 제3427군부대 포대대 시찰 및 757군부대에서 새로 건설한 염소목장 시찰	현철해, 박재경, 리용철, 장성택	- 염소사육의 모범따라 배우기 강조
4월 17일	조선인민군 제841군부대 및 998군부대 시찰	전재선, 리명수, 현철해, 박재경, 리용철, 장성택	- 전사들 생활을 우선적으로 보장 지시 - 군인들을 주체형 혁명가로 준비를 위해 사상교양 사업의 다양화 필요성 강조

4월 19일	양어장 현지지도	김국태, 리용철, 장성택	- 1995년 5월 현지지도 - 군중적 운동 전개를 강조 - 우량종자 개발을 위한 과학 연구사업 강화 제시
4월 22일	러시아 국립아카데미 내무성 협주단 공연 관람	김국태, 계응태, 한성룡, 김중린, 정하철, 장철, 강석주, 리용철, 장성택, 현철해, 박재경, 최칠남, 김기룡, 차승수	- 제19차 4월 봄 친선예술축전 참가단
4월 25일	조선인민군 제671군부대 축하 방문	조명록, 김영춘, 김일철, 리명수, 현철해, 박재경, 김윤심, 오금철, 김국태, 리용철, 장성택	- 조선인민군 창건 69돌 - 김일성 현지교시판 및 혁명사적교양실 - 자체 오리공장 운영 - 공훈합창단 공연 관람

4월 28일	경희극 〈청춘은 빛나리〉
	관람
		김국택, 최태복, 정하철,
		강석숭, 강능수, 최칠남,
		김기룡, 차승수, 리용철,
		장성택, 주규창, 현철해,
		박재경
			- 청년 영웅도로 건설을
			  위한 영웅적 투쟁을 주요
			  내용으로 함
			- 조선로동당의 청년중시
			  사상의 정당성과
			  생활력을 확증함

4월 30일	황해남도 토지정리사업
	현지지도 (안악군
	어러리벌, 삼천군 전진벌)
		정하철, 리명수, 현철해,
		박재경, 부부장들
			- 5만여 정보 1단계 과제를
			  초과 수행한 군인 건설자와
			  돌격대원 업적 치하
			- 축산물 생산을 늘이는
			  것에 대한 과업 제시

5월 3일	유럽동맹 최고위급대표단 오찬	김영남, 조명록, 김일환, 연형묵, 최태복, 김국태, 백남순, 강석주	
5월 8일	조선인민군 제688군부대 시찰	리명수, 현철해, 박재경, 김국태, 정하철, 주규창	- 제233대련합부대 예술선전대공연 관람
5월 8일	황해남도 강령군 내동협동농장 현지지도	김은기(책임비서), 최상벽(농업성 부상), 김국태, 정하철, 주규창, 리명수, 현철해, 박재경	
5월 10일	조선인민군 제224군부대, 제230군부대 관하 포중대 시찰	리명수, 김국태, 정하철, 리용철	- 중대 예술소품공연 관람 - 김일성 현지지도표식비 - 김일성 현지지도 부대

5월 10일	황해남도 배천군
	수원협동농장현지지도
		김국태, 정하철, 리용철,
		리명수
			- 정당성이 확증된
			  주체농법을 철저히
			  관철할 것을 제시

5월 13일	조선인민군 제243군부대 관하 포중대 시찰 및 조선인민군 534군부대에서 건설한 메기공장 현지지도	현철해, 박재경	- 선진 과학기술 도입강조
5월 13일	황해남도 과일군 현지지도 (과일군과수종합농장, 신대농장, 포구농장, 룡수포해수욕장)	김국태, 리용철, 장성택, 현철해, 박재경	- 김일성 현지지도 표식비 및 사적물 - 토지정리 된 포구농장을 보고 "집단주의에 기초한 우리나라사회주의농촌경리제도의 참모습"이라고 강조
5월 18일	조선인민군 제1129군부대 및 제851군부대 시찰	리명수, 현철해	
5월 19일	조선인민군 제863군부대 관하 대대 시찰	김국태, 현철해, 박재경	- 당의 주체적 군사전법으로 무장하기 위한 강령적 과업 제시 - 예술소품공연 관람
5월 20일	조선인민군 해군 제256부대 시찰	현철해, 박재경, 김국태, 리용철, 장성택	- 김일성 현지지도 표식비
5월 23일	군인가족 예술소조공연 관람(제4차 군인가족 예술소조 경연에 참가한 조선인민군 제324군부대와 제567군부대)	리명수, 현철해, 박재경, 김국태	
5월 24일	조선인민군 제173군부대 및 관하 2중3대 혁명 붉은기 중대 시찰	리명수, 현철해, 박재경, 김국태	
5월 25일	조선인민군 제826군부대 및 관하 2중3대 혁명 붉은기 중대 시찰	리명수, 현철해, 박재경, 김국태	- 중대 예술소조 경연 1등 및 모범중대
5월 25일	군인가족 예술소조공연 관람(조선인민군 제243군부대 및 233군부대)	리명수, 현철해, 박재경, 김국태	
5월 25일	함흥시 청년염소목장 현지지도 ※ 6월 1일 당 정책 관철에 대한 절대성, 무조건성 정신을 지니고 자랑할 만한 축산기지를 만들어 낸 청년염소목장에 대해 김정일 온정의 전달 모임이 있었음	김국태, 리용철, 장성택, 주규창, 리명수, 현철해, 박재경	- 염소 기르기를 전문으로 하는 "로동자구"를 형성 - 목장이 51개 분장으로 방대하게 펼쳐져 있음 - 종자혁명 방침관철 과업 제시

5월 28일 보도	함경남도 신흥지구 현지지도(신흥지구 혁명전적지 사업지도), 백역산밀영, 옥련산밀영, 고대산밀영	리태남, 김풍기, 김국태, 리용철	
6월 12일	군인가족 예술소조원 공연 관람(제233군부대 군인가족 예술 소조원 공연 재관람)	현철해, 박재경, 김국태, 정하철	- 4차 군인가족 예술소조 경연대회 1등 팀
6월 15일	조선인민군 해군 제597군부대 시찰	리명수, 현철해, 박재경	- 김일성 현지교시판 및 혁명사적 교양실 - 함선 대합창공연 관람
6월 15일	조선인민군 제288비행군부대 시찰	리명수, 현철해, 박재경	- 김일성 현지지도 사적비 - 예술소품공연 관람
6월 19일	조선인민군 제567대련합부대 군인가족 예술 소조원들 공연 관람(전선부대 순회공연 마치고 귀환)	현철해, 박재경, 김국태, 정하철	- 군인가족 예술소조 경연대회 1등 팀
6월 21일	조선인민군 제983 군부대 및 조선인민군 제567대련합부대에서 건설한 메기공장 시찰	리명수, 현철해, 박재경	- 림진강 1호 발전소도 자체적으로 세운 부대(567대련합부대)
6월 25일	조선인민군 근위 제1보병 사단 시찰	현철해, 박재경	- 〈오중흡 7련대〉 칭호 수여 - 6·25 미제 반투쟁의 날 - 중대군인 예술소품공연 관람

※ 현지지도 일시에 있어 "보도"는 조선중앙통신 및 로동신문에 보도된 일시를 나타냄.

※ 출처

● 조선중앙통신사

● 통일부, 「주간북한동향」(제364호~제546호) 1998년~2001년 6월

● 연합뉴스, 「북한연감 2000, 2001년」1999, 2000

● 이찬행, 「부록: 김정일 연대기」(백산서당, 2001)

● WWW. NK.JOIMS.COM (북한정보네트) 2000. 10~2001. 6월까지

● WWW. NK.CHOSUN.COM (조선일보 통한문제연구소)

※ 현지지도의 정확한 횟수는 다른 문헌과 약간의 차이가 있음. 본 자료조사 및 집계는 필자가 '조선중앙통신'을 중심으로 하였고 위의 출처와 함께 교차 확인하여 작성한 자료임.

부록 II 김정은 현지지도 현황 〈2012년 1월~2013년 3월〉

〈2012년 1월~12월〉

일시	방문지	수행인원명단	특기사항
1월 1일	금수산 기념궁전 참배	강석주, 김경희, 김기남, 김양건, 김영남, 김영일, 김영춘, 김정각, 김창섭, 김평해, 문경덕, 박도춘, 양형섭, 우동측, 이영호, 장성택, 주규창, 최영림, 최용해, 최태복, 태종수	
1월 1일	근위서울 류경수 제105탱크사단 방문	김정각, 박재경, 이영호, 장성택, 현철해, 황병서	
1월 2일 보도	2012년 은하수 신년음악회 〈태양의 위업 원하리〉 관람	김국태, 김기남, 김낙희, 김양건, 김영남, 김영일, 김영춘, 김정각, 김창섭, 김평해, 문경덕, 박도춘, 변영립, 양형섭, 오극렬, 우동측, 이영호, 이용무, 장성택, 주규창, 최영림, 최용해, 최태복, 태종수	
1월 11일 보도	평양민속공원, 영웅거리 고기상점 등 건설대상 시찰		
1월 15일 보도	음악무용종합공연 "영원토록 받들리 우리의 최고사령관" 관람	김기남, 김명국, 김영춘, 김원홍, 김정각, 박재경, 장성택	- 4·25 문화회관
1월 19일 보도	인민군 제169군부대 시찰	김명국, 김원홍, 박재경, 이두성, 이영호	- 오중흡 7연대 칭호부대
1월 20일 보도	인민군 제3870군부대 시찰	김명국, 김원홍, 이두성	- 오중흡 7연대 칭호부대
1월 20일 보도	공군 제354부대 시찰	김명국, 김원홍, 이두성	
1월 22일 보도	인민군 제671대연합부대 지휘부 시찰	김명국, 김원홍, 이두성, 장성택	
1월 22일	'허철용이 사업하는 기계공장' 현지지도	김명국, 김원홍, 박도춘, 박재경, 이두성, 장성택	
1월 23일	설 명절 국가연회 마련	김기남, 김영남, 김영춘, 변영립, 최태복, 현철해	

1월 25일 보도	'만경대 혁명학원' 방문	김영춘, 박재경, 이재일, 현철해	
1월 27일 보도	서부지구 항공구락부 선수 모범경기 관람	김명국, 김원홍, 박도춘, 박재경, 장성택	
1월 27일 보도	공군 제378부대 비행훈련 현지지도	김명국, 김원홍, 박도춘, 박재경, 장성택	- 오중흡 7연대 칭호 부대
1월 27일	'재일조선학생소년예술단' 연회 마련	최용해	
1월 29일 보도	인민군 군악단 연주회 관람	김기남, 김영춘, 박도춘, 우동측, 이영호, 장성택, 최태복	
1월 31일 보도	공군 제1017부대 시찰		
2월 6일 보도	해군 제597연합부대 지휘부와 관하 군부대 시찰		
2월 8일 보도	인민군 제324대연합부대 지휘부와 관하 군부대 시찰	김명국, 김영춘, 노홍세, 박재경, 이두성, 이영호	
2월 15일	김정일 70회생일 기념중앙보고대회 참석	김경희, 김국태, 김기남, 김영남, 김영춘, 김정각, 양형섭, 오극렬, 우동측, 이영호, 이용무, 장성택, 전병호, 변영립, 최태복	
2월 16일	김정일 70회 생일 '김정일 숭고한 경의 표시 행사' 참석	강석주, 김경희, 김기남, 김양건, 김영남, 김영춘, 김정각, 김창섭, 김평해, 문경덕, 박도춘, 양형섭, 우동측, 이영호, 장성택, 주규창, 변영립, 최용해, 최태복, 태종수	
2월 16일	김정은 최고사령관에게 충성맹세예식 참석	김경희, 김기남, 김영남, 김영춘, 김정각, 이영호, 변영립	- 금수산태양궁전으로 명명
2월 16일	김정일 70회 생일 기념 대공연 관람	김영남, 이영호, 변영립	
2월 18일	은하수 광명성절 음악회 관람	강석주, 김경희, 김기남, 김정각, 김평해, 우동측, 이영호, 장성택, 변영립, 최태복	
2월 21일	인민군 제842군부대 시찰	박재경, 이두성	

2월 23일	경기용 총탄공장 현지지도	장성택	
2월 24일	은하수 광명성절 음악회 공연 관람	김기남, 김양건, 박도춘, 우동측, 이영호, 장성택, 최용해, 최태복, 태종수	
2월 26일 보도	서남전선지구 인민군 제4군단 사령부 관하 군부대 시찰	김명국, 김원홍, 김춘삼, 박재경, 황병서	
3월 3일 보도	조선인민군 전략 로케트 사령부 시찰	박재경, 이영호, 황병서	
3월 3일 보도	판문점 시찰	강석주, 김기남, 김양건, 김영철, 문경덕, 박도춘, 박재경, 장성택, 조경철, 최용해, 황병서	
3월 8일	3월 8일 기념 은하수 음악회 〈녀성은 꽃이라네〉 관람	김국태, 김경희, 김기남, 김영춘, 김원홍, 김정각, 노성실, 오극렬, 이영호, 이용하, 장성택, 최영림	- 3월 8일 국제 부녀절
3월 10일 보도	해군 제123군부대 및 초도 방어대 시찰	김영철, 김영춘, 김원홍, 박도춘, 박재경, 윤동형, 이영호, 이재일, 장성택, 조경철, 황병서	- 오중흡 7년대 칭호 부대
3월 15일 보도	조선인민군 육해공군 합동타격 훈련지도	강석주, 김경희, 김기남, 김명국, 김양건, 김영일, 김영철, 김영춘, 김원홍, 김정각, 김창섭, 김평해, 문경덕, 박도춘, 박재경, 우동측, 이영호, 장성택, 정명도, 주규창, 최용해, 최태복, 태종수	- 김명국, 김영춘, 김원홍, 김정각 현지영접 - 이영호 영접보고 - 김영철, 박재경, 이병철, 정명도 현지대기
3월 25일	김정일 사망 100일 애도		금수산태양궁전 참배
3월 25일	김정일 사망 100일 중앙추모대회 참석	강석주, 김국태, 김경희, 김기남, 김양건, 김영남, 김영일, 김영춘, 김정각, 김창섭, 김평해, 동경수, 문경덕, 박도춘, 양형섭, 오극렬, 우동측, 이영호, 이용무, 장성택, 전병호, 주규창, 최영림, 최용해, 최태복, 태종수	- 김영춘 추모사

4월 4일 보도	동해안 전방초소 려도 방어대 시찰	김원홍, 이두성, 이종무, 현철해	
4월 6일 보도	해군 제155군부대 시찰	김원홍, 이두성, 이종무, 현철해	
4월 10일 보도	인민극장 현지지도 및 국가산업미술전시회장 시찰	박봉주, 이재일	
4월 11일	당 제4차 대표자회 참석		- 당 제1비서 추대
4월 13일	최고인민회의 제12기 제5차 회의 참석	강석주, 곽범기, 김경희, 김국태, 김양건, 김영남, 김영대, 김영일, 김영춘, 김원홍, 김정각, 김창섭, 김평해, 노두철, 문경덕, 박도춘, 변영립, 양형섭, 오극렬, 유미영, 이명수, 이병삼, 이영호, 이용무, 장성택, 조연준, 최영림, 최용해, 최태복, 태종수, 현철해	- 국방위원회 제1위원장 추대
4월 13일	김일성. 김정일 동상 건립 제막식 참석	김기남, 김영남, 이영호, 장성택, 최영림, 최용해, 최태복	- 만수대 언덕 - 김기남 제막식 사회 - 김영남 제막식 제막사
4월 13일	김일성 생일 100돌 경축 축포야회 참가		
4월 14일	조선인민군 '무장장비관' 개관식 참석	김경희, 김국태, 김기남, 김영남, 김영춘, 김원홍, 김정각, 박도춘, 오극렬, 이영호, 이용무, 장성택, 최영림, 최용해	- 이영호: 개관사
4월 14일	김일성 생일 100돌 경축 중앙 보고대회 참석	강석주, 곽범기, 김경희, 김국태, 김기남, 김양건, 김영남, 김영대, 김영일, 김영춘, 김원홍, 김정각, 김창섭, 김평해, 남승우, 노두철, 문경덕, 박도춘, 양형섭, 오극렬, 유미영, 이명수, 이병삼, 이영호, 이용무, 장성택, 조연준, 최영림, 최용해, 최은복, 최태복, 태종수, 현철해	- 김영남: 보고사

날짜	내용	참가자	
4월 15일	김일성 생일 100돌 기념 열병식 참가	김경희, 김국태, 김기남, 김영남, 김영춘, 김원홍, 김정각, 박도춘, 양형섭, 오극렬, 이영호, 장성택, 최영림, 최용해, 최태복, 현철해	
4월 15일	금수산태양궁전 참배		
4월 17일 보도	당 제4차 대표자회 참가자들 및 김일성 생일 경축 대표단과 기념 촬영	강능수, 김경희, 김국태, 김기남, 김영남, 김영춘, 김원홍, 김정각, 박도춘, 양형섭, 이명수, 이영호, 이용무, 이을설, 장성택, 최영림, 최용해, 최태복, 현철해	
4월 17일 보도	인민극장 위훈 군인건설자들과 기념사진	김원홍, 장성택, 최용해, 현철해	
4월 17일 보도	금수산태양궁전 근무자들과 기념사진	김원홍, 김정각, 이영호, 장성택, 최용해, 현철해	
4월 19일 보도	만수대 창작사 일꾼- 창작가-종업원들과 기념사진	권혁봉, 김기남, 김영남, 이재일, 장성택, 최영림, 최용해	
4월 20일 보도	김일성 생일 100돌 열병식 참가자들과 기념사진	김기남, 김영남, 김영철, 김영춘, 김정각, 박재경, 오일정, 윤동현, 이영호, 장성택, 조경철, 주규창, 최부일, 최영림, 최용해, 현철해	
4월 25일	인민군 창설 80돌 경축 중앙 보고대회 참석	강석주, 곽범기, 김경희, 김국태, 김기남, 김양건, 김영남, 김영대, 김영일, 김영춘, 김원홍, 김정각, 김창섭, 김평해, 노두철, 문경덕, 박도춘, 양형섭, 오극렬, 이명수, 이병삼, 이영호, 장성택, 조연준, 주규창, 최영림, 최용해, 최태복, 현철해	

4월 25일	금수산태양궁전 참배	강석주, 곽범기, 김경희, 김국태, 김기남, 김양건, 김영일, 김영춘, 김원홍, 김정각, 김창섭, 김평해, 노두철, 문경덕, 박도춘, 양형섭, 이명수, 이병삼, 이영호, 장성택, 조연준, 주규창, 최영림, 최용해, 최태복, 현철해	
4월 25일	만수교 고기상점 준공식 참석	강석주, 곽범기, 김경희, 김기남, 김양건, 김영남, 김영춘, 김원홍, 김정각, 김창섭, 김평해, 문경덕, 박도춘, 양형섭, 이명수, 이영호, 장성택, 주규창, 최영림, 최용해, 최태복, 현철해	- 평양 보통강변에 위치
4월 25일	공훈 국가합창단 공연 관람	강석주, 곽범기, 김경희, 김국태, 김기남, 김양건, 김영남, 김영대, 김영춘, 김원홍, 김정각, 김창섭, 김평해, 노두철, 문경덕, 박도춘, 양형섭, 이병삼, 이영수, 이영호, 장성택, 조연준, 주규창, 최영림, 최용해, 최태복, 현철해	
4월 26일 보도	무장장비관 위훈 군인 건설자와 기념사진	김기남, 김수학, 김영철, 김영춘, 김원홍, 김정각, 김창섭, 박도춘, 박재경, 손철주, 윤동현, 이명수, 이영호, 이재일, 장성택, 조경철, 주규창, 최부일, 최용해, 현철해	

4월 28일 보도	제655연합부대 종합전술연습 지도	강석주, 곽범기, 김경옥, 김경희, 김기남, 김명국, 김양건, 김영일, 김영철, 김영춘, 김원홍, 김정각, 김창섭, 김평해, 문경덕, 박도춘, 박재경, 양형섭, 오극렬, 윤정린, 이명수, 이병삼, 이병철, 이영호, 이재일, 장성택, 조경철, 최부일, 최용해, 한광상, 현철해	
4월 28일 보도	군 창건 80돌 경축 은하수 음악회 관람	김경옥, 김경희, 김기남, 김명국, 김양건, 김영춘, 김정각, 박도춘, 이영호, 장성택, 최용해, 현철해	
4월 29일 보도	조선인민군 제26차 군사과학 기술전람회장 참관	김명국, 김영남, 김영철, 김영춘, 김정각, 이영호, 이재일, 박재경, 박전청, 손철주, 윤동현, 장성택, 전장복, 최용해, 현철해	
4월 29일 보도	조선인민군 교예단 대형요술 공연 관람	김영철, 김영춘, 김정각, 장성택, 최부일, 최용해, 현철해	
4월 30일 보도	능라도 인민유원지 개발사업 현지지도	장성택	
5월 2일 보도	5·1절 대관유리공장과 허철용 기계공장 현지지도 및 노동 계급 축하	김명국, 김평해, 이만건, 이재일, 박도춘, 손철주, 윤동현, 장성택, 최용해, 현철해, 황병서	- 리만근 평양북도 당 책임비서 영접
5월 2일 보도	5·1절 경축 은하수 음악회 관람	곽범기, 김경희, 김기남, 김평해, 문경덕, 박도춘, 장성택, 최용해, 현철해	
5월 4일 보도	항공 및 반항공군 지휘부 시찰	김명국, 이병철, 이영호, 이재일, 박도춘, 박재경, 손철주, 손정남, 장성택, 최용해, 현철해, 황병서	- 리병철 영접
5월 9일 보도	만경대 유희장 시찰	마원춘, 최용해	

5월 9일 보도	국토관리 총동원열성자 대회 참가자와 기념 촬영	김기남, 김정각, 로두철, 이명수, 이룡하, 문경덕, 장성택, 최영림	
5월 20일 보도	조선인민군 제639·534대 연합부대 예술선전대 공연 관람	권혁봉, 김경옥, 박재경, 손철주, 장성택, 조경철, 최용해, 현철해, 황병서	
5월 24일 보도	조선인민군 제1501군부대 시찰	김경옥, 김영철, 장성택, 주규창,최용해, 황병서	
5월 24일 보도	조선인민군 제6556군부대 장병들과 기념사진	김경옥, 장성택, 조경철, 최용해, 황병서	
5월 25일 보도	개선청년공원, 창전 거리·류경원·인민 야외 빙상장 건설사업 현지지도	량청송, 마원춘, 박춘홍, 장성택, 최용해, 황병서	- 류경원, 빙상장 창전거리에 위치
5월 26일	중앙동물원 현지지도	김양건, 이재일, 마원춘, 박춘홍, 전일춘, 한광상, 황병서	
5월 31일 보도	아동백화점, 살림집, 창전소학교, 경상탁아소, 경상유치원 현지지도	량청송, 이재일, 박춘홍, 장성택	- 창전거리에 위치
6월 6일	'조선소년단' 창립 66주년 참석 및 연설	김경희, 김기남, 김승두, 김영남, 김용진, 이명수, 이영수, 이영호, 문경덕, 장성택, 전용남, 최용해, 최영림, 최태복	- 소년단 경축 전국연합단체대회
6월 7일 보도	조선소년단 창립기념 은하수 관현악단 음악회 관람	김영남, 이영호, 최용해, 최영림	
6월 7일 보도	조선소년단 대표들과 기념 촬영	김경희, 김기남, 김영남, 이영수,이영호, 문경덕, 장성택, 전용남,최용해, 최영림, 최태복	
7월 1일 보도	'능라인민유원지', '평양산원 유선종양연구소' 건설현장 현지지도	마은천, 박춘홍, 장성택	
7월 3일 보도	평양 양말공장 및 아동백화점 현지지도	양청송, 이재일, 박봉주, 장성택	
7월 5일 보도	평양 항공역 사업 현지지도		

날짜	행사	참석자	비고
7월 6일	모란봉 악단 시범 공연 관람	김기남, 김명국, 김양건, 김영철, 김평해, 장성택, 조경철, 최용해,최부일, 현철해	
7월 8일	군지휘성원과 금수산태양궁전 김부자 입상에 참석	김영철, 김정각, 이병철, 이영호, 박재경, 손철주, 조경철, 최용해, 최부일, 현철해	
7월 8일	조국해방전쟁승리기념관 시찰		- 1974년 건립
7월 14일 보도	만수대지구 군인건설자들과 기념 촬영	이경하, 이명수, 이병삼, 박춘홍,장성택, 최용해	
7월 15일 보도	경상유치원 방문	이재일, 박춘홍, 최용해	
7월 25일 보도	능라유원지 시찰 및 준공식 참석	강석주, 곽범기, 김경희, 김기남, 김양건, 김영남, 김영일, 김영춘, 김원홍, 김정각, 김평해, 노두철, 이병삼, 리설주, 이재일, 문경덕, 박도춘, 박춘홍, 양형섭, 장성택, 최용해, 최영림, 최태복	
7월 26일	'전승절' 경축내무군 협주단 공 연 관람 및 기념 촬영	김경희, 김기남, 김양건, 김영일, 김영춘, 김평해, 이병삼, 리설주, 문경덕, 장성택, 현영철	
7월 26일	완공단계에 있는 '류경원과 인민야외빙상장' 시찰	김경희, 양청송, 장성택	
7월 30일 보도	'전승절' 전쟁 참여 노병대표들과 기념 촬영	강석주, 김경희, 김국태, 김기남, 김영남, 김영춘, 김원홍, 김정각, 김철만, 이명수, 이병삼, 이용무, 이을설, 박도춘, 양형섭, 오극렬, 주규창, 최용해, 최영림, 최태복,태종수, 현영철, 현철해, 황순희	
7월 31일 보도	전승절 경축 모란봉악단 공연 관람	곽범기, 김경희, 김기남, 김양건, 김영춘, 김평해, 리설주, 문경덕, 박도춘, 장성택, 최용해, 최태복	

8월 2일	'왕자루이' 중국공산당 대외 연락부장 접견 및 담화	강석주, 김병호, 김양건, 김영일, 이수용, 문경덕, 장성택, 최용해	
8월 6일 보도	운곡지구 종합목장 현지지도	김병호, 최용해, 현철해, 황병서	
8월 7일 보도	조선인민군 제552군부대 관하 구분대 및 관하 여성중대 시찰 후 예술소조공연 관람	김병호, 전창복, 최용해, 현철해, 황병서	
8월 7일 보도	항공 및 반항공군 제1017군 부대 비행훈련 지도	김병호, 이병철, 최용해, 현철해, 황병서	- 이병철 현지영접
8월 18일 보도	서남전선 최남단 섬방어대 시찰	김병호, 김영철, 박정천, 안지용, 최용해, 황병서	- 장재도·무도 방어대
8월 24일 보도	조선인민군 제4302군부대 관하 감나무 중대 시찰		
8월 26일 보도	'선군정치' 52돌 경축 모란봉 악단 화선공연 관람	김경희, 김원홍, 김정각, 김창섭, 이영수, 리설주, 오극렬, 장성택, 최용해, 현영철, 현철해	- 동부전선 시찰 중 리설주와 함께 공연 관람
8월 26일 보도	선군혁명영도 52돌 '8·25 경축 대회 참석 및 연설	리설주	
8월 28일 보도	조선인민군 제313대연합부대 지휘부와 제894군부대 시찰		
8월 29일 보도	동부전선에 위치한 제318군 부대 시찰	김명국, 황병서	
8월 30일 보도	인민무력부 내 김부자 동상 방문 참배	김정각, 리설주, 최용해, 현영철, 황병서	
8월 30일 보도	청년절 경축 행사 대표들과 기념 촬영 및 은하수음악회 관람	김경희, 김기남, 김정각, 이영수, 박도춘, 장성택, 전용남, 최용해, 최태복, 현영철, 현철해	- 청년절은 1927년 8월 28일 조선 공산주의청년동맹 창설에 뿌리를 둠
9월 1일 보도	무장장비관 내 전자도서관 시찰	김기남, 김병호, 김양건, 김영일, 김평해, 마원춘, 문경덕, 백세봉, 장성택, 최용해, 최태복, 한광복, 한광상	

9월 1일 보도	해맞이 식당 시찰	김경옥, 김기남, 김병호, 김양건, 김영일, 김평해, 리설주, 문경덕, 백세봉, 장성택, 최용해, 최태복, 한광상	
9월 2일 보도	대동강 타일공장 현지지도	김경옥, 김경희, 김기남, 김병호, 김양건, 김영일, 이용하, 마원춘, 문경덕, 장성택, 최용해, 한광복, 한광상	
9월 2일 보도	조선인민내무군 여성취주악단 연주회 지도	김경옥, 김경희, 김기남, 김병호, 김양건, 김영일, 이용하, 리설주, 마원춘, 문경덕, 장성택, 최용해, 한광복, 한광상	
9월 3일 보도	조선인민군 군악대 연주 지도	리설주, 박정천, 장성택, 최용해, 최부일, 현영철, 황병서	
9월 5일 보도	창전거리 살림집 가정방문		
9월 8일 보도	통일거리 운동센터 현지지도	김경옥, 김정각, 리설주, 마원춘, 최용해, 황병서	
9월 8일 보도	평양민속공원 시찰	김경옥, 김병호, 김양건, 김영일, 김정각, 김평해, 리설주, 마원춘, 문경덕, 박도춘, 장성택, 최용해, 최태복, 황병서	
9월 9일	금수산태양궁전 김부자 참배	김영남, 김원홍, 김정각, 이용무, 박도춘, 오극렬, 장성택, 최용해, 최영림, 현영철, 현철해	
9월 9일	정권 창건 64돌 조선인민군 협주단 종합공연 관람	김기남, 김양건, 김영일, 김원홍, 김정각, 노두철, 문경덕, 박도춘, 양형섭, 장성택, 최용해, 최영림, 현영철, 현철해	

날짜	활동	참석자	비고
9월 16일	대집단체조와 예술공연 아리랑 관람	강석주, 김기남, 김양건, 김영대, 김영일, 김원홍, 김정각, 김창섭, 김평해, 이병삼, 이용무, 문경덕, 박도춘, 양형섭, 오극렬, 장성택, 조연준, 주규창, 최용해, 최태복, 현영철, 현철해	
9월 21일 보도	남새과학연구소와 화초연구소 현지지도	김기남, 김병호, 이용하, 이재일, 박춘홍, 박태성, 장성택,	- 평양에 위치
9월 25일	최고인민회의 제12기 제6차 회의 참석	김기남, 김양건, 김영남, 김영일, 김영대, 김원홍, 김정각, 김창섭, 김평해, 노두철, 유미영, 이명수, 이병삼, 이용무, 문경덕, 박도춘, 양형섭, 오극렬, 장성택, 조연준, 주규창, 최용해, 최영림, 최태복, 태종수, 현영철, 현철해	- 최태복: 최고인민회의 개·폐막사 보고
10월 7일 보도	국가안전보위부에 세워진 김정일 동상 및 만경대 유희장과 대성산 유희장 시찰	김원홍, 김창섭, 최용해	
10월 7일	김정일 당 총비서 추대 15돌 기념 중앙보고대회 참석	김경희, 김기남, 강석주, 곽범기, 김국태, 김양건, 김영남, 김영대, 김영일, 김원홍, 김정각, 김창섭, 김평해, 노두철, 이병삼, 이용무, 문경덕, 박도춘, 양형섭, 오극렬, 장성택, 조연준, 주규창, 최용해, 최영림, 최태복, 현영철, 현철해	
10월 10일	당 창건 67돌 금수산태양궁전 참배	김경옥, 김경희, 김명식, 김영남, 김영철, 김원홍, 김정각, 이병철, 이용무, 박도춘, 박정천, 오극렬, 장성택, 최용해, 최부일, 최영림,현영철, 현철해	

10월 10일	당 창건 67돌 모란봉악단 공연 관람	김경희, 김기남, 김원홍, 김평해, 문경덕, 박도춘, 장성택, 조연준, 현철해	
10월 14일	만경대혁명학원과 강반석혁명 학원 창립 65주년 참가자들과 기념사진 촬영	김경희, 김영춘, 김철만, 이병삼, 이을설, 오극렬, 오룡택, 장성택, 주순옥, 최용해, 최영림, 태종수, 현철해, 황순희	
10월 29일	제12차 인민체육대회 남자 축구 결승 관람 및 올림픽 우승선수와 기념 촬영	김경희, 김양건, 김평해, 문경덕, 장성택, 주규창, 최용해, 현영철	
10월 29일	김일성 부자 동상 제막식	김영춘, 김정각, 려춘석, 오극렬, 장성택, 최용해, 현영철, 현철해	- 김일성군사종합대학 내
10월 29일	김일성군사종합대학 교직원들과 기념 촬영	김영춘, 김원홍, 김정각, 려춘석, 이명수, 이용무, 오극렬, 장성택, 주규창, 최용해, 현영철, 현철해	- 려춘석: 기념보고
10월 29일	김일성군사종합대학 창립 60돌 기념 모란봉악단 공연 관람	김원홍, 려춘석, 이명수, 장성택, 최용해, 현영철, 현철해	
11월 4일	류경원, 인민야외빙상장, 롤라스케이트장 시찰	김기남, 김병호, 김양건, 양청송, 이영수, 이종무, 이주봉, 박춘홍, 장성택, 최태복	
11월 4일	평양산원 유선종양연구소 시찰	김기남, 김병호, 김양건, 박춘홍, 장성택, 최창식, 최태복	- 최창식: 영접
11월 7일	사격경기와 여자 배구경기 관람	김기남, 김양건, 김평해, 리설주, 이영수, 이종무, 문경덕, 박봉주, 장성택, 최태복, 한광상, 현영철	- 4·25 국방체육선수단 사격선수
11월 18일	제4차 전국 어머니대회 참가자들과 기념 촬영	곽범기, 김경희, 김기남, 김양건, 김영일, 김평해, 노두철, 노성실, 이영수, 문경덕, 박도춘, 장성택, 조연준	- 노성실: 전국어머니대회 참석 및 보고

날짜	행사	참석자	비고
11월 19일	제534군부대 직속 기마중대 훈련장 시찰	김격식, 김경옥, 김경희, 김기남, 김양건, 김영철, 김평해, 문경덕, 박봉주, 박재경, 장성택, 전창복, 최용해, 최부일, 한광상, 현영철, 황병서	
11월 19일	'국가안전보위부' 방문	김원홍, 김창섭, 장성택, 최용해	- 보위기관 창립절 기념 - 김원홍, 김창섭: 영접
11월 26일	전국분주소장회의 참가자들과 기념 촬영	김기남, 이명수, 이병삼, 장성택, 최용해	
11월 30일	중국 당 대표단 면담	김기남, 김양건	
12월 12일	'로켓발사 친필명령 하달 및 위성관제지휘소 방문과 발사과정 참관	박도춘, 장성택	
12월 15일	'광명성 3호' 과학자, 기술자와 기념 촬영		- 평북 철산군 서해위성 발사장
12월 16일	김정일 사망 1돌 중앙추모대회 참석	강석주, 곽범기, 김격식, 김경희, 김국태, 김기남, 김양건, 김영남, 김영대, 김영일, 김영춘, 김원홍, 김정각, 김철만, 김평해, 노두철, 유미영, 이명수, 이병삼, 이용무, 이을설, 문경덕, 박도춘, 양형섭, 오극렬, 장성택, 전용남, 조연준, 주규창, 최용해, 최영림, 최태복, 태종수, 현영철, 현철해	- 김기남: 추모대회 사회 - 김영남: 추모대회 추모사 - 전용남, 최용해, 최태복: 추모대회 결의사
12월 17일	금수산태양궁전 개관식 참석	강석주, 곽범기, 김격식, 김경희, 김기남, 김양건, 김영남, 김영일, 김영춘, 김원홍, 김정각, 김평해, 노두철, 이명수, 이병삼, 리설주, 문경덕, 박도춘, 양형섭, 장성택, 조연준, 주규창, 최용해, 최영림, 최태복, 태종수, 현영철, 현철해	

12월 21일	광명성 3호 공헌자 위한 연회 참석	강석주, 곽범기, 김격식, 김경희, 김기남, 김양건, 김영남, 김영일, 김영춘, 김원홍, 김평해, 노두철, 이명수, 이병삼, 문경덕, 박도춘, 장성택, 조연준, 주규창, 최태복, 현철해	
12월 24일	금수산태양궁전 김일성 부자 참배	김격식, 김경옥, 김영춘, 김영철, 김원홍, 이명수, 이병철, 리설주, 박도춘, 박정천, 윤정린, 장성택, 조경철, 주규창, 최용해, 최부일, 현영철, 현철해	
12월 30일	광명성 3호 기여 과학자, 기술자, 노동자와 기념 촬영	곽범기, 김경희, 김기남, 김양건, 김영남, 김영일, 김영춘, 김평해, 이응원, 문경덕, 박도춘, 장성택, 조연준, 주규창, 최용해, 최영림, 최태복	
12월 30일	광명성 3호 기여 과학자, 기술자, 노동자 등 축하 연회 참석	강석주, 곽범기, 김격식, 김경희, 김기남, 김양건, 김영남, 김영일, 김영춘, 김원홍, 김창섭, 김평해, 노두철, 이명수, 이병삼, 문경덕, 박도춘, 장성택, 조연준, 주규창, 최용해, 최영림, 최태복, 현영철, 현철해	

〈2013년 1월~3월〉

일시	방문지	수행인원명단	특기사항
1월 1일	모란봉 악단 신년 경축 공연 〈당을 따라 끝까지〉 관람	강석주, 곽범기, 김격식, 김기남, 김양건, 김영남, 김영일, 김영춘, 김원홍, 김창섭, 김평해, 노두철, 이명수, 이병삼, 리설주, 문경덕 박도춘, 양형섭, 장성택, 조연준, 주규창, 최용해, 최영림, 최태복, 현영철, 현철해	
1월 1일	금수산태양궁전 참배	강석주, 곽범기, 김격식, 김기남, 김양건, 김영남, 김영일, 김영춘, 김원홍, 김창섭, 김평해, 노두철, 이명수, 이병삼, 리설주, 문경덕, 박도춘, 양형섭, 장성택, 조연준, 주규창, 최용해, 최영림, 최태복, 현영철, 현철해	
1월 19일	대성산 종합병원 시찰	김경옥, 이재일, 마원춘, 박도춘, 전창복, 최용해, 최영림, 황병서	
1월 26일	'국가안전 및 대외부문 일꾼협의회' 소집 및 지도	김영일, 김원홍, 박도춘, 최용해, 현영철, 홍승무	
1월 28일	'제4차 세포비서대회' 참석 및 개회사	곽범기, 김경희, 김기남, 김양건, 김영남, 김영일, 김영춘, 김평해, 이병삼, 문경덕, 박도춘, 오극렬, 장성택, 조연준, 최영림, 최용해, 최태복, 태종수	
1월 29일	'제4차 세포비서대회' 참석 및 폐회사		
2월 2일 보도	'제4차 세포비서대회' 참석자와 기념 촬영	곽범기, 김경희, 김기남, 김양건, 김영남, 김영일, 김영춘, 김평해, 이병삼, 문경덕, 박도춘, 오극렬, 장성택, 조연준, 최용해, 최영림, 최태복	

2월 3일 보도	'당 중앙 군사위 확대회의 참석		
2월 15일	김정일 이름이 새겨진 시계 표창 수여식 참석	강석주, 곽범기, 김경희, 김기남, 김양건, 김영남, 김영일, 김영춘, 김평해, 이용무, 문경덕, 박도춘, 오극렬, 장성택, 조연준, 주규창, 최용해, 최영림, 최태복	
2월 16일	김정일 생일 금수산태양궁전 참배	강표영, 김격식, 김경옥, 김경희, 김락겸, 김영남, 김영철, 김영춘, 김원홍, 김정각, 김춘삼, 염철성, 이명철, 리설주, 이영길, 박도춘, 박정천, 손철주, 윤동현, 윤정린, 장성택, 전창복, 조경철, 주규창, 최용해, 최부일, 최영림, 현영철, 현철해	
2월 16일	만경대혁명학원에 세워진 김일성 부자 동상 제막식 참석	김격식, 김경희, 김기남, 김영춘, 김정각, 이용무, 오극렬, 장성택, 최용해, 최영림, 현영철, 현철해	
2월 21일 보도	제323군부대 시찰	김영춘, 라청일, 박정천, 최용해, 현영철, 홍영칠, 황병서	- 오중흡 7연대 칭호
2월 22일 보도	제526대연합부대 관하 구분대 공격전술연습 지도	김격식, 염철성, 이영길, 방관복, 손철주, 윤동현, 윤동희, 최용해, 현영철, 홍영칠, 황병서	
2월 22일 보도	조국해방전쟁승리기념관 건설장 시찰	최용해	
2월 22일	'전군당강습지도일꾼회의' 참가자들과 기념 촬영	김경옥, 염철성, 이병삼, 손철주, 최용해, 황병서	
2월 23일 보도	항공 및 반항공군 제630대연합부대 비행훈련과 항공육전병 강하훈련 지도	강기섭, 김격식, 김영춘, 라청일, 노홍세, 이병철, 이영길, 임광일, 손철주, 윤동현, 윤정린, 조경철, 최경성, 최용해, 최부일, 현영철, 홍영칠, 황병서	

2월 26일 보도	포병화력타격훈련 지도	김격식, 김영철, 김영춘, 김택구, 라청일, 염철성, 이영길, 임광일, 박동학, 박정천, 손철주, 오일정, 윤동현, 윤동희, 조경철, 최용해, 최부일, 현영철, 홍영칠,	
2월 26일 보도	공훈국가합창단 공연 관람	김격식, 김경옥, 김영철, 김영춘, 김정각, 김택구, 라청일, 염철성, 이영길, 이재일, 임광일, 박동학, 박정천, 손철주, 오일정, 윤동현, 윤동희, 조경철, 최용해, 최부일, 현영철, 홍영칠	
2월 27일 보도	제3차 핵실험 성공 위훈자들과 사진 촬영	곽범기, 김경희, 김양건, 김영남, 김영일, 김영춘, 김평해, 문경덕, 박도춘, 장성택, 조연준, 최용해, 최영림, 최태복, 홍승무	
2월 28일	미국농구선수단 혼합경기 관람	리설주	
3월 7일	서남전선 장재도·무도방어대 재시찰	김격식, 김영철, 임광일, 박정천, 안지용, 장성택, 최용해	
3월 9일 보도	청춘거리 체육시찰 및 4·25 국방체육단과 압록강 체육단 활쏘기 경기 관람	김격식, 김영훈, 양청송, 이영수, 이종무, 마원춘, 장성택, 최용해, 현영철	
3월 11일	백령도 인근 월내도 방어대 시찰	김격식, 김영철, 임광일, 박정천, 안지용, 최용해	
3월 11일	제641군부대 관하 장거리 포병구분대 시찰	김격식, 김영철, 임광일, 박정천, 안지용, 최용해	
3월 12일 보도	용정 양어장 현지지도		
3월 12일 보도	조선인민군 제531부대 예술 선전대 공연 관람	박정천, 최용해, 현영철, 현철해	

3월 14일 보도	열점지역 포병구분대 실전능력 판정 실탄사격 훈련지도	김격식, 김명남, 김영철, 이성국, 이영길, 이영래, 임광일, 박도춘, 박정천, 손철주, 안지용, 최용해, 현영철	- 연평도, 백령도 타격에 인입된 열점지역
3월 18일	전국경공업대회에서 연설	김경희, 김기남, 노두철, 문경덕, 태종수	- 평양
3월 19일	전국경공업대회 참가자들과 기념 촬영	김경희, 김기남, 노두철, 이무영, 문경덕, 박봉주	
3월 20일	초정밀 무인타격기의 대상물 타격과 적 순항 미사일을 소멸하는 자행 고사로케트 사격훈련 지도	이병철, 박정천, 손청남, 최용해	
3월 22일	제1973군부대 지휘부 시찰	박정천, 최용해, 황병서,	
3월 23일	제197군부대 관하 2대대 시찰	김격식, 손철주, 최용해, 현영철, 황병서	
3월 24일	인민군대 여러 부문 사업 지도	김격식, 김경옥, 염철성, 최용해, 현영철	
3월 24일	제1501군부대와 인민군대에 건조하고 있는 식당배 '대동강호' 시찰		
3월 25일	육군대연합부대 및 해군 연합부대의 상륙 및 반상륙작전 능력 최종 검열	임광일, 박정천, 현영철	- 전선 동부 및 동해안 위치
3월 28일	전군선전일꾼대회 참석 및 연설	김격식, 김경옥, 염철성, 손철주, 최용해, 현영철	- 4·25 문화회관
3월 28일	전군선전일꾼대회 참석기념 촬영	김격식, 김경옥, 염철성, 손철주, 최용해, 현영철	
3월 29일	전략로케트군 화력타격 임무 수행과 관련한 작전회의 긴급 소집 및 화력타격계획 최종 검토 비준	김락겸, 김영철, 이영길, 현영철	

※ 출처: 통일부, 「주간북한동향」 2012년 1월~2013년 3월을 토대로 북한정보네트 등을 보충하였고, 필요자료들과 교차 확인하여 작성한 자료임.

※ 현지지도의 정확한 횟수는 다른 문헌과 약간의 차이가 있음.

이 저서는 2020년 대한민국 교육부와 한국연구재단의 지원을
받아 수행된 연구임(NRF-2020S1A5B5A17089066)

북한 원시형 세습통치체제
형태의 변화과정과 특성

초판 1쇄 발행 2023년 3월 11일

지은이   정병일
펴낸이   이기봉
편집   좋은땅 편집팀
펴낸곳   도서출판 좋은땅
주소   서울특별시 마포구 양화로12길 26 지월드빌딩 (서교동 395-7)
전화   02)374-8616~7
팩스   02)374-8614
이메일   gworldbook@naver.com
홈페이지   www.g-world.co.kr

ISBN   979-11-388-1685-4 (93340)